REVISTA DE DIREITO MERCANTIL

industrial, econômico e financeiro

105

Publicação do
Instituto Brasileiro de Direito Comercial Comparado
e Biblioteca Tullio Ascarelli
do Departamento de Direito Comercial
da Faculdade de Direito da Universidade de São Paulo

Ano XXXVI (Nova série)
Janeiro-Março/1997

MALHEIROS
EDITORES

REVISTA DE DIREITO MERCANTIL
industrial, econômico e financeiro
Nova Série - Ano XXXVI — n. 105 — janeiro-março de 1997

REVISTA DE DIREITO MERCANTIL
publicação trimestral de
MALHEIROS EDITORES LTDA.
Rua Paes de Araújo, 29, conjunto 171
CEP: 04531-940
São Paulo, SP - Brasil - Tels. 822-9205
820-9718 - 820-5549 - Fax. 829-2495

Assinaturas e comercialização:
CATAVENTO DISTRIBUIDORA DE LIVROS S.A.
Rua Conselheiro Ramalho, 928
CEP 01325-000
São Paulo, SP - Brasil
Tel. 289-0811 - Fax. 251-3756

Diretor Responsável: Álvaro Malheiros
Diretora: Suzana Fleury Malheiros
Supervisão Gráfica: Vânia Lúcia Amato

Composição: EDITORA FRASE LTDA.
Impressão: GRÁFICA E EDITORA FCA
(FUNDAÇÃO DE CIÊNCIAS APLICADAS)

HOMENAGEM PÓSTUMA AO PROF. DR. NELSON ABRÃO

O falecimento do Prof. Dr. Nelson Abrão, ocorrido em 26 de maio de 1996, determinou uma profunda lacuna no Direito brasileiro, que não será preenchida. Essa falta se faz sentir especialmente na Faculdade de Direito da USP, onde lecionou Direito Comercial desde 1972.

O prof. Abrão nasceu em 24 de agosto de 1923, na cidade de Ipameri, Goiás. De formação católica, casou-se com a Profa. Yvette Kfouri Abrão, com quem teve quatro filhos, Paulo, Salete, Marcos e Carlos Henrique, o primeiro médico, os outros dois engenheiros químicos e o último Juiz de Direito em São Paulo.

Ingressou na Faculdade de Direito do Largo de São Francisco em 1942, tendo iniciado sua atividade como advogado em 1946. Sua atuação como professor de Direito Comercial teve início na Pontifícia Universidade Católica de Campinas, em 1958, onde permaneceu até 1972. De 1964 a 1967 veio a ser professor de Ética Profissional na Faculdade de Direito da Pontifícia Universidade Católica de São Paulo, tendo ali ministrado aulas de Direito Comercial de 1971 a 1973.

Sua vida acadêmica na Faculdade de Direito da USP teve início em 1972 e prolongouse até a sua aposentadoria, em 1989, na condição de Professor Associado.

Naquela escola foi professor do curso de graduação e de pós-graduação tendo, ainda, participado de inúmeras bancas examinadoras de Mestrado e de Doutoramento. Entre outros títulos acadêmicos, adquiriu com o brilhantismo que lhe era costumeiro o de Doutor em Direito Comercial pela USP, em 1971, e o de Professor Livre-Docente, em 1975.

Além de respeitado advogado, tendo sido conselheiro da OAB, seu interesse pela pesquisa jurídica e pela permanente contribuição ao direito eram exercidos na qualidade de membro do Instituto Brasileiro de Direito Comercial Comparado e Biblioteca Tullio Ascarelli, do Instituto dos Advogados de São Paulo e do Conselho Editorial de nossa estimada *Revista de Direito Mercantil*. Como conferencista emérito, proferiu inúmeras palestras no Brasil e no exterior.

A par da atividade de magistério superior, que sempre desenvolveu com grande zelo, publicou inúmeras obras, as quais representaram importante contribuição para o direito pátrio. Dentre seus trabalhos jurídicos mais importantes, muitos deles várias vezes reeditados, podemos destacar os seguintes:

- *Da caracterização da falência*, São Paulo, Ed. RT, 1970;

- *Duplicata sem aceite: executividade, falência*, São Paulo, Ed. Universitária de Direito, 1975;

- *Sociedade simples: novo tipo societário?*, São Paulo, Ed. Universitária de Direito, 1975;

- *Transformação da sociedade anônima em sociedade por cotas de responsabilidade limitada*, São Paulo, Ed. Saraiva, 1977;

- *Os credores na falência*, São Paulo, Ed. Saraiva, 1979;

- *Temas de direito empresarial*, São Paulo, Ed. Saraiva, 1979;

- *Da ação revocatória*, São Paulo, Leud, 1980;

- *Curso de direito bancário*, São Paulo, Ed. RT, 1982;

- *Da franquia comercial; franchising*, São Paulo, Ed. RT, 1984;

- *O novo direito falimentar: nova disciplina jurídica da crise econômica da empresa*, São Paulo, Ed. RT, 1985;

- *O sigilo bancário e o direito falimentar*, São Paulo, Ed. RT, 1986;

- *O síndico na administração concursal*, São Paulo, Ed. RT, 1988;

- *Curso de direito falimentar*, São Paulo, Ed. RT, 1993;

- *Sociedade por quotas de responsabilidade limitada*, São Paulo, Ed. RT, 5ª ed. rev. e ampliada, 1995.

HAROLDO MALHEIROS DUCLERC VERÇOSA
pelo Comitê de Redação da *RDM*

Doutrina

EL DERECHO AGRARIO ESPAÑOL DE HOY

JOSÉ MARÍA DE LA CUESTA SAENZ

I — Orígenes

Aunque los orígenes de la preocupación de los juristas por el Derecho aplicable a la actividad agrícola, y fundamentalmente por el estatuto de la tierra con destino agrario son ya lejanos en el tiempo, e incluso la denominación aparece entre los reformistas del siglo XVIII,[1] por lo que puede decirse que dista mucho de ser una novedad, y hasta puede señalarse como curiosidad histórica que en España se presentó un Proyecto de Código Rural por el jurista y Diputado M. Dánvila Collado que de haber prosperado, se hubiese adelantado al propio Código civil de 1889, es lo cierto que con los perfiles que hoy presenta, el Derecho Agrario es una realidad relativamente reciente en prácticamente todos los ordenamientos jurídicos, y sin duda en el español.

En efecto, la legislación sobre los contratos agrarios data sobre todo de la tercera década de este siglo (arrendamientos y aparcerías), y las primeras disposiciones sobre crédito agrícola *(warrants y* prenda agrícola) y sobre regulación de mercados (Ley Osma de Industria Azucarera) surgieron respectivamente en 1917 y 1907. Además puede decirse que el núcleo del *corpus* normativo, en España y en los demás paises europeos data de los años treinta, y surge como un Derecho para la crisis, ya que trata de aliviar los problemas de la superproducción tanto para las explotaciones agrícolas como para las industrias transformadoras, al tiempo que procura la reasignación de la tierra con la extensión y la estabilidad necesarias para la eficiencia de la actividad agrarla.

Por ello, aunque hay una corriente de constante preocupación por la legislación adecuada a la estabilidad y el desarrollo del mundo rural, que hunde sus raices en el reformismo de la Ilustración, con protagonistas tan destacados en España como Jovellanos, que se reaviva en el último tercio del siglo XIX por obra movimientos intelectuales como el regenarionismo encabezado por Joaquín Costa, lo cierto es que la vocación por el estudio sistemático del Derecho Agrario y por la mejora de su enseñanza, no se hace presente con suficiente amplitud hasta la segunda mitad del siglo en curso.[2]

Es concretamente la acogida dispensada por los profesores de Derecho Civil españoles a la doctrina desarrollada en Italia por G. Bolla sobre su ya muy desarrollada legislación agraria a finales de los años veinte, y su renovado impulso con la política agraria de la postguerra, lo que explica

1. Tal vez la utilización más antigua tuvo lugar en la obra *Direito Agrario,* de P. H. Homem de Carvalho, Lisboa, 1815, cuyo conocimiento debo al colega de la Universidad de Beja D. Masseno.

2. La literatura jurídico agraria española aparece, junto con el impulso expansivo de la legislación agraria, en la década de los treinta, pero con carácter todavía fragmentario y discontinuo.

el relanzamiento teórico que sobre nuestro ya abundante desarrollo legislativo, y con aportaciones tan destacables como la de D. Federico de Castro y Bravo,[3] permite ya hablar de un Derecho Agrario español, y de una escuela española de agraristas.

No obstante la innegable influencia italiana, presente siempre desde entonces en los teóricos del Derecho Agrario español, hay que señalar que éste, tiene rasgos muy diferenciados, no sólo por la razón obvia que supone el tener que operar sobre institutos diferentes, sino también por profundas razones de orden metodológico que podían resumirse en el hecho innegable de que se trata de una corriente que asume objetivos más modestos que los sabiamente perseguidos por la doctrina italiana.

Esta "modestia" relativa o comparativa del Derecho Agrario español obedece a que desde su inicio, no se plantea entre los agraristas españoles de modo tan agudo la cuestión de la autonomía del Derecho agrario, en sus varias facetas de autonomía nor-mativa, científica y didáctica, lo que sin duda puede ser un lastre teórico, pero también puede significar un menor riesgo de extravío y una mayor garantía de pragmatismo.

Así, la defensa de la especificidad del Derecho agrario se ha limitado entre los agraristas españoles a postular que tal asignatura no esté ausente de los Planes de Estudio ni en las Facultades de Derecho ni en las Escuelas de Ingeniería Agronómica, y en consecuencia a que sea considerada disciplina en sí misma, y pese a su carácter interdisciplinar. En este sentido se ha calificado el Derecho Agrario como *ius proprium,*[4] que aunque nacido en el seno del Derecho Privado ha tenido y tiene un fuerte componente iuspublicístico, que explica que entre los agraristas españoles se cuenten tanto los Profesores de Derecho Civil, numéricamente predominantes, como los Profesores de Derecho Administrativo.

Por lo demás, parece que hay que convenir en que tratándose de regulaciones surgidas a menudo a raiz de algún tipo de crisis (de mercados, social, etc.), es lógico que los institutos jurídicos que constituyen el objeto de estudio del Derecho Agrario, tal vez con la señaladísima excepción de los contratos agrarios, sean institutos de menor permanencia que los que integran el contenido del Derecho privado patrimonial, y además estén afectados por una variabilidad mucho mayor que la que normalmente tienen otos institutos jurídico-privados, en los que hay tendencia a razonar *sub specie aeternitatix.*[5]

Y a causa de esta innegable cualidad mudable de muchos de los institutos del Derecho Agrario, parece poco justificada la afirmación a ultranza de una autonomía científica que, si en algún momento puede venir aconsejada por un mayor alejamiento respecto de los principios del Derecho común, al no poder asegurarse que tal alejamiento persista, y no poder excluir un próximo retorno al Derecho común, sería una apuesta demasiado arriesgada.

II — Vicisitudes más recientes del Derecho Agrario español como ciencia

Tras aquellos momentos de afirmación de la disciplina del Derecho agrario en España puede hablarse de una cierta estabilidad en cuanto que permanece el acuerdo sobre la búsqueda del nexo de unión de los institutos propios del Derecho Agrario en el régimen de la tierra con destino agrario y de la empresa agraria, aunque hubiese siem-

3. F. de Castro y Bravo, "El Derecho Agrario de España", *Anuario de Derecho Civil,* 1954, pp. 388 y ss.

4. J. L. De los Mozos, *Derecho civil español,* Salamanca, 1977, pp. 137 y ss.

5. En tal sentido por lo que respecta al Derecho Agrario Comunitario, ver A. Carozza, "Gli istituti del diritto agrario communitario", en *Introduzione allo studio del diritto agrario communitario,* ed. ETS, Padova, 1994, pp. 121 y ss.

pre algunas discrepancias en cuanto al contenido del Derecho Agrario.[6]

Las dificultades de definición de lo agrario junto con la prosperidad y expansión de actividades cada vez más desligadas de la tierra, llevaron al citado Prof. A. Carrozza a proponer una noción de la agrariedad centrada en la vinculación al ciclo biológico, criterio que confesadamente meta-jurídico, ha sido después bastante utilizado, pero sin llegar a sustituir el viejo anclaje fundiario asumido inicialmente por la doctrina española, de modo que ni la recepción en el Derecho positivo de nuevas preocupaciones como la relativa a la defensa del medio ambiente y del consumidor, supusieron incialmente un cambio de enfoque.[7]

Tan sólo, hace ahora doce años, con la aparición de la revista *Derecho Agrario y Allimentario* impulsada por un numeroso grupo de agraristas y muy destacadamente por A. Ballarín Marcial se toma conciencia de la existencia de una nueva configuración del Derecho Agrario que describe así magistralmente el Prof. de los Mozos en el primer editorial de la entonces nueva revista: "al principio, en sus comienzos, el Derecho agrario, recogiendo la tradición del *ius georgicum* aparecía como un ordenamiento vinculado a la tierra, auspiciado por ... el Derecho social en la tradicional dicotomía entre Derecho público y Derecho privado ... ya en la época de entre guerras, se percibió su vinculación a la producción ... al *fundus* según la sugerente terminología del maestro G. Bolla. Con posterioridad a la II Guerra Mundial, el protagonismo de la empresa pasa al empresario y el *tertium genus* ya no el Derecho social sino el Derecho económico... nuestra disciplina en la actualidad se desplaza del viejo Derecho agrario al nuevo Derecho alimentario".

6. En tal sentido A. Soldevilla y Villar, *Derecho Agrario,* I, Valladolid, 1991, pp. 60 y ss.

7. A. Ballarín Marcial, "Derecho agrario. Derecho alimentario, derecho agroalimentario", en *Derecho agroalimentario,* 1, 1985, pp. 7 y ss.

En efecto, el reflejo jurídico positivo de nuevas preocupaciones, como la tutela de los consumidores, y la tutela del medio ambiente y del patrimonio histórico y paisajístico, entre otros llamados "intereses difusos", hacía pensar al agrarista en una posible ruptura del Derecho agrario en otras varias disciplinas jurídicas cuyo nexo de unión no podía ser ya la tierra, al tiempo que su relación con la empresa agraria tampoco era fácil de construir. En este contexto, no sólo se podía poner el acento en las reglas emanadas por la CEE para la estabilización de los mercados agrarios, lo que podía justificar el hablar de "complejo agroalimentario" y de Derecho agrario y alimentario, sino que también podía empezar a hablarse de un Derecho agrario medioambiental, como lo atestigua a aparición en España de una obra de tal título (*Derecho agrario medioambiental,* Aranzadi, Pamplona 1992) obra de J. F. Delgado de Miguel, uno de los más activos agraristas españoles del momento, que fue precisamente su tesis doctoral.

Creo no obstante la bondad y necesidad de estos esfuerzos, hoy multiplicados en Europa por el interés que pone en ello el IV Programa Marco de la UE, que por más que sea muy comprensible el prurito de "estar a la última" y de encajar en las preferencias del momento, tenía una gran razón el maestro Carrozza en su trabajo "Il programma scientifico del diritto agrario a quindici anni dal duemila" que fue su aportación al encuentro celebrado en Pisa en 1985, cuando afirmaba la "centralidad del fenómeno productivo" como una constante en el Derecho Agrario.

Anos más tarde en la publicación de la UMAU *Derecho agrario* (Padova, Cedam, 1992), subtitulada significativamente *Dal regime fondiario al diritto de la produzione agricola,* de nuevo tanto A. Ballarín como J. de los Mozos veían esa misma evolución en el Derecho agrario español que experimentaba iguales tensiones.

Yo mismo en el encuentro celebrado en Pisa en 1992 que se plasmó en la obra colectiva *Introduzione al studio del diritto agrario communitario,* insistí en que por más que pudiese parecernos que el Derecho agrario estallaba fragmentándose en multitud de pequeñas disciplinas jurídicas, lo cierto es que podría mantenerse la unidad acudiendo a la centralidad del fenómeno productivo, y lo que es tanto o más importante, podía mantenerse una gran homogeneidad metodológica, cualquiera que fuese la faceta del Derecho positivo cuyos institutos jurídicos cayesen bajo el objetivo del agrarista.

Creo que las muchas e intensas conmociones sufridas por el ordenamiento jurídico español en los últimos veinte años, han dejado profundas huellas en el Derecho positivo y en el Derecho Agrario como ciencia, pero no puede decirse que hayan roto su unidad esencial. No la rompió el poner el acento en el "complejo agroalimentario" y en su regulación; tampoco la ha roto el hincapié que hoy se hace en la protección del medio ambiente, del que el empresario agrícola se constituye en verdadero guardián; pero es que fenómenos como el desarrollo del Estado de las autonomías que diseñó el título VIII de nuestra Constitución de 1978, tampoco podía romper esa unidad,[8] porque las competencias legislativas no podían ejercitarse en contradicción con las regulaciones emanadas de las instituciones de la CEE, habilitadas al efecto por los artículos 38 y siguientes del Tratado Constitutivo de la CEE, ni tampoco podían encarnar principios opuestos a los hasta entonces encarnados en el Derecho Agrario estatal.

En suma, el vaciamiento de las competencias legislativas y de ejecución de la Administración central, se produjo durante los años ochenta en un doble sentido a causa de la adhesión del Reino de España a la CEE con la consiguiente vigencia de las normas, sobre todo Reglamentos del Consejo, que integran el entramado legal de la Política Agrícola Común, y a causa en sentido contrario del desarrollo de las Estado de las Autonomías que ha culminado con la asunción de competencia legislativas por todas las Comunidades Autónomas.

Pero, un cambio tan profundo como el descrito no puede decirse en rigor que haya convertido la tarea del agrarista en una dificultosa labor por tener que afrontar institutos desconocidos y por tener que aislar a partir de esos institutos nuevos principios jurídicos. Muy al contrario, puede decirse que son excepcionales los institutos nuevos surgidos de las competencias legislativas de las asambleas de las Comunidades Autónomas, y nulas las posibilidades de hallar nuevos principios inspiradores en el Derecho Agrario autonómico, que a lo sumo, ha privilegiado algunos objetivos compartidos por toda legislación agraria, señalando y acentuando prioridades para una región concreta, pero sin que tal creatividad haya entrado por lo general en fricción con las normativas de otro nivel aplicables principal o subsidiariamente.

Tampoco el fenómeno de la "comunitarización de los derechos agrarios europeos",[9] que afectó intensamente al Derecho español, ha tenido poder para subvertir el método y para fragmentar la comunidad de los agraristas, que tan sólo han visto incrementado su campo de trabajo con nuevos institutos que sólo muy limitadamente obligan a recomponer otros elementos de un conjunto que ha de ser armónico.

Las propuestas sobre un enfoque del Derecho agrario basado en la tutela de derechos fundamentales,[10] no han pasado

8. J. de la Cuesta, "Principios de Derecho agrario de Castilla y León?", en *Derecho Agrario español y de todas las Comunidades Autónomas,* Zaragoza, 1993, pp. 121 y ss.

9. Objeto de estudio en *IV Giornate camerti di diritto agrario communitario,* Camerino-Lérida 1990-91 promovidas por E. Capizzano y A. Luna Serrano.

10. *VI Giornate camerti di diritto agrario communitario,* Camerino-Granada Bruselas, 1992-1993.

tampoco de implicar algún retoque de no mucha amplitud en el tratamiento de las exigencias de calidad de los productos agrícolas y de protección de los consumidores.

No obstante, hay que concluir que los últimos veinte años han supuesto en el Derecho Agrario español un período de extraordinaria fecundidad legislativa, y de intensa reflexión autocrítica que ha permitido que se alcance una cierta madurez, por lo que merece la pena hacer un breve recorrido por los principales hitos de la evolución reciente del Derecho Agrario entendido como legislación, ya que arroja algunas enseñanzas bastante útiles.

III — Breve indicación de la reciente historia de la legislación agraria española

Si el Derecho agrario anclado en la vinculación con la tierra tuvo su más acabada y completa expresión en el Texto Refundido de la Ley de Reforma y Desarrollo Agrario (D. de 12 de Enero de 1973), todavía vigente como ley estatal en la mayor parte de su contenido, el "nuevo Derecho Agrario", entendiendo por tal el posterior a la Constitución de 1978, no ofrece un texto legal tan ambicioso entre sus muchos frutos, sino que presenta una mucho mayor variedad y amplitud de miras, y una frecuente reconsideración de lo que pueden calificarse como "pasos en falso", o disculpables errores a los que la implacable realidad ha privado de eficacia social aconsejando su derogación.

Esta plausible reconsideración hace conveniente abordar este sumario elenco de nuestra legislación agraria dividiendo esta etapa en tres subperíodos que convencionalmente podemos calificar con base en la instancia predominante en un primer período de legislación estatal, un segundo período de legislación autonómica, y un tercer período de comunitarización.

El primer período, arranca inmediatamente después de la Constitución, como cumplimiento por todos los partidos políticos y señaladamente del entonces mayoritario (Unión del Centro Democrático) de los llamados "pactos de la Moncloa", en los que se había dado una gran importancia — a tenor con la que se le daba en los programas electorales de todos los partidos políticos — a la legislación agraria, todavía con una inspiración reformista de corte tradicional.

La Ley 34/1979 de 16 de Noviembre sobre Fincas Manifiestamente Mejorables, quiso ser un desarrollo de la función social de la propiedad (art. 33.2 de la CE), estableciendo la expropiación del uso como sanción del incumplimiento de las obligaciones del propietario previstas en los arts. 1 y 2 de la LRDA TR 12-1-1973, pero ciertamente no tuvo una aplicación ni amplia ni eficaz, lo que no habla en favor de su adecuación a la realidad. Mucha mayor importancia para la vida de las empresas agrarias y para la estabilidad de las rentas del sector, tuvo y tiene la Ley de Seguros Agrarios Combinados de 28 de Diciembre de 1978, quc inauguró los llamados seguros agrarios integrales, consistentes en asegurar prácticamente contra todo riesgo ciertos montantes de producción agrícola o ganadera.[11]

No menos importancia tuvo en esta primera etapa la Ley de Arrendamientos Rústicos de 31 de Diciembre de 1980, que venía a sustituir al TR. de 29 de Abril de 1959, prácticamente vertebrado sobre la Ley de Arrendamientos Rústicos de 1935, y que incorporaba un perfeccionado sistema de actualización y revisión de rentas, una atrevida regulación de las mejoras por el arrendatario, y la tendencia compartida con la legislación italiana, a convertir en arren-

11. J. de la Cuesta, "Los seguros agrarios", en *Revista Jurídica de Castilla la Mancha*, n. 19 (1994), pp. 319 y ss., donde afirmo que se trata de uno de los más perfectos sistemas conocidos.

damiento todos los contratos agrarios, y especialmente la aparcería.

Sus puntos débiles radicaron en la regulación del plazo y del acceso a la propiedad, que han resultado muy conflictivos y han merecido, como veremos posterior reconsideración.

Uno de los últimos textos importantes de este subperiodo fue el Estatuto de la explotación Agrícola Familiar y de los Jóvenes Agricultores de 24 de Diciembre de 1981, Ley extraordinariamente ambiciosa, no sólo por definir la explotación agraria, en términos teóricamente muy aceptables, sino por consagrar toda una serie de mecanismos civiles, administrativos y tributarios para garantizar la continuidad de la explotación, cuya aplicación ha dejado mucho que desear y aconsejo recientemente su derogación.

Por último, cierra este período la Ley de Contratación de Productos Agrarios de 26 de Mayo de 1982, que reguló bastante prolijamente no sólo los llamados contratos agro-industriales, sino también los acuerdos colectivos e interprofesionales, que aunque ya existían (desde los años treinta), no tenían reconocimiento legislativo.

No hay que olvidar, pese a su modestia, el Real Decreto 1776/1981 de 3 de Agosto, por el que se aprueba el estatuto que regula las Sociedades Agrarias de Transformación, figura peculiar de nuestro derecho Agrario con enorme implantación en la realidad.

El segundo subperíodo al que nos hemos referido viene caracterizado por un casi absoluto monopolio de la legislación agraria por parte de las Asambleas de las CC.AA. En efecto, la única Ley estatal en este período fue la Ley de Bases del Régimen Jurídico de las Cámaras Agrarias de 24 de Diciembre de 1986, todavía en fase de desarrollo por las CC.AA. en este momento, porque por lo demás pasa a primer plano la legislacón autonómica, de la que puede decirse que se centró en este primer momento sobre todo en el Derecho Agrario de corte más tradicional, el más vinculado a la tierra, perfeccionando y adaptando con distinto grado de acierto el Derecho estatal prefigurado en el LRDA de 1973.

En efecto, hubo en tres CC.AA. leyes de reforma agraria en el sentido más radical de reasignación del factor tierra; la Ley 8/1984 de 3 de Julio, de Reforma Agraria Andaluza, la Ley Aragonesa 3/1986 de 10 de Marzo de 1986, y la Ley Extremeña 1/1986 de 2 de Mayo sobre la Dehesa de Extremadura. La primera de ellas, combatida ante el TC y revalidada por éste en la STC de 26 de Marzo de 1987 abría un camino que resultaba a todas luces anacrónico, lo que explica su escasa y conflictiva aplicación, al igual que la de las leyes que siguieron su huella.

Más perdurabilidad y eficacia práctica cabía vaticinar a las leyes autonómicas que pretendían adecuar a las necesidades regionales del momento instrumentos tradicionales de la reforma de estructuras como la Concentración Parcelaria. Abrió este capítulo la Ley Gallega de 14 de Agosto de 1985 de Concentración Parcelaria para Galicia, a la que siguieron la Ley 4/1990 de 23 de Marzo sobre Concentración Parcelaria, Conservación de Obras, Unidades Mínimas de Cultivo y Fomento de Explotaciones Rentables de Cantabria, la Ley 14/1990 de 28 de Noviembre de Concentración Parcelaria de Castilla y León, la Ley 14/1992 de Patrimonio Agrario de la Comunidad Autónoma de Aragón, y en otro orden de cosas, las leyes catalanas 2/1983 de 9 de Marzo de Alta Montaña, 24/1984 de 28 de Noviembre sobre Contratos de Integración y 4/1984 de 24 de Febrero del Instituto Catalán de Crédito Agrario, así como algunos desarrollos autonómicos en materia de Cámaras Agrarias (Cataluña, Galicia y Pais Vasco), y la regulación de inferior rango de muchas CC.AA. en materia de Unidades Mínimas de Cultivo.

La última etapa o subperíodo de la legislación agraria española reciente viene dada por el predominio progresivo de la regulación de la PAC, en momentos de cambio en esta regulación tanto en materia de estructuras agrarias, al comenzar a utilizarse profusamente los Reglamentos CEE del Consejo, que son de aplicación directa,[12] como en materia de intervención en los mercados, puesto que la regulación de los derechos de producción o cuotas (azúcar, lácteos, tabaco, etc.) suponía una mayor incidencia en los Derechos de los Estados miembros.[13]

Así, en la vertiente de Derecho de estructuras agrarias, aunque los Reglamentos comunitario en principio no requieren trasposición, a diferencia de las Directicas, dado que se trata de actuaciones cofinanciadas con los Estados miembros y no plenamente por el FEOGA, los ambiciosos Reglamentos como el 797/85, hoy sustituido por el Reglamento CEE 1328/91 de 21 de Julio, que constituye un verdadero Código de Derecho de estructuras agrarias, hubo de ser desarrollado primeto por el RD. 808/87 y ahora por los RR.DD. 1887/91 de 31 de Diciembre y 204/96 de 16 de Febrero.

Igualmente, la retirada de tierras de cultivo autónoma, no inserta en el sistema de ayudas a herbáceos (Rt°. 1760/87), dio lugar al RD de 25 de Noviembre de 1988, y ahora la jubilación anticipada y la reforestación tras la reforma de la PAC por los Reglamentos del Consejo de 21 de Junio de 1992 (nada menos que 120), han dado lugar tanto a desarrollos en el Derecho estatal como en el Derecho autonómico.

En materia de mercados, los Reglamentos que rigen la cuota lechera han tenido que producir derecho estatal, como el RD 1888/91 de 31 de Diciembre, e igualmente la aplicación de la OCM del azúcar requiere indispensablemente de desarrollos a través de Acuerdo Interprofesional, que tienen un verdadero efecto normativo.

Estos profundos cambios, presididos por la lucha contra las producciones excedentarias y por una nueva visión del mundo rural que preconizó el Libro Verde de la Agricultura del Comisario F. Andriessen en 1985 y que luego fue asumido por el Comisario McSharry — autor del grueso de la reforma — y ahora por el Comisario Fischler, han impulsado una recomposición del conjunto y una reconsideración de buena parte de las orientaciones implícitas en nuestro viejo Derecho Agrario. En efecto, la retirada de tierras, la reforestación, la jubilación anticipada, las ayudas a zonas sensibles desde el punto de vista medioabiental, y la extensificación de las producciones ganaderas, casaban mal con la orientación productivista implícita en los artículos 1 y 2 de la LRDA, y en algunas normas estatales y autonómicas de reforma agraria, que, simplemente han caido poco a poco en desuso. Pero leyes de mucha y conflictiva aplicación (UMC, arrendamientos rústicos, EFA, etc.) han necesitado una profunda revisión o simplemente una derogación expresa que ha venido de la mano de la Ley de Modernización de las Explotaciones Agrarias de 4 de Julio de 1995, verdadero código de nuestro Derecho estatal de estructuras agrarias, que deroga buena parte de la LRDA, toda la Ley de 24 de Diciembre de 1981 y la regulación de la duración del arrendamiento rústico que se simplifica estableciendo un mínimo imperativo de cinco años.

En materia de mercados, y complementando la orientación hacia una economía contractual en la agricultura inaugurada por la Ley de 26 de Mayo de 1982, la Ley 38/1994 de 30 de Diciembre sobre Organismos Interprofesionales Agroalimentarios (modificada recientemente en la Disposición Adicional Primera de la Ley de Acompañamiento de los Presupuestos Generales del Estado para 1997), quiere establecer un marco alternativo a las OCM en la estabilización de los mercados agra-

12. En tal sentido J. Díaz Fraile, *El Derecho comunitario sobre estructuras agrarias y su desarrollo normativo en el Derecho español,* Civitas, Madrid, 1990, *passim.*

13. J. de la Cuesta, "Los derechos de producción en agricultura y silvicultura", en *IV Congreso Nacional de Derecho Agrario,* ed. MAPA, Madrid, 1995, pp. 153 y ss.

rios, intento difícil por los límites que a ello impone el artículo 85 del TCCEE,[14] pero sin duda indispensable en el futuro próximo.

IV — Conclusión

En fin, de este rapidísimo repaso por el Derecho Agrario español, puede extraerse como conclusión el que, dentro su modestia, goza de buena salud científica, y también como legislación está en un momento de renovada actividad impuesta por los profundos cambios que han acaecido en el marco económico de la actividad agraria, que, si no permiten dejar de considerar el fenómeno productivo como centro del Derecho agrario, si que obligan a entender esa actividad productiva en modo mucho más acorde con los intereses generales a la conservación del medio ambiente y del patrimonio cultural y paisajístico, y también más acorde con los legítimos intereses de los consumidores, que el que representaba el estado inmediatamente anterior, no sólo en España sino en todos los paises del entorno de la actual UE.

14. J. de la Cuesta, "Contratos normativos", *Estudios sobre el ordenamiento jurídico español*, Burgos, 1996, pp. 65 y ss.

Doutrina

DA LEGALIDADE DA EMISSÃO DE AÇÕES PREFERENCIAIS PARA DISTRIBUIÇÃO PÚBLICA, POR SOCIEDADE CONTROLADA POR CAPITAIS ESTRANGEIROS

ARNOLDO WALD e LUIZA RANGEL DE MORAES

1. Hoje, passados quase vinte e cinco anos da edição da lei instituidora do regime do capital estrangeiro — Lei 4.131, de 3 de setembro de 1962 — há ainda questões jurídicas altamente polêmicas que gravitam em torno de suas normas, dentre as quais a que se inscreve no art. 40, assim redigida:

"Art. 40. As sociedades de financiamento e de investimentos somente poderão colocar no mercado nacional de capitais, ações e títulos emitidos por empresas controladas por capital estrangeiro ou subordinadas a empresas com sede no estrangeiro, que tiverem assegurado o direito de voto".

2. De acordo com o mencionado texto legal, as sociedades controladas por capital estrangeiro ou que estejam subordinadas a empresas com sede no Exterior, só podem ir ao mercado, através da intermediação de instituição financeira, para distribuição pública de *ações com direito a voto*, vedada, portanto, a emissão de *ações preferenciais sem direito de voto*, para colocação no mercado.

3. Antes de encaminhar o debate sobre a vigência do dispositivo legal em referência, cabe, preliminarmente, tecer algumas considerações sobre as diretrizes metodológicas que devem orientar na interpretação e aplicação de normas jurídicas de modo a garantir que a política legislativa subjacente à norma seja efetivamente implementada e que a regra jurídica seja compatível com as suas finalidades dentro de determinado contexto social, político e econômico.

4. As palavras utilizadas pelo legislador constituem a expressão de seu pensamento, e, portanto, devem ser interpretadas levando em conta o estado de direito e a *mens legis,* pressupondo-se a sua racionalidade e congruência. É o que doutrina Windscheid, aduzindo que a *ratio legis* é, em suma, a finalidade que se pretendeu conseguir com a lei.[1]

5. A tendência da moderna teoria jurídica orienta-se, cada vez mais, no sentido de repelir a interpretação puramente literal e mecânica de dispositivos legais,[2] propugnando pela atividade exegética criadora e essencialmente construtiva, relacionada à sua aplicação ao fato concreto.

6. Chegou-se a assinalar, na doutrina e na jurisprudência norte-americanas, que a interpretação literal pode transformar a lei numa "caricatura grotesca" da intenção do

1. Bernardo Windscheid, *Diritto delle Pandette,* vol. I, trad. de Carlo Fadda e Paolo Emílio Bensa, Torino, Unione Tipografico-Editrice Torinese, § 21, p. 66.

2. Arnoldo Wald, "Os Métodos Modernos de Interpretação", in *Revista de Direito Civil*, vol. 31, p. 7.

legislador, sendo que a maturidade e o desenvolvimento do direito se evidenciam quando os magistrados dão maior ênfase aos propósitos e objetivos da lei do que às palavras por ela empregadas.[3]

7. Nosso Supremo Tribunal Federal, à semelhança da Suprema Corte norte-americana, admite que deve exercer o papel eminentemente construtivo do direito, "com as mesmas funções de freio e também de acelerador do Poder Legislativo", cabendo-lhe ainda as de "cientista político, legislador trabalhista, elaborador de diretrizes políticas *(policy maker)* e economista".[4]

8. Os autores europeus contemporâneos, por sua vez, ressaltam a teoria da "lógica do razoável", no sentido de que seja perquirido, sempre, na aplicação do direito à situação concreta, a conciliação dos princípios da eqüidade com os princípios da segurança jurídica, de modo que a solução encontrada realce os valores sociais e econômicos envolvidos.[5]

9. Neste sentido, salientou-se que existe, no tocante ao direito, uma dialética do formalismo e do pragmatismo, o primeiro mais vinculado à letra da lei e à tradição e o segundo dando maior ênfase às conseqüências da aplicação da lei, num certo momento, dentro do contexto existente numa sociedade determinada. Cogitou-se também de uma outra dialética que poderia opor, de um lado, a razão e a realidade, como elementos objetivos, e, de outro lado, a vontade e a valorização, ingredientes subjetivos, cabendo ao juiz, ou ao administrador, contabilizar todos esses elementos, numa verdadeira colaboração com o legislador.[6]

3. Jerome Frank, *Courts on Trial,* Princeton, Princeton University Press, 1950, pp. 292 e ss.

4. Min. Aliomar Baleeiro, no Voto proferido nos ERE 75.504.

5. Chaim Perelman, *Logique Juridique, Nouvelle Rhétorique,* Paris, Dalloz, 1975, pp. 105 e ss. e 135, e *La Réforme de l'Enseignement du Droit et la Nouvelle Réthorique,* Archives de Philosophie du Droit, Paris, Sirey, t. XIX, pp. 168-169.

6. Chaim Perelman, *Éthique et Droit,* Éditions de l'Université de Bruxelles, 1990, pp. 440-441.

10. Foi na realidade, essa interpretação construtiva, a *construction* do direito anglo-saxão que permitiu uma relativa permanência de importantes diplomas legislativos durante longo tempo e não obstante as grandes transformações sofridas, em todos os setores, pela sociedade. Foi, em certo sentido, o que aconteceu com a Constituição norte-americana e com o Código Napoleão, com cerca de duzentos anos de vigência a até com o nosso Código Civil, cuja elaboração data da última década do século passado.

11. Assim sendo, partindo da moderna metodologia da interpretação jurídica, pode-se afirmar que a tarefa do intérprete e do aplicador da lei é a mais construtiva possível, ultrapassando a mera interpretação literal do texto normativo, para aprofundar-se na *ratio* investigando os objetivos e finalidades visados pelo legislador, sem descurar da necessária ênfase aos aspectos sociais e econômicos envolvidos, de modo a evitar injustiças e iniqüidades.

12. Nesse diapasão, a Lei de Introdução ao Código Civil, no enunciado do art. 5º, consagrou a exegese integrativa da lei que se aplica tanto ao magistrado como às autoridades administrativas incumbidas de interpretar e dar aplicação às disposições legais:

"Na aplicação da lei, o juiz atenderá aos fins sociais a que ela se dirige e às exigências do bem comum".

13. Portanto, *in casu,* à luz destas premissas e diretrizes exegéticas é que a autoridade, que tem a seu cargo a aplicação da lei ao caso concreto, deve examinar e definir os limites e os casos nos quais podem ocorrer as emissões de ações por companhias controladas por capitais estrangeiros.

14. Há mais de trinta anos, o objetivo do legislador, quando da instituição do regime do capital estrangeiro, ao erigir a norma impressa no art. 40, foi o de somente permitir a utilização do então muito incipiente e ainda quase inexistente mercado de capitais brasileiro por empresas estrangeiras que pretendessem nacionalizar, ao menos parcialmente, o seu capital, ou seja, que buscassem, via distribuição pública de ações votantes, contar com a presença dos subscritores brasileiros nas suas assembléias gerais, permitindo, dessa forma, a sua influência nas decisões empresariais.

15. Segundo Herculano Borges da Fonseca, a finalidade da disciplina, à época, de conjuntura de crédito estreita, foi a de evitar a utilização do mercado interno nacional, "onde prepondera a procura sobre a oferta, de modo cada vez mais intenso, para o levantamento de fundos destinados a empresas controladas do Exterior, vale dizer, empresas localizadas e controladas por residentes de países mais capitalizados, e que, conseqüentemente, deveriam suprir com o capital que se fizer necessário, as empresas localizadas no Brasil, por elas controladas ou a elas subordinadas".[7]

16. Entretanto, arremata Borges da Fonseca, a colocação no mercado de capitais, de ações com direito a voto, emitidas por empresas estrangeiras, na medida em que permitem aos brasileiros interferir na gestão destas empresas, tem por efeito "induzir à nacionalização parcial e progressiva das companhias que se utilizam do mercado de capitais brasileiros para seu engrandecimento".[8]

17. Em parecer publicado em 1972, sob o título "Emissão de Ações Preferenciais por Empresa Estrangeira Sediada no Brasil", afirmamos que o artigo 40 da Lei n. 4.131, de 3.9.62, tinha sido revogado com base nos seguintes e principais fundamentos de direito:[9]

a) a Lei do Mercado de Capitais (Lei n. 4.728 de 1965) regulou, por completo, a matéria relativa ao acesso ao sistema financeiro nacional e ao mercado de capitais de empresas estrangeiras, ficando, assim, revogada ou derrogada a regulamentação existente sobre esta mesma matéria na Lei n. 4.131/62, em virtude do disposto no art. 2º, § 1º, da Lei de Introdução ao Código Civil;[10]

b) a derrogação decorreu, ainda, da incompatibilidade entre os dois textos (das Leis ns. 4.131 e 4.728), que são inconciliáveis quanto às competências para estabelecer as restrições e quanto à filosofia aplicável na matéria, pois o diploma de 1962 estabelece normas gerais e permanentes, enquanto a Lei n. 4.728 só admite as restrições ao capital estrangeiro em circunstâncias excepcionais;

c) o art. 23, § 5º, *b*, da Lei n. 4.728 não considerou como utilização do mercado financeiro nacional a emissão de debêntures conversíveis em ações e *a fortiori* o lançamento de ações sem distinguir entre as ordinárias e as preferenciais;

d) as normas sobre as sociedades de capital aberto constituem um direito especial, com um tratamento próprio na sistemática jurídica brasileira, não se lhe aplicando necessariamente as regras de direito comum, e, na regulamentação específica dessa categoria de empresas não se tinha feito, até o momento da divulgação do referido parecer (em 1972), qualquer distinção entre as sociedades anônimas de capital aberto nacionais e estrangeiras ou controladas por capital estrangeiro.

e) a norma do art. 40 da Lei n. 4.131/62 não mais atendia à finalidade desejada pelo legislador da época de sua edição, já que inexistia, por ocasião da publicação do mencionado parecer, em relação aos papéis novos para lançamento na Bolsa, um ex-

7. Herculano Borges da Fonseca, *Regime Jurídico do Capital Estrangeiro*, Ed. Letras e Artes, RJ, 1963, p. 146.

8. Herculano Borges da Fonseca, ob. e loc. cits.

9. Arnoldo Wald, "Emissão de Ações Preferenciais por Empresa Estrangeira Sediada no Brasil", in *Estudos e Pareceres de Direito Comercial*, Ed. RT, 1972, vol. I, pp. 111-119.

10. Art. 2º, § 1º, da Lei de Introdução ao Código Civil: "*A lei posterior revoga a anterior* quando expressamente o declare, quando seja com ela incompatível ou *quando regule inteiramente a matéria de que tratava a lei anterior*" (os grifos são nossos).

cesso de oferta sobre a procura, reconhecendo-se, ao contrário, a necessidade da abertura de capital por um maior número de empresas, situação que perdura no presente momento, pois, enquanto crescem a economia do país e o mercado de capitais, o número das sociedades anônimas abertas não tem crescido, sofrendo até injustificada redução com o fechamento do capital de várias empresas, nos últimos anos.[11]

18. No entanto, naquela oportunidade, o Banco Central do Brasil não acolheu esse entendimento, considerando vigente a restrição da Lei n. 4.131/62, embora não tenha divulgado texto oficial sobre a matéria.[12]

19. Após o nosso parecer de 1972, duas importantes leis foram editadas: a Lei n. 6.404, de 15 de dezembro de 1976 — que revogou o Decreto-lei n. 2.627, de 26.9.40, passando a reger as sociedades por Ações, e a Lei disciplinadora do Mercado de Valores Mobiliários — Lei n. 6.385, de 7 de dezembro de 1976 — que passou, em substituição à Lei n. 4.728/65, a disciplinar a emissão e a distribuição de valores mobiliários no mercado, bem como a intermediação e negociação neste mercado.

20. Nenhum destes dois diplomas, que passaram a regular inteiramente toda a matéria relativa à emissão de ações e outros títulos, por sociedades anônimas, e a sua colocação no mercado de valores mobiliários, trouxe em seu bojo qualquer dispositivo restritivo à emissão de ações preferenciais por empresas controladas por capitais estrangeiros.

21. Ao contrário, a legislação de 1976 é inteiramente voltada a promover o desenvolvimento ordenado e regular do mercado, com disposições de fomento para as emissões de valores mobiliários, estimulando a abertura e a democratização do capital das companhias.

22. Por outro lado, descabe, na espécie em estudo, o argumento baseado no princípio exegético de que "a disposição geral posterior não revoga a especial" *(lex posterior generalis non derrogat legi priori speciali),* na medida em que a disposição do art. 40, por estar impressa no capítulo das disposições relativas ao crédito, ostentaria um caráter de norma especial em relação às normas relativas ao mercado de valores mobiliários.

23. Para refutar esse argumento, vale invocar as lições do consagrado civilista Carlos Maximiliano, que, explicando esse preceito clássico afirma:

"*Pode a regra geral* ser concebida de modo que exclua qualquer exceção; ou enumerar taxativamente as únicas exceções que admite; ou, finalmente, *criar um sistema completo e diferente do que decorre das normas positivas anteriores: nesses casos o poder eliminatório do preceito geral recente abrange também as disposições especiais antigas. Mais ainda: quando as duas leis regulam o mesmo assunto e a nova não reproduz um dispositivo particular da anterior, considera-se este como ab-rogado tacitamente*" (os grifos são nossos).

24. Levada a matéria à apreciação da Comissão de Valores Mobiliários, esta foi objeto do parecer exarado pela sua Superintendência Jurídica, em 1984, concluindo pela vigência da restrição de acesso ao mercado pelas companhias controladas por pessoas não residentes no País, nos termos do art. 40 da Lei n. 4.131/62.[13]

25. As posições do Banco Central, nas décadas de 1970 a 1990 e da própria CVM, em 1984, se explicavam, em nosso entender, menos por uma motivação puramente

11. Arnoldo Wald, "O futuro do mercado de capitais", *Revista de Informação Legislativa*, n. 100, pp. 287-290; "Internacionalização, desestatização e mercado de capitais", *Revista da CVM*, n. 21, pp. 34-37, e "Modernização do mercado de capitais em 1991", *Digesto Econômico*, n. 346, pp. 6-12.

12. Arnoldo Wald, *Estudos e Pareceres*, já citados, nota de rodapé à p. 119.

13. Parecer CVM n. 26/84, publicado na *Revista Legis Bancos*, Parte 3 (Pareceres da Superintendência Jurídica).

jurídica do que em virtude da aplicação de uma política de governo existente na época. Efetivamente, havia, por parte das autoridades monetárias, uma posição nacionalista, no sentido de só permitir o controle dos bancos por empresas nacionais,[14] a não ser em casos excepcionais, nos quais não se admitia que as instituições financeiras estrangeiras captassem recursos mediante subscrição de ações sem voto. Essa política governamental se reflete inclusive na regulamentação restritiva existente na época, que, muitas vezes, foi mais severa do que a própria Lei n. 4.131.

26. Em relação à CVM, também ainda predominava, na época (em 1984), a idéia de acordo com a qual o mercado de capitais existente no país deveria ser utilizado preferencialmente por empresas controladas por brasileiros. Esta posição era também adotada, naquela fase da nossa história, pelo BNDES em relação aos financiamentos por ele concedidos.

27. Nos últimos anos, ocorreu, todavia, uma incontestável evolução no sentido tanto da abertura da economia nacional, como do reconhecimento da existência de um movimento de globalização da economia mundial, que não mais permite a manutenção das chamadas "reservas de mercado", em virtude das quais se assegurou, no passado, parte substancial da industrialização brasileira, com a substituição das importações pela produção nacional em virtude de subsídios, sob as formas as mais diversas, e de uma política protecionista.

28. Hoje, tanto o Banco Central como a Comissão de Valores Mobiliários se vêm instados a reexaminar a questão, diante do autêntico conflito que se cria entre a norma restritiva de acesso ao mercado e o ordenamento constitucional vigente a partir de 1988 e especialmente desde a Reforma Constitucional de 1995, além da evolução legislativa subseqüente às disposições legais e regulamentares acima referidas, que estimulam o ingresso do capital estrangeiro no País, conferindo-lhe, inclusive, incentivos de ordem fiscal.

29. Com efeito, a promulgação da vigente Constituição Federal, em 5 de outubro de 1988, consagrou o princípio da igualdade entre brasileiros e estrangeiros (art. 5º), depois reforçada com a Emenda Constitucional nº 6, de 15.8.95, que revogou o art. 171 da Constituição, eliminando o conceito de empresa brasileira de capital nacional. Conseqüentemente, ficaram inteiramente afastadas, tanto a diferenciação, para efeitos de proteção e privilegiamento das empresas controladas por capitais nacionais, quanto as restrições ao exercício de atividades econômicas por empresas brasileiras controladas por pessoas não residentes no País.

30. Entendemos que a nova norma constitucional, ao extinguir o conceito de empresa brasileira de capital nacional, proibiu qualquer discriminação entre empresas constituídas, sediadas e administradas no país, quer sejam nacionais ou estrangeiros os seus controladores. Efetivamente, somente a Constituição é que poderia estabelecer ou permitir tais distinções diante do princípio básico da igualdade por ela assegurada a todos os brasileiros, pessoas físicas ou jurídicas. Assim sendo, pensamos que de modo implícito aplica-se às empresas brasileiras controladas por estrangeiro o mesmo princípio que a Constituição aplica aos naturalizados no seu artigo 12, § 2º, vedando-se qualquer discriminação que não conste no texto constitucional.

31. Assim, além dos argumentos jurídicos já existentes quando demos o nosso parecer, em 1972, e dos decorrentes da legislação posterior e da evolução econômica e política do país, a razão básica para restabelecer a igualdade de empresas controladas por nacionais e estrangeiros no mercado de capitais passou a ser a incidência imediata do novo texto constitucional, que não necessita, para ser aplicado, de qualquer norma legal e em relação ao qual

14. Arnoldo Wald, "Regime dos bancos estrangeiros no Brasil", in *Digesto Econômico*, n. 273, pp. 43-50.

nenhuma norma legal ou regulamento pode estabelecer limitações, ficando revogadas as existentes no passado.

32. Acresce que no âmbito do Mercosul, é digna de destaque a celebração do Tratado para o Estabelecimento de um Estatuto das Empresas Binacionais Brasileiro-Argentinas, em 6 de julho de 1990, aprovado, no Brasil, através do Decreto Legislativo n. 26, de 1992, que confere às sociedades binacionais brasileiro-argentinas (com capital majoritariamente brasileiro-argentino) o mesmo tratamento que se outorga às empresas brasileiras de capital nacional, no tocante à tributação interna e acesso a créditos, incentivos, subsídios, compras e contratos do setor público (art. 4º).

33. Por outro lado, já se admitiu que fossem distribuídas no Brasil ações de empresa petrolífera argentina, como aconteceu em relação à Y.P.F., o que evidencia a mudança de espírito dominante, tanto na legislação, quanto na regulamentação, em relação ao capital estrangeiro e à sua atuação no mercado de capitais, inclusive para fins de captação de recursos nacionais.

34. Diante dessa nova conjuntura jurídica, econômica e de mercado do país, em confronto com a *mens legis*, subjacente ao texto do art. 40 da Lei n. 4.131/62 e diante do texto da Emenda Constitucional n. 6 e de suas repercussões na legislação ordinária, é que deve ser investigado se o dispositivo legal, anterior a este novo sistema, foi recepcionado pelo ordenamento jurídico vigorante e integra a disciplina da matéria relativa à emissão e distribuição de ações por companhias abertas.

Sem dúvida alguma, o dispositivo legal em tela foi definitivamente revogado pelas normas constitucionais e legais hoje vigentes, que traçaram um novo sistema, imbuído de novos princípios e conceitos, seja para o mercado de valores mobiliários, seja para o regime do capital estrangeiro.

Doutrina

PROTEÇÃO À MINORIA ACIONÁRIA*

JORGE LOBO

I — Direitos da minoria e direitos individuais dos acionistas

Parte da doutrina, à frente, na França, Dominique Schmidt (*Les droits de la minorité dans la société anonyme*, Sirey, 1970), e, no Brasil, Waldírio Bulgarelli (*A proteção às minorias na sociedade anônima*, Biblioteca Pioneira, 1977), distingue os direitos da minoria[1] dos direitos individuais dos acionistas, ao ensinar que os direitos da minoria garantem uma efetiva participação do acionista nos negócios sociais, enquanto os direitos individuais protegem os acionistas contra atos abusivos dos controladores e dos administradores.

Adepto esclarecido dessa corrente, o Prof. Bulgarelli pontifica:

"Enquanto os direitos conferidos aos acionistas em relação à sociedade visam a garanti-los, mantendo intocável a sua posição de acionista ou possibilitando que defendam seus interesses individuais contra o grupo ou especificamente contra a administração, já aqueles conferidos aos acionistas, como minoria, objetivam permitir que possam intervir na vida societária" (ob. cit., p. 24, n. 6), o que o levou a concluir com ênfase:

"Os direitos da minoria não se confundem assim com os direitos dos acionistas,

* Conferência proferida na Associação Comercial de São Paulo no "Ciclo de Conferências pelos 20 anos da Lei de S.A.", patrocinado pelo Instituto dos Advogados de São Paulo, pela Escola Paulista de Advocacia e pelo Instituto Brasileiro de Direito Comercial Comparado.

1. A doutrina alienígena prefere, com razão, empregar a expressão "direitos da minoria" ao invés de "direitos das minorias", como se verifica, por exemplo, em Alcover Garau, "La representación proporcional de la minoría en el consejo de administración de la sociedad anónima y el principio mayoritario en el funcionamiento de la junta general de accionistas", en *RdS*, 1994, núm. 2, pp. 83 y ss.; Asquini, "La tutela delle minoranze nelle società per azioni secondo il progetto italiano di riforma e la legge germanica del 1966", en *Scritti Graziani*, II, Napoli, 1968, pp. 47 y ss.; Bergomi, "Convocazione dell'assemblea di società per azioni: diritti della minoranza, doveri degli amministratori e provvedimenti d'urgenza", en *Giur. comm.*, 1989, II, pp. 991 y ss.; Boizard, "L'abus de minorité", en *Rev. soc.*, 1988, pp. 365 y ss.; Carlon, "Reflexiones sobre la tutela de la minoría en la sociedad de responsabilidad limitada", en *Estudios de Derecho Mercantil en homenaje a Rodrigo Uría*, Madrid, 1978, pp. 81 y ss.; Cerrai/Mazzoni, "La tutela del socio e delle minoranze", en *Riv. soc.*, 1993, pp. 1 y ss.; Dalmartello, "Osservazioni sul problema della protezione della minoranza nelle società per azioni", en *Giur. it.*, 1934, IV, pp. 54 y ss.; Dalmartello, "Limiti obiettivi del diritto della minoranza alla convocazione dell'assemblea", en *Riv. not.*, 1956, pp. 157 y ss.; De Martini, "La tutela delle minoranze nel controllo giudiziario sugli atti della società", en *Riv. dir. comm.*, 1953, II, pp. 26 y ss.; Di Lauro, "La convocazione dell'assemblea su richiesta della minoranza durante la fase di liquidazione della socielà", in *Dir. fall.*, 1987, I, pp. 237 y ss.; Duque, *Tutela de la minoría. Impugnación de acuerdos lesivos (art. 67 LSA)*, Valladolid, 1957; Embrid Irujo, *Grupos de sociedades y accionistas minoritarios. La tutela de la minoría en situaciones de dependencia societaria y de grupo*, Madrid, 1987; Espinosa Anta, "Derechos esenciales y protección a la minoría en la sociedad anónima", en *RDP*, 1976, pp. 22 y ss.; Ferrara, "La tutela delle minoranze nella società per azioni", en *Scritti minori*, I, Milano, 1977, pp. 281 y ss.; Galasso,

os quais servem também a esse escopo" (idem, p. 27, n. 9).

Para os que assim pensam, os direitos da minoria, ao mesmo passo que contrastam[2] e limitam[3] o poder de controle, objetivam intervir na vida societária e assegurar a consecução do objeto social, consoante deixou patente Mac-Coll nesta expressiva passagem:

"Os direitos da minoria podem ser facilmente confundidos com as normas atribuídas aos direitos individuais, mas que, em realidade, têm por função proteger os interesses da pessoa moral" ("Rapport aux 3e. journées franco-latines", publié à la *R.I.D.C.*, 1953.370, cit. por Schmidt, p. 2, nota 1),

O mesmo, contudo, segundo essa respeitável corrente, não se pode dizer dos direitos individuais dos acionistas, que somente legitimam a ação dos acionistas para proteção de seus interesses pessoais, como, por exemplo, na hipótese do exercício do direito de retirada nos casos expressamente previstos no artigo 137 da Lei das Anônimas.

Embora defensável a dicotomia "direitos da minoria" e "direitos individuais dos acionistas", aqueles, como se acentou, destinados a permitir uma efetiva participação dos minoritários na vida da sociedade, e estes, como destacado, objetivando a defesa dos direitos intangíveis e dos direitos modificáveis dos sócios individualmente considerados, em verdade o tema melhor se desdobra em:

(a) tutela da minoria em sentido amplo ou proteção institucional da minoria ou direitos da minoria qualificada[4] e

(b) tutela da minoria em sentido estrito ou direitos dos acionistas externos ou direitos individuais dos acionistas.

Tutela da minoria em sentido amplo ou proteção institucional dos acionistas ou direitos da minoria qualificada seria a destinada aos titulares de determinada porcentagem de ações do capital social, definida segundo critérios políticos com a finalidade de limitar ou contrastar o poder de controle.

Tutela da minoria em sentido estrito ou direitos dos acionistas externos ou direitos individuais dos acionistas seria a consagrada à proteção dos direitos dos acionistas, isoladamente considerados, independentemente do número, espécie, classe ou forma das ações que possuem.

Aceita esta classificação, pode-se, com segurança, falar em "direitos da minoria como instrumentos de tutela das minorias e do sócio individual", conforme faz Javier Juste Mencía na monografia *Los Derechos de Minoría en la Sociedad Anónima*, Navarra, 1995, pp. 29 e ss.

No Brasil, muito antes da obra de Javier Juste Mencía, o gênio de Modesto Carvalhosa já percebera, com perspicácia, a distinção, ao doutrinar:

"Poteri della minoranza nelle società di capitali", en *Le società*, 1989, pp. 787 y ss.; Giannattasio, "I poteri della minoranza nel codice e nel progetto di riforma delle società per azioni", en *Scritti Giuffrè*, III, pp. 332 y ss., Juste Mencía, "Tutela de la minoría", en *RdS*, número extraordinario, 1994, "La reforma del Derecho de sociedades de responsabilidad limitada", pp. 271 y ss.; Juste Mencía, "La partecipazione della minoranza nella nomina degli amministratori di società per azioni: sulla possibilità di introdurre un sistema proporzionale di elezione", en *Giur. comm.*, 1993, I, pp. 961 y ss.; Mazzoni, "La tutela delle minoranze azionarie", en Rotondi, *Inchieste di Diritto Comparato, V, I grandi problemi delle società per azioni nelle legislazioni vigenti*, T. II, Padova, 1976, pp. 1.023 y ss.; Schmidt, D., *Les droits de la minorité dans la société anonyme*, Paris, 1970.

2. Cfr. D. Schmidt, ob. cit., p. 15, n. 21, que ensina possuir a minoria um poder concorrente, capaz de rivalizar com o do majoritário.

3. Cfr. Joaquin Guarrigues, *Hacia un Nuevo Derecho Mercantil*, Madrid, 1971, p. 149, que afirma possuir a minoria ou acionista individualmente considerado o direito de resistir ao majoritário.

4. Na Itália, sobretudo, essa categoria tem sido denominada "direitos da minoria qualificada", conforme Ferrara-Corsi, *Gli imprenditori e la società*, Milão, 1987, p. 587, e Cerra-Mazzoni, "A tutela do sócio e da minoria", *Rev. Soc.* 1993, pp. 1 e ss.; "proteção institucional do acionista", cfr. Schmidt, K., "Gesellschaftsrecht", *apud* Javier Juste Mencía, ob. cit., p. 56, nota 69; na Espanha, "tutela da minoria em sentido amplo ", cfr. Javier Mencía, p. 56.

"Ainda que os direitos fundamentais visem inclusive a proteção da minoria, não se deve confundi-los. Os direitos individuais aplicam-se a qualquer acionista, independentemente do percentual de ações que detenha. São atributos jurídicos que advêm da qualidade de subscritor do capital social e não apenas da de membro da assembléia geral, mesmo porque esta não pode majoritariamente modificar esses direitos, ainda que o acionista pertença ao grupo de controle. Já os direitos da minoria propriamente ditos pressupõem a existência de um bloco significativo de ações possuídas por um ou mais acionistas não detentores do controle. Os direitos da minoria são exercidos, tendo em vista a dupla satisfação do interesse do minoritário e da própria companhia, face à atuação dos controladores e dos órgãos da companhia (art. 112).

"É preciso, portanto, distinguir essas duas categorias de direitos, reservando-se o nome de direitos individuais às prerrogativas que cabem aos acionistas, na sua qualidade plena de sócios, sem qualquer distinção quanto à sua posição eventual de controladores ou de minoritários" (*Comentários à Lei de S.A.*, Saraiva, 1978, 4º vol., p. 38).

II — Os grupos minoritários de poder e as maiorias dispersas

Nas sociedades anônimas fechadas de pequeno, médio ou grande patrimônio, mas de poucos acionistas, é fácil identificar o acionista ou grupo controlador e o acionista ou grupo minoritário, pois o processo decisório obedece ao princípio majoritário no âmbito das assembléias gerais.

Nas companhias abertas, contudo, em que, regra geral, a maioria dos acionistas não se interessa pelo exercício diuturno e permanente da atividade empresária, o problema da proteção desses inúmeros sócios anônimos identifica-se, paradoxalmente, em certo sentido com a tutela da minoria (cfr. Javier Juste Mencía, ob. cit., p. 34),[5] o que levou De La Cámara a proclamar:

"Em rigor, um dos grandes problemas que o Direito das Sociedades Anônimas tem de resolver não é tanto a tutela da minoria, senão de proteger a chamada, exatamente, 'maioria desorganizada'" (*Estudios de Derecho Mercantil*, Madrid, 1977, p. 74, nota 18), o que impõe uma definição precisa do que se deve entender por minoria e, em conseqüência, quem deve merecer, por ostentar essa qualidade, o amparo da Lei das Anônimas.

III — Conceito de minoria

A doutrina estrangeira tem acentuado a dificuldade de formular um conceito unívoco de minoria (Cavazzuti, "A proposito delle assemblee separate di societá cooperative e di tutela delle minoranze, *Giur. it.*, 1968, I, pp. 117 e ss., e Giorgeri, "Delegati delle assemblee separate in assemblea generale e tutela delle minoranze", *Riv. dir. comm.*, 1978, I, pp. 41 e ss.), sustentando o caráter relativo dos termos maioria e minoria e de como variam em função dos diferentes casos concretos que ocorrem no seio da sociedade anônima.

Discorrendo sobre o intrincado tema, Wiedemann afirma: "Denominamos minoria ao círculo de pessoas de uma sociedade ou corporação, que, de forma duradoura e institucional, não tem influência na atividade da sociedade" ("Gesellschaftsrecht", *apud* Javier Juste Mencía, ob. cit., p. 47, nota 45).

Este conceito, simples, claro e abrangente, engloba as diversas diferentes clas-

5. A propósito, o Prof. Bulgarelli, em sua monografia *A Proteção às Minorias*, cit., observa: "Sem dúvida que a dispersão excessiva dos acionistas possibilita a um pequeno grupo, coeso, tomar o controle da sociedade, face ao que já vimos, como Ascarelli e outros autores chegaram a constatar, que, em geral, o problema da proteção às minorias se convertia, no fundo, em proteção às maiorias" (p. 17, n. 1).

ses de acionistas, porquanto a todos une o fato de não exercerem qualquer influência nas atividades empresariais da sociedade, quer se estude o assunto sob a ótica da clássica divisão de rendeiros e especuladores (além dos empresários, hoje controladores), quer se leve em conta a participação do acionista no capital votante da companhia, em que se define a sua categoria em função do resultado da votação nas assembléias gerais, quer se tenha em mente os milhões de acionistas "passivos" de todo o mundo que possuem ações das gigantescas multinacionais.

IV — Os focos de conflitos no âmbito das anônimas

Os acionistas de uma sociedade anônima, quando reunidos em assembléia geral, devem votar no interesse social da companhia, conforme, com a melhor doutrina, preconiza o artigo 115 da Lei de S.A.

Embora a valoração do interesse social seja uma atribuição do grupo de controle, que detém, nos conclaves de acionistas, maior número de ações com direito de voto, os administradores também têm o dever de gerir a sociedade para "lograr os seus fins e interesses, satisfeitas as exigências do bem público e a função social da empresa" (art. 154 da Lei de S.A.), assim como esse dever se impõe aos minoritários, na esteira do disposto no citado artigo 115, sobretudo nos países, como o nosso, em que o caráter institucional da empresa suplantou a doutrina contratualista.

Como, muitas vezes, são diferentes, se não inconciliáveis e até antagônicas, as idéias desses diversos grupos (controladores, administradores e minoria) em relação ao que se deve entender por interesse social, surgem, amiúde, litígios entre (a) controladores e minoritários, (b) controladores e administradores e (c) minoritários e administradores.

Os litígios entre controladores e minoritários podem dar-se:

(a) no âmbito da assembléia geral, que se resolvem com a aplicação fria do princípio majoritário, sem prejuízo de eventual ação anulatória do minoritário prejudicado, ou

(b) quando os controladores decidem adotar políticas administrativas, através de seus prepostos no conselho de administração e na diretoria, que contrariam os interesses dos minoritários, que se solucionam, as mais das vezes, através de demandas judiciais anulatórias e de perdas e danos.

Os litígios entre controladores e administradores se resolvem através da demissão *ad nutum*, e, quando entre minoritários e administradores, através das ações de responsabilidade civil previstas no artigo 158 da Lei de S.A. e anulatórias de atos lesivos ao patrimônio social.

Para bem resolver tais litígios, é mister conhecer a lição da doutrina sobre tutela da minoria em sentido amplo ou proteção institucional da minoria ou direitos da minoria qualificada e tutela da minoria em sentido estrito ou direitos dos acionistas externos ou direitos individuais dos acionistas.

V — Direitos da minoria qualificada

Os direitos da minoria qualificada apresentam-se, segundo os idealizadores dessa corrente, sob diferentes formas, a saber:

a) normas imperativas que limitam o poder do controlador e

b) direitos de bloqueio.

O legislador, através de normas cogentes, inderrogáveis, portanto, pela vontade dos acionistas, limita, em benefício dos minoritários, a atuação dos controladores e administradores da companhia, como, por exemplo, entre vários outros casos, se dá quanto:

1) à forma especial de convocação e instalação das assembléias gerais de acionistas;

2) à exigência peremptória de, nos avisos de convocação das assembléias ge-

rais, constar, de forma clara e pormenorizada, as matérias que serão submetidas à deliberação;

3) à prévia publicação dos documentos da administração;

4) ao *quorum* qualificado para deliberar sobre determinadas matérias;

5) ao uso do poder de controle;

6) aos deveres de diligência, lealdade e informação dos administradores.

Os "direitos de bloqueio", também chamados "direitos negativos" ou "direitos passivos", possuem, também, natureza procedimental e consistem no aumento, por meio de normas estatutárias categóricas, do *quorum* necessário a certas deliberações, podendo chegar a estabelecer uma maioria qualificada ou, até mesmo, a unanimidade, muitos o considerando um "direito de veto".

De nossa parte, embora aceitando e louvando a classificação "tutela da minoria em sentido amplo" ou "proteção institucional da minoria" ou "direitos da minoria qualificada", pensamos, fiéis à definição ministrada no item I *supra*, que somente se enquadram, com exatidão, nessa categoria os direitos, assegurados, expressamente, por normas cogentes, dos titulares de determinada porcentagem das ações em que se divide o capital social, de que são exemplos marcantes, na nossa Lei de Anônimas:

a) o direito dos acionistas, que representem, pelo menos, cinco por cento do capital social, exigirem a exibição integral dos livros da companhia, quando existirem fundadas suspeitas de atos violadores da lei e do estatuto social ou de graves irregularidades praticadas por quaisquer órgãos da administração (art. 105 da Lei de S.A.);

b) quando os administradores da companhia não atenderem, no prazo de oito dias, a pedido de convocação, devidamente fundamentado, com indicação das matérias a serem tratadas, o direito dos acionistas, titulares, no mínimo, de cinco por cento do capital votante, convocarem a assembléia geral (art. 123, par. único, *c*, da Lei de S.A.);

c) nas companhias fechadas, o direito dos acionistas, que representem cinco por cento, ou mais, do capital votante, serem convocados, por telegrama ou carta registrada, para comparecer à assembléia geral (art. 124, § 3º, da Lei de S.A.);

d) o direito dos acionistas, detentores de ações, com ou sem voto, que representem meio por cento, ou mais, do capital social, solicitarem relação de endereços dos acionistas aos quais a companhia enviou pedidos de procuração, para o fim de remeterem novo pedido (art. 126, § 3º, da Lei de S.A.);

e) o direito dos acionistas, que representem cinco por cento, ou mais, do capital social votante, receberem diretamente da companhia, por correio, os documentos da administração discriminados no artigo 132, I a IV, da Lei n. 6.404/76 (art. 133, § 3º, da Lei de S.A.);

f) na eleição dos membros do conselho de administração, o direito dos acionistas, titulares de determinada fração do capital social votante, requererem a adoção do processo do voto múltiplo (art. 141 da Lei de S.A.);

g) o direito dos acionistas, que representem cinco por cento, ou mais, do capital social, exigirem do administrador da companhia aberta que revele à assembléia geral os fatos discriminados nas alíneas *a* a *d* do § 1º do artigo 157 da Lei n. 6.404, de 1976 (art. 157, § 1º, da Lei de S.A.);

h) o direito dos acionistas, que representem, no mínimo, um décimo das ações com direito de voto, ou cinco por cento das ações sem direito de voto, pedirem a instalação do conselho fiscal (art. 161, § 2º, da Lei de S.A.);

i) o direito dos acionistas, que representem, em conjunto, dez por cento ou mais das ações com direito de voto, de elegerem em votação em separado um membro e respectivo suplente do conselho fiscal (art. 161, § 4º, *a*, da Lei de S.A.);

j) nos casos de alienação de controle de companhia aberta, o direito dos minoritários receberem tratamento igualitário, mediante simultânea oferta pública para aquisição de suas ações (art. 254, § 1º, da Lei de S.A.).

VI — Direitos individuais dos acionistas

Por não concordarmos com a orientação da doutrina estrangeira a respeito da tutela da minoria em sentido estrito, que subdivide o seu estudo sob uma perspectiva material e uma perspectiva formal, aquela limitando os direitos da minoria aos casos de impugnação das decisões majoritárias, esta sustentando que os direitos da minoria qualificada se identificam com os direitos do sócio ou sócios que alcancem uma determinada participação no capital social (cfr. Javier Juste Mencía, ob. cit., pp. 66 e ss.), ficaremos, mais uma vez, fiéis à definição ministrada no item I *supra*, preferindo, entretanto, adotar a denominação "direitos individuais dos acionistas".

De início, cumpre-nos chamar atenção, estribados em Waldirio Bulgarelli, para as dificuldades das classificações:

"... dos direitos individuais dos acionistas que se iniciam com a terminologia, pois os autores se referem a direitos próprios, direitos individuais, direitos intangíveis, direitos essenciais, direitos adquiridos, direitos materiais, direitos instrumentais, etc." (ob. cit., p. 30).

Na Itália, recorda ainda o Prof. Bulgarelli, Brunetti classifica os direitos individuais:

"1) quanto ao fim, em direitos individuais patrimoniais (contra a sociedade) e direitos sociais administrativos (dentro da sociedade); 2) quanto à sua pertinência, aqueles que competem a todos os acionistas e os que competem a determinadas categorias de sócios; 3) quanto à pessoa autorizada, os que conferem ações aos sócios individualmente ou a grupo de acionistas (minoria); 4) quanto à fonte, em sociais coletivos e sociais individuais (que não podem ser suprimidos pela maioria); 5) quanto à essência, os insuprimíveis e os patrimônios modificáveis pela Assembléia; 6) quanto ao conteúdo econômico e jurídico, os que são relativos à organização da sociedade (direitos primários) e os subordinados (para a realização dos direitos primários)" (idem, p. 30).

No Brasil, a doutrina, em maioria expressiva, classifica os direitos individuais dos acionistas em direitos intangíveis ou essenciais e direitos modificáveis, aqueles previstos no artigo 109 da Lei n. 6.404, de 1976, e estes em dispositivos diversos, como veremos a seguir.

De acordo com o artigo 109 da Lei n. 6.404, de 1976, são direitos essenciais ou intangíveis:

a) participar dos lucros sociais;

b) participar do acervo da companhia, em caso de liquidação;

c) fiscalizar, na forma prevista em lei, a gestão dos negócios sociais;

d) preferência para subscrição de ações, partes beneficiárias conversíveis em ações e bônus de subscrição;

e) retirar-se da sociedade nos casos previstos nessa lei.

Além desses direitos, intangíveis, irrenunciáveis e inderrogáveis, muitos outros, igualmente essenciais, prevê a Lei de S.A., como o:

"a) direito de tratamento igualitário na alienação de controle da companhia, mediante oferta pública simultânea (art. 254);

"b) direito do acionista de livremente negociar suas ações, não podendo as eventuais limitações estatutárias da companhia fechada impedir o exercício de tal direito (art. 36);

"c) prerrogativa do acionista de negociar direitos patrimoniais isolados, tais como os de subscrição preferencial (art. 171) e os cupons referentes a dividendos (art. 26);

"d) direito de conversibilidade da forma de suas ações, dentro do tratamento diverso dado, na espécie, às companhias abertas e fechadas (art. 22);

"e) direito de participar das assembléias e nelas discutir os assuntos da pauta (art. 125);

"f) direito de exigir a autenticação de cópia ou exemplar das propostas, proposições, protestos e declarações de voto oferecidos em assembléia geral cuja ata seja lavrada de forma sumária (art. 130);

"g) direito de requerer a redução a escrito dos esclarecimentos prestados pelos administradores e de exigir o fornecimento pela mesa da assembléia da respectiva cópia (art. 157);

"h) direito de convocar assembléia geral, quando os administradores retardarem por mais de sessenta dias a convocação prevista em lei ou no estatuto (art. 123);

"i) direito de propor ação de responsabilidade contra administradores, em nome próprio (art. 159);

"j) direito de propor ação de responsabilidade contra os administradores, por substituição processual da companhia (art. 159);

"l) direito de propor ação de anulação dos atos constitutivos da companhia" (art. 206) (cfr. Modesto Carvalhosa, ob. e vol. cits., p. 40).

a) Direito individual de participar dos lucros sociais

Observe-se, de início, calcado na autoridade de Comparato, que os acionistas têm "o direito de participar dos lucros sociais já apurados e o direito de crédito ao pagamento de sua quota-parte nos lucros cuja distribuição foi deliberada" ("O direito ao lucro nos contratos sociais", in *Direito Empresarial*, Saraiva, 1990, p. 152), destacando Carvalhosa que se impõe distinguir o direito aos lucros ou dividendos do seu exercício, ensinando que "a prerrogativa é imutável, intangível e irrenunciável. O seu exercício, no entanto, depende de um fato jurídico que pode não ocorrer em determinadas épocas, qual seja a apuração regular e, portanto, real de um lucro societário" (ob. e vol. cits., p. 42).

A Lei n. 6.404, de 1976, em diversos dispositivos, assegura efetiva proteção ao direito individual dos acionistas à partilha dos lucros ou dividendos, como se verifica sobretudo dos artigos:

a) 202, que instituiu o dividendo obrigatório, e

b) 152, 202 e 295, que restringem a participação dos administradores nos lucros da companhia, quando não houver distribuição do dividendo obrigatório.

No tocante à proteção jurisdicional, recorda Carvalhosa:

"Têm os tribunais determinado a dissolução da companhia, uma vez constatada a não-distribuição de dividendos durante vários exercícios.

"E no tocante a dividendos fixos, os tribunais têm entendido que cabe ação de cobrança, diretamente, uma vez demonstrado o desvio de poder dos órgãos da administração da companhia.

"E quanto ao direito propriamente dito, qualquer deliberação da assembléia, com ou sem modificação estatutária que, direta ou indiretamente, o lese, cabe ação de nulidade (art. 286), sem embargo da ação de responsabilidade penal e civil dos responsáveis (art. 287)" (idem).

b) Participar do acervo da companhia, em caso de liquidação

O artigo 109, II, que garante aos acionistas o rateio do patrimônio líquido da companhia, deve ser interpretado em conjunto com os artigos 208 e ss. e 215, que se destinam a regular a forma de liquidação da companhia (arts. 208 a 214) e partilha do ativo entre os acionistas (art. 215).

Os artigos 109, II, e 215, § 2º, da Lei de S.A. garantem aos acionistas minoritários:

a) o direito de pleitearem a suspensão da partilha do ativo, se não consumada, se provarem que as condições especiais da partilha visam a favorecer a maioria, e

b) o direito de pleitearem indenização dos majoritários pelos prejuízos causados, se já consumada a partilha, desde que provem a prática de fraude em benefício da maioria.

c) Fiscalizar a gestão dos negócios sociais

Um estudo sistemático da Lei de S.A. leva à conclusão que a fiscalização da gestão dos negócios sociais pode ser realizada direta ou indiretamente.

Diretamente (a) através do exame, auxiliado por advogados, economistas, administradores de empresas, auditores e contadores, dos documentos da administração (art. 133 da Lei de S.A.) e (b) da participação ativa nas assembléias gerais (arts. 125 e 126 da Lei de S.A.), podendo, inclusive, pedir (1º) esclarecimentos aos administradores e ao auditor (art. 134, § 1º, da Lei de S.A.), (2º) o adiamento da deliberação e (3º) a realização de diligências (art. 134, § 2º, da Lei de S.A.).

Indiretamente, através de representantes no conselho de administração (art. 142, III, da Lei de S.A.), quando tiver sido adotado o processo de voto múltiplo (art. 141 da Lei de S.A.), e no conselho fiscal (art. 161, § 4º, *a*, da Lei de S.A.).

Além desses mecanismos extra-judiciais de fiscalização, os minoritários, que representem, pelo menos, cinco por cento do capital social, dispõem de ação judicial de exibição por inteiro dos livros da companhia, quando sejam apontados atos violadores da lei ou do estatuto ou haja fundada suspeita de graves irregularidades praticadas por quaisquer órgãos da companhia (art. 105 da Lei de S.A.), obtemperando, contudo, Waldirio Bulgarelli que, quando os minoritários apontam atos violadores da lei ou do estatuto: "... a ação que lhe cabe não é a de exibição de livros, mas a de responsabilidade da administração; assim também no caso de suspeitas de graves irregularidades, que, evidentemente, para se evitar o tumulto da citada norma da sociedade, há de ser bem fundada" (ob. cit., p. 61), opinião, aliás, defendida em outro estudo, quando assevera:

"A possibilidade de pedir a exibição judicial dos livros da companhia por inteiro pode, contudo, transformar-se em meio de pressão para certos acordos ou formas de companhia concorrente assenhorear-se das técnicas utilizadas por outra companhia. Temos para nós, portanto, que essa possibilidade de exigir a exibição judicial dos livros por inteiro é hoje totalmente descabida no âmbito das sociedades anônimas, tanto mais que basta uma porcentagem ínfima de ações, o que não será difícil adquirir" ("Exibição Judicial de Livros das Sociedades Anônimas", in *Estudos e Pareceres de Direito Empresarial*, Ed. RT, p. 165), no que é contraditado por Fran Martins, ao lecionar:

"Para que seja ordenada, judicialmente, a exibição, por inteiro, dos livros, não há necessidade de provar o requerente, de modo preliminar, os atos violadores da lei ou do estatuto ou as irregularidades praticadas por qualquer órgão da companhia; esses fatos devem ser *apontados* pelos requerentes, só ficando provados, naturalmente, depois de feito o exame resultante da exibição dos livros. O que ao requerente cabe fazer é especificar, com clareza, as suas *suspeitas* ou *apontar* os atos, que por acaso foram praticados pela sociedade, violadores da lei ou do estatuto" (grifos do original, *Comentários à Lei de S.A.*, Forense, 1ª ed., 1º vol., p. 578, n. 445).

O Código de Processo Civil, a seu turno, nos artigos 355 a 363 e 381 e 382, prevê a exibição incidental de documento ou coisa e os artigos 796 e 844 e ss., ação cautelar de exibição, como medida preparatória da ação principal, sendo legitimado ativo qualquer acionista ou grupo de acionistas, em litisconsórcio ativo, que detenha, pelo menos, cinco por cento do capital social, podendo ser reduzido, a critério da CVM, no caso de companhia aberta, esse percentual.

d) Preferência para subscrição de ações, partes beneficiárias conversíveis em ações, debêntures conversíveis em ações e bônus de subscrição

Como assinala, de novo com penetração, Carvalhosa, o direito de preferência, embora previsto como essencial no inciso IV do artigo 109 da Lei de S.A., constitui, em verdade, "um direito relativo por excelência, na medida em que a lei estabelece diversas limitações e exceções ao princípio (arts. 171 e 172)" (ob. e vol. cits., p. 48).

A norma do inciso IV do artigo 109 tem por escopo permitir ao sócio, querendo, manter íntegra a sua participação societária, garantindo-lhe, em conseqüência, sempre idêntica participação nos lucros da companhia e, por igual, os direitos que a lei reconhece ao titular de determinadas parcelas do capital social votante, como minoria qualificada.

e) Retirar-se da sociedade nos casos previstos em lei

De acordo com os artigos 109, V, c/c 137 da Lei de S.A., os acionistas dissidentes das deliberações sobre as matérias discriminadas nos incisos I a VIII do artigo 136 podem exercer o direito de recesso, mediante o reembolso do valor de suas ações.

O tema, até então praticamente pacífico, tornou-se controvertido com a publicação da Lei 7.958, de 20.12.1989, que suprimiu o direito de retirada do acionista nas hipóteses de fusão, incorporação, cisão ou participação em grupos de sociedades.

Entre as críticas, surgidas logo após a edição da lei, destacam-se:

a) Segundo a Apinvest-Associação de Pequenos Investidores, a Lei 7.958/89:

1º) foi "redigida para enganar o leitor"; 2º) representa um "retrocesso acionário e afronta aos princípios da Constituição Federal (direito adquirido), marcada por conquistas sócio-econômicas"; 3º) é uma "forma elitista de participação no mercado acionista, assim como a taxação de dividendos"; 4º) "beneficia apenas as grandes empresas, em especial bancos múltiplos em fase de associações"; 5º) "atrofia o mercado de capitais".

b) Jornal *O Globo* de 11.9.90: "medida absurda porque a fusão e a incorporação representam mudanças importantes na estrutura da companhia".

c) Jornal *Folha de S. Paulo* de 12.1.90: "criada por conveniência da Varig que desejava incorporar a Companhia Aérea Cruzeiro do Sul".

d) Na mesma edição do jornal *Folha de S. Paulo*: "projeto antidemocrático, que agride o direito das minorias, segundo Ferro Costa, Consultor da República".

e) Ainda na mesma edição da *Folha de S. Paulo*: "desmoralização do Congresso Nacional segundo Modesto Carvalhosa".

f) Para o presidente da Abamec: "instrumento esdrúxulo e unilateral de intervenção do governo no mercado".

g) Para o Dep. Fernando Gasparian: "contra a tendência observada no mundo de defender acionistas minoritários, acabamos de aplicar-lhes mais um golpe".

Em defesa da nova redação do art. 137 da Lei 6.404/76, pode-se apontar as seguintes opiniões divulgadas pela *Folha de S. Paulo*, edição de 12.1.90: 1º) "abole a indústria da dissidência, que favorecia os que vendiam ações pelo valor patrimonial"; 2º) "modernização da legislação" (opinião de Paulo Ramos); 3º) "evita a manipulação do patrimônio da empresa pelos minoritários"; 4º) "os acionistas minoritários compram ações pelo preço de mercado e devem vender assim também"; 5º) "favorece fusões e cisões, facilitando a privatização de empresas".

O Deputado Edson Lobão (PFL-MA), autor do Projeto da Lei n. 7.958/89, na edição do dia 11.1.90 da *Gazeta Mercantil*, esclareceu que tinha por escopo, ao elaborá-lo: 1º) "defender a agilidade das sociedades anônimas"; 2º) "evitar que os pequenos acionistas embaracem a vida dinâmica das empresas".

Entre os estudiosos, que defendem a tese de que, não revogado, expressamente, o artigo 230 da Lei n. 6.404, de 1976, pela Lei Lobão, subsiste, no Direito brasileiro, o direito de retirada nos casos de fusão, incorporação e cisão, alinham-se, pela ordem de publicação de seus trabalhos: (1) Mauro Rodrigues Penteado, *RDM* 77/29; (2) Rubens Aprobato Machado, *RDM* 82/46; (3) Paulo Salvador Frontini, *RDM* 86/71; (4) Modesto Carvalhosa, *RDM* 96/21, e (5) Norma Jansen Parente, *RDM* 97/67.

Entre os que sustentam, em virtude da promulgação da Lei Lobão, não mais dispor o acionista do direito intangível do recesso nos casos de fusão, incorporação, cisão e formação do grupo de sociedades, temos, também pela ordem de publicação de seus estudos: (1) o autor, *RT* 664/43; (2) Joaquim Antonio de C. Penalva Santos, "Incorporação, Fusão e Cisão", in *Sociedade Anônima*, IBCB, 1993, obra conjunta, p. 120; (3) Waldirio Bulgarelli, *RDM* 95/71; (4) Alfredo Lamy Filho, *A Lei de S.A.*, Ed. Renovar, 1ª ed., p. 560; (5) Luiz Leonardo Cantidiano, *Direito Societário e Mercado de Capitais*, Ed. Renovar, 1995, p. 29, e (6) Osmar Brina Correa Lima, *Incorporação de Empresas*, Ed. Del Rey, 1ª ed., p. 51.

A Comissão de Valores Mobiliários - CVM, ao examinar pedido de acionistas da Danex S.A. dissidentes de deliberação assemblear de cisão, Relator Dr. Ary Oswaldo Mattos Filho, decidiu reconhecer o direito de retirada (*RDM* 86/77), o mesmo ocorrendo no caso da incorporação da Sulina de Alimentos S.A. pela Perdigão Agroindustrial S.A. (*RDM* 97/72).

Em julgamento ocorrido em maio de 1996, todavia, o Colegiado da CVM, a apreciar recurso do Grupo Gerdau, Relatora Dra. Maria Isabel Bocater, a propósito de pedido de retirada de acionistas minoritários em virtude da incorporação de duas empresas pela Siderúrgica Rio-Grandense, de cidiu que se encontra em pleno vigor a Lei Lobão e que, em conseqüência, os minoritários não mais têm direito de recesso no caso de incorporação de empresas.

A 2ª Câmara Cível do Tribunal de Alçada de Minas Gerais, no julgamento da AC 117.737-1-MG, por entender que se mantém intocado o direito de recesso no caso de incorporação da companhia, condenou a sociedade a efetuar o pagamento do valor do reembolso na forma da Lei de S.A. (*RDM* 86/71).

No julgamento da AC 187.636-4 da Comarca de Uberlândia, a 7ª CCTAMG, calcada em Mauro Rodrigues Penteado, Rubens Aprobato Machado e Modesto Carvalhosa, concluiu que "a Lei 7.958 não revogou o art. 230, porque seria tirar um direito consagrado àquele que não detém o poder de direção da companhia" (*sic*) (*RDM* 98/83).

No Parecer lido no Plenário do IAB na memorável sessão do dia 1º.11.1990, o Autor sustentou, com fundamento na melhor doutrina pátria e alienígena, que:

a) do elenco dos direitos intangíveis do artigo 109 da Lei de S.A., apenas (a) o direito à participação nos lucros, (b) o direito ao rateio do acervo da companhia e (c) o direito de fiscalizar a gestão dos negócios sociais não podem ser modificados ou suprimidos (*RT* 664/46);

b) o inciso V do artigo 109 da Lei de S.A. encerra uma mera expectativa de direito, não um direito adquirido (art. cit., pp. 46-47);

c) no Direito Comparado, há países que jamais disciplinaram o direito de recesso; outros, o suprimiram (idem, p. 47);

d) o direito de retirada é um direito potestativo de caráter excepcional (ibidem, p. 48).

A propósito do principal, se não único, argumento dos prosélitos da tese de que a Lei Lobão não "pegou", o Autor, a eles se antecipando, pois o citado Parecer é de novembro de 1990, enfatizou:

"26. Finalmente, resta examinar a afirmação, segundo a qual, ao modificar, apenas, o art. 137 da Lei 6.404/76, sem, entretanto, referir-se, expressamente, aos arts. 225, IV, 230 e 270, parágrafo único, todos da Lei 6.404/76, a Lei 7.958/89 teria padecido do mal dos nossos dias conhecido como 'imperfeição de técnica legislativa' e mantido, embora não fosse a intenção do legislador (*mens legislatoris*), nem seja o espírito da lei (*mens legis*), intocado o direito de recesso, mesmo nas hipóteses focalizadas pelos revogados incisos VI e VIII da Lei 6.404/76.

"27. *Data venia*, esse ponto de vista carece de fundamento, pois, como deixou claro Carlos Maximiliano: 'Extinta uma disposição, ou instituto jurídico, cessam todas as determinações que aparecem como simples conseqüências, explicações, limitações, ou se destinam a lhe facilitar a execução ou funcionamento, a fortalecer ou abrandar os seus efeitos. O preceito principal arrasta em sua queda o seu dependente acessório' (ob. cit., p. 359).

"28. A propósito, recordo que já o Projeto de Código Civil de Felício dos Santos, no título preliminar, art. 6º, previa que: 'quando uma lei é revogada em suas principais disposições, abrange essa revogação as disposições secundárias que emanam daquelas'.

"29. Ora, como os mencionados artigos contêm, exclusivamente, disposições secundárias, acessórias, complementares, que se limitam ou a explicar, ou a reforçar, ou a facilitar a execução das normas principais, que são as dos arts. 109, V, e 137 da Lei 6.404/76, entendo que elas 'caíram', para usar a expressão de Carlos Maximiliano" (art. cit., p. 48).

VII — O desrespeito aos direitos dos minoritários

Apesar dos diversos dispositivos garantindo os direitos da minoria qualificada e os direitos individuais dos acionistas e, outrossim, dos dezoito artigos prevendo a ação de perdas e danos contra os controladores e administradores que tenham agido com abuso e desvio de poder e abuso de direito, a experiência demonstra que são inúmeras as hipóteses de fraude à lei e aos direitos e interesses dos minoritários, de que são exemplos marcantes:

(1) a constituição da companhia com denominação idêntica ou semelhante a companhia já existente;

(2) a criação e manutenção, pelos acionistas controladores e administradores, em benefício próprio, do "caixa dois";

(3) o vezo dos acionistas controladores de preencher os cargos da alta administração com parentes de todos os graus;

(4) a prática constante de os acionistas controladores e administradores se valerem de recursos materiais da empresa (aviões, automóveis, máquinas e equipamentos) em benefício próprio e de suas famílias;

(5) o uso de informações privilegiadas em proveito próprio ou de terceiros;

(6) na sociedade fechada, o desprezo que os acionistas controladores e administradores dão à norma do artigo 124, § 3º, da Lei n. 6.404/76, que compele a sociedade a convocar, por carta, o minoritário, para as assembléias gerais ordinária e extraordinária;

(7) a omissão, tantas vezes verificada, nas companhias abertas e fechadas, no atra-

so na publicação das demonstrações financeiras, nas publicações de anúncios de convocação das assembléias gerais e na realização dos respectivos conclaves;

(8) a disseminação de falsas informações na captação de recursos públicos;

(9) os abusivos aumentos de capitais, para aguar a participação acionária dos minoritários;

(10) o cerceamento do direito do minoritário e do acionista titular de ações preferenciais quando pleiteiam a instalação do conselho fiscal e a nomeação de um representante e respectivo suplente, para fiscalizar os atos dos administradores;

(11) a omissão e a complacência dos administradores às ordens de seus amos e senhores;

(12) a omissão e a complacência dos membros do conselho fiscal no exame dos negócios da companhia e das demonstrações financeiras;

(13) a venda de controle, fusões e incorporações que permitem a realização de operações intrincadas e de difícil compreensão para o público em geral;

(14) transformação da companhia aberta em fechada ou de sociedade anônima em sociedade por quotas, de responsabilidade limitada;

(15) a não distribuição de lucros sob a forma de dividendos e a desnecessária formação de reservas em detrimento dos minoritários;

(16) condutas irregulares e tomadas agressivas do controle acionário das empresas;

(17) num grupo de fato, a política dos acionistas controladores de beneficiar a sociedade controladora em prejuízo da controlada e seus sócios ou acionistas;

(18) compras, vendas, assistência técnica e financeira em jogos prejudiciais à companhia e a seus acionistas;

(19) subavaliação do ativo; e

(20) sobreestimação do passivo.

Como escrevemos alhures, "para prevenir a ocorrência de tão variadas e complexas formas de fraude à lei, aos estatutos sociais, à companhia, aos seus acionistas e aos direitos e interesses de terceiros, e para punir os responsáveis que as hajam praticado, certamente que o recurso à ação de perdas e danos ou à doutrina dos comercialistas pátrios não satisfaz nem mesmo aos menos exigentes, o que impõe possua o intérprete, sobretudo o advogado, um conhecimento profundo do Direito positivo brasileiro, onde deverá buscar os meios de impedir a fraude ou, se ela já tiver ocorrido, de puni-la com rigor, sobrelevando notar desde logo que o legislador, no momento em que se propõe a reformar a Lei de S.A., deveria inspirar-se na Comissão de Valores Mobiliários e prever (1) penas restritivas e suspensivas do exercício de funções administrativas e (2) penas pecuniárias diárias por transgressões de normas cogentes da Lei de S.A. e, até mesmo, permitimo-nos sugerir, a exclusão do acionista, até mesmo do controlador, que age em prejuízo da sociedade, de seus acionistas, de terceiros e da comunidade em que atua" ("Fraudes à Lei de S.A.", artigo ainda não publicado).

Doutrina

CONTA DE PARTICIPAÇÃO, CONSÓRCIO E PARCERIA — FORMAS ASSOCIATIVAS NÃO PERSONALIZADAS

João Luiz Coelho da Rocha

Introdução

Como um desses produtos culturais periodicamente surgidos e imediatamente adotados como um "modismo" na nossa civilização, nesse último lustro do século XX a "parceria" tem se mostrado um conceito de recorrência freqüente, e, no caso próprio da ordem jurídica, o avanço das tendências desestatizantes e descentralizadoras muito tem se valido do recurso a esse que seria um modelo adequado de conjugação de esforços e capitais.

Acontece que, para o estudioso ou interessado nas realidades do Direito, e atento à necessidade do rigor analítico e dogmático que se impõe no seu estudo, essa corrida um tanto atropelada à idéia da contratação por parceria não pode impedir certa reflexão sobre sua real tipologia como forma contratual, suas identidades e dissimilitudes com configurações análogas.

a) Sociedade comerciais e civis — Taxatividade da Lei

Estamos, é evidente, cuidando aqui de modos associativos de pessoas e capitais; estamos portanto na esfera genérica das sociedades humanas, civis comerciais.

E, durante tanto tempo, somente se pensava, entre nós, em termos de associação, de conjugação de esforços e recursos para empreendimentos comuns, no campo estrito das sociedades comerciais e civis, aquelas propriamente catalogadas no código comercial de 1850 e na lei civil básica.

No ancião código de 1850 as sociedades comerciais são especificadas nos seus arts. 287 e ss. De maneira diversa agiu Clóvis Beviláqua no Código Civil (arts.1.363 e ss.) capitulando as sociedades civis como espécie contratual e permitindo a elas qualquer das formas já ditadas no estatuto do comércio.

Isso não impediu, é claro, que a boa doutrina brasileira refletisse a evolução do pensamento jurídico europeu para se enxergar a sociedade como algo além e para cima de um simples negócio jurídico bilateral ou mesmo multilateral, uma realidade envolvida por um aspecto institucional, que diz com sua essencialidade celular à própria vida social e econômica, ascendendo assim do constrito interesse das partes.

De toda maneira, nesse campo delineado das sociedades, quando comerciais elas, a ordem brasileira assumiu a qualificação de sua tipologia como exaustiva, estando na lei básica a especificação de todas as formas de sociedade admitidas. Na esfera civil contemplou-se como admissíveis todas as formas comerciais — sem o objetivo preponderante da mercancia e do lucro — à exceção das companhias (restritas por lei, veja-se, art. 2º, § 1º, da Lei n. 6.404, às sociedades comerciais) e mais ainda (art. 16, I) as associações civis, sem se contar com as Fundações, modalidade de conjugação de forças toda especial, dependente e intrinsecamente ligada a uma afetação patrimonial criadora.

Na esfera comercial lá estavam no código de 1850 todos os modos societários admitidos, sendo ao depois tratadas por leis especiais justamente aquelas formas que acabaram prevalecendo hoje quase que de modo total na prática brasileira: as sociedades anônimas e as sociedades por quotas.

b) A sociedade em conta de participação

E assim que, qualquer meio associativo objetivando lucro, ou mesmo preferenciando o objetivo aos resultados, *e que se mostrasse ou pretendesse ser informe, estranho àquelas modalidades legais*, somente teria cabimento, se se lançasse uso da sociedade em conta de participação, pois esta, apesar de igualmente contemplada nas "espécies" societárias do código comercial, *tinha um caráter evidentemente diferenciado*.

Tão diferenciado, aliás, que em doutrina muito se debateu sobre sua natureza jurídica, e enfim, sobre se seria ela ou não uma sociedade.

João Eunápio Borges (*Curso de Direito Comercial*, Forense, v. 2, p. 102) afirma que "a participação é um simples contrato entre as partes ... embrião de sociedade, sociedade frustra ou larvada, tentativa ou arremedo de sociedade, será ela o que se quiser, menos uma verdadeira sociedade".

Na sua valiosa monografia *A Sociedade em Conta de Participação* (Ed. Saraiva, 1990, pp. 38 e ss.) Mauro Brandão Lopes a qualifica como sociedade, e traça a distinção dela de outros negócios contratuais como o mútuo, a gestão de negócios, a edição, e justamente a parceria.

Aliás, quanto a esta última, afirma o monografista "À parceria falta o elemento da *affectio societatis*, embora Lafayette sustente, com razão a meu ver, a sua natureza mista de locação e sociedade. Apesar, assim, dos inúmeros elementos comuns, que têm a parceria e a sociedade, impõe-se a conclusão de que são contratos distintos".

Aí vemos já timidamente tratada em doutrina a parceria, como o faz igualmente Washington de Barros Monteiro (*Curso de Direito Civil*, vol. 2, "Direito das obrigações", Ed. Saraiva, SP, 1965, pp. 336 e ss.) que, reportando-se à parceria rural como um dos tipos contratuais, define a parceria em gênero como contrato bilateral e consensual, ou seja, contemplando obrigações de lado a lado e não demandando forma especial.

Contudo, voltando nós um pouco atrás, percebemos que, nesse âmbito de pretensões associativas menos formais, *não indutoras de uma verdadeira sociedade, com personalidade jurídica distinta*, a primeira cogitação, historicamente, terá sido a da modalidade da *conta de participação*.

Seja ela ou não sociedade, como até hoje ainda se debate, de toda forma tem-se como certo que não dispõe de personalidade jurídica própria, distinta de seus membros, mais claramente, distinta da *persona* de seu sócio aparente.

Como ocorre tanta vez, a preocupação fiscal, de seu lado, arrosta todo o adequado esquema conceitual do instituto (decerto com assento no art. 109 do CTN, que permite a imputação de efeitos tributários desconformes a sua natureza a institutos de direito privado), equiparando a conta de participação a pessoa jurídica, ou seja, personalizando-a, para efeitos da legislação do imposto de renda (DL 2.303 de 21.11.86).

Nesse contexto, essa era — e é — uma forma de associação permissiva de vários empreendimentos conjuntos, com grande flexibilidade, pois que um contrato (art. 326 do Cód. Comercial) vai regrar as relações internas (econômicas, sociais) entre os partícipes, enquanto perante a lei, perante terceiros, somente o sócio ostensivo responde.

Rubens Requião (*Curso de Direito Comercial*, 1º vol., 22ª ed., 1995, p. 300) observou há pouco tempo atrás:

"Hoje, dadas as condições econômicas reinantes, as sociedades em conta de participação estão revivendo.

"Capitalistas emprestam seus capitais a comerciantes, para aplicação em determinadas operações, repartindo-se o lucro a final. É comum nos negócios momentâneos de importação, ou quaisquer outros negócios que envolvam aplicação imediata de expressivos capitais".

c) O consórcio

A evolução da economia, a celeridade demandada dos processos de produção acabaram ditando o surgimento do consórcio como um outro meio associativo não personalizado.

Egberto Lacerda Teixeira afirma (*Das Sociedades Anônimas no Direito Brasileiro*, vol. II, Ed. José Bushatsky, p. 793) que: "o instituto do consórcio responde a um imperativo da vida negocial contemporânea".

Sua capitulação mais sistemática surgiu realmente na Lei n. 6.404 (arts. 279 e 280), mas seus próprios autores (Alfredo Lamy e Bulhões Pedreira, *A Lei das S.A.*, Ed. Renovar, 1994, p. 251) reconhecem: "O projeto, nos artigos 279 e 280, regula o consórcio, como modalidade de sociedade não personalizada que tem por objeto a execução de determinado empreendimento. Sem pretensão de inovar, apenas convalida em termos nítidos, o que já vem ocorrendo na prática, principalmente na execução de obras públicas e de grandes projetos de investimento."

A verdade é que as comunidades mais avançadas comercialmente criaram o instituto, e entre nós, como tantas vezes acontece (operando aí "a lei sociológica da repercussão retardada das idéias estrangeiras no Brasil", conforme diz Fábio Konder Comparato), antes que o legislador sistematizasse de algum modo, em normas precisas, essa experiência, a prática mercantil já o vinha adotando, a um ponto em que o Decreto n. 5.7651/66 já previa o arquivamento no Registro do Comércio de atos consorciais, concedendo-lhes pois publicidade, e a eficácia que dessa decorre, e ainda o Decreto n. 73.140, de 1973, admitia o ato consorcial em licitações públicas, prevendo solidariedade dos componentes.

Egberto Lacerda Teixeira (ob. cit., p. 796) nega ao consórcio, enquanto associação não personificada, que é, na expressão legal, a qualidade de sujeito de direitos, e pois de praticar atos jurídicos, assumir direitos e obrigações por si mesmo.

E se sustenta na concepção clássica em direito (Aurélio Candian, *Nozioni Istituzionali di Diritto Privato*, p. 51) de que somente as pessoas podem ser partes de relações jurídicas, para negar então a essa "sociedade despersonalizada", que é o consórcio, a condição de sujeito de direitos.

Sem embargo, a Receita Federal (IN n. 105/84), provavelmente com suporte naquele mesmo princípio do CTN acima mencionado, demanda inscrição própria às entidades consorciais, desprezando a ausência de personalidade no intuito evidente de assegurar a maior exação no cumprimento das obrigações fiscais decorrentes.

Com o advento assim desse trato próprio da Lei n. 6.404, o instituto do consórcio passou a ser muito utilizado — se antes já o era, como vimos — sobretudo na área de grandes projetos e empreendimentos.

Essa representava, então, uma forma novidadeira de agregar 2 (duas) ou mais empresas em um determinado projeto de empreendimento, sem que dali surgissem as amarras de uma nova personalidade jurídica, independente daquelas.

Cabe sempre o questionamento de Fábio Konder Comparato (*Ensaios e Pareceres de Direito Comercial*, Forense, Rio, 1978, 1ª ed., p. 233) sobre a inadequação de uma lei específica às sociedades por ações para "regular o fenômeno em sua inteireza".

Realmente, analisando a expressão da Lei n. 6.404 que abre as portas à consorciação para "companhias e quaisquer outras sociedades", o professor Comparato concede, com restrições, que parece ter o legislador exigido a presença, sempre, ao menos de uma sociedade anônima no consórcio, quando tal limite se revela injustificado materialmente, pelo evidente uso que o arcabouço consorcial pode ensejar às pequenas e médias empresas.

Também Fran Martins (*Comentário à Lei das Sociedades Anônimas*, v. 3, Forense, Rio, 1985, p. 487) afirma seu inconformismo: "Fazendo com que dos consórcios obrigatoriamente participe uma sociedade anônima, a lei restringiu bastante a formação dessas entidades ... de qualquer modo, a lei, a nosso ver erroneamente, só permite a formação de consórcios com a participação de sociedades anônimas e outras quaisquer sociedades ...".

Quanto a nós, estamos em que, passada esta hesitação inicial, provocada pelo fato de que o consórcio veio tratado no bojo da lei de regência das sociedades por ações, deve-se abraçar o entendimento de que as sociedades por cotas igualmente podem participar de consórcios, até mesmo em obséquio à remissão que o Decreto 3.708 (art. 18) faz à lei das companhias no trato suplementar daquele tipo de sociedade.

Talvez nesta orientação encontramos o opinamento recente de José Edvaldo Tavares Borba (*Direito Societário*, Freitas Bastos, 2ª ed., 1995, p. 444) que afirma: "Os membros do consórcio serão quaisquer sociedades..."

d) Distinções entre a conta de participação e o consórcio

Observa-se que quase ninguém tem se atido a ponderar sobre as distinções efetivas e práticas entre a velha sociedade em conta de participação e o relativamente recente consórcio.

Pois que ambos são sociedades, ainda que parte da doutrina, como João Eurápio Borges (*Curso de Direito Comercial Brasileiro* v. 2, pp. 47 a 51) negue tal qualidade à primeira; ambos, apesar de sociedades, são despersonalizados, ou seja, não possuem personalidade jurídica própria; ambos se regem por um contrato base, que define a sintaxe das relações entre os associados.

Na verdade, a conta de participação, para sua validade, não demanda nenhum ato registral, pois que opera ela, e se responsabiliza, na pessoa do sócio aparente ou ostensivo, ao passo em que o consórcio, para se constituir de verdade, e valer perante terceiros, exige averbação na Junta Comercial (art. 279 da Lei n. 6.404).

A sociedade em conta de participação se cria e se esgota, digamos assim, no próprio contrato, documento particular entre o sócio ostensivo e o(s) sócio(s) oculto(s). E por isso mesmo que ocultos são seus sócios, não teria cabimento demandar-se publicidade registral.

Mauro Brandão Lopes, no corpo daquele seu trabalho acima aludido, chama a atenção para que, nas contas de participação, cuide-se bem de sua caracterização, pois que de outro modo podem ser tidas como sociedades irregulares (art. 305 do Cód. Comercial, eis que negócios comuns existiram), com o preço alto da responsabilidade ilimitada de seus sócios.

A lição é oportuna, e vale, a nosso ver, igualmente para os ajustes consorciais. Nesses, vimos, com o adequado registro na Junta Comercial ficam afastadas dúvidas, e seu caráter consorcial se revela inafastável.

Na conta de participação, onde, a bem da discrição da interveniência dos sócios ocultos, a lei admite não haja registro algum, a matéria há que ficar claramente definida no contrato, instrumento perfeitamente válido entre as partes, e onde estarão previstos modos deliberativos, rateio de despesas e receitas, divisão de encargos e responsabilidades concernentes à empresa comum.

e) A parceria

Ao se falar com freqüência, nesses últimos anos do século, em parceria, como modo ideal de juntar esforços, fala-se decerto em gênero, mesmo que envolvendo a idéia jurídica associativa.

Veja-se a tal propósito Arnoldo Wald, no recente *O Direito de Parceria e a nova Lei de Concessões* (Ed. RT, 1996, p. 27): "a formulação atual do direito do desenvolvimento está vinculada a uma idéia que é, ao mesmo tempo, antiga e nova. Antiga na sua concepção, nova na sua densidade e nas dimensões que está alcançando. É a idéia de parceria. Parceria entre nações, parceria entre o Estado e a iniciativa privada, parceria entre empresas concorrentes, parceria entre morador do mesmo bairro, parceria entre o produtor e o consumidor, parceria entre acionistas e dirigentes da empresa, e finalmente parceria entre empregados e empregadores ..."

Arnoldo Wald, aliás, também encontra as raízes primeiras da parceria, como negócio jurídico, em nosso direito, nos artigos do código civil que tratam da parceria rural (ob. e p. cits.), como assim o fez em outubro de 1994 o professor Caio Tácito em parecer que solicitamos à ocasião para a idealização de módulo associativo no campo da geração de energia elétrica.

E, no curso da sua valiosa monografia, o Dr. Wald reconhece a carência de ordenamento não só legal, positivo, mas teórico mesmo, quanto a esse importante conceito aglutinador moderno:

"Chegou a hora de construir uma nova dogmática jurídica que possa corresponder ao direito do desenvolvimento e ao espírito da parceria, sem sacrificar a segurança jurídica e sem descambar para o perigo de decisões subjetivas que caracterizam o direito alternativo" (ob. cit., p. 33).

Talvez intuindo certos subsídios importantes na configuração doutrinária do instituto, o autor se socorre de princípios da *joint venture* (que é uma expressão consorcial de fonte anglo-saxônia) cujas qualidades, segundo Wald, "se aplicam perfeitamente à parceria no seu sentido amplo, tal como ali se deve ter a *subersiva fides* que caracteriza as relações entre os sócios na *partnership* do direito inglês".

Pode-se tentar observar, na parca jurisprudência brasileira aproximada, alguns indícios que permitam bosquejar sua particularidade contratual.

Veja-se, por exemplo, o acórdão do TJBA reportado no compêndio *Jurisprudência Brasileira* da Editora Juruá, n. 95/241: "o presente caso não é de arrendamento, mas de parceria, visto que neste o ajuste é feito mediante a partilha de frutos e naquele o preço é ajustado em quantia fixa em dinheiro".

Por certo é essa divisão — de riscos de benefícios — no resultado, própria à associação por parceria, que a tem talvez recomendado nessa quadra moderna das relações econômicas.

Outras características, igualmente extraídas da precária experiência do parceiramento rural, soam talvez um tanto desconfortáveis, pouco práticas, para uso nessa aglutinação de esforços hoje pretendida: "contrato de parceria agrícola não confere direito real ao parceiro agricultor" (*RT* 623/52).

No que se vê aí desprovido o instrumento de qualidades de eficácia que confiram segurança maior aos parceiros quanto à implementação das contraprestações a si devidas pelos demais.

O que percebemos, portanto, com muita nitidez, é a procura da sedimentação da parceira como um negócio jurídico apropriado a essa moderna necessidade de convergência de interesses em empreendimentos comuns.

Enquanto tal não acontece com mais clareza, e por certo no curso desse caminho, é sempre bom chamar a atenção para a coexistência dessas outras formas de associação que demandem a não criação de outra pessoa jurídica.

É por isso que, se o que se pretende é agregar esforços em um empreendimento conjunto, admitindo-se como que uma maior institucionalização desse coletivo, aí o consórcio se mostra a forma mais adequada, pois, sociedade despersonalizada que é, seu instrumento constitutivo tem exigências e efeitos registrais — de conhecimento público, portanto — sobre ser ele sujeito à inscrição na Receita Federal (IN n. 105/84).

Se acaso um ou mais participantes do projeto comum prefere se manter formalmente excluído da própria empresa, regrando seus direitos e obrigações em um trato particular, válido e exeqüível entre as partes, é claro, mas não registrável, não revelado a terceiros, a alternativa é a conta de participação.

E enfim outras condicionantes podem sugerir e indicar aquela associação atípica, que parece se subsumir sob o termo de *parceria, um simples contrato, longe de qualquer conotação institucional, onde 2 (duas) ou mais empresas convergem em esforços e definem direitos e obrigacões mútuas para qualquer determinado fim.*

Dissemos acima "longe de qualquer conotação institucional", pela evidente preocupação, que vemos deva estar permeando os que propugnam essa modalidade associativa, de que não se configure tal junção de esforços como uma sociedade irregular, com o perigo que esta encerra da ilimitação de responsabilidade de seus membros.

É de se notar que autores como José Edvaldo Tavares Borba (ob. cit., p. 88) entendem:

"As parcerias empresariais, de que hoje muito se fala, e que se destinariam a reduzir custos e a integrar resultados entre empresas produtoras e empresas fornecedoras de peças ou componentes ou ainda de serviços, representam efetivas contas de participação.

"A não adoção, em parcerias empresariais, do processo da conta de participação, levaria essas associações para o âmbito das sociedades irregulares, com a conseqüente ilimitação da responsabilidade dos parceiros".

O interesse maior de observações como estas permanece na consciência do quanto são aproximados esses módulos associativos, e portanto, o quanto de pontos de semelhança se encontra na conta de participação, no consórcio e na parceria.

É necessário, contudo, usar de precisão, de muito cuidado, de "sintonia fina" no acerto da forma aglutinadora a ser eleita como apropriada para o determinado empreendimento.

Em Direito, afinal, tal como em qualquer ciência — exata, humana, social — o rigor conceitual é pressuposto inafastável.

O uso indiscriminado do termo, assim como a propagação um tanto atabalhoada da idéia de parceria, tudo isso pode levar a erros sérios comprometedores dos direitos das partes envolvidas nessa agregação de esforços ditada pelos tempos que correm.

Agosto de 1996

Doutrina

SIGILO BANCÁRIO: NOVAS QUESTÕES

CARLOS ALBERTO HAGSTROM

I. Introdução — II. O sigilo bancário e as garantias constitucionais — III. O sigilo bancário como instrumento de proteção ao sistema financeiro — IV. O sigilo bancário e o Ministério Público — V. O sigilo bancário e a administração tributária — VI. Evolução legislativa (normas vigentes e proposições em tramitação).

I — Introdução

Em trabalho anterior[1] ressaltei aquilo que toda a doutrina, nacional e internacional, afirma: a complexidade do instituto do segredo bancário[2] e as controvérsias que provoca. Afirmei, também, que, apesar de a disciplina legal já ser antiga no Brasil, subsistiam dúvidas e questionamentos, inclusive pelo aparecimento de situações novas e pela própria evolução legislativa.[3]

2. Volto ao tema para analisar, agora, questões e interpretações mais recentes, cuja discussão é atual, sobretudo em decorrência a de sua submissão ao Poder Judiciário.

1. "O Sigilo Bancário e o Poder Público", publicado na *Revista de Direito Mercantil, Industrial, Econômico e Financeiro*, n. 79.

2. Oportuno lembrar que o dever de discrição imposto aos bancos é universalmente denominado "segredo bancário". A legislação brasileira, no entanto, consagrou a expressão "sigilo bancário".

3. Referia-me, então, não apenas à Constituição de 1988, mas, também, a novos diplomas legislativos esparsos, em especial as Leis ns. 7.492/86, 8.021/90 e 8.033/90. A elas acrescento, agora, a Lei n. 8.625/93 e as Leis Complementares ns. 70/91 e 75/93.

II — O sigilo bancário e as garantias constitucionais

3. Diversas, como se sabe, foram as teorias formuladas para explicar o fundamento jurídico do segredo bancário. Dentre outras, merecem destaque as explicações fundadas: a) nos contratos bancários (teoria contratualista); b) nos usos bancários; c) na responsabilidade civil ou extracon-tratual do banqueiro; d) na legislação bancária; e) no segredo profissional.[4] Vários autores, no entanto, demonstraram que nenhuma dessas construções traduz com precisão o fundamento último do segredo bancário; são todas "construcciones relativas, parciales y radicalmente insuficientes a los efectos de considerar debidamente fundamentado, con alcance general y eficacia *erga omnes* el secreto bancario".[5]

4. Para uma análise detalhada das diversas teorias, veja-se: Sergio Carlos Covello, *O Sigilo Bancário*, Ed. Leud, 1991, pp. 95/144; Robert Henrion, *Le Secret Professionnel du Banquier*, ed. Institut de Sociologie de l'Université Libre de Bruxelles, 1968, pp. 7/46; Jaime Aguilar Fernandez-Hontoria, in *Estudios de Derecho Público Bancario*, Ed. Ceura, pp. 305/307.

5. Aguilar, ob. cit., p. 307.

4. Modernamente, porém, a explicação para o fundamento jurídico do instituto foi objeto de profunda mudança. Uma nova construção veio a ser formulada, a partir de alterações de normas do ordenamento constitucional, campo normativo aparentemente alheio à questão do segredo bancário.[6] Com efeito, diversas constituições modernas ampliaram e explicitaram o elenco de direitos e garantias fundamentais, passando a garantir, expressamente, dentre outros, o direito à privacidade e à intimidade pessoal e familiar. Como é notório, a Constituição brasileira de 1988, seguindo o mesmo modelo, além das tradicionais garantias de inviolabilidade do domicílio e da correspondência, assegurou serem invioláveis o sigilo "das comunicações telegráficas, de dados e das comunicações telefônicas" (art. 5º, XII), bem como "a intimidade, a vida privada, a honra e a imagem das pessoas" (art. 5º, X).

5. Ora, em vários países, a partir de textos constitucionais análogos, doutrina e jurisprudência formularam a nova construção, entendendo residir no mandamento constitucional o fundamento último do segredo bancário. A base dessa construção é o reconhecimento de que o direito à intimidade tem caráter geral, abrangendo os múltiplos aspectos em que se desdobra a vida privada, inclusive os de ordem econômico-financeira, componentes da chamada "intimidade econômica" ou "intimidade patrimonial". Claras e precisas, nesse sentido, são as decisões das cortes espanholas (incluindo-se o Tribunal Constitucional), em manifestações datadas de 1983 e 1984:

"En lo que aquí importa, el secreto bancario no puede tener otro fundamento que el derecho a la intimidad del cliente reconocido en el artículo 18.1 de la Constitución, pues no hay una consagración explícita y reforzada de este tipo de secreto, como la hay del secreto profesional."

6. Aguilar, ob. cit., p. 307.

"En el concepto del derecho a la intimidad personal y familiar formulado por el artículo 18.1 de lª Constitución española, comprensivo de todos los aspectos interiores, particulares o reservados de la vida de una persona o familia, debe formar parte, como uno de ellos y también articulado como fondo material de otros, el que se refiere al fluir, administración, origen y destino de sus medios materiales."

"En la vida moderna, por la extensión creciente del uso de los depósitos bancarios en cuenta corriente, en la marcha de éstos pueden reflejarse todas o gran parte de las peculiaridades de la vida económica personal o familiar e incluso otros muchos aspectos que, sin serlo, tienen reflejo pecuniario ... debe considerarse que dichas cuentas corrientes forman parte del ámbito de la intimidad personal y familiar protegido por el precepto constitucional frente a intromisiones ajenas, incluso las que provengan de la Administración."

"El reconocimiento explícito en el texto constitucional del derecho a la intimidad es muy reciente y se encuentra en muy pocas constituciones, entre ellas, la española. Pero su idea originaria, que es el respeto a la vida privada, aparece ya en algunas de las libertades tradicionales. La inviolabilidad de domicilio y de la correspondencia, que son algunas de esas libertades tradicionales, tienen como finalidad principal el respeto a un ámbito de vida privada personal y familiar, que debe quedar excluido del conocimiento ajeno y de las intromisiones de los demás, salvo autorización del interesado."

"Lo ocurrido es que el avance de la tecnología actual y el desarollo de los medios de comunicación de masas ha obligado a extender esa protección más allá del aseguramiento del domicilio como espacio físico en que normalmente se desenvuelve la intimidad y del respeto de la vida privada. De aquí el reconocimiento global de un derecho a la intimidad o a la vida privada que abarque las intromisiones que por cualquier medio puedan realizarse en ese ámbito reservado de vida."[7]

6. Também no Brasil, apesar de alguma hesitação e até mesmo de alguma oposição, a nova formulação do fundamento jurídico do segredo bancário, a partir dos direitos fundamentais assegurados pela Constituição, vem sendo reconhecida pela doutrina, com algum apoio jurisprudencial. Resta aguardar que o Supremo Tribunal Federal tenha oportunidade de manifestar-se direta, objetiva e conclusivamente sobre a questão, uma vez que, até o momento, ocorreram apenas manifestações incidentais de alguns Ministros, reconhecendo que o sigilo bancário é um desdobramento dos direitos constitucionais.[8]

III — O sigilo bancário como instrumento de proteção ao sistema financeiro

7. Ao mesmo tempo em que se consolidava a teoria da fundamentação constitucional, assentava-se, também, definitivamente, a compreensão do sigilo bancário como instrumento de proteção ao sistema financeiro. Com efeito, as notáveis transformações sociais, políticas e econômicas — sobretudo estas últimas — conduziram a uma nova concepção da atividade financeira em geral, e bancária, em particular. Tal atividade, como hoje se reconhece, tem um caráter "publicístico" e fundamental importância para o desenvolvimento econômico, como canalizadora de poupanças, distribuidora do crédito, criadora de moeda, instrumento de política monetária etc.[9]

8. Em decorrência, passou-se a reconhecer, também, que o sigilo bancário, hoje, não protege apenas interesses privados, individuais; é importante, igualmente, como instrumento de proteção das próprias instituições financeiras e do sistema financeiro como um todo, atendendo a uma finalidade de ordem pública, qual seja a proteção do sistema de crédito.[10] Ocorre que as instituições financeiras, os bancos, particularmente, "vendem" segurança e somente sobrevivem se contarem com a confiança do público. Ao mesmo tempo, são, por variadas razões, extremamente vulneráveis, enfrentando freqüentes situações de crise que, não raro, conduzem a quebras. Situações da espécie, além dos prejuízos que acarretam aos clientes e demais credores, geram desconfiança e intranqüilidade no mercado, afetando, assim, outras instituições financeiras.

9. Tais fatos e circunstâncias são extremamente relevantes, na atualidade, dada a fundamental importância da atividade financeira para a economia, em geral, e a integração das instituições financeiras em um "sistema", de caráter nacional:

"Como 'sistema', toda la organización financiera deve ser considerada como una unidad, en donde la posible situación de falencia de una entidad tendrá repercusión inmediata y desfavorable en el resto de las entidades, puesto que se afecta el elemento 'confianza' el cuál constituye el basamento de todo sistema financiero sólido."[11]

10. Nesse contexto, não apenas a revelação de operações dos clientes será danosa para os bancos. Certamente ainda mais

7. *Apud* Aguilar, ob. cit., pp. 308/309, e Juan Lopez Martinez, *Los Deberes de Información Tributaria*, ed. Instituto de Estudios Fiscales Marcial Pons, pp. 128/129 e 137.

8. O Parecer n. GQ-110, da Advocacia-Geral da União, aprovado pelo Sr. Presidente da República e publicado no *DOU* de 12.9.96, menciona (itens 10 a 14) os doutrinadores brasileiros favoráveis à formulação em causa e faz referência ao estágio atual da questão no Supremo Tribunal Federal.

9. Eduardo J. Boneo Villegas/Eduardo A. Barreira Delfino, *Contratos Bancarios Modernos*, Ed. Abeledo-Perrot, 1984, pp. 9/10.

10. G. Ruta, "Le Secret Bancaire en Droit Italien", p. 120; J. Barmann, "Le Secret Bancaire en Allemagne Fédérale", p. 17 — ambos in *Le Secret Bancaire dans la CEE et en Suisse*.

11. Villegas/Delfino, ob. cit., p. 10.

danosa, até pela possibilidade de uma crise generalizada, será a revelação de fatos e circunstâncias que cercam a vida da instituição — mesmo fatos normais e corriqueiros, como a realização de operações de redesconto e de assistência financeira junto ao Banco Central. Com efeito, na hipótese considerada, a divulgação poderá acarretar a perda da confiança do público e, em conseqüência, uma "corrida" de depositantes e investidores.[12]

IV — O sigilo bancário e o Ministério Público

11. Como observei no meu estudo anterior, o artigo 38 da Lei n. 4.595/64 limitou os casos de afastamento do sigilo bancário, permitindo o fornecimento de informações sigilosas, cumpridas as formalidades prescritas, ao Poder Judiciário, ao Poder Legislativo federal, inclusive comissões parlamentares de inquérito, e às autoridades e agentes fiscais. O Ministério Público, portanto, não foi beneficiado, naquele texto legal, pelas exceções ao dever de sigilo bancário. Posteriormente, porém, a Lei n. 4.728/65, dispondo sobre o mercado de capitais, determinou ao Banco Central do Brasil a comunicação ao Ministério Público (estadual ou federal, segundo as regras de competência então vigentes) dos crimes de ação pública de que tivesse conhecimento no desempenho de suas atribuições (art. 4º, § 2º). Mandamento semelhante encontra-se, hoje, no artigo 28 da Lei n. 7.492/86, que "define os crimes contra o sistema financeiro nacional", limitado, porém, ao Ministério Público Federal, uma vez que a ação penal correspondente aos crimes ali previstos passou a ser de competência da Justiça Federal. O art. 29 da mesma lei determina que o Ministério Público poderá requisitar "a qualquer autoridade" informações, documentos ou diligências para prova dos crimes, e que o "sigilo dos serviços e operações financeiras não pode ser invocado como óbice ao atendimento" das requisições.

12. No passado, a Lei n. 1.341/51 (Lei Orgânica do Ministério Público da União) dava ao Procurador-Geral e ao Subprocurador-Geral da República competência para "requisitar das autoridades competentes as diligências, certidões e quaisquer esclarecimentos para o regular desempenho de suas funções" (arts. 30, IX, e 34, VIII). Já os Procuradores da República podiam "dirigir-se diretamente aos representantes da administração federal, estadual ou municipal, bem como de entidade pública, para requisitar documentos, certidões e esclarecimentos, ou quaisquer outras providências necessárias à defesa dos direitos e interesses da União" e "promover a responsabilidade" daqueles que não atendessem "às requisições mencionadas" (art. 38, XIV e XV). Essa lei não fez qualquer referência a sigilo, sendo duvidoso, para mim, que o cumprimento das mencionadas atribuições pudesse alcançar documentos e informações sujeitas a dever de segredo.

13. Muito mais tarde, a Lei Complementar n. 40, de 1981, que estabeleceu as diretrizes gerais de organização do Ministério Público dos Estados, dispôs (art. 15, I) serem atribuições dos membros do Ministério Público: "promover diligências e requisitar documentos, certidões e informações de qualquer repartição pública ou órgão federal, estadual ou municipal, da Administração Direta ou Indireta, *ressalvadas as hipóteses legais de sigilo* e de segurança nacional, podendo dirigir-se diretamente a qualquer autoridade" (destaque não do original).

14. A Constituição de 1988, como é notório, deu nova configuração ao Ministério Público (arts. 127 a 130), ampliando as atribuições da instituição, sobretudo me-

12. Não me parece necessário invocar-se um "direito à intimidade" dos bancos como fundamento jurídico do sigilo bancário, como sustentam alguns estudiosos. No entanto, considero demasiada a conclusão de Covello no sentido de que o sigilo não existe para proteger a intimidade dos bancos (ob. cit., pp.131/132).

diante enumeração de suas "funções institucionais" (art. 129). Determinou a Carta, ademais (art. 128, § 5º), que leis complementares da União e dos Estados "regulamentariam" o texto constitucional estabelecendo "a organização, as atribuições e o estatuto de cada Ministério Público". Dessa norma originou-se a Lei Complementar n. 75, de 20.5.93, disciplinando o Ministério Público da União, cabendo lembrar que a Lei n. 8.625, de 12.2.93 (Lei Orgânica Nacional do Ministério Público), estabeleceu "normas gerais para a organização do Ministério Público dos Estados".

15. A Lei Complementar n. 75 conferiu ao Ministério Público da União extensa gama de funções, atribuições e competências (arts. 5º a 8º), destacando-se o disposto no art. 8º, II e IV, e § 2º:

"Art. 8º. Para o exercício de suas atribuições, o Ministério Público da União poderá, nos procedimentos de sua competência: (...)

"II — requisitar informações, exames, perícias e documentos de autoridades da Administração Pública direta ou indireta;" (...)

"IV — requisitar informações e documentos a entidades privadas; (...)

"§ 2º. Nenhuma autoridade poderá opor ao Ministério Público, sob qualquer pretexto, a exceção de sigilo, sem prejuízo da subsistência do caráter sigiloso da informação, do registro, do dado ou do documento que lhe seja fornecido."

16. A Lei n. 8.625, muito embora não faça qualquer referência a sigilo, tem disposições semelhantes, dentre as quais destacam-se:

"Art. 26. No exercício de suas funções, o Ministério Público poderá:

"I — instaurar inquéritos civis e outras medidas e procedimentos administrativos pertinentes e, para instruí-los: (...)

"b) requisitar informações, exames periciais e documentos de autoridades federais, estaduais e municipais, bem como dos órgãos e entidades da administração direta, indireta ou fundacional, de qualquer dos Poderes da União, dos Estados do Distrito Federal e dos Municípios;

"II — requisitar informações e documentos a entidades privadas, para instruir procedimentos ou processo em que oficie; (...)"

17. Com o advento dos mencionados dispositivos constitucionais e legais, tanto o Ministério Público da União quanto o dos Estados, se não institucionalmente, ao menos por grande número de seus membros, passaram a sustentar a inexistência de sigilo bancário (ou sua não oponibilidade) perante a instituição. Nessa vertente interpretativa, impõe-se aceitar que: 1º) as normas constitucionais teriam criado uma nova exceção ao dever de sigilo bancário, em favor do Ministério Público; 2º) a Lei Complementar n. 75 e a Lei n. 8.625 teriam alterado a lei bancária, criando novas hipóteses de afastamento do sigilo bancário.

18. As instituições financeiras seguiram caminhos interpretativos diferentes, concluindo pela prevalência das normas do art. 38 da Lei n. 4.595, entendendo-se, inclusive, que estas são normas específicas sobre sigilo bancário, em contraposição às normas genéricas da Lei Complementar 75 e da Lei n. 8.625 (esta, aliás, não poderia, mesmo, ser considerada modificadora da lei bancária, a qual adquiriu, com a Constituição de 1988, *status* de lei complementar).

19. Embora não pretenda entrar no exame das razões de mérito das correntes de opinião em conflito, é interessante observar que, ao tratar da requisição de informações a entidades privadas (art. 8º, IV), a lei complementar em causa não afasta a oponibilidade de exceção de sigilo, como faz em relação à Administração Pública — nesse sentido entendendo-se a palavra "autoridade" — no § 2º do mesmo artigo (note-se, aliás, que o item II desse artigo refere-se, expressamente, a requisições apresentadas às "autoridades da Administração Pública").

20. De todo modo, a controvérsia parece, atualmente, pacificada, dirimida pelo Poder Judiciário, consolidando-se o entendimento de que o acesso do Ministério Público a informações protegidas pelo sigilo bancário depende de autorização judicial. Com efeito, já antes da Lei Complementar 75 e da Lei n. 8.625, diversos julgados decidiram nesse sentido. Cito, como paradigma, acórdão do Superior Tribunal de Justiça no julgamento do RHC n. 1.290-MG (910012059-6), em 16.9.91 (5ª T., Rel. Min. Costa Lima) e, ainda, exemplificativamente: STJ, HC n. 1.458-2RS (920021783-9), julgamento em 23.9.92 (5ª T., Rel. Min. José Dantas); Tribunal Regional Federal da 2ª Região, RHC n. 920209916-2-RJ, julg. em 12.8.92 (1ª T., Rel. Des. Fed. Chalu Barbosa); TRF 2ª Reg., RHC n. 920211354-8-RJ (3ª T., Rel. Juiz Pres. Ney Magno Valadares).

21. Após o advento das referidas leis, consagrou-se aquela orientação jurisprudencial, podendo ser citado, como paradigma, acórdão do Superior Tribunal de Justiça no julgamento do HC n. 2.019-7/RJ (930002019-7), em 13.4.94 (5ª T., Rel. Min. Flaquer Scartezzini), fixando que "requisições feitas pelo Ministério Público que impliquem em violação ao referido sigilo, devem submeter-se, primeiramente, à apreciação do Judiciário (...) sob pena de se incorrer em abuso de autoridade". Nesse sentido, ainda, há inúmeras outras decisões, quer de juízos singulares quer de juízos coletivos, citando-se, também exemplificativamente: TRF 2ª Reg., MS n. 940216133-3 (despacho concedendo liminar para sustar quebra de sigilo deferida por juiz singular, a requerimento do Ministério Público); Tribunal de Justiça de Minas Gerais, HC n. 17.960-6, julg. em 28.9.93; TJ do Distrito Federal, APC n. 34.875, julg. em 9.10.95 (4ª T., Rel. Des. Edson Alfredo Smaniotto); TJDF, AGI n. 4.847, julg. em 27.3.95 (5ª T., Rel.Des.Dilermando Meireles); TJDF, APC n. 38.238, julg. em 17.6.96 (5ª T., Rel. Des. Romão G. Oliveira); 21ª Vara Federal de São Paulo, MS n. 950041016-8, sentença de 29.7.96.

22. Também no Supremo Tribunal Federal o mesmo entendimento vem sendo consagrado, como demonstram diversos votos proferidos no julgamento do MS n. 21.729-4/DF.[13]

V — O sigilo bancário e a administração tributária

23. No mencionado estudo anterior tratei, também, longamente, do sigilo bancário frente à administração tributária. Referi-me, então, às controvérsias entre as instituições financeiras e as autoridades fiscais, acerca da expressão "processo instaurado", exigência do art. 38, §§ 5º e 6º, da Lei n. 4.595, para prestação de informações sigilosas "aos agentes fiscais tributários" e às "autoridades fiscais". Estas, louvando-se em disposições da legislação tributária, entendiam aquela expressão como compreensiva de qualquer ato administrativo fiscal ("início de fiscalização, procedimento ou ação fiscal"). Para as instituições financeiras, a expressão "processo instaurado" só poderia ser interpretada à luz de conhecidos princípios do Direito Processual.

24. A tese sustentada pelas instituições financeiras veio a ser consagrada pelo Superior Tribunal de Justiça, que, no julgamento do RE n. 37.566-5/RS, em 2.2.94, decidiu que só o Poder Judiciário poderia autorizar o fornecimento ao Fisco de in-

13. O MS, impetrado pelo Banco do Brasil S/A contra o Ministério Público Federal, por maioria (6 votos contra 5) não foi concedido, prevalecendo a tese de que, no caso, embora a requisição do Ministério Público tivesse por objeto operações bancárias, tais operações consistiam em *repasse de recursos públicos*, afastando-se, nessas circunstâncias, o segredo. Trechos de alguns dos votos que reconhecem que o sigilo bancário em regra só pode ser rompido mediante determinação judicial estão transcritos no item 56 do Parecer GQ-110, da Advocacia-Geral da União.

formações protegidas pelo sigilo bancário. Segundo o voto condutor (Min. Demócrito Reinaldo, Relator), "processo instaurado" e "autoridade competente", nos §§ 5º e 6º do art. 38 da Lei n. 4.595, são expressões que devem ser entendidas como "processo judicial" e "autoridade jurisdicional".

25. Ainda que possa ser considerada muito rigorosa, essa interpretação, cujo alicerce está na proteção constitucional à intimidade e à vida privada, harmoniza-se com o entendimento jurisprudencial atinente ao Ministério Público.

26. Essa questão não foi ainda apreciada, diretamente, pelo Supremo Tribunal Federal. No entanto, nos autos do Inquérito n. 923-7/DF, a Delegacia da Receita Federal em Brasília solicitou "fornecimento de cópia da documentação resultante da quebra do sigilo bancário do indiciado". Resolvendo "Questão de Ordem" proposta pelo Min. Moreira Alves, Relator, a Corte decidiu, por unanimidade, indeferir a pretensão da Receita Federal, tendo em conta que o § 1º do art. 38 da Lei n. 4.595 determina que nos processos judiciais contendo informações e documentos sigilosos, o sigilo será mantido, só podendo ter acesso aos documentos "as partes legítimas na causa, que deles não poderão servir-se para fins estranhos à mesma".

VI — Evolução legislativa (normas vigentes e proposições em tramitação)

27. Para concluir esta resenha sobre novas questões e interpretações atinentes ao sigilo bancário, impõe-se mencionar inovações no campo legislativo.

28. No que concerne à legislação já em vigor, merece referência a Lei n. 9.034, de 3.5.95, que "define e regula meios de prova e procedimentos investigatórios" (art. 1º) para prevenção e repressão de delitos praticados por organizações criminosas. Para tanto, nos termos do art. 2º dessa lei, admite-se, dentre outros "procedimentos de investigação e formação de provas", "o acesso a dados, documentos e informações fiscais, bancárias, financeiras e eleitorais" (inc. III).

29. O Capítulo II dessa lei, sob o título "Da Preservação do Sigilo Constitucional", regula, minuciosamente, a realização de diligências nos casos de possível "violação de sigilo preservado pela Constituição ou por lei". Nessa hipótese, "a diligência será realizada pessoalmente pelo juiz", sob "rigoroso segredo de justiça" (art. 3º, *caput*). "O auto de diligência será conservado fora dos autos do processo, em lugar seguro, sem intervenção de cartório ou servidor" e a ele somente poderá ter acesso, "na presença do juiz, as partes legítimas na causa, que não poderão dele servir-se para fins estranhos à mesma", sob pena de aplicação das "sanções previstas pelo Código Penal em caso de divulgação" (art. 3º, § 3º). Cautelas análogas são determinadas em caso de recurso: "o auto da diligência será fechado, lacrado e endereçado em separado ao juízo competente para revisão", também sem interferência de servidores auxiliares; o Ministério Público terá vistas do auto "em recinto isolado" e o julgamento será mantido "em absoluto segredo de justiça" (art. 3º, § 5º).

30. A lei em foco é, certamente, elogiável, não só pela possibilidade de adoção de mecanismos modernos na investigação das condutas praticadas pelas chamadas organizações criminosas, como, também, pelas cautelas adotadas no afastamento do sigilo, seja bancário seja de outra natureza. Harmoniza-se, assim, com os preceitos constitucionais e legais hoje vigentes e, ainda, com a orientação jurisprudencial.

31. De lege ferenda, deve ser mencionado, em primeiro lugar, anteprojeto de lei que "dispõe sobre os crimes de lavagem ou ocultação de bens, direitos e valores; sobre o controle preventivo desses ilícitos" e "cria o Conselho de Controle de Atividades Financeiras" (publicado no *DOU* de 5.7.96, por despacho do Sr. Ministro da Justiça, para obtenção de sugestões). O art. 9º do anteprojeto enumera as pessoas físicas e jurídicas sujeitas às obrigações que o texto estabelece, dentre as quais se incluem, obviamente, as instituições financeiras. Tais pessoas físicas e jurídicas são obrigadas, pelo art. 10, a identificar seus clientes e manter cadastro atualizado (inc. I); manter "registro específico e individualizado" das operações que ultrapassarem "limite fixado pela autoridade competente" (inc. II); atender, no prazo "fixado pelo órgão judicial competente, às requisições formuladas" pelo Conselho de Controle de Atividades Financeiras, "que se processarão em segredo de justiça" (inc. III). Nos termos dos arts. 11 e 12, as mesmas pessoas físicas e jurídicas deverão: comunicar à autoridade competente as operações que considerarem suspeitas e as operações mencionadas no art. 10, II, que "ultrapassarem limite fixado pela mesma autoridade". O não cumprimento de todas essas obrigações será punido com advertência, multa pecuniária, inabilitação temporária para exercício de cargo de administração das pessoas jurídicas em causa e cassação da autorização para operar ou funcionar (art. 13). Por fim, ao Conselho de Controle de Atividades Financeiras competirá (art. 15) "disciplinar, receber, examinar, identificar e investigar as ocorrências suspeitas de atividades ilícitas" que o anteprojeto tipifica.

32. O anteprojeto em questão segue tendência mundial, na atualidade. Com efeito, nos últimos anos aumentou muito a preocupação com o chamado "crime organizado", que atravessa fronteiras e busca fórmulas de "limpar" os recursos provenientes da atividade criminosa, aplicando-os nos mercados financeiros e de capitais. Assim, diferentes iniciativas de caráter internacional têm buscado unir esforços no combate ao crime organizado, notadamente com relação ao tráfico de drogas, ao terrorismo, ao contrabando, à corrupção e aos crimes econômicos, em geral. Tais iniciativas têm sido centradas, mais recentemente, na implantação, renovação e uniformização de legislação específica.

33. Ainda *de jure constituendo*, cabe lembrar que tramitam no Congresso Nacional, atualmente, diversos projetos de lei envolvendo, direta ou indiretamente, o sigilo bancário. Dentre eles, desejo mencionar dois que atraem atenção, pela amplitude das exceções que estabelecem e pela polêmica que certamente despertarão.

34. Refiro-me, primeiro, ao Projeto de Lei do Senado Federal n. 05, de 1995, Complementar, de autoria do Senador Pedro Simon (originalmente, n. 135, de 1993). Esse projeto, tal como apresentado, pretendia acrescentar um § 8º ao art. 38 da Lei n. 4.595/64, dispondo que o sigilo bancário "não abrange" Deputados Federais, Senadores, Ministros de Estado, Presidente e Vice-Presidente da República, dirigentes partidários e Presidentes e Diretores de entidades da Administração Direta e Indireta.

35. Tal projeto, concebido, creio, ainda sob o impacto das condutas apuradas no curso de duas rumorosas comissões parlamentares de inquérito (a do *impeachment* presidencial e a do "escândalo do orçamento"), embora louvável pelos seus propósitos, não me parece possa ser, na prática, alvissareiro. Em primeiro lugar, verifica-se que a competição e as discussões políticas descambam, muitas vezes, para conflitos e ataques pessoais, com as inevitáveis trocas de acusações. Assim, a realidade demonstra, sobretudo nos últimos anos, que o sigilo bancário — ou, mais precisamente, a pretensão de seu afastamento — tem sido utilizado como instrumento de pressão, em meio às confrontações políticas.

36. Juridicamente, o projeto, se transformado em lei, suscitaria dúvidas e questionamentos e exigiria minuciosa regulamentação, em decorrência da falta de prescrições delimitadoras de seu alcance, das situações, condições, circunstâncias e procedimentos para "disclosure" das informações sigilosas. Com efeito, pergunta-se: o sigilo das operações realizadas pelas pessoas mencionadas seria afastado apenas durante os respectivos mandatos? Bastaria, para "quebra" do sigilo, a simples posse, designação ou nomeação? Em caso de resposta negativa, que fatos justificariam a divulgação das informações sigilosas? Quem poderia pedir a "quebra" de sigilo? Que formalidades seriam exigidas?

37. O Relator do projeto na Comissão de Constituição, Justiça e Cidadania, acabou por propor um substitutivo, acrescentando dois parágrafos ao art. 38 da Lei 4.595. O primeiro (§ 8º) dispõe que o sigilo "não abrange as operações e serviços realizados por agentes públicos". O segundo (§ 9º) esclarece o que deve ser entendido por "agentes públicos": "os membros dos Poderes Legislativo, Executivo e Judiciário, do Ministério Público e dos Tribunais de Contas, inclusive Ministros e Secretários de Estado e Secretários de Município", bem como "todo aquele que exerce, ainda que transitoriamente e sem remuneração, por eleição, nomeação, designação, contratação ou qualquer outra forma de investidura ou vínculo, mandato ou cargo, emprego ou função, na administração direta e indireta, inclusive autárquica e fundacional, de qualquer dos Poderes da União, dos Estados, dos Municípios e do Distrito Federal, bem como em empresa incorporada ao patrimônio público ou em entidade para cuja criação ou custeio o erário haja participado ou participe com mais de cinqüenta por cento do patrimônio ou da receita anual".

38. O substitutivo, como se vê, amplia bastante o universo das pessoas que a nova lei alcançaria, mas não soluciona as dúvidas acima suscitadas. Por outro lado, é de se duvidar da eficácia da proposição. Será que ela não provocaria, por exemplo, o desvio de recursos (presumivelmente obtidos de modo ilícito) para contas no exterior ou para outros tipos de investimentos?

39. O outro projeto digno de nota é o de número 1.642, de 1996, de autoria do Deputado Arlindo Chinaglia, que assegura a Senadores e Deputados Federais (art. 1º) "livre acesso e trânsito nos diversos órgãos e repartições públicas do território nacional" (sic), entendendo-se por "acesso e trânsito" o "direito de investigar, fiscalizar e coletar informações e dados, além de fazer outras solicitações" (art. 29). Nos termos do § 1º do art. 2º, "o parlamentar poderá entrar, livremente, em qualquer dependência do órgão ou repartição pública e terá acesso imediato a todo e qualquer documento, expediente e arquivo, podendo examinar, vistoriar e copiar no próprio local". O § 2º do mesmo artigo prevê que, em se tratando de documentos "sigilosos ou sob segredo (...) o parlamentar assinará termo de responsabilidade pelo qual somente poderá fazer uso das informações obtidas ou cópias dos referidos documentos para efeito de ações judiciais ou representações ao Ministério Público sob a pena da Lei" (sic). Por fim, determina o art. 3º do projeto a aplicação de "sanções cíveis e criminais cabíveis", além de "punição administrativa própria", ao "agente público" que "causar impedimentos ou obstáculos ao que é assegurado nesta lei"; tal conduta, segundo o parágrafo único do mesmo artigo, será punida com a pena prevista para o crime de prevaricação (art. 319 do Código Penal).

40. Na Justificação da proposta, seu autor, depois de mencionar a nobreza e relevância da atividade parlamentar e os direitos assegurados aos parlamentares federais, afirma que nenhuma norma garante, "na prática, o acesso e o trânsito de tais parlamentares nos diversos órgãos públicos". Assim sendo, entende ser óbvio "que tal limitação *inibe* e *obstaculiza* a atividade parlamentar (...) além de impedir a devida *transparência* da coisa e da gestão da coisa pública no país" (sic) — destaques do original. Conclui, então, que é necessário "*corrigir tal distorção, que inferioriza os Senadores e Deputados federais aos juízes e advogados*" (sic) — destaquei.

41. Tal projeto, no meu entender, é tão absurdo, tão contrário aos princípios democráticos, tão autocrático — nem os governos mais autoritários ousaram propor algo semelhante! — que deve ser veementemente verberado e repelido. Antes de mais nada, é preciso que o autor de tão infeliz proposição saiba que nenhum juiz, ainda que no exercício de suas funções, tem acesso, arbitrariamente, a quaisquer "órgãos ou repartições", nem transita, indiscriminadamente, por esses locais. Não pode um juiz, ao seu talante, "entrar, livremente, em qualquer dependência do órgão ou repartição pública" e bisbilhotar papéis, documentos, expedientes e arquivos. Para que ações da espécie ocorram, licitamente — elementar — é preciso que haja algum procedimento judicial ou extrajudicial em curso, sujeito às formalidades legais prescritas; é necessária uma ordem judicial *et coetera*. Da mesma forma, os direitos e as prerrogativas que a lei assegura aos advogados não lhes permite esbilhotar a seu bel-prazer.

42. Deixando de lado os defeitos formais do texto proposto, penso que o projeto em questão é inconstitucional, por conflitar com princípios gerais da Constituição, a começar por aqueles elencados no Titulo II ("Dos Direitos e Garantias Fundamentais"), convindo lembrar que "os direitos e garantias expressos nesta Constituição não excluem outros decorrentes do regime e dos princípios por ela adotados (...)" (art. 5º, § 2º). Ora, "o direito de investigar, fiscalizar e coletar informações e dados" não pode ser exercido arbitrariamente, indiscriminadamente, sem a observância do *due process of law*. Ademais, tal direito, no que concerne à Administração Pública e à competência do Congresso Nacional, encontra-se ampla e adequadamente disciplinado pela Constituição — arts. 5º, XXXIII e XXXIV; 49, X; 50; 58, § 2º, II a V, e § 3º; 70 a 75 — além da legislação ordinária reguladora da ação popular, da ação civil pública, da repressão à improbidade administrativa etc.

43. Observo, a esta altura, que o projeto não se refere, especificamente, ao sigilo bancário, disciplinado, hoje, é oportuno relembrar, por lei que adquiriu *status* de lei complementar. Mesmo assim, pela amplitude de sua abrangência — todos os "órgãos e repartições (...) pertencentes à administração pública direta, indireta e fundacional, nas esferas federal, estadual e municipal" (art. 1º, parágrafo único) — certamente pretenderia alcançar o Banco Central do Brasil e as instituições financeiras públicas. Pondo de lado o debate quanto à hierarquia das leis bem como os problemas e malefícios de ordem prática que ocorreriam, se aprovado o projeto, caberia lembrar que o "sigilo não é estabelecido para ocultar fatos, mas para revestir a revelação deles de caráter de excepcionalidade", razão pela qual devem ser observados "requisitos especiais que, numa palavra, são a garantia do próprio sigilo".[14] Por outro lado, em parecer que analisa profundamente o poder de investigação do Legislativo, a Consultoria-Geral da República assentou: "O Legislativo não dispõe de poderes gerais e indiscriminados de investigação". "O regime constitucional brasileiro consagrou o sistema de poderes limitados. Nenhum órgão estatal, que seja depositário das funções políticas e jurídicas, inerentes ao poder, exerce-as de modo absoluto".[15] E, recentemente, a Advocacia-Geral da União, no Parecer GQ-110, confirmou: "(...) a ninguém é dado obter acesso a informes sigilosos indiscriminadamente (...)".

44. Por todas as razões expostas, resta esperar que o projeto em questão não venha a ser aprovado; mais que isso: que seja energicamente repudiado.

14. Adroaldo Mesquita da Costa, in Parecer n. 594-H, da antiga Consultoria-Geral da República.

15. Parecer SR-55.

Doutrina

SOBRE A NATUREZA JURÍDICA DAS OPÇÕES NEGOCIADAS EM BOLSAS

RACHEL SZTAJN

I — Introdução e função econômica

É freqüente ouvir de operadores de bolsa que as opções negociadas nos pregões são contratos. Tais afirmativas, feitas em tom dogmático, de nenhuma prestabilidade são para o estudioso do direito, já que não vêm acompanhadas de qualquer explicação ou reflexão teórica, quer sobre o conceito de contrato, sobre o de declaração unilateral, quer sobre a possibilidade de relação entre autonomia privada e os direitos formativos ou potestativos, menos ainda sobre as condições que se exija para que a autonomia privada produza figuras negociais com a peculiaridade das opções.

Dada a crescente importância das opções nas relações negociais, e tendo em mente que alguns estudiosos consideram as opções um dos modelos fundamentais dos negócios ditos derivativos,[1] a discussão e precisão técnico-conceitual do instituto se impõe. Por exemplo, a opção para adquirir valor mobiliário em momento futuro é posição que deriva do valor mobiliário subjacente e, como tal, tem valor negocial.

Lembre-se, a propósito, os bônus de subscrição, instituto previsto na Lei n. 6.404/76, arts. 75 e ss., que garantem aos seus titulares o direito de subscrever ações de emissão da companhia mediante pagamento do preço de emissão.[2] São também tipo de opção, mas que, diferentemente das negociadas em bolsa, prevêem a aquisição de ações em emissão primária.

Outras opções aparecem acopladas a contratos como ocorre no arrendamento mercantil ou *leasing*, ou de bônus de subscrição acoplados a debêntures, ou outras modalidades. Há que lembrar, ainda, da opção que é representada pela escolha nas obrigações alternativas e nos contratos de compra e venda a contento.

O foco do ensaio, porém, será dirigido às opções que se encaixam nas operações de *hedge* ou de transferência de risco. Apenas interessam as opções que sejam utilizadas como estratégia de investimento, negociadas em bolsa ou balcão, embora se possa admitir que a natureza jurídica do negócio de opção, seja ele realizado com finalidade de especulação ou de seguro, seja de forma independente ou ligado a contrato, deva ser a mesma.

1. Hudson, Alastair — *The Law of Financial Derivatives,* Sweet & Maxwell, 1996 — "define-se derivativo como a posição (produto) financeira que deriva de outra posição (produto)", p. 6.

2. Parágrafo único do art. 75 dispõe: "*Os bônus de subscrição conferirão* aos seus titulares, nas condições constantes do certificado, *direito de subscrever ações do capital social* que será exercido *mediante* apresentação do título à companhia e *pagamento do preço de emissão das ações*". O art. 77 da Lei esclarece que: "*Os bônus de subscrição serão alienados pela companhia ou por ela atribuídos como vantagem adicional aos subscritores de emissão de suas ações ou debêntures*" (grifos meus).

O que é opção? Como se descreve?

A primeira indagação na pesquisa da natureza jurídica das opções tem caráter econômico. Qual a razão para que alguém se disponha a operar esse tipo de negócio jurídico? Imagine-se que "A" tem interesse em adquirir certo bem de que "B" é proprietário. A aquisição se destina a posterior revenda a "C" ou a impedir que "D" possa adquirir o bem.

Quando "B" se dispõe a alienar o bem "A" não tem os recursos necessários para pagar o preço do bem e nem sabe se "C" terá os recursos para pagar a ele, "A", pela subseqüente venda que lhe seja feita. Claro que "A" pode propor a "B" a compra e venda a termo, para ser paga em data futura. Porém, se "C" desistir de adquirir o bem de "A" a aquisição perde, para esse especulador, o interesse econômico. O que "A" quer, numa tal situação, é que "B" lhe prometa que não venderá o bem a "C" nem a "D" até que "A" diga que não tem interesse na coisa. "A" quer de "B" uma opção para adquirir o bem, uma opção de compra, para ser exercida em algum momento posterior.

Raciocínio semelhante poderia ser desenvolvido para a situação inversa, de opção de venda. O vendedor quer ter alguma garantia de que poderá alienar o bem a preço predeterminado. Esse modelo comportamental de negócios é, de longa data, conhecido dos operadores econômicos e já vem sendo discutido por juristas e doutrinadores desde o século passado. Difícil quem nunca tenha ouvido de alguém que deseja uma opção sobre certo bem, em geral imóvel, ou antigüidades, objetos raros, livros esgotados. A frase "separe para mim até tal dia" é uma forma de opção, de manter algum "direito" sobre a coisa alheia. A opção é, portanto, passo inicial, assim como a oferta, as tratativas preliminares ou *pour parler* para a conclusão de negócios socialmente úteis que servem de suporte para dotá-las de exigibilidade e vinculatividade.

Porém, como tipo negocial de operação de mercado bursátil, nestes últimos anos, as opções têm sido usadas não apenas na busca de ganhos mas também na administração de riscos. Vale dizer, ao invés de ajustar desde logo uma compra e venda (ou permuta) de valores mobiliários, mercadorias ou outros ativos financeiros, ajusta-se a possibilidade de, em momento futuro, celebrar a compra e venda (ou permuta) a preço adrede fixado.

Nessa operação a parte que "compra" a opção acredita que os preços futuros se elevarão e, como o preço de exercício já está fixado, aproveita-se da alta nos preços dos bens objeto da opção. Se se tratar de opção de venda, a parte vendedora, que deverá entregar o bem, por sua vez, acredita que em momento futuro o preço do bem será inferior ao de exercício da opção.

Vê-se, pois, que em cada uma das situações as partes estão especulando com a variação de preço do bem em momento futuro. Tratar-se-á de contrato entre o lançador e o tomador? Que tipo de contrato, se é que desse instituto se cuida? Compra e venda, promessa de contrato de venda e compra?

Diferentemente das promessas de compra e venda, que são obrigatórias para os contratantes se preenchidas as demais previsões contratuais, as opções podem ou não ser exercidas se o titular tiver ou não interesse em comprar/vender o bem. Tratando-se de negócio de uso crescente no tráfico mercantil a importância de qualificá-las, a definição das regras a serem adotadas na análise do negócio e suas conseqüências jurídicas é de interesse não só teórico como prático.

A palavra opção tem sentido de escolha na linguagem corrente e, como escolha aparece, também, no mundo jurídico. Segundo Aurélio Buarque de Holanda, no *Novo Dicionário*, opção, do latim *optione*, é: l. Ato ou faculdade de optar; livre escolha. 2. Aquilo por que se opta. 3. Preferência que se concede a alguém (para comprar ou vender, pagar ou receber) dentro de determinado prazo e mediante certas condições. 4. Documento que contém essa preferência. É no sentido indicado sob número 3 das possibilidades indicadas pelo dicionário que se pretende discutir a natureza jurídica do negócio de opção.[3]

O dicionarista aponta que há na opção elemento de livre escolha que veste o titular do direito, escolha essa que não está sequer obrigado a justificar. Pode ou não comprar ou vender o bem. Mais, qualquer pagamento que faça à outra parte não compõe o preço. (Ressalte-se que no caso das opções ligadas a contratos de *leasing* essa regra não se aplica).

II — Origem

As opções eram conhecidas desde a Antigüidade. Sabe-se que há indícios de que as opções surgiram no final do século 16, início do século 17, na Holanda, e tinham por objeto a aquisição de bulbos de tulipas. Tais bulbos eram negociados no mercado holandês de plantas com preços superando mais de mil vezes seu real valor. Interessados no comércio de tulipas adquiriam, dos cultivadores da planta, opções sobre bulbos que viessem a ser produzidos para, posteriormente, revendê-los no mercado.

Como não corriam o risco da produção nem o de terem produto sujeito a oscilação de preços, podiam auferir lucros simplesmente recorrendo à possibilidade de adquirir bulbos que viessem a existir se os preços de mercado fossem atrativos.

Ora, uma tal operação não era bem-vista na Europa por se aproximar de modelos de jogos em que se apostava na elevação ou queda de preços da coisa objeto da opção, razão pela qual as opções foram banidas da prática lícita. Não desapareceram, entretanto, sendo negociadas em mercados "paralelos", não formais.

No início deste século, na Inglaterra, as opções foram reintroduzidas por operadores estrangeiros mas, dada a facilidade de manipulação dos preços que oferecem, acabaram sendo proibidas no período que mediou entre 1930 e 1956. Nos Estados Unidos da América as opções eram negociadas de forma irregular, ilegal, nas ruas de Chicago durante muito tempo, até que, em 1934 foi criada a Associação dos Operadores de Opções (*Options Dealers Associa-tion*). Com o mercado auto-regrado, regulado, e fiscalizado pelos integrantes da associação, a licitude e regularidade do negócio passam a ser regra. Atualmente as operações com opções estão sujeitas ao controle das bolsas em que são admitidas à negociação.

Tratando-se de modelo negocial de bolsa duas questões devem ser enfrentadas. A primeira é saber se as opções de compra e venda comuns no tráfico negocial imobiliário e as opções negociadas nas bolsas são modelos negociais distintos; a segunda é se a denominação contrato se aplica às opções negociadas em bolsas que são cada vez mais freqüentes e ganham importância nos negócios de transferência de risco.

3. No *Black's Law Dictionary* — Revised Fourth Edition, West Publishing, encontra-se o seguinte: "*Option* — In English ecclesiastical law. A customary prerrogative of an archbishop, when a bishop is consecrated by him, to name a clerck or chaplain of his own to be provided for by such suffragan bishop; ...In contracts. A privilege existing in one person, for which he has paid money, which gives him the right to *buy* certain merchandise or certain specified securities from another person, if he chooses, at any time within an agreed period, at a fixed price, or to *sell* such propertiy to such other person in at an agreed price and time. If the option gives the choice of buying or not buying, it is denominated a "call". If it gives the choice of selleng or not, is called a "put". If it is a combination of both thesem and gives the privilege of *either* buying or selling or not, it is called a "straddle" or a "spread eagle". These terms are used on the stock-exchange". Prossegue para observar que: "A continuing offer or contract by which owner stipulates with another that latter shall have the right to buy property at fixed price within a certain time, and an agreement is only an "option" when no obligation rests on party "to make any payment except as consideration to support option until he has made up his mind within time specified to complete purchase... It is but continuing offer, which is merged in contract resulting from acceptance thereof".

As opções são bastante conhecidas no que se refere a negócios com imóveis. Quem nunca ouviu, de um corretor de imóveis, que é possível ter opção sobre um determinado bem cuja aquisição/alienação está sendo considerada? Freqüentemente o potencial interessado na aquisição do imóvel obtém do proprietário o direito de, dentro de certo lapso temporal, decidir se quer ou não celebrar a venda e compra do bem. É opção o direito/faculdade que o vendedor dá ao interessado e que lhe garante prazo para decidir se quer ou não haver o bem.

Na maioria desses casos não há qualquer pagamento, pelo interessado ao eventual alienante, para que fique reservado a ele, adquirente, o bem. O que importa salientar é que não há, do ponto de vista da estrutura do negócio, qualquer diferença entre essa opção individuada e as negociadas, de forma massiva, nas bolsas de valores e de futuros. Daí, porque, a resposta à questão da natureza jurídica das opções negociadas em bolsa serve igualmente para as demais hipóteses de negócios de opção.

Descreve-se novamente o negócio de opção realizado em bolsa: "A" dá a "B" prazo para que "B" manifeste sua aceitação a uma oferta que lhe faz para comprar/vender ativos financeiros a preço determinado dentro de um prazo fixado pela bolsa. Ou, de forma semelhante em seus efeitos, "A" obtém de "B" tempo para fazer uma oferta de compra de um ativo financeiro ou outra *commodity* deste. Trata-se de contrato, algum tipo de convenção ou declaração unilateral vinculativa?

III — Parte-se da noção de contrato que está no artigo 1.321 do Código Civil italiano

"Il contratto è l'accordo di due o più parti per costituire, regolare o estinguere tra loro un rapporto giuridico patrimoniale", desenho que tem sido aceito na doutrina pátria, e aparentemente conclui-se que as opções negociadas em bolsas de valores ou de futuros podem ser definidas como contratos.

A doutrina que estuda o direito dos contratos parte do seu substrato ou da realidade econômico-social,[4] pois que a operação econômica visada pelas partes é o que interessa nesta fase. Uma outra forma de analisar o acordo entre partes como contrato está baseado no sentido técnico-jurídico da palavra. Nessa acepção trata-se da formalização do negócio estipulado, da regulação jurídica desse negócio, dos efeitos que produzirá, das sanções por descumprimento ou cumprimento defeituoso, que transparece no direito dos contratos.

Idéia subjacente no direito dos contratos é que haja circulação da riqueza ou utilidades entre diferentes sujeitos, que o interesse do credor seja suscetível de valoração econômica. Em outras palavras, que o fazer, não fazer ou dar do devedor seja passível de avaliação, segundo valores de mercado.[5]

Claro que pode haver circulação de riqueza de forma não contratual, como no caso das sucessões, da tributação, por exemplo, mas essas modalidades também estão fora deste estudo.

A função do contrato nas sociedades de economia com algum desenvolvimento é basilar para as relações entre os operadores econômicos. A verdade é que as grandes codificações do século passado — Código Napoleão e BGB alemão — partem da idéia de contrato como veste jurídica de operações econômicas praticadas entre sujeitos em igualdade de posição e, portanto,

4. Roppo Enzo — *Il contratto*, Società Editirice Il Mulino, Bologna, 1977: "Ecco dunque che per conoscere davvero il concetto di cui si occupiamo appare necessario prendere in attenta considerazione la *realtà economico-sociale* che lo sostanzia, e di cui esso rappresenta la traduzione cientifico-giuridica: tutte quelle situazioni, quei rapporti, quegli interessi reali que vengano in gioco là dove si parla di "contrato" (il quale, a questa stregua, ci appare non più identificabile con un concetto puramente ed esclusivamente giuridico), p. 9.

5. Roppo, ob. cit., pp. 14 e 15.

de manifestações volitivas livres e soberanas.

Estrutralmente o contrato é resultado de duas manifestações — oferta e aceitação — que declaram submeter-se a determinado regulamento os interesses recíprocos; direitos, deveres e obrigações recaem sobre as duas partes (nos contratos bilaterais). Outras vezes não há oferta e aceitação e o regramento se torna juridicamente vinculante para apenas uma das partes, que se obriga por via unilateral. Exemplos são a promessa de recompensa e a remissão de dívida.

A distinção entre contrato e ato unilateral é que ninguém seja obrigado ou privado de direito, ou seja, que ninguém fique submetido a sacrifício econômico por força da vontade de terceiro.[6] Para que se diga que há contrato é necessário que todos os interessados além das vantagens fiquem sujeitos aos sacrifícios ou ao menos aos riscos econômicos.[7]

Roppo lembra o caso do empresário que promete a alguém que lhe pagará comissões por eventuais negócios que essa pessoa concluir em benefício do promitente, mas, se houver recusa não há contrato, nem mesmo há obrigação ou dever da pessoa de buscar concluir qualquer negócio em benefício do promitente. E conclui dizendo que as operações que produzam sacrifícios para apenas uma das partes não exigem aceitação e se essa operação é contrato ou ato unilateral.[8]

Admitir que o silêncio constitui aceitação tácita é operar sobre ficção e melhor seria admitir-se um contrato sem aceitação. Esse argumento desenvolvido por Roppo serve para as hipóteses de remissão de dívida, de promessa de recompensa, de oferta de comissões, mas cabe sem ressalvas no caso das opções? Diante dessas ponderações pergunta-se, podem as opções ser contratos, ainda que atípicos, ou dos que dispensem a aceitação?

Que pode haver produção de efeitos jurídicos patrimoniais com os negócios de opções é inegável pois a opção garante o poder de comprar ou vender o bem, mas, garante, igualmente, o poder de nada fazer, isto é, não comprar ou vender. E, nesse caso, quais os efeitos patrimoniais e, mais ainda, qual o risco ou sacrifício econômico para o titular da opção na última hipótese, nada fazer? Como é que se explicaria, segundo os ensinamentos acima expostos, o fato de o titular da opção nada fazer? Não se trata de promessa de recompensa e, mais do que isso, no caso das opções negociadas em bolsa, o titular paga o prêmio ao lançador para poder, em data futura, decidir se quer ou não exercer o direito que a opção garante.

Sem dúvida, em alguns ordenamentos, como o anglo-norte-americano, as opções são definidas como contratos. Pode-se dizer o mesmo, com tranqüilidade em face dos direitos de base romano-germânica?

O confronto entre os ordenamentos norte-americano, de *common law* e os italiano, brasileiro e alemão, de direito codificado, é decisivo no deslinde da questão de vez que estruturalmente o negócio segue um mesmo modelo estrutural.

O direito pátrio não se ocupou em definir contrato, sendo a doutrina mais ou menos uniforme em tomar a idéia de acordo como fulcro da descrição da figura contrato, enquanto alguns doutrinadores baseados no artigo 1.321 do *codice civile* acrescentam a exigência do conteúdo patrimonial para sua caracterização.

Que nas opções há conteúdo patrimonial é indiscutível. Tanto há pagamento do prêmio ao lançador (ofertante), quanto há valor atribuível ao próprio direito de manifestar-se pelo exercício da opção ou não. Finalmente, se o "aceitante" exercer o direito que lhe fora proposto pelo lançador

6. Ropo, ob. cit.: "*nessuno può essere esposto a sacrifi economici — per effetto di volontà altrui* ma solo per effetto della propria volontà", p. 68.

7. Roppo, ob. cit., p. 69.

8. Roppo, ob. cit., p. 70.

haverá pagamento do preço e transferência de propriedade ou titularidade de valores mobiliários ou *commodities* conforme sejam opções negociadas em bolsas de valores ou de futuros, numa operação de compra e venda. Qual o "acordo" entre lançador e eventual exercente do direito? Acordo sobre o quê?

O acordo se dá sobre futura e *eventual* compra e venda ou sobre uma futura e *eventual* permuta no caso das *swaptions*. Acentua-se a palavra *eventual* deliberadamente. Isto porque cabe a uma das partes dizer se quer ou não celebrar a compra e venda ou a permuta tal como previsto na opção — ou seja, se preço e prazo convêm.

A idéia de eventual decisão do titular da opção parece torná-la similar à promessa unilateral mais do que a qualquer modelo contratual. Trata-se então de saber se pode ser qualificada como promessa unilateral ou oferta ao público, ou, ainda, convite à oferta.

Antes de aceitar ou negar a existência do *contrato de opção*, como dizem os norte-americanos, importa distinguir os contratos entre os de execução instantânea, de execução diferida e os de execução continuada. Como a opção é, por definição, negócio para execução futura pelo que afastam-se tanto os contratos de execução instantânea quanto os de execução continuada que não satisfazem às características do instituto. Restam então os contratos de execução diferida, os contratos a termo, no jargão bursátil, a serem analisados.

Contrato de execução diferida é o negócio perfeito e acabado após as declarações do ofertante e aceitante, cujo cumprimento (execução) se protrai no tempo. Assim a compra e venda para entrega futura, modalidade de compra e venda sobejamente estudada pelos juristas. Bastaria reler os artigos dos Códigos Civil e Comercial para se assegurar que a compra e venda é contrato puramente consensual, perfeito e acabado com o acordo sobre a coisa e o preço. A entrega da coisa e pagamento do preço ficam fora dessa fase negocial representando nada mais do que o cumprimento do acordo, a execução do ajustado.

As partes não têm a faculdade de se arrependerem, unilateralmente, do negócio pactuado sem que haja novo consenso em sentido inverso. O descumprimento do contrato por qualquer das partes dá direito a exigir sua observância acrescida de perdas e danos.

Mas não é isso o que se verifica no caso das opções, pois o comportamento ajustado é alternativo, é fazer ou não fazer, dar ou não dar. Alerta-se para que não se confunda tal comportamento com obrigação alternativa. Naquele o que se verifica é a possibilidade de cumprir ou não um contrato; nesta há dois objetos aptos a satisfazer a obrigação contratual, ou seja, aqui o contrato é cumprido prestando-se uma ou outra coisa, lá o cumprimento do contrato é que é alternativo.

Não se encontra, no direito positivo pátrio, solução clara para o problema da natureza jurídica das opções, especialmente aquelas isoladas, não inclusas em contratos outros, como é também o caso dos bônus de subscrição previstos na Lei n. 6.404/76. A busca de resposta leva ao direito estrangeiro, sendo o italiano o primeiro a se explorar.

IV — No direito italiano

As opções apareciam já na vigência do antigo código comercial de 1865 que, segundo os autores, lhe dava sentido mais restrito e preciso do que o atual código civil de 1942, indicando a "faculdade de que gozava uma pessoa, por período restrito, de obter determinada prestação que outro sujeito não podia revogar". Falava-se, naquela época, de opção de compra e opção de venda, exatamente os modelos de opções negociados nas bolsas de valores. Nesse período a condição potestativa evidenciada nas opções, e que se discutirá mais adiante, era fulcro de discussões doutrinárias, pois se admitia que o negócio, corrente na prática mercantil, exigia tutela adequada não podendo ser a ele aplicada a regra geral das condições puramente potestativas.

As propostas da doutrina na época para deslinde do problema da condição potestativa eram: a) contrato em processo de formação; b) pacto unilateral vinculante; e c) contrato preliminar unilateral. Não há acordo entre os estudiosos italianos no qualificar a opção como se vê.

Com a unificação do direito privado na Itália em 1942 introduz-se no ordenamento privado o artigo 1.331 cc. que usa expressamente a palavra *opção* e dispõe: "quando le parti convergono che una di esse rimanga vincolata alla propria dichiarazione e l'altra abbia facoltà di accetarla o meno, la dichiarazione, della prima si considera quale proposta irrevocabile per gli effetti previsto dall'art. 1.329". O legislador trata a opção como ajuste entre as partes, o que dá ensejo a que se estude as opções como se fossem contratos, sem, porém, se defini-las como contratos.

Aliás, os autores peninsulares vêem nessa regra três hipóteses: a) como a "convenção" segundo a qual uma das partes fica vinculada à própria declaração e a outra tem a faculdade de aceitá-la ou não; b) como o direito do adquirente de títulos de crédito vendidos a termo; e c) como o direito de opção (preferência ou prelação) que cabe aos acionistas na emissão de novas ações (ou debêntures conversíveis). O art. 1.329 cc. prevê, por sua vez, que o proponente se obriga a manter a proposta por certo tempo, ficando sem efeito qualquer tentativa de revogação.

Tipificada pelo art. 1.331 cc. como pacto, pode a opção aparecer em documento separado ou como cláusula inserta em algum outro contrato. Diferentemente da proposta que deve ser aceita pela outra parte para que haja contrato, a irrevogabilidade pode ser vista seja como pacto que gera obrigação unilateral seja como contrato inserido em outro contrato.

Se a opção é contrato, diz-se, sua formação segue as regras usuais de formação dos contratos entre as quais a possibilidade de imposição da irrevogabilidade e como contraprestação o pagamento de um prêmio (preço), o que não seria de admitir nos negócios unilaterais.

Mas, mesmo que haja concordância entre doutrinadores quanto a ser o pacto de opção negócio do gênero contrato, discordam quanto à espécie de contrato que possa ser. Alguns afirmam não a opção ser negócio autônomo, mas cláusula em contrato em formação com a qual se insere uma condição que permite a aceitação ou não da proposta. Outra corrente vê a opção como negócio autônomo que se assemelha ao contrato preliminar unilateral. A terceira corrente considera a opção como *fattispecie* complexa em que ao lado da proposta e aceitação que formariam o contrato definitivo haveria um acordo acessório cujo escopo seria tornar irrevogável a proposta. Falou-se de a) proposta irrevogável e contrato preliminar; b) contrato unilateral acessório para tornar irrevogável a proposta; c) modelo complexo que cumula uma proposta contratual visando a contrato definitivo e pacto ou contrato acessório que visa a tornar irrevogável a proposta; d) contrato preparatório inserto na formação do contrato definitivo ou principal e que contém a renúncia bilateralmente ajustada, à faculdade de revogação pelo proponente.

A irrevogabilidade da proposta constitui exceção que exige que haja qualquer outra coisa no procedimento de formação pré-contratual ainda que a irretratabilidade seja por prazo determinado. Para que uma proposta seja considerada irrevogável em virtude da vontade das partes, seja pela concordância de ambos os "contratantes" seja por manifestação unilateral do proponente, o que gera a convenção.

Para Tamburino[9] a *fattispecie* do art. 1.331 cc. só pode ser analisada como um contrato em formação no qual se insere uma convenção autônoma destinada a tornar irrevogável a proposta. A seguir explica que essa convenção se aproxima do contrato preliminar unilateral, o que equivale a dizer que as partes deverão celebrar outro contrato. Mas, no caso, como se trata de contrato preliminar unilateral, cabe a uma das partes apenas o poder de decidir se quer ou não celebrar o outro contrato (principal). Com a opção o destinatário da proposta (oblato) não tem a obrigação de compelir o proponente a celebrar dar seu consentimento para a formação do contrato pois que o consentimento já fora dado anteriormente.

Afirma o jurista italiano que as hipóteses dos artigos 1.329 e 1.331 do cc. italiano implicam renúncia à faculdade de revogar a proposta, renúncia a que o ordenamento dá eficácia vinculante. Diz que se a renúncia é unilateral está-se diante da proposta irrevogável, se bilateral, tem-se, ao invés, a opção.

Conclui com a afirmação de que a opção é contrato autônomo, e típico, com requisitos e elementos próprios, com objeto próprio que é a renúncia à revogabilidade em relação a determinado contrato em curso de formação e com causa própria e típica dada pela imutabilidade da proposta contratual por vontade de ambas as partes. O vínculo definitivo se segue à opção com a simples aceitação do oblato comunicada ao ofertante. Objeto desse contrato de opção é a irrevogabilidade da proposta. O ofertado tem posição subjetiva autônoma de livremente determinar, em sua esfera jurídica, em face do outro sujeito que se obriga a respeitar aquela determinação.

Sem dúvida a construção proposta é criativa. De um lado oferta vinculante, de outro opção tendo como objeto a irrevogabilidade de proposta e, ao mesmo tempo, a dupla renúncia. Mas, se a oferta vinculante obriga, e se é irrevogável a partir do momento em que alcança o oblato, o destinatário, ou, se dirigida a pessoa indeterminada, a quem a aceite, como é que se distingue, finalmente, a oferta irrevogável da opção? E se a opção é apenas o negócio que torna imutável a proposta, será que é negócio autônomo?

Insisto, o que pretendo analisar e discutir no presente são as opções sobre valores mobiliários, *commodities* e ativos financeiros, que, nas escolas de administração de empresas e nos cursos de finanças, são uma das pedras de toque na discussão dos derivativos financeiros. Opções para comprar ou vender valores mobiliários, *commodities*, ou mesmo índices, taxas de juros e contratos futuros dá ao operador o direito de escolher (optar), em função do preço de exercício ajustado em comparação com o preço do bem no momento de exercício da opção sobre comprar/vender ou não o bem subjacente. Dessa forma, uma opção pode custar menos, na tentativa de garantir o preço de um bem, do que qualquer outra forma de operação negocial sobre aquele bem, especialmente aqueles que tornarão o negócio irreversível para o aceitante que se verá obrigado a pagar o preço ou ainda a perdas e danos.

Dizem os estudiosos de finanças que os contratos de opções existem porque oferecem escolha única de relação risco/retorno para especuladores e *hedgers*. Logo têm função econômica basilar em períodos de instabilidade ou volatilidade de preços que interessa aos *hedgers* transferir. Para os especuladores representa a possibilidade de auferir ganhos com pequeno volume de recursos dispendidos.

Algumas pessoas entendem que se trataria de um pré-contrato ou contrato preliminar, que tem por conteúdo uma obrigação de contratar, isto é, uma obrigação de fazer. Mas, essa doutrina não se coaduna com o comportamento possível nas opções que fica sujeito à vontade do titular da opção de fazer ou não fazer. Essa subordi-

9. Giuseppe Tamburino, in "Patto di Opzione", in *Novissimo Digesto Italiano*, Unione Tipografico, Editrice Torinense, vol. XII, pp. 721 e ss.

nação é proibida, tornando nulo o contrato que a estipula já que há ao mesmo tempo a obrigação de contratar e a de não contratar.[10] Explica-se que "a promessa unilateral de contrato chama-se, impropriamente, *opção*."[11]

A doutrina brasileira chega a confundir promessa unilateral com pré-contrato mas não resolve a questão da condição potestativa que caracteriza as opções.

V — No direito norte-americano

Os autores tratam as opções como contratos com a seguinte formulação genérica: se A oferece vender a B um lote de terreno por preço determinado, pode ser que B necessite de tempo para decidir se aceita ou não a oferta. A fim de não perder a oportunidade B pode oferecer a A pagar-lhe pequeno valor em dinheiro em troca da promessa de A de não revogar a oferta durante dado prazo. Se A aceitar a oferta de B forma-se um *contrato de opção*. Ou seja, o fato de A conceder a B tempo para decidir em troca de uma *consideration*, sendo a decisão a ser tomada, comprar ou não o lote de terreno pelo preço pedido, objeto desse contrato de opção.

Assemelha-se ao nosso contrato preliminar que tem por fim estabelecer as regras para um outro contrato a ser celebrado futuramente, mas com cláusula de arrependimento. Nesse caso A nada pagaria a B a título de perdas e danos uma vez que exercesse seu direito de arrependimento dentro do período estipulado. Porém não há, na opção, aceitação sujeita a arrependimento posterior. Não há nem mesmo aceitação.

As regras usuais sobre contrato se aplicam a esse contrato preliminar, pois há oferta e aceitação entre as partes formando-se contrato bilateral. Também se o negócio fosse descrito da seguinte forma: A diz a B que, em troca de um valor qualquer se obriga a manter, por período de tempo determinado, direito de que B venha a adquirir um lote de terreno por preço também determinado, teríamos, igualmente, um contrato bilateral, sujeito a condição, e os efeitos práticos das duas declarações seriam iguais.

A dificuldade com essas formulações está na condição que pende sobre o cumprimento ou não da obrigação de contratar futuramente. Pode ser objeto de um contrato uma obrigação sujeita a condição? Veja-se a hipótese dos contratos de *leasing*. Usualmente tais contratos chamados "locação financeira" pelos italianos, prevêm uma de três opções: a compra do bem objeto da "locação" por valor residual; a renovação do *leasing* por outro período; e, finalmente, a celebração de novo contrato de *leasing* de outro bem. Nesses casos as alternativas são subseqüentes a um negócio em curso e o usuário (locatário) não tem o poder de deixar de cumprir a alternativa prevista sob pena de sofrer ônus tributários não desprezíveis.

Afastada essa modalidade de opção vinculada a outro contrato, poder-se-ia ver na opção preliminar uma oferta, que seria em princípio revogável e que se torna irrevogável por força do *contrato de opção* celebrado entre ofertante e aceitante? Passa-se, então, ao campo da formação do contrato, ao plano da oferta e aceitação. E, se é assim, o que distingue uma oferta irrevogável da oferta firme? Uma oferta firme se caracteriza pela declaração da parte de torná-la obrigatória pelo prazo definido, ou seja, deixar patente a intenção de manter a oferta pelo prazo previsto; não revogar a oferta por aquele prazo é o resultado.

Segundo a doutrina anglo-norte-americana uma oferta se torna irrevogável se houver aceitação de uma *consideration* pelo ofertante em troca de manter a oferta em vigor. No direito brasileiro ter-se-á uma

10. Gomes, Orlando, *Contratos*, 16ª edição, atualização e notas de Humberto Theodoro Júnior, Forense, pp. 136 e ss.

11. Gomes, ob cit., p. 138.

oferta irrevogável quando se fixar prazo para que seja aceita pelo oblato, mesmo que não haja qualquer pagamento ao policitante. Mas, uma tal oferta deve ser aceita ou recusada dentro no prazo previsto.

Será que é assim que se opera no mercado de opções? Na sua forma atual o mercado de opções aparece em 1973 na Bolsa de Opções de Chicago (*Chicago Board Options Exchange-CBOE*) sendo que antes dessa data eram negociadas no mercado de balcão, por obra dos operadores de opções. A Bolsa padronizou algumas características das opções como data de vencimento, preço de exercício, dando-lhes fungibilidade, o que facilita a troca (torna os negócios fungíveis ou *interchangeable*), aumenta a liquidez, e permite o controle da prática de abusos pelos operadores, evitando manipulações de preços.

Definido e disciplinado o mercado de opções em Chicago em 1973, em que eram negociadas 16 ações, entre 1975 e 1976 surgem as bolsas Americana, de Filadélfia e do Pacífico e finalmente a de New York, numa demonstracão da importância do negócio. De ações passa-se a negociar opções sobre índice de ações negociadas em bolsas em 1983, seguindo-se a elas as opções sobre moeda estrangeira e sobre contratos a futuro ou futuros, as denominadas *swaptions*. Com essa gama de possibilidades a divulgação e introdução dos negócios de opção em outros locais foi mera questão de tempo. Há hoje intensa negociação de opções tanto nas bolsas de valores quanto nas de mercadorias e futuros brasileiras.

As opções se dividem em dois tipos básicos: as de compra e as de venda. Pela primeira o *comprador* tem o direito de, durante certo prazo, comprar o bem subjacente a preço fixado. Na opção de venda o *comprador* tem o direito de vender o bem subjacente pelo prazo ajustado e ao preço fixado. Ressalta-se que nas duas modalidades o *comprador* das opções tem o direito, *não porém a obrigação* de comprar ou de vender o bem subjacente. Essa diferença em relação à aceitação de uma oferta é vital para a boa compreensão das opções. A oferta pode ser aceita ou recusada. Aceita, o contrato se forma nos termos da proposta (oferta); recusada, não há formação de qualquer contrato e se houver interesse no negócio é preciso recomeçar o procedimento.

Nas opções aceita a proposta fica ela sujeita ao interesse do *comprador* obrigando-se o lançador (vendedor/policitante) a aguardar manifestação daquele quanto à celebração ou não do contrato que será de venda e compra ou de permuta.

O preço fixado para a compra/venda do bem subjacente à opção é denominado *preço de exercício* ou *strike price*. O prazo de validade da "oferta" é o lapso temporal em que a opção existe. Decorrido o prazo a opção desaparece, como qualquer oferta não aceita.

Quanto a prazo de exercício das opções a prática criou duas modalidades. As opções do tipo americano podem ser exercidas a qualquer momento dentro do prazo concedido, as européias apenas no termo final. No Brasil as opções de venda são do tipo europeu, as de compra do tipo americano.

Como as opções têm valor econômico, pois contêm o direito de comprar/vender/permutar um certo ativo, podem ser precificadas pelos interessados e, na medida em que são fungíveis por força da padronização determinada pelas bolsas, seu preço independe de muitos fatores como prazo para expiração do direito, valor do ativo objeto, entre outros.

Essas questões que se prendem ao estudo de finanças são aqui apenas afloradas a fim de que se busque, em outra área do conhecimento, fundamentos para a discussão das opções.

Mas, constatado que nas bolsas os negócios de opção são cópia da estrutura negocial das opções tal como negociadas nas bolsas norte-americanas, os operadores econômicos, sem nenhum interesse conceitual, acreditam que a simples tradução das denominações dos eventos ali empregadas resolve todas as questões jurídicas decorrentes do negócio de opção, o que efetivamente não corresponde à realidade.

Segundo a doutrina norte-americana um contrato de opção se compõe de dois elementos: 1) o contrato subjacente que não é obrigatório até que seja aceito; e 2) o acordo de manter a oferta irrevogável em benefício do oblato (ofertado), dando-lhe a oportunidade de aceitá-la.[12] Assim, o *contrato de opção* tem a função de tornar uma oferta, que se refere à existência futura do contrato subjacente, irrevogável pelo período nela mencionado ou ajustado.

Observa-se que há na estrutura do negócio de opção a criação do poder de que alguém, por declaração unilateral, interfira na esfera jurídica de outrem que, também, por declaração unilateral, se obriga a manter determinado comportamento futuro, sujeitando-se à manifestação daquela pessoa que é titular do direito de opção.

Haveria um contrato inicial tendo por objeto futura contratação, contratação essa que depende da vontade de um só dos contratantes que pode, ou não, decidir pela realização do contrato previsto, o que, como já se viu anteriormente resulta em nulidade do contrato.

Parece-me essa a grande questão jurídica da qualificação das opções. Ainda que se admitisse que essa tal contratação futura estivesse sujeita a condição suspensiva, como é que se explica que se a parte não quiser concluir o contrato previsto na opção não há penalidade de qualquer tipo? Creio que se tratará de condição potestativa e não suspensiva. Ora, as condições potestativas, porque deixam um dos contraentes sob o poder arbitrário do outro são nulas, ineficazes, não escritas ou não ajustadas.

Assim, diante das peculiaridades do ordenamento pátrio, não há como aceitar a doutrina norte-americana que qualifica a opção como contrato. Se não pode ser contrato por sujeita uma das vontades a condição puramente potestativa, como tratar as opções?

Observa-se que a tendência a contratualizar os negócios é mais acentuada no direito norte-americano do que no direito brasileiro. A própria idéia de *consideration* como contrapartida de uma oferta para qualificar o negócio contrato permite uma lassitude maior na qualificação dos negócios jurídicos.

VI — Na doutrina dos direitos de base romano-germânica

A discussão da formação dos contratos passa pela análise da oferta e aceitação e, especialmente, à indagação quanto à possibilidade de um contrato tornar irrevogável uma oferta para ajustar outro contrato. Já se demonstrou que as opções têm como objeto uma compra e venda (ou permuta) a ser, ou não, realizada em data futura. Logo, o contrato subjacente seria uma compra e venda (ou permuta), cuja oferta seria irrevogável — comprar ou vender um certo bem (permutar dois bens). Ora, se a questão ficar limitada a oferta irrevogável, já que a aceitação depende sempre da vontade do oblato, o problema poderia ser resolvido no plano do procedimento de aceitação ou da formação do contrato.

Oferta ou policitação é declaração unilateral de vontade pela qual a pessoa manifesta sua intenção de contratar e em que condições deseja fazê-lo. Aceita a oferta pelo destinatário está formado o contrato. Para que a oferta seja vinculante é necessá-

12. Murray, John Edward, Jr. Murray on *Contracts,* third edition. "An option contract ... limits the promisor's power to revoke an offer. Presumably, this language is designed to ascertain that while the power of acceptance cannot be terminated through the offeror's revocation, it can be terminated in any way in which any contractual duty can be terminated. However, commet to this section suggests that. A revocation by the offeror is not of itself effective, and the offer is properly referred to as an irrevocable offer."

rio que seja precisa, firme e inequívoca, exprimindo real intenção de contratar. Qualquer outra modalidade de declaração poderia ser, quando muito, convite a oferta. Uma oferta deve conter todos os elementos essenciais para a formação do contrato proposto. Na compra e venda a oferta deve explicitar o bem, o preço e a forma de pagamento, elementos essenciais do modelo contratual final.

Se a oferta apresentar ressalvas ou reservas elas devem ser claras e expressas. Por exemplo, o comerciante que oferece produtos a preços convidativos deve informar a quantidade disponível dos bens ofertados, por exemplo, para que não se veja compelido a receber mais aceitações do que a quantidade de produtos de que dispõe. Finalmente, a oferta deve ser inequívoca, não pode permitir que o oblato deva escolher entre alternativas. Não se considera oferta inequívoca aquela que impõe ao oblato escolher entre duas declarações de conteúdo distinto. Esses elementos são encontrados nas opções.

Feita a oferta, se ela não for aceita como formulada, pode abrir-se uma fase de negociação com contra-oferta ou contraproposta, pondo-se a questão de saber qual a oferta que efetivamente vincula. Mas pode ocorrer, igualmente, que não se forme o contrato porque policitante e oblato não chegam ao acordo. Numa negociação surge a dificuldade de saber qual o oferta (ou contraproposta) que é a finalmente aceita. A solução doutrinária é de que a oferta que forma o contrato é a que é objeto de uma aceitação pura e simples.[13] Isto não ocorre nas opções. O resultado final de opção é compra/vende/permuta ou não.

O principal efeito da oferta é permitir a formação do contrato mediante sua aceitação pelo destinatário ou por qualquer pessoa se endereçada a pessoa indeterminada. Diz Ghestin que o autor da oferta confere ao destinário o poder de fazer nascer o contrato, e que os efeitos ou o valor da oferta são os de definir a extensão do poder de aceitação por ela criado.[14] Em outras palavras, a oferta define o negócio proposto, define o tipo de contrato a ser celebrado.

Se a oferta deve ser irrevogável ao menos durante certo período, segue-se a questão da conciliação dos interesses do policitante e do oblato. Não seria justo que uma das partes — o ofertante — ficasse obrigado enquanto que o oblato auferisse vantagens decorrentes de modificações econômicas durante algum lapso temporal. Mas, a força obrigatória da oferta, bem assim o poder de revogá-la não são absolutos. Não se imagine que alguém fique indefinidamente vinculado a sua oferta. Mas, prossegue o doutrinador francês, a manutenção de uma oferta pode resultar em pré-contrato desde que, expressa ou tacitamente, sua existência seja indiscutível.

Havendo oferta com prazo considera-se que tenha sido concluído um pré-contrato em virtude do qual a oferta será mantida durante o prazo previsto. Admite-se, segundo Demolombe que o oblato terá aceito o que lhe foi proposto, já que a proposta não lhe causa prejuízo. Há aqui uma aceitação fictícia de uma oferta.[15] Mas, em verdade, tal como no direito norte-americano, o que se faz é construir um modelo negocial que implica a introdução de ficção jurídica para chegar ao contrato. O que se percebe é que, havendo prazo para a manifestação do oblato, o policitante fica vinculado à sua declaração.

Aparece aqui um dos problemas das opções, o do prazo em que a oferta é irrevogável. Essas mesmas objeções poderão ser aplicadas às ofertas irrevogáveis em geral. Se o prazo for muito longo, a doutrina e jurisprudência norte-americanas entendem que a *consideration* deve ser de valor compatível com o período para exercê-la.

13. Ghestin, Jacques, *Traité de Droit Civil — Les obligations — Le Contrat: Formation*, 2ª édition, LGDJ, 1988, p. 224.

14. Ob. cit., p. 226.

15. Ghestin, ob. cit., pp. 229 e 230.

Há de haver congruência entre o valor oferecido/pago ao ofertante e o período para exercer a opção. Aliás, diz-se que uma *consideration* de pequeno valor nada mais é do que uma ficção e só serve para suportar a opção por curto lapso temporal. Não há sentido econômico em impedir-se alguém de dispor de seus bens indeterminadamente, pois isto afetaria a esfera dos direitos disponíveis que se tornariam indisponíveis.

Uma oferta irrevogável de forma absoluta se aproximará do negócio jurídico unilateral. Pontes de Miranda define negócios jurídico unilateral como: "aquele em que a manifestação de vontade de alguém entra no mundo jurídico e se faz negócio jurídico sem que precise ou venha a precisar de qualquer manifestação de vontade de outrem para o completar".[16] Igualmente Ghestin aproxima a oferta irrevogável durante o prazo fixado a uma declaração unilateral, o que pressupõe o reconhecimento da força vinculante, obrigatória, das declarações unilaterais tal como em relação às ofertas. Sem dúvida, a dificuldade maior do estudioso decorre da proximidade de efeitos entre as duas figuras: oferta e declaração unilateral. Oferta de contratar é direito potestativo constitutivo, pois contém a *potestà* de adquirir direito de propriedade ou outro direito subjetivo.[17]

"Promessa unilateral é a promessa que somente faz uma pessoa, ou duas ou mais pessoas, a outrem, sem que a outra prometa ou contrapreste. As promessas unilaterais são eficazes desde que se enquadrem nos princípios gerais do direito das obrigações."[18]

Discutindo as declarações unilaterais explica o jurista brasileiro que tais negócios têm origem no primitivo direito germânico, sendo desconhecido do direito romano e naqueles ordenamentos de base contratualista como o norte-americano.

Quando trata da tipicidade dos negócios jurídicos unilaterais Pontes de Miranda diz que nesse campo as manifestações da autonomia privada são mais restritas do que as que se admite no campo contratual, e que essas restrições se prendem a interesse público, mas não afirma que tais negócios obedeçam a tipicidade fechada.

O promitente vincula a si nos negócios jurídicos unilaterais, não vincula a pessoa a quem se dirige. E, por isso, por se vincular isoladamente, é que permite a invasão de sua esfera jurídica por outrem. Essa invasão é que faz com que as pessoas hostis a tal possibilidade esqueçam ou pretendam ignorar essa modalidade negocial.

Dentre os inúmeros tipos de negócios jurídicos unilaterais que enumera, Pontes de Miranda se refere a *outorga de poder* e a *promessas unilaterais*, inclusive em títulos ao portador ou endossáveis.[19] (itálicos meus). Será possível compatibilizar opção com um dos dois tipos de negócios jurídicos unilaterais? Creio que sim, tal como se pode admiti-las como ofertas irrevogáveis pelo prazo fixado na própria oferta.

A outorga de poder pode dar-se por lei negocialmente ou por decisão judicial. O poder pode ser prestação ou contraprestação, mas em nenhuma circunstância torna o negócio bilateral, afirma Pontes de Miranda. Ora, numa opção é possível ver a outorga de um poder, por força do negócio. O poder seria o de interferir na esfera jurídica do outorgante por declaração unilateral do outorgado. Esse poder se aproxima dos direitos potestativos, constituindo uma declaração receptícia quando exercido. Produz efeitos assim que chegue ao conhecimento do ofertante/outorgante.

Pode-se imaginar que a reação contrária às promessas unilaterais — e a opção é uma forma de promessa unilateral —, re-

16. *Tratado de Direito Privado — Parte Especial,* Tomo XXXI, p. 5.

17. Messina, Giuseppe, in *Novissimo Digesto Italiano,* UTET, verbete "Diritti Potestativi", pp. 737 e ss.

18. Pontes de Miranda, ob. cit., p. 14.

19. Ob. cit., pp. 8 e 9.

sulta do fato de serem abstratas. Não se confunde com a oferta, embora seja parecida aos olhos do leigo, pois a oferta visa à formação do contrato, a promessa unilateral não tem esse escopo, mas funda-se apenas no querer irrevogável.

Como tratar uma tal declaração unilateral que outorga poder? Diz, ainda, Pontes de Miranda que os efeitos desses negócios são iguais aos dos bilaterais, apenas que são contra o figurante único. Acrescenta que é preciso verificar a quem se dirige a declaração, se ao público, a uma ou algumas pessoas determinadas.

Novamente se busca na lei italiana subsídios para tais declarações unilaterais. Aquele legislador ao dispor sobre o acordo entre as partes diz que: "Quando le parti convengono che una di essa rimanga vincolata alla propria declarazione e l'altra abbia facoltà di accettarla o meno, la dichiarazione della prima si considera quale proposta irrevocabile per gli effetti previsti dall'articolo 1.329". Complementa-se a idéia com a transcrição do texto mencionado, que é: "Se il proponente si è obbligato a mantenere ferma la proposta per un certo tempo, la revoca è senza effetto".

Assim, dos textos doutrinários e da leitura dos artigos do código civil italiano acima repetidos, concluir-se-á que as opções são declarações unilaterais vinculativas e irrevogáveis. Sejam elas do tipo outorga de poder ou promessas unilaterais, o fato é que a idéia de contrato, salvo a ficção jurídica de aceitação, sujeita ainda a uma condição puramente potestativa, não pode ser admitida no país.

De outro lado, pode-se igualmente inferir que o destinatário da declaração, seja ele quem for, fica com o poder de, por declaração sua, transformar o negócio jurídico unilateral em negócio jurídico bilateral — contrato de venda e compra ou permuta, exercendo direito formativo gerador, pois a oferta apenas inicia o negócio jurídico bilateral, que não é a opção, mas o contrato "subjacente", como já se demonstrou.

Quem promete deve cumprir o prometido. Se prometo vender (ou comprar) fico vinculado à minha declaração, sem que alguém, desde logo, a aceite. O vínculo jurídico existe ainda que o destinatário da declaração seja desconhecido, pois a pretensão ao cumprimento da promessa só existirá quando alguém aparecer e disser que tem interesse na manutenção do vínculo pelo prazo proposto para que tenha tempo de se decidir.

O direito brasileiro trata das promessas unilaterais nos artigos 1.512 a 1.517 do Código Civil nas promessas de recompensa. Mas outras formas de promessa podem existir. No caso das opções que aqui se discutem, a promessa é de vender ou comprar ou permutar. Não parece admissível que as regras deduzidas para a promessa de recompensa sejam aplicadas às opções em face da diversidade das funções dos negócios. Promessa de recompensa é forma de remunerar, premiar ou gratificar alguém; opção é promessa unilateral de contratar se alguém quiser.

Quanto ao prêmio pago pelo aceitante da declaração unilateral ao policitante, serve de compensação financeira por tornar, provisoriamente e pelo prazo de existência da opção, indisponível um direito que seria disponível.

É a contrapartida que se dá, oferece ao declarante por estar impedido de dispor do seu interesse antes do decurso do prazo ou de manifestação do destinatário ou de quem seja titular da opção.

A declaração do titular da opção ao exercê-la tem caráter receptício, transformando o negócio jurídico unilateral em bilateral, agora com a denominação *compra e venda* ou *permuta*.

O que distingue a opção de declaração unilateral de uma das partes, da oferta pura e simples quando o ofertante se compromete a manter a oferta aberta por algum tempo?

As ofertas, bem assim as aceitações, parecem constituir promessas unilaterais (e assim são encaradas no direito norte-americano) que ao se harmonizarem dão origem aos contratos. Mas, no caso da pura promessa unilateral como as opções, o que se oferece ao público é um poder ou direito potestativo aquisitivo. Ademais, as ofertas são, via de regra, endereçadas a pessoa(s) determinada(s), enquanto que as opções são endereçadas a pessoa indeterminada, como regra geral. Especialmente as negociadas em bolsa, que são fungíveis e podem ser transferidas pelo titular a qualquer tempo antes do termo.

Portanto, é preciso saber qual a intenção do declarante. Fazer oferta para celebrar um contrato ou fazer promessa de contratar se houver interessado(s). Daí porque as opções são vistas como direitos potestativos, pois conferem ao titular poder resultante do negócio jurídico unilateral que exerce se e quando quer, no termo ou enquanto a opção não expirar.

VII — Direito alemão

Importante, por fim, é verificar como é que se discute a natureza jurídica do negócio de opção no direito alemão. Segundo Martin André:[20] "Der Optionsschein verbrieft das Recht, während einer bestimmten Frist in einem bestimmten Verhältnis Aktien einer bestimmten Gesellschaft oder andere Objekte zu einem besttimmten Basispreis erwerben zu können" (O título de opção garante o direito de, durante certo termo, poder celebrar relação sobre ações ou outros bens, a preço ajustado. Tradução livre).

O autor discute a natureza jurídica desse negócio como oferta firme que encontra substância no art. 147 do BGB, o que implica vê-la como contrato. Mas, prossegue, pode-se, também, baseá-la no art. 158 do BGB que trata a opção como condição, de que surge o direito potestativo. Dispõe o art. 158 do BGB: "I Wird ein Rechtsgeschäft unter einer aufschiebenden Bedingung forgenommen, so tritt die von der Bedingung aghänging gemachte Wirkung mit dem Eintritte der Bedingung ein. II Wird ein Rechtsgeschäft unter einer auflösenden Bedingung vorgenommen, so endigt mit dem Eintritte der Bedingung die Wirkung des Rechtsgeschäfts; mit diesem Zeitpunkt tritt der frühere Rechtszustand wieder ein".

Após breve discussão desses artigos do BGB o autor passa pela idéia de contrato preliminar para dar força executiva às opções, para, afinal, concluir que a melhor teoria funda as opções no art. 305 do BGB, tomadas como direito formativo gerador próprio (*eigenständiges Gestaltungsrecht*) porque o direito se concretiza por meio de uma só declaração de vontade (*Willenserklarung*). Diz o BGB no art. 305: "Zur Begründung eines Schulverhältnisses durch Rechtsgeschäfte sowie zur Änderung des Inhlats eines Schuldverhältnisses is ein Vertrag zwischen den Beteiligten erforderlich, soweit nicht das Gesetz ein anderes vorschreibt" (Para criar uma relação obrigacional ou alterar seu conteúdo é necessário acordo entre as partes, salvo se houver previsão legal diversa. Tradução livre).

Ora, evidentemente que com base nesse dispositivo legal é fácil incluir as opções entre as declarações unilaterais vinculativas.

As obrigações criam dever (*Pflicht*) de comprar ou vender o bem objeto do futuro contrato para apenas uma das partes e, assim mesmo, só se a outra parte decidir exercer o direito de que é titular. Mas, sobre essa parte não recai nenhuma obrigação ou dever de receber ou entregar o bem, mesmo porque, *sem sua manifestação o contrato de venda e compra não existe*. Em outras palavras, *a opção dá ao seu titular*

20. Die Verbindlichkeit von Optionsscheingeschäfte — Zugleich eine kritische Analyse der termingeschäftlichen Typenmerkmale auf der Grundlage des neuen Börsenrechts in Studien zum Bank-und Börsenrecht, n. 23-1991. Nomos Verlagsgesellschaft Baden-Baden.

o direito de comprar (*call option*) *ou vender* (*put option*).[21]

O titular da opção tem o direito mas não o dever de celebrar o contrato de compra e venda, em data futura, até o termo ou no termo, pelo preço já previamente fixado para o exercício da opção (*strik price*). Por sua vez, haja ou não exercício desse direito pelo titular da opção, o lançador tem direito ao prêmio. Essa a recompensa que se lhe garante por manter a posição de *ofertante* enquanto não se escoa o prazo para exercício da opção.

VIII — Conclusão

A verdade é que contratos futuros e opções são negócios que se desenvolvem para possibilitar a especulação e o *hedge*.[22] Ainda que se baseiem em modelos tradicionais é preciso notar que em nenhum dos casos se impõe a conclusão de contratos para que os negócios sejam eficazes.

Afinal, o que se pode concluir é que há muitas e diferentes construções doutrinárias que tentam determinar a natureza jurídica das opções, especialmente as que estão ligadas à idéia de contrato. Mas, toda a engenhosidade desenvolvida pelos doutrinadores para explicar o efeito econômico buscado com os negócios de opção, e que deve ser respeitado, está a demonstrar que qualificar ou classificar as opções dessa forma exige "malabarismos" doutrinários para justificar uma vinculação unilateral que dá a uma das partes direito potestativo para interferir na esfera jurídica de outrem com simples declaração, sujeita a parte que oferece a opção aos riscos econômicos do negócio, sem qualquer contrapartida obrigacional, econômica ou de sujeição do outro interessado.

O modelo de compra e venda que de alguma forma produziu essas discussões é o da compra e venda a contento, e também aqui a doutrina se debateu com explicações e previu restrições à manifestação da vontade do comprador, limitando-a a fim de impedir que se aplicasse à espécie as regras deduzidas para a validade de negócios com condição puramente potestativa. Esse o embate que ora se trava em face das opções negociadas em bolsa. Admitida a regra do art. 305 do BGB, porém, pode-se dizer que, tratando-se de operação negocial realizada em mercados regrados — não necessariamente por normas jurídicas, mas sem dúvida por normas impostas pelas bolsas — a só declaração unilateral obriga, vincula o declarante, sem que a manifestação da outra parte, aquela à qual a declaração se endereça, seja imposta.

Esse tipo de raciocínio já se fez na elaboração doutrinária do direito cambiário de 1884 na Alemanha, com a desvinculação do direito em relação ao negócio subjacente, surgindo aí a abstração do direito cambiário.

Especialmente quando se imagina as questões que poderão resultar da circulabilidade desse negócio, a aproximação com as regras do direito cambiário, notadamente a circulação das notas promissórias, sem que as exceções oponíveis entre partes circulem com o instrumento, parece que apenas a declaração unilateral que cria direito

21. Dannhoff, Dr. Martin, in *Das Recht der Warentermingeschäfte — Einte Untersucuchung zum deutschen, internationalen und U.S.— amerikanischen Recht*, Nomos Verlagsgesellschaft, Baden Baden, 1993.

22. Conceito de *hedge*: nas décadas de 70 e 80 a volatilidade de preços de quase todos os bens, da soja ao ouro, foi surpreendente. As extremas variações de juros e câmbio corroeram as bases de muitos negócios que eram, até então, sólidos. Adaptar-se aos novos tempos tornou-se imperioso. Minimizar os efeitos da extrema volatilidade dos preços levou à criação dos contratos futuros de instrumentos financeiros ao lado dos já tradicionais contratos de *commodities*. Assim, defender posições financeiras utilizando o mecanismo do *hedge* tornou mais visível o mercado de risco.

A idéia de *hedge* pode ser encarada como a busca de mecanismos para evitar ou reduzir a exposição ao risco no mercado à vista. Isso implica celebrar negócios visando a transferir risco, o que implica em alguém afastar ou minimizar o risco e alguém outro assumi-lo.

potestativo para o titular em face do declarante é que resolve as dificuldades.

Seguramente, imaginar que as opções negociadas nas bolsas de mercadorias e futuros, negócio de transferência de risco, de especulação, fruto da autonomia privada, sejam contratos, quando nenhuma das partes imagina que ambas ficam vinculadas, é desconhecer a dinâmica dos operadores econômicos, é tentar engessar a autonomia privada em modelos reconhecidos, esquecendo as construções pretorianas do direito romano, para ficar em um dos sistemas que dá origem ao brasileiro. É, afinal, afastar o outro sistema que, combinado com aquele produz boa parte dos direitos continental-europeus.

A autonomia privada tem poder criador de operações jurídicas, negócios jurídicos não tipificados que, na medida de seu interesse, para o funcionamento das relações econômicas, são reconhecidos e acolhidos pelos ordenamentos. Nessa categoria estão as opções bursáteis — simples ou em todas as suas combinações com outros negócios. Qualificá-las declaração unilateral e não contrato, com vinculação do declarante e garantindo ao destinatário o *privilégio*, o *direito formativo gerador*, de livremente decidir o que melhor lhe convenha, soluciona a dificuldade criada pela cláusula potestativa sem que seja necessário circundá-la com exercícios de ficção.

O que as partes querem é exatamente isso, jogar com o risco da variação de preço durante certo período sem que haja desde logo a obrigação outra que não aguardar o decurso do prazo.

Doutrina

SOCIEDADE SIMULADA[1]

Calixto Salomão Filho

I — Introdução — Plano da exposição

O tema sociedade simulada exige, para melhor compreensão, uma breve incursão pela teoria civilista da simulação. É o que se fará inicialmente, procurando em primeiro lugar destacar as características básicas da simulação, em seguida comparando-a com o negócio jurídico indireto.

Sucessivamente passar-se-á a análise da simulação no campo societário. De início, haverá a tentativa de identificação das principais hipóteses de simulação no direito societário, ou ao menos, aquelas que mais aguçam a curiosidade acadêmica e prática. A seguir serão analisadas essas hipóteses a partir da teoria da simulação, verificando-se a compatibilidade entre essa disciplina e a *fattispecie* societária.

Serão, afinal, apresentadas as conclusões.

II — A simulação na teoria dos negócios jurídicos

a) Características básicas

A simulação, como vício do negócio jurídico que é, consiste basicamente na discrepância entre a vontade declarada e a vontade real das partes que realizam um negócio jurídico. Dessa definição doutrinária clássica, pode-se deduzir a principal característica da simulação.

Trata-se de um vício que produz efeitos para o exterior. Por isso, aliás, é classificada pela doutrina entre os vícios de vontade, não como um vício do consentimento, mas como um vício social.

Com efeito, nada há a macular o consentimento das partes. Ambos sabem o que declararam e o que na verdade querem. Por isso é que a simulação não é invocável entre os contraentes (artigo 104 Código Civil). Apenas terceiros podem invocá-la, quando prejudicados. A razão é que a simulação visa exatamente a esconder de terceiros o fim real e prático por elas visado.

Note-se que o fim real tanto pode ser diverso do declarado quanto não ser fim nenhum (as partes nada pretenderem com aquele ato), daí a diferença entre simulação relativa e simulação absoluta.

A característica básica acima apontada da simulação como vício com efeitos externos, como vício social é que o torna tão relevante para o direito societário. É nele que as relações externas têm especial importância e destaque, sendo sua forma de estruturação e disciplina definidoras até mesmo de diferentes tipos societários.

É essa particular importância da simulação no campo societário que exige particular atenção para a disciplina que decorre da simulação. O Código Comercial de 1850 previa até mesmo a nulidade (absoluta) como conseqüência da simulação. O Códi-

1. Texto da prova escrita apresentada pelo autor à banca examinadora, por ocasião de concurso prestado para ingresso na carreira docente da USP.

go Civil foi mais brando, prevendo a nulidade relativa ou anulabilidade do ato simulado (C.C. artigo 147). A conseqüência da anulação do ato é a restituição das partes ao estado anterior (artigo 158) — o que em muitos casos relativiza bastante o próprio caráter *ex nunc* da anulação (por oposição do *ex tunc* da declaração de nulidade).

É a esse efeito que se deverá estar particularmente atento ao proceder-se a análise mais adiante da compatibilidade entre a disciplina civilística da simulação e a estrutura societária.

b) Distinção do negócio jurídico indireto

Clássico no direito brasileiro é o trabalho de Tullio Ascarelli sobre o negócio indireto.[2] Nele o professor romano distingue com excepcional clareza o negócio indireto do simulado.

No primeiro, ao contrário do segundo, não há qualquer discrepância entre vontade declarada e vontade real. O que as partes querem é exatamente o negócio declarado. A peculiaridade do negócio indireto está no fato que as partes visam alcançar um fim que não é típico no negócio adotado. Exemplo é a transferência da propriedade com escopo de garantia (alienação fiduciária).

Desse modo, enquanto na simulação as partes regulam clandestinamente as próprias relações jurídicas de modo conforme à vontade real, no negócio indireto, ao contrário, o fim prático visado é alcançado justamente por meio do negócio adotado e declarado.

Isso não significa, no entanto, que o negócio indireto seja sempre um negócio lícito. Pode ser que o fim visado seja contrário à Lei. Nesse caso a nulidade (absoluta) decorrerá desse fato e não da simulação (nulidade relativa).

2. T. Ascarelli, "O negócio indireto", in *Problemas das sociedades anônimas e direito comparado*, São Paulo, Saraiva, 1969, p. 91.

III — A simulação no campo societário

Analisada a teoria da simulação nos negócios jurídicos, é necessário estudar a sua aplicação ao campo societário. O exemplo mais citado e discutido é o da chamada constituição unipessoal indireta.

a) Casuística

— Constituição unipessoal indireta

No Brasil, a constituição de sociedades unipessoais só é admitida na limitada hipótese da subsidiária integral.

A vida econômica, como de costume, premida por necessidades empresariais, ignora e procura circundar tal tipo de limitação. Assim é que, nos casos em que é necessária a constituição pluripessoal, costuma-se utilizar um "sócio de palha", meramente figurativo, sem interesse real na "vida social" e com participação simbólica.

No Brasil, essa alternativa foi de certa forma incentivada pela redução do número mínimo de acionistas de 7 para 2, operada pela Lei n. 6.404/76 (com reflexos também nas sociedades por quotas por força do artigo 18 do Decreto 3.708/19).

Pergunta então a doutrina: constituiria esse tipo de sociedade uma simulação?

Dois tipos de resposta podem ser dadas a essa indagação. A primeira, tradicionalmente adotada (Ascarelli), procura resolver a questão em termos exclusivamente civilísticos.

Adotando-se essa primeira linha, devem-se distinguir duas hipóteses. A primeira é aquela em que o sócio de palha torna-se efetivamente sócio mas com participação meramente figurativa. Nesse caso não parece haver dúvida de que não ocorre simulação. Não há qualquer discrepância entre vontade declarada e vontade real. Como bem destaca a doutrina alemã não é possível presumir que um sócio que assume obrigações e responsabilidades como tal, não tenha intenção de ser efetivamente sócio.

Diferente é a hipótese quando a constituição é preordenada à unipessoalidade. Essa hipótese é particularmente evidente no sistema italiano, onde o direito positivo diferencia claramente entre a sanção à constituição unipessoal (dissolução) e a redução posterior à impessoalidade (responsabilidade ilimitada). No Brasil essa distinção não existe no direito positivo, mas tem sido construída por via jurisprudencial. Em ambos os casos, a diferença de disciplina incentiva a entrada de um sócio que imediatamente após a constituição retirar-se-á.

A hipótese aventada é aquela em que o sócio de palha já no momento da constituição assina documentos que garantem a sua saída posterior,[3] ou então, que asseguram a transferência efetiva de seus direitos de sócio para o outro.

Ascarelli imagina duas soluções para esse tipo de situação. Numa primeira considerar-se-ia o estratagema uma simulação por não ter sido o vínculo social efetivamente desejado. Numa segunda construção, com base na teoria do negócio indireto, afirma o autor que o vínculo foi querido mas havia intenção posterior de venda das ações ou quotas, ou transferência dos direitos de sócio a ela relativos (esse seria o efeito indireto desejado).

A primeira hipótese parece ser preferível, sobretudo se a retirada da sociedade ou transferência de direitos não foi registrada nos órgãos encarregados dos registros societários (Junta Comercial ou Cartório de Títulos e Documentos, conforme a natureza da sociedade seja comercial ou civil), sendo portanto desconhecida de terceiros. Note-se, no entanto, que a qualificação civilística é pouco relevante para a distinção dos efeitos. Classificada como negócio indireto o elemento chave é determinar se através desse estratagema há fraude à lei. Interpretado como simulação, o mesmo ocorre. Isso porque não havendo prejuízo direto a terceiros (o que não há) a simulação só se considerará defeito do ato se for demonstrada a fraude à lei (art. 103, Código Civil).

Seria necessário verificar então se no ordenamento brasileiro estaria havendo fraude à proibição legal da constituição unipessoal. Apesar das recentes evoluções jurisprudenciais no sentido de admitir a sociedade unipessoal superveniente, impondo apenas responsabilidade ilimitada aos sócios, parece ainda ousado, *de lege lata*, referirmos que não existe proibição legal à sociedade unipessoal no Brasil (à exceção evidentemente da hipótese da subsidiária integral de que aqui não se está tratando).

Desse modo a hipótese poderia ser construída como simulação.

b) Crítica à aplicação do raciocínio civilístico às sociedades

O problema com o tipo de raciocínio exposto acima está em suas premissas. O fato de aparentemente a distinção de qualificação como negócio indireto (no caso ilícito) e negócio simulado não ter conseqüências jurídicas, revela a inadequação desse tipo de estrutura de raciocínio ao campo societário.

A simulação é aplicável a atos e não a uma atividade, sobretudo, as conseqüências jurídicas da simulação se coadunam apenas com a disciplina dos atos. Como série de atos encadeados e ordenados a um fim, uma atividade não pode ser declarada nula ou anulada. Muitos efeitos foram produzidos em relação a terceiros, efeitos esses que não podem ser eliminados ou anulados. Por isso fala-se na doutrina brasileira normalmente de atividade irregular e não de atividade nula.

Na doutrina italiana moderna[4] o que se diz é que a disciplina dos atos sociais

3. P. Ulmer, in ***Hachenburg Grosskommentar zum GmbH Gesetz***, 8ª ed., Berlin-New York, De Gruyter, 1990 (1, Lieferung), § 2, Rdn 55.

4. C. Angeli, *La società nulla*, Milano, Giuffrè, 1975, p. 254.

deve ser dirigida não a eliminar a sociedade, mas sim a eliminar a lesão que pode ser provocada pelo ato. Esse tipo de raciocínio está em linha inclusive com a moderna idéia institucionalista de preservação da empresa.

Permitir a declaração de nulidade ou anulação do ato de constituição de sociedade implicaria dissolvê-la, o que não é possível nem conveniente.

Por essa razão, Angelici ao analisar a constituição unipessoal abre mão completamente da disciplina dos atos afirmando que o que há é uma irregularidade (inexistência efetiva de dois sócios) que impede que o processo organizativo se complete e, portanto, impede que a sociedade adquira responsabilidade limitada.

Outra linha possível de raciocínio é admitir a explicação jurídica a partir da teoria dos atos, mas impedir que seus efeitos se apliquem à atividade social. A conseqüência da simulação seria então apenas impedir a possível lesão a terceiros. Nesse sentido parece ter se orientado o Tribunal de Justiça do Rio Grande do Sul que em acórdão de 8.5.84 (in *RT* 592/172) fez decorrer da simulação na constituição da sociedade a desconsideração da personalidade jurídica. No caso em tela à irregularidade formal da constituição somaram-se indícios de fraude, ou seja, efetiva lesão a interesses de terceiros provocada pela constituição simulada. É essa lesão que a desconsideração da personalidade jurídica é apta a eliminar, preservando a empresa.

IV — Conclusão

A conclusão parece dever-se encaminhar a uma crítica à tradicional expressão usada por Ascarelli — sociedade simulada.

Sociedade simulada não há. O que pode haver é a caracterização da simulação em um determinado ato específico. A resposta a isso deve ser dada necessariamente em termos societários, ou identificando uma irregularidade na atividade social e aplicando as conseqüências respectivas ou aplicando seletivamente a teoria da desconsideração da personalidade jurídica.

Doutrina

NOTAS SOBRE O REGIME JURÍDICO DAS OFERTAS AO PÚBLICO DE PRODUTOS, SERVIÇOS E VALORES MOBILIÁRIOS NO DIREITO BRASILEIRO — UMA QUESTÃO DE COMPLEMENTAÇÃO DA PROTEÇÃO DE CONSUMIDORES E DE INVESTIDORES

HAROLDO MALHEIROS DUCLERC VERÇOSA

Introdução

Diariamente são feitos maciços apelos ao público no sentido do oferecimento dos mais diversos tipos de produtos, de serviços e de valores mobiliários, mediante o uso intensivo de técnicas de convencimento, desde as mais simples e comuns, até as mais sofisticadas.

O direito entende que, diante dessa prática, torna-se necessário estabelecer-se sistemas de proteção dos seus destinatários, os quais, de um lado, costumam ser iludidos pela publicidade e, de outro, não têm condições de averiguar a veracidade das informações que lhes são transmitidas a respeito dos bens a eles oferecidos.

Os meios de proteção são diversificados e assistemáticos, utilizando-se de técnicas variadas para atingir a finalidade desejada pelo legislador. Resta saber se cobrem todos os campos nos quais seriam necessários.

1. O direito do consumidor

No campo do *direito do consumidor*, a Lei n. 8.078, de 11.9.90, estabeleceu, nos planos civil, administrativo e penal, normas para a proteção daquele, reconhecida expressamente a sua vulnerabilidade (art. 4º, inciso I), quando se trata do oferecimento de *produtos* e de *serviços*. Entre os caminhos adotados pelo *Código do Consumidor*, encontram-se os direitos enumerados no art. 6º, como sejam:

I) a proteção da vida, saúde e segurança contra os riscos provocados por práticas no fornecimento de produtos e serviços considerados perigosos ou nocivos;

II) a educação e divulgação sobre o consumo adequado dos produtos e serviços, asseguradas a liberdade de escolha e a igualdade nas contratações;

III) a informação adequada e clara sobre os diferentes produtos e serviços, com especificação correta de quantidade, características, composição, qualidade e preço, bem como sobre os riscos que apresentem;

IV) a proteção contra a publicidade enganosa e abusiva, métodos comerciais coercitivos ou desleais, bem como contra práticas e cláusulas abusivas ou impostas no fornecimento de produtos e serviços;

V) a modificação das cláusulas contratuais que estabeleçam prestações desproporcionais ou sua revisão em razão de fatos supervenientes que as tornem excessivamente onerosas;

VI) a efetiva prevenção e reparação de danos patrimoniais e morais, individuais, coletivos e difusos;

VII) o acesso aos órgãos judiciários e administrativos, com vistas à prevenção ou reparação de danos patrimoniais e morais, individuais, coletivos ou difusos, assegurada a proteção jurídica, administrativa e técnica aos necessitados;

VIII) a facilitação da defesa de seus direitos, inclusive com a inversão do ônus da prova, a seu favor, no processo civil, quando, a critério do juiz, for verossímil a alegação ou quando for ele hipossuficiente, segundo as regras ordinárias de experiência; e

IX) a adequada e eficaz prestação dos serviços públicos em geral.

Objetivando tornar efetivos os direitos acima mencionados, o *Código do Consumidor* adotou um sistema de responsabilidade objetiva (portanto, independente da prova da culpa) pelo fato do produto ou do serviço, que alcança o fabricante, o produtor, o construtor, o importador e o comerciante — este em certas circunstâncias expressamente indicadas (arts. 12 a 25). Essa responsabilidade objetiva foi expressamente afastada com relação ao profissional liberal, continuando ele a responder mediante a verificação de culpa (art. 14, § 4º).

Além disso, foi taxativamente prevista a utilização da técnica da desconsideração da personalidade jurídica de sociedades quando, a critério do juiz, verificar-se prejuízo para o consumidor na presença de abuso de direito, excesso de poder, infração da lei, fato ou ato ilícito ou violação do estatuto ou do contrato social ou, ainda, diante de falência, estado de insolvência, encerramento ou inatividade da pessoa jurídica, provocados por má administração (art. 28).

Sobre a inversão do ônus da prova, alguns doutrinadores têm entendido que, em certas hipóteses, não se trata de mera faculdade a ser utilizada pelo juiz a seu exclusivo critério, mas, isto sim, de obrigação voltada para a proteção exclusiva do consumidor (vide, sobre o assunto, as seguintes obras: Tânia Lis Tizzoni Nogueira, "Direitos básicos do consumidor: a facilitação da defesa do consumidor", *Revista de Direito do Consumidor*, 10/48; Cecília Matos, "O ônus da prova no Código de Defesa do Consumidor", *Revista de Direito do Consumidor*, 11/160; Tereza Arruda Alvim Pinto, *Agravo de instrumento. Recurso no Processo Civil*, RT, São Paulo, 1991, p. 140; Nelson Nery Jr., "Aspectos da responsabilidade civil do fornecedor no CDC — Lei n. 8. 070/90", *Revista do Advogado*, 33/76 e "Aspectos do processo civil no Código de Defesa do Consumidor", *Revista de Direito do Consumidor*, n. 1, pp. 217 e 212).

A situação em que se impõe a inversão do ônus da prova ocorre, por exemplo, nas relações de consumo estabelecidas diante de médicos ou dentistas, quanto às ações de responsabilidade civil. Em alguns casos verificados nesses campos, somente a inversão do ônus da prova pode resguardar a defesa do consumidor, impossibilitado de fazer prova da negligência do profissional porque é este quem possui o prontuário do paciente, a cujos elementos este último não tem acesso. Não reconhecer que a inversão do ônus da prova se impõe em casos como esse, corresponde a negar, em última análise, a defesa do consumidor cuja proteção tem sede constitucional.

Mas o *Código do Consumidor* limita-se a resguardar as relações de consumo estabelecidas quanto a *produtos e serviços*.

A definição de *serviço* é dada pelo § 1º do art. 3º, tomada como "qualquer atividade fornecida no mercado de consumo, mediante remuneração, inclusive as de natureza bancária, financeira, de crédito e securitária, salvo as decorrentes das relações trabalhistas".

Por sua vez, *produto* "é qualquer bem, móvel ou imóvel, material ou imaterial" (art. 3º, § 1º). A aparente largueza da definição de produto (qualquer bem móvel) é restringida pela de *fornecedor*, "toda pessoa física ou jurídica, pública ou privada, nacional ou estrangeira, bem como os entes despersonalizados, *que desenvolvem atividades de produção, montagem, criação, construção, transformação, importação, exportação, distribuição ou comercialização de produtos ou prestação de serviços*" (art. 3º, *caput*).

Verifica-se, portanto, que produto, para o *Código do Consumidor*, não é qualquer tipo de bem, mas somente aquele apto a prestar-se como objeto de relações de comércio em sentido estrito. Dessa forma, da proteção ali estabelecida escapam claramente os *valores mobiliários* que sejam oferecidos publicamente no mercado.

Vejamos se há algum tipo de proteção legal para os investidores em valores mobiliários e qual o seu alcance.

2. *Os valores mobiliários*

Como se sabe, o conceito doutrinário de valor mobiliário é extremamente amplo. Waldirio Bulgarelli, em breve, mas significativo trabalho sobre essa matéria ("Os valores mobiliários brasileiros como títulos de crédito", *RDM* 37/94), após fazer uma sucinta mas precisa abordagem do direito comparado, entende tratar-se "de títulos ou papéis que refugindo ao estrito âmbito da circulação entre particulares, num sentido individual, atuam num âmbito maior (Bolsa e Balcão), emitidos em massa, com valores idênticos e em geral a longo prazo, sujeitando-se, por isso, não só em relação à sua emissão como a sua própria circulação, vinculados ao emissor, normalmente uma sociedade anônima". Como ver-se-á adiante, para o direito positivo brasileiro o emissor de valores mobiliários será sempre uma companhia.

Tomando-se, por sua vez, as conclusões às quais chegou Luiz Gastão Paes de Barros Leães em estudo que se tornou clássico ("O conceito de "security" no direito norte-americano e o conceito análogo no direito brasileiro", *RDM* 14/41), verifica-se que uma *security* é:

1) todo investimento em dinheiro ou em bens suscetíveis de avaliação em dinheiro;

2) realizado pelo investidor em razão de uma captação pública de recursos;

3) de modo a fornecer capital de risco a um empreendimento;

4) em que o investidor não tem ingerência direta;

5) mas do qual espera obter algum ganho ou benefício futuro.

A referência ao *fornecimento de capital de risco a um empreendimento* restringe sensivelmente o conceito de *security*, pois, em muitas ocasiões, a captação pública objetiva angariar capital de giro. Esse é o caso, por exemplo, dos planos de capitalização mediante sorteio. O investidor ao deles participar não se torna sócio do empreendimento.

Dando-se o reconhecimento da presença daquele instituto em qualquer operação nos Estados Unidos, ele recai sob a égide do *Securities Act e*, conseqüentemente, debaixo da ação da *Securities and Exchange Comission-SEC*, e da obediência à filosofia do *full disclosure* ali estabelecida. Aquele órgão, como se sabe, foi o modelo no qual o legislador brasileiro se baseou para criar a CVM embora, conforme será logo adiante confirmado, com uma competência muito mais restrita.

A história do *Securities Act*, de 1933, e das outras leis que versam sobre o mesmo tema está ligada ao reconhecimento da necessidade de uma proteção especial para o investidor, frente aos diversos mecanismos de captação de poupanças e o conceito de *security*, como tal trabalhado pela jurisprudência das cortes norte-americanas, conforme o estudo em referência, resultou em grande efetividade daquela proteção, quando se tratasse de *oferta pública*. Não se esqueça, no entanto, que a evolução do direito norte-americano chegou a construir uma proteção para certos tipos de ofertas que seriam consideradas originariamente privadas em tese, mas que, analisadas concretamente poderiam ser entendidas como de natureza pública.

O tema acima citado foi abordado em percuciente análise feita por Ariadna Bohomeletz Gaal ("A caracterização de emissão pública e privada de valores mobiliários no direito americano", *RDM* 50/48). Aquela autora demonstra que, embora o *Securities Act*, de 1933, tenha isentado de seus efeitos as *transactions by an issuer not envolving any public offering* (art. 4(2)), a *Rule* 146, baixada pela SEC, estabeleceu princípios destinados à caracterização da oferta privada, trabalhados nos campos da maneira pela qual a oferta é efetuada, ao acesso ou fornecimento de informações sobre o emissor, às limitações ao número de compradores e à possibilidade de disposição subseqüente dos títulos adquiridos em transações privadas.

Quanto à maneira da realização da oferta, por exemplo, ficou estabelecido pela *Rule* 146 que seria considerada como pública toda emissão que envolvesse a utilização de qualquer meio de publicidade, como tal se entendendo o oferecimento para venda por meio de anúncios, artigos, avisos ou outras comunicações publicadas em qualquer jornal, revistas ou transmitidas pelo rádio ou televisão, *seminários ou reuniões*, cartas-circulares ou outras comunicações escritas. Já quanto ao número de investidores, seria considerada como pública qualquer emissão que fosse destinada para mais do que 35 compradores para os títulos em questão, número cabalístico, ao qual se chegou por meio de um processo de interpretação tipicamente americano.

Por oportuno, tenha-se em vista que, para o direito brasileiro, considerando haver destinatários de oferta de valores mobiliários que não precisam de proteção governamental, segundo Nelson Eizirik, "a doutrina (..) tem acentuado que a diferenciação fundamental entre a emissão particular e a pública encontra-se na localização dos supridores dos novos valores para o patrimônio social, se entre os próprios acionistas ou entre o público em geral". E ainda, "para distinguir-se a emissão pública da emissão privada, além da indeterminação dos ofertados e da inexistência de vínculos deles com a emissora, há que se perquirir sobre dois elementos adicionais: a qualificação dos investidores; e a disponibilidade de informações" (in "Caracterização jurídica da emissão pública de valores mobiliários", *RDM* 83/55).

Ao elaborar seu trabalho, publicado em 1974, o Prof. Leães entendia que o conceito de *títulos e valores mobiliários*, utilizado pelo legislador da época, podia sofrer uma leitura generosa, tal como a interpretação desenvolvida nos Estados Unidos em volta do conceito de *security*, de maneira a que o Banco Central do Brasil viesse a ter condições efetivas de policiar o mercado de capitais, *fiscalizando todas as formas de captação de recursos da poupança popular*. Aquele prestigiado autor relacionava, como exemplos, certos tipos de loteamento popular, algumas formas de *leasing* e *renting*, planos de promoção de venda de tecidos, cestas de natal, automóveis, mercadorias várias subordinadas a carnês de poupança e sorteio, e, inclusive, lotes de cemitérios (ob. cit., p. 60).

À relação de *securities* que o Prof. Leães fez, naquela época — ainda plenamente atual — poderiam ser acrescentados diversos outros exemplos nos dias atuais, como é o caso dos títulos de capitalização (dos quais se falará brevemente mais adiante), da venda de imóveis a prestação, objeto de publicidade feita por meio de anúncios e da distribuição pública de folhetos e do envio de malas-diretas originadas até mesmo do exterior (Estados Unidos, Austrália, Espanha, etc.), prática adredemente engendrada para fazer com que seus autores escapem da legislação nacional.

Quanto à venda pública de imóveis (assim considerada porque a respectiva publicidade é dirigida abertamente a um mercado indeterminado de potenciais adquirentes), verifica-se a insuficiência da proteção do *Código do Consumidor*, a qual somente se tornaria mais efetiva a partir do momento em que as empresas lançadoras fossem obrigadas a tornar transparentes as suas operações, dando conta, de forma prévia, por exemplo, de sua capacidade de levar o empreendimento anunciado até a entrega da obra. Como isso não ocorre, em muitos casos os adquirentes de imóveis assim negociados perdem os valores adiantados à construtora.

O Prof. Leães abordou o assunto em tela, naquela ocasião, tendo em conta a vigência da antiga *Lei do Mercado de Capitais*, de n. 4.728, de 14.7.65.

Dispunha a lei acima que "os mercados financeiro e de capitais seriam disciplinados pelo Conselho Monetário Nacional e fiscalizados pelo Banco Central do Brasil" (art. 1º).

A atuação daqueles órgãos tinha os seguintes objetivos (art. 2º):

I) facilitar o acesso do público a informações sobre os títulos ou valores mobiliários distribuídos no mercado e sobre as sociedades que os emitirem;

II) proteger os investidores contra emissões ilegais ou fraudulentas de títulos ou valores mobiliários;

III) evitar modalidades de fraude e manipulação destinadas a criar condições artificiais de oferta ou preço de títulos ou valores mobiliários distribuídos no mercado;

IV) assegurar a observância de práticas comerciais equitativas por todos aqueles que exerçam, profissionalmente, funções de intermediação na distribuição ou negociação de títulos ou valores mobiliários;

V) disciplinar a utilização do crédito no mercado de títulos ou valores mobiliários; e

VI) regular o exercício da atividade de corretora de títulos ou valores mobiliários.

Entre as atribuições outorgadas pela *Lei do Mercado de Capitais* ao Banco Central do Brasil no seu art. 3º, encontravam-se as de realizar o registro de emissões de títulos ou valores mobiliários a serem distribuídos no mercado e fiscalizar os diversos agentes que ali atuavam quanto à obediência às normas legais correspondentes.

Pode-se dizer que, em tese, foi instituído por aquele texto legal um sistema adequado ao atingimento dos seus objetivos, tendo-se dado, para tanto, amplos poderes ao Conselho Monetário Nacional e ao Banco Central do Brasil, este na qualidade de receptáculo de competências semelhantes àquelas inerentes à SEC, nos Estados Unidos. Se o modelo não funcionou eficazmente, a causa terá residido em outros fatores, inclusive de natureza política. Não se pode esquecer de destacar que o Banco Central do Brasil jamais foi um órgão plenamente autônomo, capaz de organizar-se adequadamente para o exercício de suas finalidades — já naquela época — e de resistir às pressões que sobre ele podiam desabar quando ferisse grandes interesses em jogo no mercado.

Todavia, entendemos que a *leitura generosa* da *Lei do Mercado de Capitais*, como pretendia cabível o Prof. Leães, jamais poderia ser levada ao ponto de dar aos *títulos e valores mobiliários* nela mencionados a mesma extensão que o conceito de *security* veio a receber dos tribunais norte-americanos. Nunca foi objetivo do legislador brasileiro chegar a um resultado tão abrangente. E isto pode ser inferido pelo estudo sistemático da lei acima referida.

Ao utilizar a expressão *títulos e valores mobiliários*, a Lei n. 4.728/65 sempre objetivou, tão-somente, os papéis em circulação no *mercado de capitais*, cotados em Bolsas e/ou negociados no chamado *mercado de balcão*. Essa constatação verifica-se facilmente pela análise da composição do *sistema de distribuição de títulos ou valores mobiliários no mercado de capitais* (art. 5º), formado pelas Bolsas de Valores; por sociedades corretoras membros daquelas; por instituições financeiras autorizadas a operar no mercado de capitais; por sociedades ou empresas que tinham por objeto a subscrição de títulos para revenda, ou sua distribuição no mercado; e por sociedades ou empresas que tinham por objeto atividades de intermediação na distribuição de títulos ou valores mobiliários, devidamente registrados no Banco Central do Brasil.

Em sendo assim, jamais poderia o legislador aplicar a disciplina dos títulos e valores mobiliários a outros institutos, conforme defendia o autorizado autor sob comentário como seria o caso, por exemplo, do oferecimento público de lotes em cemitérios ou de carnês de empresas de capitalização. Até mesmo a autorização e a fiscalização das empresas administradoras de consórcios, fundos mútuos e outras formas associativas assemelhadas não incumbia inicialmente ao Banco Central do Brasil, fato que somente mudou quando essa competência foi expressamente transferida da Receita Federal para aquele órgão, segundo o disposto no art. 33 da Lei n. 8.177, de 17.3.91.

No entanto, dividindo atribuições com a Receita Federal, ao Banco Central cabia intervir naquelas empresas e decretar sua liquidação extrajudicial, na mesma forma da legislação especial aplicável às instituições financeiras (Lei n. 8.177/91, art. 10).

Deve ser lembrada, ainda, a competência da Superintendência de Seguros Privados — SUSEP quanto às operações das empresas de capitalização, estabelecida desde a edição do Dec.-lei n. 261, de 28.2.67, texto que estabelecia as linhas básicas de proteção dos portadores de títulos emitidos por aquelas. No âmbito da SUSEP, a matéria foi recentemente regulada pela Circular n. 3, de 29.3.96, onde foram demarcados os critérios para as operações, os planos e as condições dos títulos de capitalização.

O art. 24 da circular acima mencionada dispõe sobre a responsabilidade das sociedades de capitalização pela fidedignidade das informações prestadas através do material de promoção, "que deverá conter, em linguagem de fácil compreensão, permitindo seu imediato e amplo entendimento, as principais características do título, dentre as quais: prazo de pagamento, periodicidade do sorteio, prazo de carência, critério de reajuste previsto no plano, quotas e taxas de capitalização e condições de resgate".

No entanto, conforme se pode verificar pela publicidade diariamente veiculada pela imprensa, os títulos de capitalização são apresentados aos destinatários da oferta quase exclusivamente pelo ao seu lado lúdico, ou seja, a possibilidade de se ganhar um prêmio de valor significativo através de sorteio, forma que, segundo o pensamento dos idealizadores das campanhas de lançamento, atrai mais o *investidor* do que a natureza de capitalização a longo prazo, proporcionada por aqueles documentos. Isto quer dizer que a proteção dada aos *consumidores* de tais *valores mobiliários* (segundo a acepção doutrinária mais larga do instituto) ainda está a se fazer de forma efetiva.

Cumpre lembrar, ainda, que compete à Receita Federal conceder autorização para o lançamento de outros *valores mobiliários*, tomando-se estes em um sentido mais amplo que o da definição norte-americana, como ocorre quanto à distribuição gratuita de prêmios a título de propaganda, a venda ou promessa de venda de mercadorias a varejo, mediante oferta pública e com recebimento antecipado, parcial ou total do respectivo preço; a venda ou promessa de venda de direitos, inclusive cotas de propriedade de entidades civis, tais como hospital, motel, clube, hotel, centro de recreação ou alojamento e organização de serviços de qualquer natureza, com ou sem rateio de despesas de manutenção, mediante oferta pública e com pagamento antecipado do preço; a venda ou promessa de venda de terrenos loteados a prestações mediante sorteios; qualquer outra modalidade de captação antecipada de poupança popular, mediante promessa de contraprestação em bens, direitos ou serviços de qualquer natureza (Lei n. 5.768, de 20.12.71, arts. 1º e 7º).

Com essa divisão de competências e de órgãos, a eficácia do sistema ficou bastante prejudicada, em detrimento dos consumidores ou investidores nos diversos tipos de *valores mobiliários* que circulam em nosso mercado.

Ao ser promulgada em 1976, a Lei n. 6.385 renovou o regime da emissão, distribuição, negociação e intermediação de valores mobiliários no mercado (art. 1º, incisos I e II), mantendo-se nos mesmos limites da antiga Lei n. 4.728/65. Em linhas gerais, a tutela que o novo texto legal adotou prevê que nenhuma emissão pública de valores mobiliários pode ser distribuída no mercado sem o prévio registro na Comissão de Valores Mobiliários — CVM, órgão criado naquela oportunidade (art. 19).

Entende-se, assim, que os investidores em valores mobiliários mantiveram o grau de proteção que possuíam quanto aos seus interesses, no sistema anterior, implicando o registro na CVM em uma fiscalização prévia sobre emissões públicas, a cargo daquela autarquia, devendo-se cuidar do atendimento ao *princípio da transparência* (*full disclosure*). Por esse meio (que inclui a constituição de sociedades anônimas por subscrição pública, Lei n. 6.404/76, arts. 82 a 84) o investidor tem condições de obter as informações básicas sobre o lançamento de títulos, necessárias a uma adequada avaliação das condições correspondentes, para o fim da decisão a ser por ele tomada.

A par da fiscalização prévia, compete à CVM acompanhar as operações desenvolvidas no mercado pelas companhias abertas, sendo competente para baixar normas sobre diversas informações que aquelas devem prestar (Lei n. 6.385/76, art. 22), podendo suspender emissões ou distribuições que estejam sendo feitas em desacordo com a lei (art. 20).

No entanto, conforme se depreende da leitura do art. 2º da Lei n. 6.385/76, ela foi ainda mais restrita do que a anterior *Lei do Mercado de Capitais*, pois nem todos os valores mobiliários estão sujeitos à disciplina de que se trata, mas apenas aqueles ali expressamente relacionados, como sejam:

a) ações, partes beneficiárias e debêntures, os cupões desses títulos e os bônus de subscrição;

b) os certificados de depósitos de valores mobiliários; e

c) outros títulos criados ou emitidos pelas sociedades anônimas, a critério do Conselho Monetário Nacional (CMN).

O CMN, como se sabe, usando da competência acima, baixou, primeiramente, a Resolução n. 1.723, de 27.6.90, ampliando a relação de valores mobiliários sujeitos ao regime da Lei n. 6.385/76, nela incluindo as notas promissórias emitidas por sociedades anônimas, destinadas à oferta pública. Aquele normativo excluiu expressamente da qualificação como valor mobiliário os títulos emitidos por instituições financeiras, sociedades corretoras e distribuidoras de valores mobiliários e por sociedades de arrendamento mercantil. Essa matéria foi regulamentada pela CVM, por sua vez, segundo as regras estabelecidas pela Instrução n. 134, de 1.11.90.

Posteriormente, foi editada pelo mesmo órgão a Resolução n. 1.907, de 26.2.92, segundo a qual passaram a ser considerados como valores mobiliários, para os efeitos do art. 2º da Lei n. 6.385/76, os seguintes títulos:

— Direitos de Subscrição de Valores Mobiliários;

— Recibos de Subscrição de Valores Mobiliários;

— Opções de Valores Mobiliários; e

— Certificados de Depósito de Ações.

O parágrafo único do mesmo art. 2º da Lei 6.385/76 exclui do regime daquela lei os títulos da dívida pública federal, estadual ou municipal e os títulos cambiais de responsabilidade de instituição financeira (as letras de câmbio de aceite das sociedades de crédito, financiamento e investimentos), exceto as debêntures. Isto quer dizer que existem outros valores mobiliários não correspondentes apenas aos emitidos pelas companhias, mas aos quais expressamente não se aplica a competência da CVM.

A Lei n. 6.385/76, em seu art. 2º, cuida, portanto, apenas dos valores mobiliários emitidos por sociedades anônimas. Neste caso, quaisquer outros documentos da espécie escapariam à competência da CVM. Poder-se-ia pensar na existência de uma maior abrangência da tutela em causa, presente no inciso II do dispositivo legal acima citado, que incluiria certificados de depósito de *outros valores mobiliários*, uma vez que no texto não se faz restrição no sentido de que sejam necessariamente emitidos por companhias. Assim sendo, esses outros valores mobiliários, nascidos de diversa origem, ficariam sujeitos à tutela da CVM, desde que, por sua vez, viessem a ser a base para a emissão de certificados de depósito.

Ocorre que a referência legal sobre certificados de depósito encontra-se, apenas, na Lei das Sociedades Anônimas, art. 43, que cuida do *certificado de depósito de ações*. Disso resultava que, sem exceção, o art. 2º da Lei n. 6.385/76 cuidava exclusivamente de valores mobiliários emitidos por companhias e, portanto, os valores mobiliários sujeitos à tutela da CVM — da qual resulta proteção para os investidores — estava limitada àqueles títulos. Essa orientação foi confirmada, conforme visto acima, pela Resolução n. 1.907/92 do CMN, onde se fez referência expressa, a título de certificado de depósito, ao *certificado de depósito de ações*.

Sob esse ponto de vista, está duplamente incorreta a afirmação de Arnoldo Wald (in "O mercado futuro de índices e os valores mobiliários", *RDM* 57/6), no sentido de que, para o direito positivo brasileiro, "são considerados valores mobiliários os títulos emitidos pelas sociedades anônimas (com exceção do certificado de depósito de valores mobiliários) destinados à negociação pública, em bolsa de valores ou em mercado de balcão)". Primeiro porque os certificados de depósito de valores mobiliários terminam por referir-se a títulos emitidos pelas companhias. Depois porque, conforme verificado, o conceito de valores mobiliários é meramente finalístico no direito positivo brasileiro, não esgotando a totalidade de papéis que, doutrinariamente, assim poderiam ser designados.

Quanto a este último ponto, manifestou-se Nelson Eizirik dizendo que "as normas que impõem a necessidade de registro da emissão pública diante da CVM apresentam nítida feição instrumental" (ob. e p. cits.)

Lembre-se que a Lei n. 4.728/65 enumerava outros dois títulos, o *certificado de depósito bancário* e o *certificado de depósito de valores mobiliários em garantia*. Supondo-se que, nesse ponto, a *Lei do Mercado de Capitais* não tenha sido revogada pela Lei n. 6.385/76, e tendo em consideração o art. 2º desta, aqueles papéis não estariam sujeitos à disciplina da CVM, mas sim do Banco Central do Brasil, a quem incumbiria autorizar a sua emissão pública. Mas este entendimento não é pacífico, tendo em vista a confrontação daqueles dois textos legais que, em boa parte dos seus dispositivos, tratam do mesmo tema.

A grande maioria de outros dispositivos legais respeitantes à matéria ora enfocada, atuantes no mesmo plano cível, ou no criminal, geralmente aplicam, da mesma forma, a expressão *valores mobiliários* exclusivamente para os títulos emitidos pelas sociedades anônimas, conforme se verá em seguida.

A Lei n. 7.913, de 7.12.89, dispõe sobre uma ação civil pública, pela qual o Ministério Público, sem prejuízo da ação de indenização do prejudicado, por ofício ou mediante solicitação da CVM, adotará as medidas necessárias para evitar prejuízos ou obter o ressarcimento de danos causados aos titulares de *valores mobiliários* e aos *investidores do mercado* (art. 1º). Não havendo indicação a respeito da identificação dos *valores* mencionados no texto, mesmo assim entende-se, pela análise dos demais dispositivos, que correspondem aos mesmos títulos emitidos pelas sociedades anônimas, objeto de competência atribuída à CVM e já relacionados na Lei n. 6.385/76.

A lei supramencionada estabelece uma tutela mais ampla do que o faz a Lei n. 6.385/76, na medida em que a proteção por ela estabelecida abrange, como visto, *os investidores do mercado*, conceito que seria mais amplo do que o de titular de valores mobiliários. Sobre esse ponto não se pode concordar com Paulo Fernando Campos Salles de Toledo, quando ele diz que, "a rigor, não há distinção possível entre titulares de valores mobiliários e investidores no mercado". Segundo aquele ilustre comercialista, ainda, "todos os investidores, na medida em que concretizam os investimentos a que se propõem, são também, ou passam a ser, titulares de valores mobiliários, os quais, por sua vez, não deixam de ser igualmente investidores, pois, ao adquirirem valores mobiliários, estão fazendo investimento" ("A Lei 7.913, de 7.12.89 — A tutela judicial do mercado de valores mobiliários", *RDM* 80/138).

A lei não contém palavras inúteis, como se sabe. Assim, a distinção entre titular de valores mobiliários e investidores do mercado deve ser feita pelo intérprete, porque assim o estabeleceu o legislador, objetivando efeitos úteis a ambos os seus destinatários.

Enquanto os valores mobiliários são somente aqueles previstos no art. 2º da Lei n. 6.385/76, o mercado admite a negociação de muitos outros papéis, cujos proprietários — os investidores do mercado — adquirem uma proteção similar à outorgada aos primeiros. Essa proteção, portanto, vai muito além do espectro restrito dos *valores mobiliários*.

No campo penal, a Lei n. 7.492, de 16.6.86 (a chamada *Lei dos crimes do colarinho branco*), criou diversos tipos destinados a penalizar práticas desonestas no mercado de capitais, fazendo várias referências a *títulos ou valores mobiliários*, como é o caso do art. 2º, onde cuida do crime de impressão, falsificação, fabricação ou circulação, sem autorização escrita da sociedade emissora, de certificado, cautela ou outro documento representativo de *título ou valor mobiliário*.

De outra parte o art. 5º da lei supra, por exemplo, usa simplesmente o termo *título*, para considerar crime a sua apropriação indevida ou desvio em proveito próprio ou alheio.

À falta de conceituação própria de título ou valor mobiliário, a Lei 7.492/86 remete o intérprete, necessariamente, a outros textos onde se encontre o seu significado que será, evidentemente, aquele já aqui indicado, correspondente aos papéis negociados nos mercados financeiro e de capitais, sujeitos à fiscalização, conforme o caso, do Banco Central do Brasil ou da Comissão de Valores Mobiliários.

Conclusão

Por todo o exposto, infere-se que o conceito de *security* do direito norte-americano é muito mais abrangente do que o de *valor mobiliário* em nossa legislação. Dessa verdade resulta que, no Brasil, inexiste proteção especial para todos os demais valores mobiliários que não estejam vinculados à competência de um dos dois órgãos acima citados.

Trata-se de uma séria lacuna legislativa, que necessita de pronto reparo.

As mesmas razões responsáveis pela tutela dos investidores dos aludidos mercados estão presentes na oferta das demais *securities*:

a) trata-se de investimentos em dinheiro ou em bens suscetíveis de avaliação em dinheiro;

b) existe uma captação pública de recursos, precedida de forte apelo publicitário;

c) a adesão fornece capital a um determinado empreendimento (como visto linhas atrás não somente capital de risco mas, também, capital de giro);

d) o investidor não tem ingerência sobre esse investimento; e

e) o investidor almeja, na operação, algum ganho ou benefício futuro.

Torna-se, então, necessário estender a proteção — que os titulares de *valores mobiliários* de responsabilidade da CVM, do Banco Central, da Receita Federal e da SUSEP conhecem — para todos os demais *valores mobiliários*, aplicando-se para este efeito uma conceituação genérica ainda mais ampla do que a do direito norte-americano, considerando-se que o consumidor e/ou investidor brasileiro ainda é mais vulnerável do que o dos Estados Unidos, seja por motivos de ordem cultural; seja por causa do reconhecimento de que em nossa terra funciona um mercado verdadeiramente predatório; seja, enfim, porque os sistemas legais de publicidade (*disclosure*) da atividade empresarial apresentam grandes falhas, como se sabe.

Ao legislador pátrio incumbirá atender essa necessidade atribuindo-a a algum órgão já existente ou a ser criado, devendo dotá-lo dos poderes adequados para que possa realizar sua importante missão.

Por enquanto, parte do mercado de *valores mobiliários* permanece como uma selva, na qual os predadores fazem impunemente as suas vítimas.

Atualidades

20 ANOS DA PROMULGAÇÃO DA LEI DAS S/A: ANTEPROJETOS E PROJETO VISANDO SUA REFORMA

MAURO RODRIGUES PENTEADO

1. Promulgada em 15.12.1976, para entrar em vigência 60 dias após a sua publicação (art. 295), a Lei n. 6.404, que rege as sociedades por ações foi alvo de intensos debates nos últimos anos, que não têm ensejado apenas a produção de artigos doutrinários redigidos a propósito de vários de seus aspectos que estariam a merecer modificações, ou de seus dez anos de vigência (*v.g., RDM* 62/5), mas também a elaboração de Anteprojetos e Projeto de Leis, visando sua reforma.

Estas últimas iniciativas decorrem tanto de pretensos ditames decorrentes de mudanças políticas, econômicas e sociais experimentadas pelo pais nos últimos quatro lustros, quanto da própria premissa que orientou o Projeto traduzido na Lei n. 6.404 e que está assim expressa na Mensagem n. 204/76, mediante a qual o Poder Executivo submeteu ao Congresso Nacional o mencionado documento: "(...) os institutos novos para a prática brasileira — grupamento de sociedades, oferta pública de aquisição de controle, cisão de companhias e outros — estão disciplinados de forma simplificada para facilitar a sua adoção, e no pressuposto de que venham a ser corrigidos se a prática indicar essa conveniência; as leis mercantis, sobretudo numa realidade em transformação, como é a do mundo moderno e especialmente a do Brasil, não podem pretender a perenidade, têm necessariamente vida curta, e o legislador deverá estar atento a essa circunstância, para não impedir o aperfeiçoamento, nem deixar em vigor as partes legislativas ressecadas pelo desuso (...)".

2. No Curso de Pós-Graduação que ministramos em 1996, na Faculdade de Direito da Universidade de São Paulo, com a co-regência do eminente Professor Titular Waldírio Bulgarelli, demos largo trato, em matéria de sociedades por ações, aos principais Anteprojetos e Projetos de reforma da legislação desse tipo societário, amplamente expostos e debatidos em Seminários.

Como resultado desses debates e pesquisas, os pós-graduandos apresentaram, ao final do Curso, inúmeros trabalhos sobre o assunto — muitos de elevado nível científico e interesse, tanto que alguns deles serão publicados nesta Revista e Seção. Sucede que tais artigos fazem remissão aos dois principais Anteprojetos e Projeto discutidos no citado Curso, material nem sempre de fácil acesso, posto que publicados apenas no *Diário Oficial da União* e em raras revistas especializadas.

3. O objetivo destas linhas não é outro senão o de apresentar, na seqüência e em ordem cronológica, esses três documentos (anexos I a III, com destaque para o Anexo II, Projeto de Lei cuja aprovação em futuro próximo se afigura inexorável, cf. item 4, abaixo), com menção dos respectivos perfis e finalidades, que serão comentados, em seus aspectos principais, nos trabalhos referidos no item anterior.

O primeiro documento (anexo I) é o Anteprojeto de Reforma da Lei n. 6.404/76 elaborado pela Comissão de Valores Mobiliários — CVM, publicado para colocação em audiência pública até 6.7.1992; tal Anteprojeto foi posteriormente revisado por aquela autarquia, diante das críticas e sugestões apresentadas, recebendo republicação, também para audiência pública, em 13.1.1993. Optamos pela publicação, nesta Revista, do primeiro Anteprojeto, embora ambos tenham sido rejeitados pelos meios jurídicos, empresariais e do mercado de capitais, sequer se consubstanciando em Projetos de Lei, nem remetidos ao Congresso Nacional, porque esse documento original desvela por inteiro a real intenção da CVM quanto à reforma ampla dessa lei societária, que deverá ser retomada a médio prazo.

O anexo I é o documento mais ambicioso, pois propunha modificações em quase todos os capítulos da lei acionária, formulando soluções muito discutíveis com o comprometimento, inclusive, de sua excelente sistematização, crítica que seguramente teve maior peso na rejeição (o texto em anexo foi reproduzido da *Revista Abrasca*, n. 100, ed. de 16 a 23.13.92). Com efeito, o próprio conceito de companhia aberta e companhia fechada, pelo Anteprojeto, deixaria de constar da respectiva lei de regência, cabendo essa definição a "lei específica" (art. 4º), a que se soma um tratamento inusitado da base estrutural da sociedade por ações (o capital social), que atualmente somente pode ser modificada pela assembléia geral de acionistas, mercê critérios muitos discutíveis de atualização "automática" de sua expressão monetária (nova redação dos arts. 5º, 167, 185 e 241; "eliminação" — *rectius:* supressão — dos inc. IV do art. 132, inc. I do art. 166 e § 2º do art. 182). É despiciendo acrescentar outros comentários, pois o texto do anexo I é auto-explicativo quanto à sua ampla abrangência (que pretendia alcançar a disciplina das ações preferenciais, dividendo obrigatório, direito de voto e de recesso, assembléias gerais, administração, conselho fiscal, grupos de sociedades, fusões, incorporações, cisões, demonstrações financeiras e publicações obrigatórias, além da criação de um Conselho Superior de Normas e Estudos Contábeis).

O interesse e a atualidade na publicação de sua íntegra residem em que o Governo federal não abandonou a meta de promover uma ampla reforma na lei de regência das S/A, como consta expressamente da "Justificativa" do Projeto de Lei a seguir comentado, bem como da "Exposição Justificativa" do Anteprojeto publicado como Anexo III, apenas tendo optado, por ora, pela promoção de alterações pontuais; o citado documento será, indubitavelmente, o ponto de partida, quando a matéria vier a ser colocada novamente em discussão.

4. O anexo II corresponde ao Projeto de Lei n. 1.564, de 1996, de autoria do Deputado Federal Sr. Antonio Kandir, economista de cujo *curriculum* consta o exercício das funções de Secretário de Política Econômica do Governo Collor, e atualmente, o de Ministro de Estado do Governo Fernando Henrique, qualificações que lançam luz sobre a "filosofia" que preside o Projeto.

O texto ora reproduzido, extraído da publicação feita no *Diário da Câmara dos Deputados*, ed. de 23.3.1996, pp. 7.659/7.660, foi considerado pelo Poder Executivo como "caso de urgência ou interesse público relevante", tanto que o incluiu nas pautas das convocações extraordinárias do Congresso Nacional de julho de 1996 e janeiro de 1997 (Constituição, art. 57, § 6º, inc. II, e § 7º) — embora o mesmo não tenha sido apreciado pelas Casas de leis até a data em que escrevemos estas observações (fevereiro de 1997), pois na verdade o Executivo, naquelas oportunidades, estava mais interessado na aprovação de alterações constitucionais (regime da Previdência Social e Emenda da reeleição, no que a inclusão desse Projeto nas convocações teria correspondido, segundo o jargão parlamentar, a mero "enfeite" da pauta); mas essa inclusão sinaliza a perspectiva de sua próxima aprovação e promulgação, merecendo o documento, pelo que tem de impreciso e inadequado, comentários mais alongados.

4.1 Projeto de caráter tópico, ao contrário do anteriormente comentado, o chamado Projeto Kandir altera parcialmente as hipóteses de exigência de *quorum* qualificado para a instalação das assembléias gerais (art. 2º, que dá nova redação ao art. 136 da lei acionária), *na substância* (os incs. II, III e VI), pois também são substantivas as modificações propostas para os incisos IV e IX, que aparentemente seriam meros desdobramentos do atual inc. VI do texto vigente da Lei n. 6.404/76 — o que efetivamente não ocorre, como se verifica da conjugação desses incisos com o dispositivo seguinte (art. 3º, nova redação do art. 137, *caput*), que cuidam do direito de recesso ou retirada hoje reconhecido aos acionistas dissidentes, e que não mais alcançará as hipóteses de cisão da sociedade. Neste último caso, passou o Projeto ao largo do fato de que a cisão não é operação única, comportando várias modalidades, e, especialmente o agravamento da situação dos acionistas não-controladores e dissidentes da aprovação da operação, atualmente precária e cujo único esquema protetivo praticamente desaparecerá, de todo para as companhias fechadas, e de forma "mitigada" (?), para as companhias abertas (v., a respeito, a tese do saudoso Professor Mauro Brandão Lopes, *A Disciplina Brasileira de Cisão no Direito Societário*, São Paulo, 1978, pp. 238 e ss.).

Ficaria, aí, pavimentado o caminho para a separação da chamada "parte podre" das companhias fechadas e das companhias abertas (sem embargo, quanto a estas, do disposto no art. 223, § 3º, art. 5º do Projeto), de sua parte rentável, em detrimento dos acionistas não controladores — fórmula tentada sem êxito, *in genere,* pela famigerada Lei Lobão (Lei n. 7.958, de 20.12.1989), e, em particular, no segmento das instituições financeiras beneficiadas pelo PROER, através da Medida Provisória n. 1.507 — para a utilização por qualquer companhia, independentemente de seu objeto (esta última Medida Provisória com boas chances de ser declarada judicialmente inócua, por violar o princípio constitucional da isonomia, repetindo-se o que sucedeu com a chamada Lei Lobão, posto que vigente, quanto a esta, a redação original dos arts. 136, inc. VI, e 137, segundo doutrina e jurisprudência dominantes — pelos fundamentos que articulamos em nosso trabalho pioneiro, publicado nesta *RDM*, vol. 77, pp. 27 e ss., adotados pela grande maioria dos autores e por todas as decisões judiciais que conhecemos, compendiadas por Renata Moritiz, *RDM* 101/56; o autor do Projeto n. 1.564/96 vem de reconhecer tal ineficácia, na Justificação correspondente, ao asseverar que a Lei n. 7.958/89 revogou "de modo parcial e canhestro" a Lei n. 6.404/76 e que "a confusão jurídica resultante produziu o pior dos mundos", *Diário Oficial* cit., p. 7.661).

Alteração apenas formal — esta sim — se verificará se vier a ser aprovada a redação do inc. V do art. 136 do Projeto, alteração repetitiva, diga-se de passagem, que sequer merece condescendência por se tratar de modificação de cunho didático, mercê a aglutinação de todos os casos de recesso e reembolso no art. 137, c.c. art. 136, na medida em que a hipótese de recesso na aprovação pela assembléia geral da participação da companhia em grupo de sociedade permanece, repetida, no art. 270, § único, da Lei n. 6.404/76 (o mesmo sucedendo com as de fusão e incorporação, arts. 230 e 264, § 3º, na redação alvitrada pelos arts. 7º e 8º do Projeto). E também modificação inútil é aquela que prevê o desdobramento do vigente inc. VII do art. 136 nos incs. VII e X do Projeto, que cuidam da dissolução e da cessação do estado de liquidação da companhia, ambas não mais propiciando o exercício do direito de retirada (sobre estas últimas hipóteses e os prejuízos que sua configuração pode acarretar aos acionistas não-controladores e a terceiros, v. nosso *Dissolução e Liquidação de Sociedades*, 1ª ed., Ed. Brasília Jurídica, 1995, itens 69 e 88).

O que se vê, neste passo, ademais, é a perda da oportunidade de se cogitar e suscitar o debate acerca de um dos poucos aspectos discutíveis da lei em vigor, que não admite o direito de retirada na hipótese da constituição dos chamados grupos de fato, restringindo-o aos grupos de direito de subordinação (v., a respeito, Fábio Konder Comparato, *O Poder de Controle na Sociedade Anônima*, 3ª ed., p. 329, Forense, Rio, 1983).

4.2 Ademais, o texto projetado para o art. 137 do Projeto, juntamente com seus demais artigos, especialmente o art. 9º, operam acentuada *capitus deminutio* no *status* dos acionistas não-controladores, ao retirar-lhes o direito de recesso, ou restringi-lo significativamente, em casos sobretudo de reorganizações societárias. Os acionistas minoritários, portanto, numa economia e mercado de capitais que não ostentam a maturidade que alcançaram nos países desenvolvidos, onde tais soluções seriam plausíveis, continuam a ser considerados como "os famosos chatos", que devem ser "afastados", para usar as palavras de um ilustre advogado, então no exercício das elevadas funções de Ministro da Justiça do Governo Sarney (cf. nosso artigo, publicado nesta *Revista*, vol. 79, p. 32, sob o título "A Lei n. 7.958/89 e a pretensa modificação do direito de retirada dos acionistas: uma discussão inócua").

O art. 9º propugna a revogação dos §§ 1º e 2º do art. 254 e o art. 255 da Lei n. 6.404/76, atingindo profundamente o regime de alienação do controle das companhias abertas: de um lado, as normas para a oferta pública para a alienação do controle de companhia aberta passam a ser de competência do Conselho Monetário Nacional (art. 254, § 3º), afastada, ao menos legalmente, a intervenção de fiscalização e controle da CVM, a fim de assegurar tratamento equitativo aos minoritários; de outra parte, as companhias abertas sujeitas a autorização do Governo para funcionar não mais precisariam promover a oferta pública para a alienação de seu controle (revogação do art. 255) — a menos que se adote a interpretação, que se nos afigura mais correta, de que haverá alteração, nessa parte, da sistemática da lei, condensando, no art. 254 a obrigação de efetuar oferta pública para *todas* as companhias abertas, sujeitas ou não a autorização. Ora, segundo o art. 254, *caput*, inalterado pelo Projeto, a oferta pública para alienação do controle é uma obrigação imposta às companhias abertas; o art. 255, que se pretende revogar, apenas ministrava um tratamento diferenciado à espécie de companhia aberta dependente de autorização do Governo; se esse tratamento diferenciado foi suprimido, recaem elas na hipótese típica de sua espécie, companhia aberta, que consta do art. 254, *caput* e § 3º (que o Projeto sequer redesignou, como devia, de § único, pois somente ele remanescerá, nesse artigo, após a supressão dos §§ 1º e 2º).

4.3 Em contraposição, o Projeto se propõe a ministrar proteção restrita e de eficácia muito duvidosa aos titulares de ações preferenciais das companhias abertas — não extensiva aos demais acionistas não-controladores, nem às companhias fechadas, estas ignoradas no Projeto (salvo quanto ao agravamento do *status* de seus acionistas, que mais disporiam de direito de retirada nos casos de cisão, dissolução e liquidação da companhia), embora estas representem percentual altamente expressivo em nosso meio empresarial — ao preconizar, em seu art. 4º, o acréscimo de § único ao art. 140 da Lei n. 6.404/76, que assegura àqueles acionistas o direito de eleger um membro para o Conselho de Administração, reiterando (art. 116) que o acionista controlador tem o poder de eleger a maioria dos integrantes desse órgão societário.

5. Por fim, é transcrito a seguir (anexo III) o Anteprojeto da lavra da CVM, constante de Edital de Audiência Pública datado de 23.8.1996 (cópia obtida junto à CVM), que trata de matéria contábil, visando "adequar disposições emanadas da Lei n. 6404/76, principalmente aqueles constantes dos seus Capítulos XV, XVI, XVIII e XX, à nova realidade da economia brasileira, levando-se em conta o processo, cada vez mais crescente, de globalização dos mercados, bem como a evolução havida em nível mundial dos Princípios Fundamentais de Contabilidade" (cf. Exposição Justificativa).

Não é propósito desta nota informativa comentar esse Anteprojeto, pelos objetivos a que se circunscreve, cabendo apenas indicar, para reflexões mais aprofundadas sobre o tema, o artigo de Fábio Konder Comparato, publicado nesta *Revista* (vol. 68/50, sob o título "O irredentismo da 'nova contabilidade' e as operações de "leasing").

São Paulo, 5 de fevereiro de 1997

ANEXO I

(texto reproduzido da *Revista Abrasca*, n. 100, ed. de 16 a 23.3.92)

ANTEPROJETO DE LEI FEDERAL MODIFICA A LEI N. 6.404/76

(...)

Companhia Aberta e Fechada

Art. 4º — Para os efeitos desta lei, a companhia é aberta ou fechada, conforme tenha ou não suas ações ou debêntures conversíveis em ações ofertadas ao público, nos termos da legislação específica.

Parágrafo único — Somente os valores mobiliários emitidos por companhia registrada na Comissão de Valores Mobiliários podem ser ofertados ao público, ou negociados em bolsa ou no mercado de balcão.

CAPÍTULO II

Seção I

Valor

Fixação no Estatuto e Moeda

Art. 5º — (...)

Parágrafo único — A expressão monetária do capital social será atualizada monetariamente, com base no índice referido no art. 184, devendo esta atualização ser incorporada automaticamente ao capital social independentemente de deliberação da Assembléia Geral.

(...)

Seção III

Espécies e Classes

Espécies

Art. 15 — (...)

§ 2º — O número de ações preferenciais sem direito a voto, ou sujeitos a restrições no exercício deste direito, não pode ultrapassar 40% (quarenta por cento) do total das ações emitidas.

§ 3º — As companhias que excederem ao limite mencionado no parágrafo anterior farão seus aumentos de capital com a emissão de, no mínimo, 2/3 (dois terços) em ações ordinárias até atingir o limite previsto acima.

(...)

Ações Preferenciais

Art. 17 — As preferências ou vantagens das ações preferenciais consistem, no mínimo, em prioridade:

I — na distribuição de dividendos;

II — no reembolso do capital, com ou sem prêmio;

III — no resgate, na amortização ou no reembolso.

(...)

§ 3º — O dividendo mínimo fixo e o prêmio de reembolso estipulados em determinada importância em moeda ficarão sujeitos a correção monetária automática na forma prevista no parágrafo único do art. 5º.

§ 4º — O estatuto não pode excluir ou restringir o direito das ações preferenciais de participar dos aumentos de capital e da capitalização de reservas e lucros.

Vantagens Políticas

Art. 18 — As ações preferenciais poderão ter voto pleno, restrito ou não possuírem direito de voto, conforme disponha o estatuto social.

Regulação no Estatuto

Art. 19 — As ações preferenciais de voto restrito votam em igualdade de condições com as ações ordinárias, além de outras situações previstas nos estatutos sociais, para:

I — eleger ou demitir, total ou parcialmente, o Conselho Fiscal;

II — escolher ou demitir, se houver, os auditores independentes;

III — deliberar sobre o aumento do capital social com a emissão de ações preferenciais;

IV — decidir sobre o aumento do capital social mediante a integralização em bens ou créditos;

V — alterar a política de dividendos estabelecida no estatuto social;

VI — emissão de debêntures conversíveis em ações;

VII — emissão de bônus de subscrição.

Seção IV

Forma

Art. 20 — As ações serão sempre nominativas ou endossáveis à ordem.

Art. 21 — Os dividendos, ainda que fixos ou cumulativos, não poderão ser distribuídos em prejuízo do capital social, salvo, quando em caso de liquidação da companhia, esta vantagem tiver sido expressamente assegurada.

§ 1º — Ficam ressalvadas do disposto neste artigo as ações preferenciais sem direito de voto, as quais, necessariamente, recebem dividendo mínimo equivalente a 6% (seis por cento) ao ano do capital investido, e atualizado monetariamente nos mesmos moldes do parágrafo único do art. 5º, independente de lucro líquido no exercício.

§ 2º — Para as ações preferenciais de voto restrito, o dividendo prioritário é sempre cumulativo.

§ 3º — A ação preferencial sem direito a voto não participa dos lucros remanescentes.

§ 4º — A ação preferencial com voto restrito ou pleno participa do saldo dos lucros remanescentes em igualdade de condições com as ações ordinárias, depois de a esta assegurado dividendo igual ao mínimo.

(...)

Art. 22 — Eliminado

Parágrafo único — Eliminado

(...)

Art. 24 — (...)

(...)

IX — o nome do acionista;

X — a declaração de sua transferibilidade somente mediante endosso a ordem.

(...)

Art. 26 — Eliminar

Parágrafo único — Eliminar

(...)

Art. 30 — (...)

(...)

b) a aquisição, para permanência em tesouraria ou cancelamento, desde que até o saldo de lucros ou reservas, exceto a legal, a especial de dividendos obrigatórios não distribuídos, a de reavaliação, e sem a diminuição do capital social ou por doação;

(...)

Perda ou Extravio

Art. 38 — O titular de certificado perdido ou extraviado de ação endossável à ordem poderá, justificando a propriedade e a perda ou extravio, promover na forma da lei processual, o procedimento de anulação e substituição para obter a expedição de novo certificado.

§ 1º — Eliminar

Seção VII

Constituição de Direitos Reais e Outros Ônus

Penhor

Art. 39 — (...)

(...)

III — Eliminar

(...)

Seção IX

Certificado de Depósito de Ações

Art. 43 — A instituição financeira autorizada a funcionar como agente emissor de certificados (art. 27) poderá emitir título representativo das ações endossáveis que receber em depósito, do qual constarão.

(...)

§ 3º — O certificado de depósito de ações poderá ser transferido mediante endosso à ordem, assinado por seu titular, ou por mandatário com poderes especiais.

Seção X

Resgate, Amortização e Reembolso

Resgate e Amortização

Art. 44 — O estatuto ou a assembléia geral extraordinária pode autorizar a aplicação de lucros ou reservas no resgate ou na amortização de ações, determinando as condições e o modo de proceder-se a operação, desde que tal direito seja primeiramente dado aos detentores de ações preferenciais sem voto ou com voto restrito.

(...)

Art. 45 — (...)

§ 1º — O estatuto poderá estabelecer normas para determinação do valor de reembolso, que, em qualquer caso, não será inferior ao valor de patrimônio líquido das ações, apurado em balanço especial levantado até 30 (trinta) dias antes da data da deliberação da Assembléia.

§ 2º — O valor do reembolso será pago no prazo máximo de 60 (sessenta) dias, contados do encerramento do prazo para o pedido, computada a sua atualização monetária com base no índice utilizado para a atualização das demonstrações contábeis, entre a data do levantamento do balanço especial e a data do pagamento.

§ 3º — O valor do reembolso poderá ser pago à conta de lucros ou reservas, exceto a legal, a especial de dividendos obrigatórios não distribuídos, e a de reavaliação, e nesse caso as ações reembolsadas ficarão em tesouraria.

§ 4º — Se, no prazo de 120 (cento e vinte) dias, a contar da publicação da ata da assembléia, não forem substituídos os acionistas cujas ações tenham sido reembolsadas a conta do capital social, este considerar-se-á reduzido no montante correspondente, cumprindo aos órgãos da administração convocar a assembléia geral, dentro de 8 (oito) dias, para tomar conhecimento daquela redução.

(...)

CAPÍTULO IV

Partes Beneficiárias

Características

Art. 46 — (...)

(...)

§ 2º — A participação atribuída às partes beneficiárias, inclusive para a formação da provisão para resgate, se houver, não ultrapassará 0,1 (um décimo) dos lucros.

Emissão

Art. 47 — (...)

Parágrafo único — À companhia aberta é vedada a criação de partes beneficiárias.

Resgate e Conversão

Art. 48 — O estatuto fixará o prazo de duração das partes beneficiárias e, sempre que estipular resgate, deverá constituir provisão para este fim.

(...)

§ 2º — O estatuto poderá prever a conversão das partes beneficiárias em ações.

§ 3º — No caso de liquidação da companhia, solvidos os demais passivos, os titulares das partes beneficiárias terão direito de preferência sobre o que restar do ativo até a importância da reserva constituída (art. 182, § 1º, "b").

Art. 49 — (...)

(...)

VII — o nome do beneficiário;

VIII — a declaração de sua transferibilidade por endosso à ordem, se endossável;

Art. 50 — As partes beneficiárias podem ser nominativas ou endossáveis à ordem, e a elas se aplica, no que couber, o disposto nas Seções V a VII do Capítulo III.

(...)

Valor Nominal

Art. 54 — A debênture terá valor nominal expresso em moeda nacional, salvo nos casos de obrigação que, nos termos da legislação em vigor, possa ter o pagamento estipulado em moeda estrangeira.

§ 1º — A debênture poderá conter cláusula de correção de sua expressão monetária livremente pactuada entre as partes.

§ 2º — O pagamento do principal, quando do vencimento, amortização ou resgate, poderá ser feito em moeda nacional ou espécie, desde que constante, detalhadamente, da escritura de emissão.

(...)

Art. 59 — (...)

(...)

IV — as condições de correção de sua expressão monetária, se houver;

(...)

Seção IV

Forma, Propriedade, Circulação e Ônus

Art. 63 — As debêntures serão sempre nominativas ou endossáveis à ordem, aplicando-se, no que couber, o disposto nas Seções V a VII do Capítulo III.

Art. 64 — (...)

(...)

X — Eliminar

XI — o nome do debenturista e, se endossável, a declaração de transferibilidade da debênture mediante endosso à ordem;

(...)

Substituição, Remuneração e Fiscalização

Art. 67 — A assembléia de debenturistas, que escolher o agente fiduciário, estabelecerá as condições de sua substituição e remuneração, observadas as normas expedidas pela Comissão de Valores Mobiliários.

§ 1º — Se as debêntures forem subscritas por instituições financeiras, para posterior oferta pública, caberá a elas convocar a assembléia de debenturistas para a eleição do agente fiduciário, no prazo máximo de 3 (três) dias do término da oferta pública.

§ 2º — Caso sejam as debêntures vendidas em leilão especial, junto à Bolsa de Valores, caberá à empresa emitente efetuar a convocação no prazo máximo de 3 (três) dias após o encerramento do leilão de colocação.

§ 3º — Caberá à Comissão de Valores Mobiliários regulamentar este dispositivo, bem como estabelecer sanções pelo seu descumprimento.

§ 4º — Manter como parágrafo único

Deveres e Atribuições

Art. 68 — O agente fiduciário representa, nos termos desta Lei, da regulamentação da Comissão de Valores Mobiliários, da assembléia que o elegeu e da escritura de emissão, a comunhão de debenturistas perante a companhia emissora.

§ 1º — São deveres do agente fiduciário:

b) elaborar relatório, colocando-o semestralmente à disposição dos debenturistas, dentro de 2 (dois) meses do encerramento do período, informando os fatos relevantes ocorridos durante o período, relativos a execução das obrigações assumidas pela companhia, aos bens garantidores das debêntures e a constituição e aplicação do fundo de amortização, se houver; do qual constará, ainda, declaração do agente sobre sua aptidão para continuar no exercício da função;

c) notificar aos debenturistas, no prazo máximo de 30 (trinta) dias, qualquer inadimplemento, pela companhia, de obrigações assumidas na escritura de emissão.

§ 2º — O agente fiduciário terá sempre acesso imediato a todos os dados relacionados com o acompanhamento econômico-financeiro da companhia, situação dos bens garantidores da emissão, se houver, e outras informações que julgue necessárias ao bom desempenho de suas funções, devendo a escritura de emissão explicitar este mecanismo.

(...)

§ 4º — O agente fiduciário responde ilimitadamente perante os debenturistas pelos prejuízos que lhes causar por culpa ou dolo no exercício das funções, independentemente da tipificação de ilícito penal.

(...)

Art. 71 — (...)

(...)

§ 5º — A modificação dos direitos dos debenturistas, quando proposta pela empresa emitente, deve ser aprovada por mais de 2/3 (dois terços) dos debenturistas, cabendo aos dissidentes exercerem o direito, "pro rata temporis", de resgate antecipado.

Seção VIII

Cédula Pignoratícia de Debêntures

Art. 72 — (...)

(...)

§ 1º — A cédula será nominativa ou endossável à ordem.

(...)

j) Eliminar

l) o nome do titular e, se endossável, a declaração de que a cédula é transferível por endosso à ordem.

(...)

Forma, Propriedade e Circulação

Art. 78 — Os bônus de subscrição poderão ter a forma nominativa ou endossável à ordem.

Art. 79 — (...)

(...)

VI — Eliminar

VII — o nome do titular e, se endossável, a declaração de que o título é transferível por endosso à ordem, se endossável.

Art. 80 — (...)

(...)

III — depósito em estabelecimento bancário da parte do capital realizado em dinheiro.

Depósito da Entrada

Art. 81 — (...)

Parágrafo único — Caso a companhia não se constitua dentro de 2 (dois) meses da data do depósito, o banco restituirá as quantias depositadas diretamente aos subscritores.

(...)

Art. 102 — A instituição financeira depositária de ações escriturais deverá, sem prejuízo do disposto no § 4º do art. 126, fornecer à companhia, ao menos uma vez por ano, cópia dos extratos de contas de depósito das ações e a lista dos acionistas com a quantidade e respectivas ações, que serão encadernadas em livros autenticados no registro do comércio e arquivados na instituição financeira.

(...)

Responsabilidade da Companhia

Art. 104 — A companhia é responsável pelos prejuízos que causar aos interessados por vícios ou irregularidades verificadas nos livros de que tratam os incisos I a VI do art. 100.

Art. 105 — (...)

Parágrafo único — O percentual supra poderá ser diminuído pela Comissão de Valores Mobiliários, que levará em conta o tamanho da companhia, sua situação específica e o dano potencial ao mercado de capitais.

(...)

Art. 109 — (...)

(...)

VI — exercer o direito de voto de acordo com esta Lei.

Art. 110 — A cada ação com direito a voto, nos termos desta Lei, corresponde 1 (um) voto nas deliberações sociais.

§ 1º — O estatuto pode estabelecer limitação proporcional ao número de votos de cada acionista, desde que não implique na retirada do direito de voto, ou na criação de voto fracionário.

Ações Preferenciais

Art. 111 — O estatuto poderá conferir às ações preferenciais algum ou alguns dos direitos reconhecidos às ações ordinárias além daqueles previstos nesta Lei.

§ 1º — As ações preferenciais sem direito a voto, e as de voto restrito, serão transformadas em ações ordinárias votantes por expressa manifestação do acionista, caso a companhia:

a) deixar de distribuir, em até 120 (cento e vinte) dias do término do exercício social, o dividendo atribuído às ações preferenciais sem direito a voto;

b) após dois exercícios sociais deixar de pagar os dividendos fixos cumulativos ou mínimos a que fizerem jus.

§ 2º — Eliminar

§ 3º — O estatuto poderá estipular que o disposto no § 1º, "b", vigorará a partir do término da implantação do empreendimento inicial da companhia.

Não Exercício de Voto pelas Ações ao Portador

Art. 112 — Eliminar

Parágrafo único — Eliminar

(...)

Art. 117 — (...)

(...)

d) eleger administrador, fiscal ou auditor independente que sabe inapto, moral ou tecnicamente;

e) induzir, ou tentar induzir, administrador, fiscal, auditor independente ou empregado a praticar ato ilegal, ou descumprindo os deveres definidos nesta lei e no estatuto, promover, contra o interesse da companhia, sua ratificação pela assembléia geral;

(...)

§ 2º — No caso da alínea "e" do § 1º, o administrador, fiscal, auditor independente ou empregado que praticar o ato ilegal responde solidariamente com o acionista controlador.

Seção V

Acordo de Acionistas

Art. 118 — Os acordos de acionistas sobre compra e venda de suas ações, preferência para adquiri-las, exercício de direito de voto, ou outras preferências pactuadas no acordo, deverão ser observados pela companhia quando arquivados na sua sede.

(...)

§ 6º — Os acordos de acionistas não poderão ter prazo superior a 4 (quatro) anos, podendo ser renovados sucessivamente por igual período.

§ 7º — Os acordos sem prazo são suscetíveis de denúncia a qualquer tempo.

§ 8º — Qualquer acionista poderá retirar-se unilateralmente, e por escrito, do acordo de acionistas, se o exercício do direito de voto resultar na eleição de administrador, membro do conselho fiscal, ou auditor independente que tenham sido ou venham a ser indiciados pela prática de ato criminoso, ou que tenham sido condenados pela prática de atos previstos nos Capítulos X e XII da Seção IV.

(...)

CAPÍTULO XI

Assembléia Geral

Seção I

Disposições Gerais

Art. 121 — (...)

Parágrafo único — Nas companhias abertas qualquer acionista poderá pedir que a Comissão de Valores Mobiliários se faça representar na assembléia geral, correndo por sua conta o custo incorrido por aquela Comissão.

Competência Privativa

Art. 122 — (...)

(...)

II — eleger ou destituir, a qualquer tempo, os administradores fiscais e auditores independentes da companhia, ressalvado o disposto no inciso II do art. 142;

III — tomar, anualmente, as contas dos administradores, e deliberar sobre as demonstrações contábeis por eles apresentadas;

(...)

X — deliberar sobre a contratação de auditores independentes, sendo facultado aos acionistas que representem, no mínimo, 0,1 (um décimo) do capital social, requerer a adoção do processo de voto múltiplo, atribuindo-se a cada ação tantos votos quantos sejam os candidatos à prestação de serviço, e reconhecido ao acionista o direito de cumular os votos num só candidato, ou distribuí-los entre vários.

§ 1º — Em caso de urgência, a confissão de falência ou o pedido de concordata poderá ser formulado pelos administradores, com a concordância do acionista controlador, se houver, convocando-se imediatamente a assembléia geral para manifestar-se sobre a matéria, não podendo tal convocação prever prazo superior a 20 (vinte) dias para a sua realização.

§ 2º — Os honorários dos auditores independentes serão deduzidos do dividendo dos acionistas: na hipótese de não distribuição de dividendos ou de prejuízo apurado no exercício, os honorários serão pagos e registrados em conta específica a ser compensada com os dividendos futuros.

§ 3º — Os auditores independentes deverão fornecer ao acionista, ou grupo de acionistas que representem, no mínimo, 5% (cinco por cento) do capital social sempre que solicitadas, informações sobre matéria de sua competência.

Art. 123 — (...)

(...)

c) por acionistas que representem 2% (dois por cento), no mínimo, do capital, quando os administradores não atenderem no prazo de 8 (oito) dias, o pedido de convocação que apresentarem devidamente fundamentado, com indicação das matérias a serem tratadas;

d) nas companhias abertas a Comissão de Valores Mobiliários poderá estabelecer percentuais menores, levando em consideração o capital social e o número de acionistas.

Modo de Convocação e Local

Art. 124 — A convocação far-se-a mediante anúncio publicado por 3 (três) vezes, no mínimo, contendo, além do local, data e hora da assembléia, a ordem do dia, e, no caso de reforma do estatuto, a indicação da matéria a ser tratada, devendo o edital mencionar o endereço completo que permita a sua localização.

(...)

§ 2º — A assembléia geral realizar-se-á no edifício onde a companhia tiver a sua sede, ressalvado o disposto no "caput" deste artigo.

§ 3º — As companhias que tenham sede social localizada fora do perímetro urbano, realizarão as suas assembléias, a pedido de acionistas representantes de mais de 5% (cinco por cento) do capital social, em imóvel localizado no centro urbano do Município onde a sede se encontra. A alteração do local destinado a realização da assembléia geral constará do edital de convocação, quando o pedido de que trata este parágrafo seja efetuado com antecedência de, no mínimo, 8 (oito) dias da respectiva publicação. Será desnecessário o pedido se à assembléia geral comparecerem todos os acionistas votantes.

§ 4º — Por motivo de força maior a assembléia geral poderá realizar-se fora do edifício sede da companhia, desde que seja em outro imóvel localizado no mesmo Município onde a sede se encontra.

(...)

Art. 126 — (...)

III — Eliminar

(...)

§ 1º — O acionista pode ser representado na assembléia geral por procurador constituído há menos de 1 (um) ano.

(...)

§ 3º — É facultado a qualquer acionista solicitar relação de endereços dos demais acionistas, bem como número, espécie e classe das ações possuídas, obedecidos sempre os requisitos do parágrafo anterior.

§ 4º — Na companhia aberta, o Diretor de Relações com o Mercado terá sempre tais informações atualizadas à disposição de qualquer acionista, correndo por conta deste último, o custo para a obtenção de cópias.

(...)

Ata da Assembléia

Art. 130 — Dos trabalhos e deliberações da assembléia será lavrada, em livro próprio, ata assinada pelos membros da mesa e pelos acionistas presentes. Para a validade da ata, é suficiente a assinatura de quantos bastem para constituir a maioria necessária para as deliberações tomadas nas assembléias. Da ata tirar-se-ão certidões ou cópias autenticadas para os fins legais, as quais serão distribuídas aos presentes.

(...)

§ 4º — Qualquer acionista poderá proceder, por qualquer meio, a gravações das assembléias gerais, devendo tal fato constar necessariamente do teor da ata da assembléia.

(...)

Seção II

Assembléia Geral Ordinária

Objetivo

Art. 132 — Anualmente, nos 3 (três) primeiros meses seguintes ao término do exercício social, deverá haver 1 (uma) assembléia geral para:

I — tomar as contas dos administradores, examinar, discutir e votar as demonstrações contábeis;

II — deliberar sobre a destinação do lucro líquido do exercício, inclusive sobre a distribuição de dividendos;

(...)

IV — Eliminado

Art. 133 — Os administradores deverão comunicar, até 30 (trinta) dias antes da data marcada para realização da assembléia geral ordinária, que se encontram à disposição dos acionistas:

I — o relatório da administração elaborado nos termos do § 1º do artigo 176;

II — cópia das demonstrações contábeis;

(...)

§ 5º — Eliminar

Art. 136 — É necessária a aprovação de acionistas que representem metade, no mínimo, das ações com direito a voto ou com voto restrito, se maior quórum não for exigido pelo estatuto da companhia fechada, para deliberação sobre:

Direito de Retirada

Art. 137 — A aprovação das matérias previstas nos incisos I a VII do art. 136 desta Lei dá ao acionista dissidente direito de retirar-se da companhia, mediante reembolso do valor de suas ações (Art. 45), se o reclamar à companhia no prazo de 30 (trinta) dias, contados da publicação da ata da assembléia geral.

§ 1º — O acionista dissidente de deliberação da assembléia, inclusive o titular de ações preferenciais com direito a voto restrito ou sem direito a voto, pode pedir o reembolso das ações de que, comprovadamente, era titular na data da assembléia, ainda que se tenha abstido de votar contra a deliberação ou não tenha comparecido à reunião.

(...)

Voto Múltiplo

Art. 141 — Na eleição dos conselheiros, é facultado aos acionistas que representem, no mínimo, 0,1 (um décimo) das ações ordinárias com direito a voto, esteja ou não previsto no estatuto, requerer a adoção do processo de voto múltiplo, atribuindo-se a cada ação tantos votos quantos sejam os membros do conselho, e reconhecido ao acionista o direito de cumular os votos num só candidato ou distribuí-los entre vários.

(...)

§ 4º — Se o número de membros do conselho de administração for inferior a 5 (cinco), é facultado aos acionistas que representem 20% (vinte por cento), no mínimo, do capital constituído por ações ordinárias com direito a voto, a eleição de um dos membros do Conselho, observado o disposto no § 1º.

Art. 142 — (...)

(...)

IX — Eliminar

(...)

Remuneração

Art. 152 — (...)

(...)

§ 1º — O estatuto da companhia que fixar o dividendo obrigatório em 25% (vinte e cinco por cento) ou mais do lucro líquido para as ações com voto restrito e pleno, bem como, em 9% (nove por cento) ou mais para as ações preferenciais sem direito a voto, pode atribuir aos administradores participação no lucro da companhia.

§ 2º — O montante das participações não ultrapassará a remuneração anual dos administradores, atualizada monetariamente na forma do artigo 184 nem 40% (quarenta por cento) do montante dos dividendos, prevalecendo o limite que for menor.

(...)

Art. 154 — (...)

(...)

d) negar-se a prestar, oralmente ou por escrito, antes ou quando das assembléias gerais, qualquer informação, ou negar-se a mostrar ou fornecer cópia de qualquer documento que direta ou indiretamente esteja relacionado com as matérias constantes na ordem do dia ou na assembléia discutidos;

e) deixar de comunicar aos acionistas, na primeira assembléia, a existência de inquérito ou processo administrativo iniciado pela administração pública federal, estadual ou municipal contra a companhia ou quaisquer de seus administradores.

(...)

Art. 155 — (...)

(...)

§ 2º — Se o administrador, observado o disposto no § 1º, direta ou indiretamente, contratar com a companhia, deverá comunicar tal fato, por escrito e detalhadamente, na primeira assembléia geral que se realizar.

§ 3º — O negócio contratado com infração do disposto nos §§ 1º e 2º é anulável, e o administrador interessado será obrigado a transferir para a companhia as vantagens que dele tiver auferido.

(...)

§ 6º — A Comissão de Valores Mobiliários, levando em consideração a dispersão do capital social ou a relevância da situação, poderá diminuir o percentual previsto no § 1º.

(...)

Art. 159 — (...)

(...)

§ 4º — Se a assembléia deliberar não promover a ação, poderá ela ser proposta por acionistas que representem 5% (cinco por cento) do capital social. A Comissão de Valores Mobiliários poderá diminuir este percentual, em se tratando de companhia aberta, levando em consideração o grau de dispersão de suas ações no mercado.

(...)

CAPÍTULO XIII

Conselho Fiscal

Composição e Funcionamento

Art. 161 — (...)

§ 1º — As companhias abertas terão um conselho fiscal permanente, eleito quando da constituição da empresa ou quando da primeira assembléia geral, que se realizará, necessariamente, até 30 (trinta) dias do término da oferta pública.

§ 2º — Manter § 1º.

§ 3º — Manter § 2º.

§ 4º — Manter § 3º.

§ 5º — Manter § 4º:

a) os titulares de ações sem direito a voto terão o direito de eleger, em votação em separado, um membro e respectivo suplente.

(...)

Competência

Art. 163 — Compete individualmente ao conselheiro fiscal:

(...)

VI — analisar, ao menos trimestralmente, o balancete e demais demonstrações contábeis elaboradas periodicamente pela companhia;

VII — examinar as demonstrações contábeis do exercício social e sobre elas opinar;

§ 1º — Os órgãos de administração são obrigados, mediante comunicação por escrito a colocar à disposição dos membros em exercício do Conselho Fiscal, dentro de 10 (dez) dias, cópias das atas de suas reuniões e, dentro de 15 (quinze) dias do seu recebimento, cópias dos balancetes e demais demonstrações contábeis elaboradas periodicamente e, quando houver, dos relatórios de execução de orçamentos.

§ 2º — O conselheiro fiscal solicitará aos órgãos de administração esclarecimentos ou informações, assim como a elaboração de demonstrações contábeis especiais.

§ 4º — Se a companhia tiver auditores independentes, o conselheiro fiscal poderá solicitar-lhes os esclarecimentos ou informações que julgar necessários, e a apuração de fatos específicos.

§ 5º Eliminado

§ 6º — O conselho fiscal deverá fornecer ao acionista, sempre que solicitadas, informações sobre matérias de sua competência.

(...)

Art. 166 — O capital social pode ser aumentado:

I — Eliminado

(...)

§ 1º — Dentro dos 30 (trinta) dias subseqüentes à efetivação do aumento, a companhia requererá ao registro do comércio a sua averbação, nos casos dos incisos II e III, ou o arquivamento da ata da assembléia de reforma do estatuto, no caso do inciso IV.

§ 2º — O Conselho Fiscal, se em funcionamento, deverá, salvo nos casos do inciso III, ser obrigatoriamente ouvido antes da deliberação sobre o aumento de capital.

Atualização Monetária

Art. 167 — A atualização monetária do capital social será feita sem modificação do número de ações emitidas e com aumento do valor nominal das ações, se for o caso.

§ 1º — Eliminado

§ 2º — Eliminado

§ 3º — Eliminado

Aumento mediante Subscrição de Ações

Art. 170 — (...)

(...)

§ 2º — Compete à Comissão de Valores Mobiliários estabelecer critérios definidores de diluição injustificada para as companhias abertas.

§ 3º — A assembléia geral, da companhia fechada, quando for de sua competência deliberar sobre o aumento, poderá delegar ao Conselho de Administração a fixação do preço de emissão de ações.

(...)

Art. 171 — (...)

§ 2º — No aumento mediante capitalização de créditos, este só será válido se realizado com créditos vencidos; se realizado com créditos a vencer, a assembléia deverá estipular o deságio do título em face da época do vencimento e da idoneidade do emitente. Nesta última hipótese, os demais acionistas exercerão o direito de preferência, com a integralização em bens ou moeda corrente.

§ 3º — No aumento mediante subscrição em bens, será sempre assegurado aos acionistas o direito de preferência e, se for o caso, as importâncias por eles pagas serão entregues ao titular do bem ao ser incorporado.

§ 4º — Manter § 3º

§ 5º — Manter § 4º

§ 6º — Manter § 5º

§ 7º — Manter § 6º

§ 8º — Manter § 7º

§ 9º — Na companhia fechada, será obrigatório o rateio previsto na alínea "b" do § 8º, podendo o saldo, se houver, ser subscrito por terceiros, de acordo com os critérios estabelecidos pela assembléia geral ou pelos órgãos da administração.

Exclusão do Direito de Preferência

Art. 172 — Inexiste o direito de preferência aos antigos acionistas de companhia aberta na oferta pública de ações, debêntures ou partes beneficiárias conversíveis em ações, e bônus de subscrição, cuja colocação seja feita mediante:

(...)

CAPÍTULO XV

Exercício Social e Demonstrações Contábeis

Seção I

Exercício Social

Art. 175 — O exercício social terá duração de 1 (um) ano e a data do seu término será fixada no estatuto.

Seção II

Demonstrações Contábeis

Disposições Gerais

Art. 176 — A Diretoria da companhia fará elaborar, com base na escrituração mercantil da companhia, as seguintes demonstrações contábeis, que deverão exprimir com clareza a situação do patrimônio da companhia e as mutações ocorridas no exercício:

I — balanço patrimonial;

II — demonstração do resultado do exercício;

III — demonstrações das mutações do patrimônio líquido;

IV — demonstração do fluxo de caixa.

§ 1º — Ao término de cada exercício social, os Administradores farão elaborar, ainda, relatório sobre os principais negócios sociais e sobre os principais fatos ocorridos no exercício. No caso de companhia aberta, deverão ser contemplados, no mínimo quando relevante e aplicável, os seguintes itens:

a) descrição dos negócios, produtos e serviços, incluindo vendas fiscais dos 2 (dois) últimos anos, bem como receita bruta e líquida de vendas nos mercados externo e interno e principais componentes do custo dos produtos ou serviços;

b) número de empregados e rotatividade nos últimos 2 (dois) anos, segmentação da mão-de-obra por nível educacional e localização geográfica, gastos com treinamento e benefícios sociais;

c) recursos alocados em expansão, reestruturação, pesquisa de novos produtos ou serviços, em melhoria da produtividade e qualidade e em proteção ao meio ambiente;

d) perspectivas e planos da administração para os exercícios futuros;

e) informações por segmento de negócios relativas ao exercício encerrado e ao exercício anterior;

f) demonstração do valor adicionado evidenciando, no mínimo, a receita líquida gerada na empresa e a sua distribuição entre empregados, financiadores, acionistas, governo, retenções de lucro e outros.

§ 2º — As demonstrações contábeis serão divulgadas com a indicação dos valores correspondentes das demonstrações do exercício anterior, observado o disposto no artigo 184.

§ 3º — Nas demonstrações contábeis, notas explicativas ou quadros analíticos, as contas semelhantes poderão ser agrupadas; os saldos poderão ser agregados desde que indicada a sua natureza e não ultrapassem a 0,1 (um décimo) do valor do respectivo grupo, vetada a utilização de designações genéricas, como "diversas contas" ou "contas correntes".

§ 4º — As demonstrações contábeis registrarão a destinação dos lucros de acordo com a proposta dos órgãos da administração, no pressuposto de sua aprovação pela assembléia geral.

§ 5º — Manter

§ 6º — No caso das companhias abertas, as notas explicativas ou os quadros analíticos deverão indicar, no mínimo, quando aplicáveis e relevantes:

a) o sumário das práticas contábeis adotadas, englobando os principais critérios de reconhecimento do resultado de suas operações e de avaliação dos elementos patrimoniais, tais como, aplicações temporárias, estoques, imobilizações e diferido, inclusive depreciação, exaustão e amortização, investimentos, empréstimos e financiamentos e provisões para encargos, riscos ou para perda provável na realização de ativos;

b) os investimentos em outras sociedades;

c) a composição de contas ou subgrupos de contas, tais como estoques, imobilizado, reservas, quando não houver esta evidenciação nas demonstrações contábeis;

d) os ônus reais constituídos sobre elementos do ativo, as garantias prestadas a terceiros, compromissos e contratos que possam vir a alterar o patrimônio da companhia e outras responsabilidades eventuais ou contingentes;

e) a taxa de juros, a forma de atualização monetária, as datas de vencimentos e as garantias das obrigações de longo prazo;

f) o número, espécies, classes e direitos das ações do capital social e as opções de compra de ações outorgadas e exercidas no período;

g) a natureza, o valor e os efeitos das alterações de práticas, critérios, métodos e estimativas contábeis e das retificações de erros de exercícios anteriores;

h) os eventos subseqüentes à data do encerramento do exercício que tenham, ou possam vir a ter, efeito relevante sobre a situação financeira e os resultados futuros da companhia;

i) o valor de mercado dos estoques e dos investimentos temporários;

j) a existência de plano de seguridade social, indicando as entidades patrocinadoras, custo anual para a companhia, regime atuarial de determinação de custo e contribuições, obrigações vencidas, compromissos estatutários relacionados às insuficiências patrimoniais, valor das insuficiências e suas razões, taxas de contribuição futuras aprovadas ou previstas, relação de contribuição patrocinadora participante e data da última reavaliação atuarial aprovada;

k) a natureza, a destinação, o valor e os prazos das subvenções ou subsídios governamentais;

l) as diferenças temporárias e permanentes entre o lucro apurado para fins societários e o lucro sujeito à tributação pelo imposto sobre a renda e contribuições sociais, bem como montante dos prejuízos fiscais a compensar;

m) a natureza, os valores, os saldos e as condições das transações ocorridas com empresas ou pessoas com as quais a companhia tenha possibilidade de contratar, em condições que não sejam as de comutatividade e independência que caracterizam as transações com terceiros alheios à companhia (partes relacionadas);

n) a natureza e o montante das operações descontinuadas, dos eventos e transações não-operacionais ou extraordinárias ocorridos no período, que estejam afetando o resultado e o patrimônio da companhia;

o) a descrição da natureza e os efeitos decorrentes das operações de cisão, incorporação e fusão;

p) a descrição do montante dos honorários pagos aos auditores independentes que deverão ser compensados com futuras distribuições de dividendos.

§ 7º — Considera-se valor de mercado:

a) das matérias-primas e demais materiais em estoques, o preço líquido dos impostos recuperáveis, pelo qual possam ser repostos mediante compra no mercado;

b) dos bens e direitos destinados a venda, o preço líquido de realização, mediante venda no mercado, deduzido dos impostos e demais despesas necessárias para a venda;

c) dos produtos em elaboração, o valor apurado na forma dos itens "a" ou "b" acrescido ou descontado da parcela estimada de custo necessário para completar o produto, dos dois o que requerer o menor ajuste;

d) dos investimentos temporários, o valor líquido pelo qual possam ser alienados a terceiros.

§ 6º — Eliminado

Escrituração

Art. 177 — A escrituração da companhia será mantida em registros contábeis permanentes, com obediência aos princípios fundamentais de contabilidade, aos preceitos da legislação comercial e desta lei.

§ 1º — Constitui os princípios fundamentais da contabilidade, o conjunto de conceitos, postulados e convenções fundamentados na doutrina contábil, e que possibilita o fornecimento de informações e demonstrações úteis aos seus usuários, principalmente, o externo, no processo de avaliação e tomada de decisões.

§ 2º — Os métodos e critérios contábeis adotados só poderão ser alterados quando implicar melhoria da qualidade das informações contidas nas demonstrações contábeis e tendo sempre como base os princípios fundamentais de contabilidade.

§ 3º — A companhia observará em registros auxiliares, sem modificação da escrituração mercantil e das demonstrações reguladas nesta Lei, as disposições da lei tributária ou lei especial sobre atividade que constitui seu objeto, que prescrevam métodos ou critérios contábeis diferentes ou determinem a elaboração de outras demonstrações contábeis.

§ 4º — A companhia poderá, alternativamente, adotar em sua escrituração permanente as disposições da lei tributária ou especial, referidas no parágrafo anterior, desde que efetue ajustes nesta escrituração por meio de registros complementares, de forma a produzir as demonstrações contábeis, consoante com o disposto no "caput" deste artigo.

§ 5º — A forma de elaboração e divulgação das demonstrações contábeis e demais informações referidas nos parágrafos 1º e 5º do artigo 176, das companhias abertas, obedecerão as normas expedidas pela Comissão de Valores Mobiliários.

§ 6º — As demonstrações contábeis serão assinadas pelos administradores e contabilistas legalmente habilitados.

Seção III

Balanço Patrimonial

Grupo de Contas

Art. 178 — No balanço, as contas serão classificadas de acordo com os elementos do patrimônio que registrem e agrupadas de modo a facilitar o conhecimento e a análise da situação patrimonial da companhia.

§ 1º — (...)

c) investimentos;

d) imobilizado;

e) diferido;

c) Eliminado

§ 2º — (...)

c) patrimônio líquido, dividido em capital social atualizado, adiantamento para efetivo aumento de capital, reservas de capital, de lucros, prejuízos acumulados e ações em tesouraria.

Ativo

Art. 179 — As contas do ativo serão classificadas do seguinte modo:

I — no circulante, as disponibilidades, os investimentos temporários, inclusive em ações e em outros títulos, os bens e direitos realizáveis no prazo de 12 (doze) meses, estes divididos em direitos decorrentes das atividades usuais e das atividades não usuais da companhia, e as aplicações de recursos em despesas do exercício seguinte;

II — no realizável a longo prazo, os direitos divididos na forma do inciso anterior, e as despesas de recursos, realizáveis após o prazo de 12 (doze) meses;

III — em investimentos, as participações em outras sociedades, não classificáveis no ativo circulante, divididas em participações em controladas e coligadas, participações compulsórias e outras participações; e outros direitos de qualquer natureza, não classificáveis no ativo circulante ou no realizável a longo prazo, que não se destinem a manutenção das atividades da companhia;

IV — no imobilizado, os bens e direitos destinados à manutenção das atividades da companhia ou exercidos com esta finalidade, inclusive os de propriedade industrial ou comercial e os decorrentes de operações de arrendamento mercantil;

V — no diferido, as aplicações de recursos não alocáveis aos demais ativos, que contribuirão, evidenciadamente, para a formação de um ou mais exercícios sociais.

Parágrafo único — Eliminado

Passivo

Art. 180 — O passivo incluirá as obrigações da companhia, inclusive os financiamentos para aquisição de ativos, mesmo na forma de arrendamento mercantil, os riscos, os adiantamentos de clientes e demais recebimentos antecipados ou ganhos diferidos a serem apropriados pelo regime de competência ao resultado da companhia.

Parágrafo único — Os itens referidos no "caput" deste artigo serão classificados no passivo circulante, quando vencerem no prazo de 12 (doze) meses, e no passivo exigível a longo prazo, se tiverem vencimento em prazo maior.

Art. 181 — Eliminado

Patrimônio Líquido

Art. 182 — A conta do capital social atualizado discriminará o montante subscrito e, por dedução, a parcela ainda não realizada.

§ 1º — Serão classificadas como Reservas de Capital os acréscimos patrimoniais decorrentes dos seguintes recursos não oriundos da atividade econômica da companhia.

b) o produto de alienação de partes beneficiárias, desde que não utilizável para resgate das mesmas, e de bônus de subscrição;

c) Eliminado

d) Eliminado

§ 2º — Eliminado

§ 3º — Eliminado

§ 2º — Serão classificadas como reservas de lucros as contas constituídas pela apropriação dos lucros da companhia, nos termos dos artigos 189, 193, 194 e 196.

§ 3º — O custo da aquisição das ações em tesouraria deve ser destacado no balanço por dedução no patrimônio líquido.

§ 4º — Serão classificados como adiantamento para futuro aumento de capital os valores recebidos com esta finalidade, desde que assegurada a sua permanência na companhia, por força de disposições contratuais irrevogáveis ou disposições legais.

§ 5º — Os efeitos do disposto no parágrafo anterior deverão ser segregados e considerados, quando da apuração do valor patrimonial das ações.

Critérios de Avaliação do Ativo

Art. 183 — Os componentes do ativo serão avaliados segundo os seguintes critérios:

I — os investimentos temporários que tiverem liquidez imediata, que possuam um mercado estável e de grande aceitação, pelo seu valor líquido de realização;

II — os demais investimentos temporários, pelo custo de aquisição ou valor de mercado, se este for inferior, e os direitos e títulos de crédito pelo valor de emissão, excluídos os já prescritos e feitas as provisões necessárias para ajustá-los ao valor provável de realização; será procedido o aumento destes valores até o limite do valor de mercado para registro da correção monetária, variação cambial e juros acrescidos;

III — os bens e direitos que tiverem por objeto mercadorias e produtos destinados e colocados a venda, matérias-primas, produtos e serviços em processo e outros materiais em estoque, pelo custo de aquisição ou produção, deduzido de provisão para ajustá-lo ao valor líquido de realização, quando este for inferior;

IV — os investimentos em participação no capital social de outras sociedades, não classificadas no ativo circulante, ressalvado o disposto nos artigos 248 a 250, pelo custo de aquisição, deduzido de provisão para perdas na realização do seu valor, quando esta perda for julgada permanente ou de difícil recuperação, e que não será modificado em razão do recebimento, sem custo para a companhia, de ações ou quotas bonificadas;

V — os demais itens classificáveis como investimentos, pelo custo de aquisição, deduzido de provisão para atender perdas consideradas como de difícil recuperação.

VI — Os bens e direitos classificados no imobilizado, pelo custo de aquisição ou construção, deduzido do saldo da respectiva conta de depreciação, amortização ou exaustão;

VI — Manter

§ 1º — Os direitos e bens referidos nos incisos anteriores, decorrentes de operações prefixadas, serão ajustados a valor presente, com base nas taxas médias nominais praticadas no mercado financeiro.

§ 1º — Transferido para outro artigo

a) Transferido para outro artigo

b) Transferido para outro artigo

c) Transferido para outro artigo

a) depreciação, quando corresponder a perda do valor dos bens em decorrência de desgaste, uso, ação da natureza ou obsolescência.

§ 3º — Os recursos aplicados no ativo diferido serão amortizados, periodicamente, em prazo não superior a 10 (dez) anos, a partir do início da operação normal ou do exercício em que passem a ser usufruídos os benefícios deles decorrentes.

§ 4º — Os bens, direitos e recursos registrados no imobilizado e no diferido deverão ser objeto de análise periódica, a fim de que sejam revisados os critérios utilizados para depreciação, exaustão e amortização e registrada a perda do capital aplicado quando abandonados os empreendimentos ou atividades a que se destinavam ou quando comprovado que não poderão produzir resultados suficientes para recuperação do seu valor.

§ 5º — Os estoques de produtos agrícolas, animais e extrativos, poderão ser avaliados pelo valor de mercado, atendidas as seguintes condições:

a) que a atividade seja primária e o seu custo de produção de difícil determinação;

b) que haja um efetivo mercado que possibilite a liquidez imediata deste estoque e que valide a formação do seu preço; e

c) que seja possível deduzir, mesmo estimativamente, o montante dos custos e despesas a incorrer necessários para a colocação do produto a venda.

Critérios de Avaliação do Passivo

Art. 184 — No balanço, os elementos do passivo serão avaliados de acordo com os seguintes critérios:

I — as obrigações e os riscos, conhecidos ou calculáveis, inclusive os decorrentes de operações de financiamento na forma de arrendamento mercantil, serão computados pelo seu valor atualizado;

II — as obrigações em moeda estrangeira, com cláusula de paridade cambial, serão convertidas em moeda nacional a taxa de câmbio em vigor;

III — Eliminado

III — as obrigações decorrentes de operações prefixadas serão ajustadas a valor presente, com base nas taxas médias nominais praticadas no mercado financeiro.

Variação no Poder Aquisitivo da Moeda

Art. 185 — Na escrituração mercantil deverão ser considerados os efeitos da modificação no poder de compra da moeda nacional sobre o valor dos componentes do patrimônio e na apuração do resultado do exercício.

§ 1º — Serão atualizados, com base em índice geral de preços os itens não-monetários definidos no parágrafo a seguir.

§ 2º — Consideram-se itens não-monetários os componentes dos estoques, investimentos em ações ou quotas, ouro e outros bens, imobilizado, diferido, patrimônio líquido, bem como as despesas antecipadas e os direitos e obrigações a serem saldados em bens ou serviços ou não realizáveis ou não exigíveis em moeda.

§ 3º — O disposto no § 1º aplica-se, ainda, às provisões constituídas na forma do artigo 180 desta Lei e aquelas retificadoras de contas do ativo.

§ 4º — A variação dos itens não-monetários, decorrente da sua atualização monetária, será acrescida aos respectivos saldos das contas, sendo a contrapartida dos ajustes decorrentes desta atualização computada no resultado do exercício.

§ 5º — O registro da atualização monetária previsto neste artigo e dos ajustes a valor presente referidos no § 1º do art. 183, bem como a sua forma de evidenciação nas demonstrações contábeis das companhias abertas obedecerão às normas expedidas pela Comissão de Valores Mobiliários.

Seção IV

Demonstração das Mutações do Patrimônio Líquido

Art. 186 — A demonstração das mutações do patrimônio líquido discriminará, no mínimo, as seguintes informações:

I — saldos no início do exercício;

II — descrição das mutações ocorridas, tais como:

a) aumento de capital por subscrição e por incorporação de reservas e adiantamentos recebidos;

b) redução de capital;

c) reversões de reservas;

d) resultado líquido do exercício;

e) transferências para reservas, dividendos e demais destinações do resultado;

III — saldos no fim do exercício.

§ 1º — Transferido para outro artigo

Parágrafo único — A demonstração das mutações do patrimônio líquido deverá indicar o dividendo por ação do capital social, por espécie e classe e observará as diferentes vantagens existentes.

Seção V

Demonstração do Resultado do Exercício

Art. 187 — A demonstração do resultado do exercício discriminará:

I — a receita bruta das vendas;

II — a receita bruta dos serviços;

III — as deduções da receita bruta, tais como, cancelamento, abatimento e impostos;

IV — o custo dos produtos vendidos e dos serviços prestados;

V — as despesas operacionais divididas em despesas com vendas, administrativas, impostos e taxas, pesquisas e desenvolvimento e outras despesas operacionais;

VI — o resultado das participações societárias;

VII — os ajustes a valor presente;

VIII — os efeitos inflacionários contemplando as variações monetárias ativas e passivas e a contrapartida da atualização monetária prevista no § 4º do artigo 185;

IX — as receitas não-operacionais;

X — as despesas financeiras;

XI — as demais despesas não-operacionais;

XII — a provisão para imposto de renda e demais impostos e contribuições sobre o lucro líquido;

XIII — os itens extraordinários e os ajustes de exercícios anteriores líquidos dos efeitos fiscais;

XIV — as participações de debêntures, empregados, administradores e partes beneficiárias nos lucros;

XV — o lucro ou prejuízo líquido e o seu montante por ação.

§ 1º — Os ajustes e efeitos inflacionários referidos nos incisos VII e VIII deste artigo poderão ser alocados diretamente nas contas a que se referirem, sem a sua evidenciação.

§ 2º — Como ajustes de exercícios anteriores serão considerados aqueles decorrentes de efeitos relevantes da mudança de critério contábil ou da retificação de erro imputável a determinado exercício anterior, que não possam ser atribuídos a fatos subseqüentes e que não reflitam simples diferenças entre estimativas e realidade.

§ 3º — Como itens extraordinários serão considerados aqueles relativos a eventos ou transações de natureza inusitada, com alto grau de anormalidade e rara probabilidade de se transformarem em recorrente.

§ 4º — Considera-se resultado operacional aquele derivado das atividades principais e complementares da companhia decorrente do uso dos seus ativos, formado por receitas e despesas normalmente de natureza recorrente, realizadas como meio de atingir o seu objeto social.

§ 1º — Eliminado

a) Eliminado

b) Eliminado

§ 2º — Eliminado

Seção VI

Demonstração do Fluxo de Caixa

Art. 188 — A demonstração do Fluxo de Caixa indicará, no mínimo, as alterações ocorridas no exercício no saldo de caixa e equivalentes de caixa, segregadas em fluxo das operações, dos financiamentos e dos investimentos.

I — Eliminado

a) Eliminado

b) Eliminado

c) Eliminado

II — Eliminado

a) Eliminado

b) Eliminado

c) Eliminado

III — Eliminado

IV — Eliminado

CAPÍTULO XVI

Reservas, Dividendos e Outras Destinações

Seção I

Dedução de Prejuízos

Art. 189 — O lucro ou prejuízo líquido do exercício, apurado nos termos do artigo 187, deverá ser transferido para a conta transitória de lucros ou prejuízos acumulados; do lucro líquido apurado deverão ser deduzidos, antes de qualquer destinação, os prejuízos acumulados que não tiverem sido absorvidos pelas reservas de lucro.

Parágrafo único — O prejuízo do exercício será obrigatoriamente absorvido pelas reservas de lucros, sendo a reserva legal a última a ser utilizada.

Art. 190 — (...)

Parágrafo único — Aplica-se ao pagamento das participações dos administradores e das partes beneficiárias o disposto no Art. 201.

Art. 191 — Eliminado

Proposta de Destinação do Lucro

Art. 192 — Juntamente com as demonstrações contábeis do exercício, os órgãos da administração da companhia apresentarão à Assembléia Geral Ordinária, observado o disposto nos Arts. 193, 194, 196, 198 a 203 e no estatuto, proposta sobre a destinação a ser dada ao lucro líquido.

Seção II

Reservas de Lucros

Reserva Legal

Art. 193 — Manter

§ 1º — Eliminado

§ 1º — Manter § 2º

(...)

Reserva para Contingências

Art. 195 — Eliminado

§ 1º — Eliminado

§ 2º — Eliminado

(...)

Art. 197 — Eliminado

Parágrafo único — Eliminado

a) Eliminado

b) Eliminado

c) Eliminado

Limite da Constituição de Reservas de Lucros

(...)

Art. 199 — O saldo das reservas de lucro, não poderá ultrapassar o capital social; atingindo este limite, a assembléia deliberará sobre aplicação do excesso no aumento do capital social ou na distribuição de dividendos.

Reservas de Capital

Art. 200 — As reservas de capital somente poderão ser utilizadas para:

I — Eliminado

III — Eliminado

Parágrafo único — Eliminado

Seção III

Dividendos

Origem

Art. 201 — A companhia somente pode pagar dividendos à conta de lucro líquido do exercício, de lucros acumulados, de reservas de lucros e de reserva de capital, no caso das ações preferenciais de que trata o § 5º do Art. 17, ressalvado o disposto no § 1º do Art. 20.

§ 1º — Manter

§ 2º — Manter

Dividendo Obrigatório

Art. 202 — Manter

I — Manter

II — honorários destinados aos auditores independentes.

III — Eliminado

§ 1º — A companhia poderá diferir o pagamento da parcela de dividendo mínimo incidente sobre o resultado líquido positivo da equivalência patrimonial (Art. 248) para, até o exercício em que receber dividendos relativos a este resultado, alienar o investimento ou em que a controlada ou coligada efetuar a capitalização de lucros e reservas correspondentes.

§ 2º — O estatuto poderá estabelecer o dividendo como porcentagem do lucro ou do capital social, ou fixar outros critérios para determiná-lo, desde que sejam regulados com precisão e minúcia, e não sujeitem os acionistas minoritários ao arbítrio dos órgãos de administração ou da maioria.

§ 2º — Eliminado

§ 3º — Manter

§ 4º — O dividendo previsto neste artigo não será obrigatório no exercício social em que os órgãos da administração informarem à assembléia geral ordinária ser ele incompatível com a situação financeira da companhia. O Conselho Fiscal, se em funcionamento, deverá dar parecer sobre esta informação, e na companhia aberta, seus administradores encaminharão à Comissão de Valores Mobiliários, dentro de 5 (cinco) dias da realização da assembléia geral, exposição justificada da informação transmitida à assembléia. O disposto neste parágrafo não se aplica às ações preferenciais sem direito a voto.

§ 5º — Ressalvado o dividendo obrigatório para detentores de ações preferenciais sem direito a voto não será compulsório no exercício social em que os órgãos da administração informarem à Assembléia Geral Ordinária ser ele incompatível com a capacidade financeira da companhia, observado o fluxo de caixa futuro. O Conselho Fiscal e o auditor independente, se existente, deverão emitir parecer sobre esta informação, e, na companhia aberta, seus administradores deverão divulgar, imediatamente após a decisão da Assembléia Geral, a informação como fato relevante.

§ 6º — Os lucros que deixarem de ser distribuídos nos termos do § 5º serão registrados como reserva especial e, se não absorvidos por prejuízos em exercícios subseqüentes, deverão ser pagos como dividendo nos exercícios fixados pelos administradores da companhia, também nos termos do parágrafo anterior.

§ 7º — Os lucros não destinados nos termos dos artigos 191 a 193 deverão ser distribuídos como dividendos complementares.

Dividendos de Ações Preferenciais

Art. 203 — O disposto nos arts. 194, 196 e 202 não prejudicará o direito dos acionistas preferenciais de receberem os dividendos fixos ou mínimos a que tenham direito, inclusive os atrasados, se cumulativos.

Dividendos intermediários

Art. 204 — A companhia que por força de lei ou de disposição estatutária levantar balanços intercalares, poderá declarar após deliberação dos órgãos de administração, se autorizados pelo estatuto, dividendo a conta de lucros apurados nestes balanços.

§ 1º — Eliminado

§ 2º — Eliminado

Art. 205 — A companhia pagará dividendos a pessoa que, na data do ato de declaração do dividendo, estiver inscrita como proprietária ou usufrutuária da ação.

§ 1º — Os dividendos, se pagos por cheque, o serão sempre sob a forma nominativa, remetido por via postal para o endereço comunicado pelo acionista à companhia, ou mediante crédito em conta corrente bancária aberta em nome do acionista.

§ 3º — Nas companhias abertas o dividendo será sempre pago em até 30 (trinta) dias da data em que for declarado. Nas companhias fechadas em até 60 (sessenta) dias da data em que for declarado, salvo deliberação em contrário da assembléia geral. Para as ações preferenciais sem direito a voto, considera-se data de declaração do dividendo a do encerramento do exercício social.

§ 4º — Os dividendos serão atualizados monetariamente pelo mesmo índice utilizado para a atualização das demonstrações contábeis da data de encerramento do exercício social até a data da sua distribuição, podendo ser descontados os dividendos distribuídos antecipadamente atualizados monetariamente.

CAPÍTULO XVII

Dissolução, Liquidação e Extinção

Seção I

Dissolução

Art. 206 — (...)

(...)

d) pela existência de 1 (um) único acionista, verificada em assembléia geral ordinária, se o mínimo de 2 (dois) não for reconstituído até a do ano seguinte, ressalvado o disposto no Art. 251;

Art. 208 — Silenciando o estatuto, compete à assembléia geral, nos casos do inciso I do Art. 206, determinar o modo de liquidação e nomear o liquidante e o conselho fiscal que devam funcionar durante o período de liquidação.

(...)

Seção II

Incorporação, Fusão e Cisão

Competência e Processo

Art. 223 — (...)

(...)

§ 3º — A resultante de fusão ou a incorporação com companhia aberta implica a manutenção desta qualidade, ressalvado o direito de, observado o devido procedimento legal, decidir em contrário a Assembléia Geral.

Formação do Capital

Art. 226 — (...)

§ 1º — A forma de contabilização e a divulgação de informações relativas às operações mencionadas neste artigo, que envolverem companhia aberta, deverão observar ainda as normas expedidas pela Comissão de Valores Mobiliários.

§ 2º — As ações ou quotas do capital da sociedade a ser incorporada, que forem de propriedade da companhia incorporadora, poderão, conforme dispuser o protocolo de incorporação, ser extintas, ou substituídas por ações em tesouraria da incorporadora, até o limite das reservas, exceto a legal.

§ 3º — O disposto no § 2º aplicar-se-á aos casos de fusão, quando uma das sociedades fundidas for proprietária de ações ou quotas de outra, e de cisão com incorporação, quando a companhia que incorporar parcela do patrimônio da cindida for proprietária de ações ou quotas do capital desta.

(...)

Direito de Retirada

Art. 230 — O acionista dissidente da deliberação que aprovar a incorporação da companhia em outra sociedade, ou sua fusão ou cisão, tem direito de retirar-se da companhia, mediante o reembolso do valor de suas ações.

(...)

Acionista Controlador

Art. 238 — A pessoa jurídica que controla a companhia de economia mista tem todos os deveres e responsabilidades do acionista controlador, mas poderá orientar as atividades da companhia de modo a atender o interesse público que justificou a sua criação.

§ 1º — No caso de orientação das atividades da companhia para atender o interesse público, tal orientação ou os assuntos que dela advirão, deverão, obrigatoriamente, ser discutidos nos termos do art. 136 desta Lei.

Administração

Art. 239 — As companhias de economia mista terão obrigatoriamente conselho de administração, composto por, no mínimo 6 (seis) conselheiros, assegurado a minoria dos acionistas preferenciais o direito de eleger 3 (três) conselheiros, se maior número não lhes couber pelo processo de voto múltiplo.

Art. 241 — Eliminado

Falência e Responsabilidade Subsidiária

Art. 242 — As companhias de economia mista estão sujeitas a falência, segundo as normas e procedimentos da legislação aplicável, sendo seus bens penhoráveis e executáveis, e a pessoa jurídica que a controla responde, subsidiariamente, pelas suas obrigações.

CAPÍTULO XX

Sociedades Coligadas, Controladas e Controladora

Seção I

Definição

Art. 243 Eliminado

Art. 243 — São coligadas as sociedades quando uma participar, direta ou indiretamente, com 10% (dez por cento), ou mais, do capital votante da outra sem controlá-la.

§ 1º — Manter § 2º

§ 2º — Manter § 3º

(...)

Sociedade Controladora

§ 1º — A ação para haver reparação cabe:

a) a acionistas que representem 5% (cinco por cento) ou mais do capital social, podendo este percentual ser diminuído, no caso de companhia aberta, pela Comissão de Valores Mobiliários.

Seção IV

Eliminado

Notas Explicativas

Art. 247 — As notas explicativas dos investimentos devem conter informações sobre as sociedades coligadas e controladas e suas relações com a companhia, indicando:

III — lucro ou prejuízo do exercício;

Parágrafo único — Eliminado

a) Eliminado

b) Eliminado

Avaliação do Investimento em Coligadas e Controladas

Art. 248 — Os investimentos em sociedades controladas e em sociedades coligadas, sobre cuja administração tenha influência ou cuja participação represente 20% (vinte por cento) ou mais do capital votante, inclusive os investimentos no exterior, serão avaliados pelo método da equivalência patrimonial, de acordo com as seguintes normas:

I — o valor do patrimônio líquido da coligada ou da controlada será determinado com base em balanço patrimonial ou balancete de verificação levantado, com observância às normas desta Lei, na mesma data, ou até 30 (trinta) dias no máximo, antes da data do balanço da investidora, devendo ser, ressalvado o disposto no § 2º do artigo 177, mantidos períodos idênticos e critérios contábeis uniformes ao longo do tempo, inclusive quanto à unidade monetária;

II — o valor do investimento será determinado mediante a aplicação, sobre o patrimônio líquido referido no inciso anterior, da porcentagem de participação no capital da coligada ou controlada;

III — do valor determinado de acordo com o disposto nos incisos anteriores deverão ser excluídos os resultados não realizados que estiverem correspondidos, pela inclusão em ativo de qualquer natureza, no balanço patrimonial da sociedade investidora/controladora ou de sociedades a ela coligadas ou por ela controladas;

IV — a diferença entre o valor do investimento, de acordo com o inciso III, e o custo de aquisição corrigido monetariamente, somente será registrada como resultado do exercício:

a) se decorrer de lucro ou prejuízo apurado na coligada ou controlada;

b) no caso de companhia aberta, com observância das normas expedidas pela Comissão de Valores Mobiliários;

c) se corresponder a variação do percentual de participação na controlada ou na coligada;

d) nos demais casos com observância dos mesmos procedimentos utilizados nas companhias investidas;

e) no caso de companhia aberta, com observância das normas expedidas pelas Comissão de Valores Mobiliários.

§ 1º — Eliminado

§ 2º — Para efeito do disposto no "caput" deste artigo, os investimentos feitos por sociedades controladas e coligadas em quaisquer outras sociedades, mesmo não coligadas ou controladas, deverão ser avaliados pelo método da equivalência patrimonial, caso todas estas sociedades façam parte de um mesmo grupo ou estejam sob controle comum.

§ 3º — Os lucros não realizados, decorrentes de operações realizadas pela sociedade controladora, que estiverem correspondidos, pela inclusão em ativo de qualquer natureza, no balanço patrimonial da sociedade controlada, deverão ser registrados no passivo como ganho diferido, líquidos dos efeitos fiscais, para apropriação ao resultado do exercício pelo regime de competência.

Demonstrações Consolidadas

Art. 249 — A companhia que tiver investimentos em sociedades controladas, inclusive no exterior, deverá elaborar e divulgar, juntamente com as suas demonstrações contábeis, demonstrações consolidadas nos termos do artigo 250.

§ 1º — Aplica-se, no que couber, às demonstrações consolidadas as disposições contidas no capítulo XV desta Lei.

§ 2º — Manter

Art. 250 — Das demonstrações contábeis consolidadas serão excluídas:

III — os resultados não realizados, nos termos do inciso III e do § 3º do Art. 248.

§ 1º — A participação dos acionistas não controladores no patrimônio líquido e no lucro líquido do exercício será destacada, respectivamente, no balanço patrimonial e na demonstração consolidada do resultado do exercício.

§ 3º — O valor da participação, que exceder do custo de aquisição, será registrado como ganho diferido para ser apropriado ao de resultado, de acordo com a sua natureza econômica ou baixa do respectivo investimento.

§ 4º — Aplica-se às demonstrações consolidadas o disposto no inciso I do artigo 248.

§ 5º — A companhia fechada com ativo total, na data do balanço, não superior a Cr$ 750.000.000,00 (setecentos e cinquenta milhões de cruzeiros) ou com receita líquida anual não superior a Cr$ 1.500.000.000,00 (hum bilhão e quinhentos milhões de cruzeiros), atualizados na forma do § 1º do Art. 185, a partir de dezembro de 1991, não estará obrigada à elaboração e divulgação de demonstrações contábeis consolidadas.

(...)

Art. 254 — A alienação de controle da companhia aberta dependerá de prévia autorização da Comissão de Valores Mobiliários, que poderá, ainda, estabelecer normas sobre a forma de contabilização e a divulgação de informações.

§ 1º — A Comissão de Valores Mobiliários estabelecerá normas que assegure tratamento igualitário, relativas ao preço, prazo e condições, aos acionistas minoritários detentores de ações com direito a voto restrito ou pleno, para simultânea oferta pública de aquisição de ações daqueles acionistas.

§ 3º — Eliminado

(...)

Art. 275 — O grupo de sociedades divulgará, além das demonstrações contábeis referentes a cada uma das companhias que o compõem, demonstrações consolidadas, compreendendo todas as sociedades do grupo, elaboradas com observância do disposto nos artigos 249 e 250.

§ 1º — As demonstrações consolidadas do grupo serão publicadas juntamente com as da sociedade de comando.

§ 2º — A sociedade de comando deverá divulgar demonstrações contábeis nos termos desta Lei, ainda que não tenha a forma de companhia.

§ 3º — Eliminado

§ 3º — As demonstrações consolidadas de grupo de sociedades que inclua companhia aberta observarão as normas expedidas pela Comissão de Valores Mobiliários.

(...)

Art. 289 — As publicações ordenadas pela presente lei serão feitas em jornal de grande circulação em que esteja situada a sede da companhia ou, se companhia aberta com registro em Bolsas de Valores, em jornal ou publicação especializada com grande circulação na localidade em que se situe a Bolsa de Valores na qual se tenha verificado o maior volume de negociação de valores mobiliários de sua emissão, no último exercício anterior.

§ 1º — As publicações ordenadas pela presente lei poderão deixar de ser publicadas, se, alternativamente a companhia:

a) enviar a íntegra dos documentos deixados de publicar aos acionistas, comprovando a entrega mediante protocolo;

b) arquivar o documento não publicado na Junta Comercial da sua sede;

c) publicar em jornal de grande circulação editado na sede da empresa bem como nas localidades onde a companhia tenha seus valores mobiliários negociados, aviso colocando à disposição dos interessados as publicações da presente Lei, onde obrigatoriamente constará a descrição dos documentos disponíveis, bem como o endereço e a forma de obtê-los.

§ 2º — A companhia poderá alterar o meio de publicação a que se refere o "caput" deste artigo, desde que a modificação seja precedida de aviso aos detentores dos valores mobiliários da companhia na ata da assembléia geral ordinária.

§ 3º — As sociedades por cotas de responsabilidade limitada, e os demais tipos de sociedade, desde que de grande porte, nos termos do art. e parágrafo abaixo, terão suas demonstrações financeiras elaboradas de acordo com esta Lei e das normas da Comissão de Valores Mobiliários.

§ 4º — Todas as publicações e divulgações ordenadas nesta Lei deverão ser arquivadas no registro do comércio onde se localiza a sede da sociedade.

§ 5º — A divulgação das informações mínimas requeridas no artigo 176, § 1º, alínea "a" a "f", e § 6º, alíneas "e" a "p", somente se tornará obrigatória a partir do exercício social em que forem regulamentadas pela Comissão de Valores Mobiliários. Na regulamentação destas informações a Comissão de Valores Mobiliários levará em consideração a aplicação gradual destas informações, bem como o porte da companhia, podendo, ainda, reduzir ou ampliar a quantidade de informações a serem divulgadas.

§ 6º — A Comissão de Valores Mobiliários poderá determinar as condições e outras formas de publicação e divulgação para as companhias abertas.

(...)

Art. 291 — A Comissão de Valores Mobiliários poderá reduzir, mediante fixação de escala em função do valor do capital social, a porcentagem mínima aplicável às companhias abertas estabelecida no art. 105, na alínea "c" do parágrafo único do art. 123, no art. 141, no § 1º do art. 157, no § 4º do art. 159, no § 2º do art. 161, no § 6º do art. 163, na alínea "a" do § 1º do art. 246 e no art. 277.

Parágrafo único — Eliminado

Art. 292 — Eliminado

(...)

Art. 295 — (...)

(...)

§ 1º — As partes beneficiárias, títulos previstos no art. 46, que tenham sido criados por companhias abertas antes da vigência da presente Lei, não poderão, ao término do prazo para eles fixado, ser prorrogado, ou de qualquer forma prolongados.

(...)

Art. 296 — (...)

(...)

§ 3º — Eliminado

§ 5º — Eliminado

§ 6º Eliminado

Art. 297 — Eliminado

I — Eliminado

II — Eliminado

III — Eliminado

IV — Eliminado

Art. 298 — Eliminado

(...)

Art. 300 — Eliminado

Art. 301 — As disposições relativas à elaboração e divulgação das demonstrações contábeis, inclusive das consolidadas, previstas nesta Lei, relativamente às companhias abertas, aplicam-se às demais empresas de grande porte instaladas no País.

§ 1º — São consideradas empresas de grande porte, para os fins exclusivos desta Lei, as empresas que, no exercício social a que se referem as respectivas demonstrações contábeis, se enquadrarem em uma das seguintes hipóteses:

a) receita bruta de vendas igual ou superior, em dezembro de 1991, a Cr$ 25.000.000.000,00 (vinte e cinco bilhões de cruzeiros);

b) ativo total, em dezembro de 1991, igual ou superior a Cr$ 12.000.000.000,00 (doze bilhões de cruzeiros);

c) número de empregados igual ou superior a 5.000 (cinco mil).

§ 2º — Os valores expressos em cruzeiros, previstos no parágrafo anterior, serão atualizados monetariamente pelo mesmo índice utilizado para a atualização monetária das demonstrações contábeis a partir de 1º de janeiro de 1992.

§ 3º — Para a determinação do montante da receita bruta anual, prevista no "caput" deste artigo, deverá ser considerado o valor mensal das receitas brutas de venda, atualizado monetariamente, na forma prevista no parágrafo anterior.

Art. 302 — Fica instituído o Comitê Superior de Estudos e Normas Contábeis (COSENC), com a finalidade de estabelecer, revisar e atualizar os princípios fundamentais de contabilidade previstos nesta Lei, e emitir normas contábeis, sem prejuízo das funções e competência da Comissão de Valores Mobiliários.

§ 1º — O COSENC será integrado por até 9 (nove) membros, representantes dos seguintes órgãos e entidades:

a — da Comissão de Valores Mobiliários — CVM;

b — do Conselho Federal de Contabilidade (CFC);

c — das entidades representativas das classes profissionais que elaboram, auditam e analisam as demonstrações contábeis;

d — de universidades e institutos de pesquisas nas áreas contábil, financeira e jurídica.

§ 2º — O COSENC será ainda integrado, sem direito a voto, por representantes de órgãos oficiais reguladores ou de controle, quando houver discussão e elaboração de normas e procedimentos contábeis aplicáveis às empresas que estejam sob a sua fiscalização ou regulamentação.

§ 3º — O COSENC poderá criar comissões consultivas para o estabelecimento de práticas específicas, integradas por representantes das entidades envolvidas e pessoas com notório saber em contabilidade e finanças.

§ 4º — O COSENC deliberará por maioria de votos, e estabelecerá em regimento próprio as condições de seu funcionamento.

§ 5º — Caberá ao Ministro da Economia, Fazenda e Planejamento aprovar o regimento interno do COSENC, e nomear os representantes referidos no § 1º, bem como efetuar, com o assessoramento da Comissão de Valores Mobiliários, os procedimentos necessários para a instalação do Comitê.

§ 6º — O COSENC custeará as despesas necessárias ao seu funcionamento com recursos provenientes de:

a — dotações e contribuições a serem realizadas pelas entidades referidas no § 1º, na forma a ser definida em seu regimento interno;

b — rendas de bens patrimoniais, de investimentos e de receitas eventuais;

c — dotações e contribuições de outros órgãos.

ANEXO II

(texto reproduzido a partir do *Diário Oficial da Câmara dos Deputados*, edição de 23.3.1996, pp. 7.659/7.660)

PROJETO DE LEI N. 1.564, DE 1996 (DO SR. ANTONIO KANDIR)

Altera dispositivos da Lei n. 6.404, de 15 de dezembro de 1976, que "dispõe sobre as sociedades por ações" e da Lei n. 6.385, de 7 de dezembro de 1976, que "dispõe sobre o mercado de valores mobiliários e cria a Comissão de Valores Mobiliários".

(Às Comissões de Economia, Indústria e Comércio; de Finanças e Tributação; e de Constituição e Justiça e de Redação)

O Congresso Nacional decreta:

Art. 1º A Lei n. 6.404, de 15 de dezembro de 1976 passa a vigorar com as alterações constantes dos arts. 2º a 9º de sta Lei.

Art. 2º O art. 136 passa a ter a seguinte redação, mantidos os atuais §§ 2º e 3º:

"Art. 136 — É necessária a aprovação de acionistas que representem metade, no mínimo, das ações com direito a voto, se maior quórum não for exigido pelo estatuto da companhia cujas ações não estejam admitidas à negociação em bolsa ou no mercado de balcão, para deliberação sobre:

I — criação de ações preferenciais ou aumento de classes existentes, sem guardar proporção com as demais espécies e classe, salvo se já previstos ou autorizados pelo estatuto;

II — alteração nas preferências, vantagens e condições de resgate ou amortização de uma ou mais classes de ações preferenciais, ou criação de nova classe mais favorecida;

III — redução do dividendo obrigatório;

IV — fusão da companhia, ou sua incorporação em outra;

V — participação em grupo de sociedades (art. 265);

VI — mudança do objeto da companhia;

VII — cessação do estado de liquidação da companhia;

VIII — criação de partes beneficiárias;

IX — cisão da companhia;

X — dissolução da companhia;

§ 1º Nos casos dos números I e II, a eficácia da deliberação depende de prévia aprovação ou da ratificação, em prazo improrrogável de um ano, por titulares de mais de metade de cada classe de ações preferenciais prejudicadas, reunidos em assembléia especial convocada pelos administradores e instalada com as formalidades desta Lei."

Art. 3º O artigo 137 passa a vigorar com a seguinte redação:

"Art. 137 — A aprovação das matérias previstas nos números I a VI do artigo 136 dá ao acionista dissidente direito de retirar-se da companhia, mediante reembolso do valor das suas ações (art. 45), observadas as seguintes normas:

I — nos casos dos números I e II do artigo 136 somente terá direito de retirada o titular de ações de espécie ou classe prejudicadas;

II — nos casos do número IV somente terá direito de retirada o titular de ações que:

a) não estejam admitidas à negociação em bolsa ou no mercado de balcão organizado, autorizados a funcionar pela Comissão de Valores Mobiliários;

b) embora admitidas à negociação nos mercados referidos na alínea anterior, encontrem-se em situação de iliquidez, cabendo à Comissão de Valores Mobiliários estabelecer os critérios e parâmetros que determinarão se as ações da companhia são efetiva e regularmente negociadas;

III — o reembolso da ação deve ser reclamado à companhia no prazo de 30 (trinta) dias contados da publicação da ata da assembléia geral;

IV — o prazo para o dissidente de deliberação de assembléia especial (art.

136, § 1º) será contado da publicação da respectiva ata ou da prática do ato que gere o direito de recesso;

V — o reembolso somente poderá ser exigido após a observância do disposto no § 2º e, se for o caso, da ratificação da deliberação pela assembléia geral.

§ 1º O acionista dissidente de deliberação da assembléia, inclusive o titular de ações preferenciais sem direito a voto, poderá exercer o direito de reembolso das ações cuja titularidade possuía, comprovadamente, desde a data da 1ª publicação de convocação da assembléia até a realização desta.

§ 2º O direito de reembolso poderá ser exercido no prazo previsto no *caput* deste artigo, ainda que o titular das ações tenha se abstido de votar contra a deliberação ou não tenha comparecido à reunião.

§ 3º Nos 10 (dez) dias subseqüentes ao término do prazo de que trata este artigo, contado da publicação da ata da assembléia geral ou da assembléia especial que ratificar a deliberação, é facultado aos órgãos da administração convocar a assembléia geral para reconsiderar ou ratificar a deliberação, se entenderem que o pagamento do preço de reembolso das ações aos acionistas dissidentes que exerceram o direito de retirada porá em risco a estabilidade financeira da empresa.

§ 4º Decairá do direito de retirada o acionista que o não exercer no prazo fixado".

Art. 4º Fica acrescentado ao art. 140 da Lei nº 6.404, de 15 de dezembro de 1976, parágrafo único com a seguinte redação:

"Art. 140 ....

Parágrafo único — Na constituição do Conselho de Administração de companhias abertas com ações admitidas à negociação em bolsa ou no mercado de balcão organizado, os titulares de ações preferenciais sem voto, ou que não tenham assegurado pelo estatuto o direito previsto no *caput* do art. 18, poderão eleger, em votação em separado, um membro e respectivo suplente. Nesse caso, se adotado o processo de voto múltiplo, ao acionista controlador será assegurado eleger, no mínimo, número igual ao dos conselheiros eleitos pelos demais acionistas, mais um".

Art. 5º O art. 223 fica acrescido do seguinte parágrafo:

"§ 3º Se a incorporação, fusão ou cisão envolverem companhia aberta, as sociedades que a sucederem serão também abertas, devendo observar as normas pertinentes expedidas pela Comissão de Valores Mobiliários".

Art. 6º O § 5º do artigo 229 passa a ter a seguinte redação:

"§ 5º As ações integralizadas com parcelas de patrimônio da companhia cindida serão atribuídas a seus acionistas, em substituição às extintas, na proporção das que possuíam: a atribuição em proporção diferente requer aprovação de todos os acionistas, inclusive dos sem direito de voto".

Art. 7º O "caput" do artigo 230 passa a ter a seguinte redação, mantido o atual parágrafo único:

"Art. 230 — O acionista dissidente de deliberação que aprovar a incorporação da companhia em outra sociedade ou sua fusão tem direito de retirar-se da companhia, mediante o reembolso do valor de suas ações, exceto aquele que for titular de ações admitidas à negociação em bolsa ou no mercado de balcão organizado e que não se encontrem em situação de iliquidez, cabendo à Comissão de Valores Mobiliários estabelecer critérios e parâmetros que determinarão se as ações da companhia são efetiva e regularmente negociadas. (art. 137, II)".

Art. 8º O § 3º do art. 264 passa a vigorar com a seguinte redação:

"§ 3º Se as relações de substituição das ações dos acionistas não controladores, previstas no protocolo da incorporação, forem menos vantajosas que as resultantes da comparação prevista neste artigo, os acionistas dissidentes (art. 230) da deliberação da assembléia geral da controlada que aprovar a operação terão direito de escolher entre o valor de reembolso fixado nos termos do art. 45 ou o valor de patrimônio líquido a preços de mercado".

Art. 9º Ficam revogados o art. 254 e os parágrafos 1º e 2º do art. 255 da Lei 6.404, de 15/12/76, bem como as demais disposições em contrário.

Art. 10. O art. 11 da Lei n. 6.385, de 7 de dezembro de 1976, passa a vigorar com a seguinte redação:

"Art. 11 ....

I — advertência;

II — multa;

III — suspensão do exercício de cargo de administrador de instituição ou sociedade registrada na CVM;

IV — inabilitação temporária, até o máximo de vinte anos, para o exercício dos cargos referidos no inciso anterior;

V — suspensão da autorização ou de registro instituído em lei;

VI — cassação da autorização ou registro indicado no inciso anterior;

VII — proibição temporária, até o máximo de vinte anos, de praticar determinadas atividades ou operações, para os integrantes do sistema de distribuição do mercado de capitais, e

VIII — proibição temporária, até o máximo de dez anos, de atuar como investidor, direta ou indiretamente, no mercado de capitais.

§ 1º A multa não excederá o maior destes valores:

I — R$ 5.000.000,00 (cinco milhões de Reais);

II — 50% (cinqüenta por cento) do valor da emissão ou operação irregular; ou

III — 3 (três) vezes o montante da vantagem econômica obtida ou da perda evitada em decorrência do ilícito."

§ 2º A multa cominada pela inexecução de ordem da Comissão não excederá a R$ 5.000,00 (cinco mil Reais) por dia de atraso no seu cumprimento.

§ 3º As penalidades dos incisos III e IV somente serão aplicadas nos casos de infração grave, assim definidos em normas da Comissão, ou de reincidência.

§ 4º As penalidades só serão impostas com observância do procedimento previsto no § 2º do Art. 9º, cabendo recurso para o Conselho Monetário Nacional, nos termos do regulamento por este aprovado.

§ 5º A comissão poderá suspender, em qualquer fase, o procedimento administrativo, se o indiciado ou acusado assinar termo de compromisso obrigando-se a:

I — cessar a prática de atividades ou atos considerados ilícitos pela Comissão;

II — corrigir as irregularidades apontadas, inclusive indenizando os prejuízos; e

III — consentir na aplicação de penalidade.

§ 6º O compromisso a que se refere o parágrafo anterior deste artigo não importará em confissão quanto a matéria de fato, nem reconhecimento de ilicitude da conduta analisada.

§ 7º O termo de compromisso deverá ser publicado no *Diário Oficial da União*, discriminando o prazo para cumprimento das obrigações eventualmente assumidas, e o seu inadimplemento caracterizará crime de desobediência.

§ 8º Não cumpridas as obrigações no prazo, a Comissão dará continuidade ao procedimento administrativo anteriormente suspenso para a aplicação das penalidades cabíveis.

§ 9º Será considerada como atenuante, para a aplicação de penalidades previstas na lei, o arrependimento eficaz ou a circunstância de qualquer pessoa, espontaneamente, confessar ou prestar informações relativas a materialidade do ilícito e as demais pessoas envolvidas".

Art. 11. Esta lei entra em vigor na data de sua publicação.

Art. 12. Revogam-se as disposições em contrário.

ANEXO III
Anteprojeto da lavra da CVM, constante de Edital de Audiência Pública datado de 23.8.96 (cópia obtida junto à CVM)

ANTEPROJETO DE LEI N. ..., DE 1996

Altera dispositivos da Lei n. 6.404, de 15 de dezembro de 1976. estende às sociedades de grande porte algumas disposições contidas na Lei n. 6.404/76 e cria o Comitê Superior de Estudos e Normas Contábeis.

O Congresso Nacional decreta:

Art. 1º — A Lei n. 6.404, de 15 de dezembro de 1976, passa a vigorar com as alterações constantes dos artigos 2º a 42 desta Lei.

Art. 2º — O § 2º do art. 46 passa a vigorar com a seguinte redação:

"§ 2º — A participação atribuída às partes beneficiárias, inclusive para a formação da provisão para resgate, se houver, não ultrapassará 0,1 (um décimo) dos lucros".

Art. 3º — O art. 48 e seus parágrafos passam a vigorar com a seguinte redação:

"Resgate e Conversão

Art. 48 — O estatuto fixará o prazo de duração das partes beneficiárias e, sempre que estipular resgate, deverá constituir provisão para esse fim.

§ 1º — O prazo de duração das partes beneficiárias atribuídas gratuitamente, salvo as destinadas a sociedades e fundações beneficentes dos empregados da companhia, não poderá ultrapassar 10 (dez) anos.

§ 2º — O estatuto poderá prever a conversão das partes beneficiárias em ações.

§ 3º — No caso de liquidação da companhia, solvidos os demais passivos, os titulares das partes beneficiárias terão direito de preferência sobre o que restar do ativo até a importância da provisão ou da conta de recurso vinculado ao capital (art. 181, § 1º, "c")."

Art. 4º — O art. 176 e seus parágrafos passam a vigorar com a seguinte redação:

"Disposições Gerais

Art. 176 — Ao fim de cada exercício social, a Diretoria da companhia fará elaborar com base na escrituração mercantil, as seguintes demonstrações financeiras que deverão exprimir com clareza a situação patrimonial e as mutações ocorridas no exercício:

I — balanço patrimonial;

II — demonstração do resultado;

III — demonstração das mutações do patrimônio líquido;

IV — demonstração dos fluxos de caixa;

V — demonstração do valor adicionado.

§ 1º — As demonstrações financeiras serão divulgadas com a indicação dos valores correspondentes das demonstrações do exercício anterior.

§ 2º — Nas demonstrações financeiras, notas explicativas, quadros analíticos e demonstrações suplementares, as contas semelhantes poderão ser agrupadas; os pequenos saldos poderão ser agregados, desde que indicada a sua natureza e não ultrapassem a 0,1 (um décimo) do valor do respectivo grupo; vedada a utilização de designações genéricas, como "diversas contas" ou "contas correntes".

§ 3º — As demonstrações financeiras registrarão a destinação dos lucros segundo proposta dos órgãos da administração, no pressuposto de sua aprovação pela assembléia geral.

§ 4º — As demonstrações financeiras serão complementadas por notas explicativas e outros quadros analíticos ou demonstrações suplementares necessários para o detalhamento do seu conteúdo e esclarecimento da situação patrimonial e financeira e dos resultados do exercício."

Art. 5º — O art. 177 e seus parágrafos passam a vigorar com a seguinte redação:

"Escrituração

Art. 177 — A escrituração da companhia será mantida em registros permanentes com obediência aos Princípios Fundamentais de Contabilidade e aos preceitos desta Lei.

§ 1º — A companhia observará em registros auxiliares, sem modificação da escrituração e das demonstrações reguladas nesta Lei, as disposições da lei tributária ou de lei especial sobre atividade que constitui seu objeto, que prescrevam métodos ou critérios contábeis diferentes.

§ 2º — A companhia poderá, alternativamente, adotar em sua escrituração permanente as disposições da lei tributária ou especial referidas no parágrafo anterior, desde que efetue ajustes nessa escrituração por meio de registros complementares de forma a produzir as demonstrações financeiras consoante com o disposto no caput deste artigo.

§ 3º — A elaboração e a divulgação do relatório dos administradores, das demonstrações financeiras, notas explicativas, quadros analíticos e demonstrações suplementares das companhias abertas, obedecerão ainda as normas expedidas pela Comissão de Valores Mobiliários, e serão, obrigatoriamente, examinados por auditores independentes registrados nessa Comissão, que poderá determinar, ainda, a extensão dos trabalhos dos auditores e obter diretamente destes os esclarecimentos que forem julgados necessários.

§ 4º — As demonstrações financeiras e demais informações complementares (art. 176, § 4º) serão assinadas pelos administradores e por contador legalmente habilitado."

Art. 6º — O art. 178 e seus parágrafos passam a vigorar com a seguinte redação:

"Grupo de Contas

Art. 178 — No balanço, as contas serão classificadas segundo os elementos do patrimônio que registrem, e agrupadas de modo a facilitar o conhecimento e a análise da situação patrimonial e financeira da companhia.

§ 1º — No ativo, as contas serão dispostas em ordem decrescente de grau de liquidez dos elementos nelas registrados, nos seguintes grupos:

a) ativo circulante;

b) ativo não circulante, dividido em realizável a longo prazo, investimentos, imobilizado, intangível e diferido.

§ 2º — No passivo, as contas serão dispostas em ordem decrescente de grau de exigibilidade dos elementos nelas registrados, nos seguintes grupos:

a) passivo circulante;

b) passivo não circulante, dividido em exigível a longo prazo, resultados não realizados e, no balanço consolidado, participação de acionistas não controladores.

§ 3º — No patrimônio líquido, as contas serão divididas em capital social, recursos vinculados ao capital, ajustes de avaliação patrimonial, reservas de lucros, ações em tesouraria e prejuízos acumulados.

§ 4º — Os saldos devedores e credores que a companhia não tiver direito de compensar serão classificados separadamente."

Art 7º — O art. 179 e seus incisos passam a vigorar com a seguinte redação:

"Art. 179 — As contas do ativo serão classificadas do seguinte modo:

I — no circulante: as disponibilidades, os bens e direitos realizáveis no prazo de até 12 (doze) meses, estes divididos em direitos decorrentes das atividades usuais e das atividades não usuais da companhia, e as despesas pagas antecipadamente;

II — no não circulante:

a) realizável a longo prazo: os bens e direitos divididos na forma do inciso I e as despesas pagas antecipadamente, realizáveis após o prazo de 12 (doze) meses;

b) investimentos: as participações societárias destinadas à manutenção das atividades da companhia ou exercidos com essa finalidade;

c) imobilizado: os bens e direitos tangíveis destinados à manutenção das atividades da companhia ou exercidos com esta finalidade, inclusive os decorrentes de operações de financiamento na forma de arrendamento mercantil e os utilizados por prazo legal ou contratualmente limitado, destacando-se o imobilizado em operação daquele a ser futuramente utilizado no processo operacional, bem como os juros pagos ou creditados a acionistas ou terceiros em fase pré-operacional;

d) intangível: as aplicações de recursos em bens e direitos incorpóreos destinados à manutenção das atividades da companhia ou exercidos com essa finalidade e o fundo de comércio adquirido;

e) diferido: as despesas pré-operacionais e os gastos de reorganização ou reestruturação que contribuirão, evidenciadamente, para o aumento do resultado de mais de um exercício social e que não configurem simples acréscimo na eficiência operacional ou redução de custos."

Art. 8º — O art. 180 passa a vigorar com a seguinte redação:

"Passivo

Art. 180 — As contas do passivo serão classificadas do seguinte modo:

I — no circulante: as obrigações legais ou eqüitativas, mesmo na forma de arrendamento mercantil. os encargos e riscos, determinados ou estimados, os adiantamentos de clientes e demais recebimentos antecipados, vencíveis no prazo de até 12 (doze) meses;

II — no não circulante:

a) exigível a longo prazo: os itens referidos no inciso I vencíveis após o prazo de 12 (doze) meses;

b) resultados não realizados: os lucros decorrentes de operações com empresa controlada, controladora ou sob controle comum, os ganhos não realizados decorrentes de doações e subvenções para investimentos e demais lucros e ganhos não realizados;

c) participação de acionistas não controladores: as participações desta natureza no patrimônio líquido das sociedades incluídas na consolidação."

(Art. 181 — revogado)

Art 9º — O artigo 182 passa a vigorar com a seguinte redação e numeração:

"Patrimônio líquido

Art. 181 — A conta do capital social discriminará o montante subscrito e, por dedução, a parcela ainda não realizada.

§ 1º — Serão classificados como recursos vinculados ao capital, os acréscimos patrimoniais decorrentes dos recursos a seguir discriminados, não oriundos da atividade econômica da companhia, desde que assegurada a sua permanência por força de disposições legais ou contratuais irrevogáveis:

a) os adiantamentos para futuro aumento de capital;

b) a contribuição do subscritor de ações que ultrapassar o valor nominal e a parte do preço de emissão das ações sem valor nominal que ultrapassar a importância destinada à formação do capital social, inclusive nos casos de conversão de títulos em ações;

c) o produto da alienação de partes beneficiárias, desde que não estipulada a sua utilização para resgate, e dos bônus de subscrição e outros títulos mobiliários vinculados ao capital.

§ 2º — Serão classificadas como ajustes de avaliação patrimonial as contrapartidas de aumentos de valor atribuídos a elementos do ativo, nos termos do art. *199.*

§ 3º — Serão classificadas como reservas de lucros as contas constituídas pela apropriação de lucros da companhia, nos termos dos artigos *193 a 195.*

§ 4º — As ações em tesouraria deverão ser destacadas no balanço patrimonial, como dedução da conta de patrimônio líquido que registrar a origem dos recursos aplicados na sua aquisição."

Art. 10 — O artigo 183 e seus parágrafos passam a vigorar com a seguinte redação e numeração:

"Critérios de avaliação do ativo

Art. 182 — Os componentes do ativo serão avaliados segundo os seguintes critérios:

I — as aplicações financeiras ou em títulos e valores mobiliários, classificados no ativo circulante, que tiverem liquidez imediata, pelo seu valor líquido de realização;

II — as demais aplicações e os direitos e títulos de crédito pelo custo de aquisição ou valor de emissão, atualizado conforme cláusulas legais ou contratuais cabíveis; e se classificados no ativo circulante, ajustado ao valor líquido de realização, quando este for inferior; e, se classificados no realizável a longo prazo, ajustado pelas perdas julgadas prováveis quando da sua realização;

III — os estoques de mercadorias, produtos acabados e bens e serviços em fase final de processamento, pelo custo de aquisição ou produção ajustado ao valor líquido de realização, se este for inferior; os estoques de matérias-primas e de bens e serviços em fase inicial de processamento e outros materiais, pelo custo de aquisição ou produção ajustado ao valor de reposição, se este for inferior;

IV — os investimentos em participação no capital social de controladas e coligadas, pelos critérios previstos no artigo 248;

V — os demais itens classificáveis como investimentos, pelo custo de aquisição acrescido, quando aplicável, do valor de patrimônio líquido das ações ou quotas bonificadas recebidas em decorrência da capitalização de reservas de lucro, deduzido de provisão para atender perdas consideradas como de difícil recuperação;

VI — os itens classificados no imobilizado, pelo custo de aquisição, produção ou construção, deduzido do saldo da respectiva conta de depreciação, amortização ou exaustão;

VII — os itens classificados no intangível, pelo custo de aquisição ou de formação, deduzido do saldo da respectiva conta de amortização;

VIII — os itens classificados no diferido, pelo valor dos recursos aplicados, deduzido do saldo da respectiva conta de amortização.

§ 1º — Os itens referidos nos incisos anteriores serão ajustados a valor presente.

§ 2º — A diminuição do valor dos elementos do ativo imobilizado será registrada periodicamente nas contas de depreciação, amortização ou exaustão em função da sua vida útil econômica.

§ 3º — O custo de aquisição ou de formação dos elementos do ativo intangível será diminuído em função da sua vida útil econômica ou do prazo legal ou contratual para o seu uso, dos dois o menor; tratando-se de fundo de comércio, o prazo máximo para amortização não deverá ultrapassar a 20 (vinte) anos.

§ 4º — Os recursos aplicados no ativo diferido serão amortizados periodicamente, em prazo não superior a 10 (dez) anos, a partir do início da operação normal ou do exercício em que passem a ser usufruídos os benefícios deles decorrentes.

§ 5º — Os bens, direitos e recursos registrados no imobilizado, no intangível e no diferido deverão ser objeto de análise periódica, a fim de que sejam revisados os critérios utilizados para depreciação, exaustão e amortização e registrada a perda do capital aplicado quando abandonados os empreendimentos ou atividades a que se destinavam ou quando comprovado que não poderão produzir resultados suficientes para recuperação do seu valor.

§ 6º — Os estoques de produtos agrícolas, animais e extrativos, destinados a venda, poderão ser avaliados pelo valor líquido de realização no mercado, desde que possuam liquidez imediata, a atividade seja primária e seja possível determinar os custos e despesas a incorrer necessários para a colocação do produto à venda."

Art. 11 — O art. 184 passa a vigorar com a seguinte redação e numeração:

"Critérios de avaliação do passivo

Art. 183 — As obrigações, inclusive as decorrentes de operações de financiamento na forma de arrendamento mercantil, e os riscos, conhecidos ou calculáveis, serão atualizados e ajustados a valor presente.

Parágrafo único — A atualização referida neste artigo compreende a indexação legal ou contratual aplicável, a paridade cambial, os juros e demais encargos proporcionais cabíveis."

Art. 12 — O art. 185 passa a vigorar com a seguinte redação e numeração:

"Variação no Poder Aquisitivo da Moeda

Art. 184 — Na escrituração mercantil e nas demonstrações financeiras deverão ser considerados os efeitos relevantes da modificação no poder de compra da moeda nacional sobre o valor dos componentes do patrimônio e na apuração do resultado do exercício.

§ 1º — Serão atualizados com base em índice geral de preços os itens não monetários definidos no parágrafo seguinte.

§ 2º — Consideram-se itens não-monetários os componentes dos estoques, investimentos em ações e em ouro, imobilizado, intangível, diferido, patrimônio líquido, bem como as despesas antecipadas e os direitos e obrigações a serem saldados em bens ou serviços ou não realizáveis ou não exigíveis em moeda.

§ 3º — O disposto no § 1º aplica-se, ainda, às provisões constituídas na forma desta Lei.

§ 4º — O produto dessa atualização será acrescido aos respectivos saldos das contas, sendo a sua contrapartida computada no resultado do exercício.

§ 5º — Consideram-se relevantes, para fins deste artigo, os efeitos da modificação no poder de compra da moeda nacional quando a taxa anual de inflação for igual ou superior a 10% (dez por cento).

§ 6º — O registro e a periodicidade dessa atualização e dos ajustes a valor presente, referidos nos arts. *182, § 1º, e 183, § 2º*, bem como a sua forma de evidenciação nas demonstrações financeiras das companhias abertas obedecerão às normas expedidas pela Comissão de Valores Mobiliários."

Art. 13 — O art. 186 e seus parágrafos passam a vigorar com a seguinte redação e numeração, revogando-se seus atuais parágrafos:

"Demonstrações das Mutações do Patrimônio Líquido

Art. 185 — A Demonstração das Mutações do Patrimônio Líquido discriminará, no mínimo, os saldos no início do exercício, as modificações ocorridas e os saldos no fim do exercício."

Art. 14 — O artigo 187 e seus parágrafos passam a ter a seguinte redação e numeração:

"Demonstração do Resultado do Exercício

Art. 186 — A Demonstração do Resultado do Exercício evidenciará, de forma segregada e, no mínimo:

I — a receita bruta das atividades, discriminada conforme a sua natureza; as suas deduções; os impostos incidentes sobre a receita bruta e a receita líquida;

II — o custo dos produtos e serviços ou de atividades geradoras da receita bruta, discriminado na forma do inciso I;

III — o resultado das participações societárias avaliadas na forma do art. 248;

IV — as despesas divididas nos seguintes grupos: despesas com vendas, administrativas, financeiras e outras despesas e perdas;

V — as receitas financeiras e demais receitas e ganhos;

VI — os ajustes a valor presente e os efeitos decorrentes da variação no poder aquisitivo da moeda, quando não alocados diretamente às contas a que se referirem;

VII — a provisão para imposto de renda e demais impostos e contribuições sobre o lucro;

VIII — os itens extraordinários e os ajustes de exercícios anteriores, líquidos dos efeitos fiscais;

IX — as participações no lucro, tais como: debêntures, empregados, administradores e partes beneficiárias;

X — o lucro líquido ou prejuízo do exercício e o seu montante por ação.

§ 1º — Como ajustes de exercícios anteriores serão considerados aqueles decorrentes de efeitos relevantes da mudança de critério contábil ou da retificação de erro imputável a determinado exercício anterior que não possam ser atribuídos a fatos subseqüentes e que não reflitam simples diferenças entre estimativas e realidade.

§ 2º — Como itens extraordinários serão considerados aqueles relativos a eventos ou transações relevantes de natureza inusitada e rara probabilidade de se transformar em recorrente."

Art. 15 — O artigo 188 passa a vigorar com a seguinte redação e numeração:

"Demonstração dos Fluxos de Caixa

Art. 187 — A Demonstração dos Fluxos de Caixa indicará, no mínimo, as alterações ocorridas no exercício no saldo de caixa e equivalentes de caixa, segregadas em fluxos das operações, dos financiamentos e dos investimentos."

Art. 16 — Fica acrescentado um artigo, com a seguinte redação e numeração:

"Demonstração do Valor Adicionado

Art. 188 — A Demonstração do Valor Adicionado evidenciará, no mínimo, as receitas geradas pela companhia, deduzidas dos insumos utilizados na sua obtenção, a sua distribuição entre empregados, financiadores, acionistas, governo e outros, bem como a parcela retida para reinvestimento."

Art. 17 — O Capítulo XVI passa a figurar com a denominação "Reservas, Dividendos e Outras Destinações".

Art. 18 — O artigo 189 passa a vigorar com a seguinte redação:

"Seção I

Dedução de Prejuízos

Art. 189 — Para fins de cálculo das participações e das destinações, do resultado do exercício serão deduzidos, primeiramente, os prejuízos acumulados.

Parágrafo único — O prejuízo do exercício será obrigatoriamente absorvido pelas reservas de lucros, sendo a reserva legal a última a ser utilizada."

Art. 19 — O artigo 190 passa a vigorar com a seguinte redação:

"Art. 190 — As participações de debenturistas e as estatutárias de empregados, de administradores e de partes beneficiárias serão determinadas, sucessivamente e nessa ordem, com base nos lucros que remanecerem depois de deduzidos os prejuízos acumulados e a participação anteriormente calculada.

Parágrafo único — Aplica-se ao pagamento das participações dos administradores e das partes beneficiárias o disposto nos parágrafos do *artigo 200*."

(Art. 191 — revogado)

Art. 20 — O artigo 192 passa a vigorar com a seguinte redação:

"Proposta de Destinação do Lucro

Art. 192 — Juntamente com as demonstrações financeiras do exercício, os órgãos da administração da companhia apresentarão à Assembléia Geral Ordinária, observado o disposto nos artigos *193 a 203* e no estatuto, proposta sobre a destinação a ser dada ao lucro líquido, inclusive quanto à distribuição de dividendos."

Art. 21 — A Seção II do Capítulo XVI passa a figurar com a denominação "Reserva de Lucros".

Art. 22 — O artigo 193 passa a vigorar com a seguinte redação:

"Art. 193 — Do lucro líquido do exercício, 5% (cinco por cento) serão aplicados, antes de qualquer outra destinação, na constituição da reserva legal, que não excederá de 20% (vinte por cento) do capital social.

Parágrafo único — A reserva legal tem por fim assegurar a integridade do capital social e somente poderá ser utilizada para compensar prejuízos ou aumentar capital."

(Art. 195 — revogado)

Art. 23 — O artigo 196 passa a vigorar com a seguinte redação e numeração:

"Reserva para Expansão ou Investimento

Art. 195 — A assembléia geral poderá deliberar reter parcela do lucro líquido do exercício prevista em orçamento previamente aprovado pelos órgãos de administração.

Parágrafo único — O orçamento deverá compreender todas as fontes de recursos e aplicações de capital circulante ou não circulante, e deverá ser revisado anualmente nos casos em que tiver duração superior a 01 (um) exercício social."

(Art. 197 — revogado)

Art. 24 — O artigo 198 passa a vigorar com a seguinte redação e numeração:

"Limite de Constituição de Reservas de Lucros

Art. 196 — A destinação dos lucros para constituição das reservas de que tratam os *artigos 194 e 195* não poderá ser aprovada, em cada exercício, em prejuízo da distribuição do dividendo obrigatório."

Art. 25 — O artigo 199 passa a vigorar com a seguinte redação e numeração:

"Art. 197 — O saldo das reservas de lucros não poderá ultrapassar o capital social; atingindo esse limite, a Assembléia deliberará sobre aplicação do excesso no aumento do capital social ou na distribuição de dividendos."

Art. 26 — O artigo 200 passa a vigorar com a seguinte redação e numeração:

"Recursos Vinculados ao Capital

Art. 198 — Os recursos vinculados ao capital somente poderão ser utilizados para:

I — absorção de prejuízos que ultrapassarem as reservas de lucros;

II — resgate. reembolso ou compra de ações;

III — incorporação ao capital social;

IV — pagamento de dividendo a ações preferenciais, quando essa vantagem lhes for assegurada (art. 17, § 5º)."

Art. 27 — Fica acrescentado um artigo, com a seguinte redação e numeração:

"Ajustes de Avaliação Patrimonial

Art. 199 — A constituição da conta de ajustes de avaliação patrimonial somente deverá ser feita em decorrência de operações de alienação de controle, na forma prevista no §§ 4º e 5º do artigo 254, aplicando-se, no que couber, o disposto no artigo 8º desta Lei.

Parágrafo único — A conta de ajustes de avaliação patrimonial será constituída líquida dos efeitos fiscais e, obrigatoriamente, capitalizada por ocasião da 1ª (primeira) assembléia geral que ocorrer após os eventos referidos no *caput* deste artigo."

Art. 28 — O art. 201 passa a vigorar com a seguinte redação e numeração:

"Origem

Art. 200 — A companhia somente pode pagar dividendos à conta de lucro líquido do exercício, de reservas de lucros, exceto a reserva legal, e dos recursos vinculados ao capital (*art. 181, §1º*), no caso de ações preferenciais de que trata o § 5º do artigo 17.

§ 1º A distribuição dos dividendos com inobservância do disposto neste artigo implica responsabilidade solidária dos administradores e fiscais, que deverão repor à caixa social a importância distribuída, sem prejuízo da ação penal que no caso couber.

§ 2º — Os acionistas não são obrigados a restituir os dividendos que de boa-fé tenham recebido. Presume-se má-fé quando os dividendos forem distribuídos sem o levantamento do balanço ou em desacordo com os resultados deste."

Art. 29 — O artigo 202 passa a ter a seguinte redação:

"Dividendo Obrigatório

Art. 201 — Os acionistas têm direito de receber como dividendo obrigatório, em cada exercício, a parcela dos lucros estabelecida no estatuto, ou, se este for omisso, metade do lucro líquido do exercício diminuído da cota destinada à constituição da reserva legal.

§ 1º — O estatuto poderá estabelecer o dividendo como porcentagem do lucro ou do capital social, ou fixar outros critérios para determiná-lo, desde que sejam regulados com precisão e minúcia e não sujeitem os acionistas minoritários ao arbítrio dos órgãos de administração ou da maioria.

§ 2º — Quando o estatuto for omisso e a Assembléia deliberar alterá-lo para introduzir norma sobre a matéria, o dividendo obrigatório não poderá ser inferior a 25% (vinte e cinco por cento) do lucro líquido ajustado nos termos do *caput* deste artigo.

§ 3º — Nas companhias fechadas a Assembléia Geral pode, desde que não haja oposição de qualquer acionista presente, deliberar a distribuição de dividendo inferior ao obrigatório, nos termos deste artigo, ou a retenção de todo o lucro.

§ 4º — O pagamento do dividendo obrigatório, relativo a lucros financeiramente não realizados, poderá ser postergado para até o exercício social em que estes lucros estiverem realizados.

§ 5º — São modalidades de lucros financeiramente não realizados, para efeito do § 4º acima, o resultado líquido positivo da equivalência patrimonial (*art. 248*) e o lucro em operações cujo prazo de realização financeira ocorra após o término do exercício social seguinte.

§ 6º — O dividendo previsto neste artigo não será obrigatório no exercício social em que os órgãos da administração informarem à Assembléia Geral Ordinária ser ele incompatível com a situação financeira da companhia. O Conselho Fiscal, se em funcionamento, deverá dar parecer sobre essa informação e, na companhia aberta, esse fato será objeto de divulgação e justificação no relatório dos administradores.

§ 7º — Os dividendos que deixarem de ser distribuídos nos termos dos parágrafos anteriores serão registrados em conta destacada no passivo circulante ou no passivo não circulante e, se não revertidos para absorção de prejuízos em exercícios subseqüentes, deverão ser pagos quando os lucros referidos no § 5º se realizarem financeiramente ou, no caso do § 6º, assim que o permitir a situação financeira da companhia."

Art. 30 — Fica acrescentado um artigo, com a seguinte redação e numeração:

"Art. 202 — Os lucros não destinados nos termos dos *artigos 193 a 195* deverão ser distribuídos como dividendos."

Art. 31 — O artigo 203 passa a vigorar com a seguinte redação:

"Art. 203 — O disposto nos artigos *194, 195 e 201* não prejudicará o direito dos acionistas preferenciais de receber os dividendos fixos ou mínimos a que tenham prioridade, inclusive os atrasados, se cumulativos".

Art. 32 — Os §§ 1º e 2º do artigo 204 passam a vigorar com a seguinte redação:

"§ 1º — A companhia poderá, nos termos de disposição estatutária, levantar balanços e distribuir dividendos em períodos menores, desde que o total dos dividendos pagos em cada semestre do exercício social não exceda o montante das reservas de lucros de que tratam os artigos *194 e 195*.

§ 2º — O estatuto poderá autorizar os órgãos de administração a declarar dividendos intermediários, à conta de reservas de lucros, exceto a reserva legal existentes no último balanço anual ou semestral."

Art. 33 — O § 1º do artigo 226 passa a vigorar com a seguinte redação:

"§ 1º — As ações ou quotas do capital da sociedade a ser incorporada que forem de propriedade da companhia incorporadora poderão, conforme dispuser o protocolo de incorporação, ser extintas ou substituídas por ações em tesouraria da incorporadora, até o limite das reservas, exceto a legal."

Art. 34 — O artigo 243 passa a vigorar com a seguinte redação:

"Art. 243 — São coligadas as sociedades quando uma participa direta ou indiretamente, com 10% (dez por cento) ou mais, do capital votante da outra sem controlá-la."

Art. 35 — Fica eliminada a denominação "Demonstrações Financeiras" da Seção IV do Capítulo XX.

Art 36 — O artigo 247 passa a vigorar com a seguinte redação, ficando eliminados os seus incisos e parágrafo único:

"Notas Explicativas

Art. 247 — As notas explicativas dos investimentos devem conter informações sobre as sociedades coligadas e controladas e suas relações com a companhia."

Art. 37 — O artigo 248 passa a vigorar com a seguinte redação:

"Avaliação do Investimento em Coligadas e Controladas

Art. 248 — Os investimentos em controladas e em coligadas, inclusive os no exterior, serão avaliados pelo método da equivalência patrimonial, com base em balanço patrimonial ou balancete de verificação levantado, com observância das normas desta Lei, na mesma data, ou até 60 (sessenta) dias, no máximo, antes da data do balanço da investidora

§ 1º — No caso de companhia aberta, os investimentos avaliados pelo método da equivalência patrimonial, deverão observar as normas expedidas pela Comissão de Valores Mobiliários.

§ 2º — A sociedade coligada, sempre solicitada pela investidora, deverá elaborar e fornecer o balanço ou balancete de verificação, de forma a que sejam atendidos os prazos previstos nesta Lei.

§ 3º — Para efeito do disposto no *caput* deste artigo, os investimentos feitos em quaisquer outras sociedades deverão ser avaliados pelo método da equivalência patrimonial, caso essas sociedades façam parte de um mesmo grupo ou estejam sob controle comum.

§ 4º — Os lucros não realizados, decorrentes de operações efetuadas pela sociedade controladora, pelas sociedades controladas ou pelas sociedades sob controle comum, que estiverem correspondidos pela inclusão no ativo de qualquer natureza no balanço patrimonial da sociedade controlada, controladora ou sob controle comum, deverão ser registrados no passivo, na conta de resultados não realizados, líquidos dos efeitos fiscais, para apropriação ao resultado do exercício pelo regime de competência."

Art. 38 — O artigo 249 passa a vigorar com a seguinte redação:

"Demonstrações Consolidadas

Art. 249 — A companhia que tiver investimentos em sociedades controladas, mesmo que esse controle seja exercido em conjunto, deverá elaborar e divulgar, juntamente com as suas demonstrações financeiras, demonstrações consolidadas.

Parágrafo único — Aplicam-se, no que couber, às demonstrações consolidadas as disposições contidas no capítulo XV desta Lei."

Art. 39 — O artigo 250 passa a vigorar com a seguinte redação:

"Art. 250 — A Comissão de Valores Mobiliários poderá expedir normas sobre as sociedades cujas demonstrações devam ser abrangidas na consolidação, e:

I) determinar a inclusão de sociedades que, embora não controladas, sejam financeira ou administrativamente dependentes da companhia;

II) autorizar, em casos especiais, a exclusão de uma ou mais sociedades controladas.

Art. 40 — O artigo 254 fica acrescido dos seguintes parágrafos:

"§ 4º — Na alienação ou aquisição de controle acionário de companhia os ativos e e passivos da companhia adquirida serão contabilizados pelo seu valor de mercado.

§ 5º — A contrapartida dos ajustes, positivos ou negativos, decorrentes da contabilização referida no parágrafo anterior, será registrada na conta de ajustes de avaliação patrimonial (*art. 199*) e obedecerá, ainda, as normas expedidas pela Comissão de Valores Mobiliários."

Art. 41 — O artigo 289 passa a vigorar com a seguinte redação:

"Art. 289 — As publicações ordenadas pela presente Lei serão feitas no *Diário Oficial da União* ou em jornal de grande circulação no Estado em que esteja situada a sede da companhia; se companhia aberta com registro em Bolsa de Valores, em jornal ou publicação especializada com grande circulação na localidade em que se situe a Bolsa de Valores, no País, na qual tenha ocorrido o maior volume de negociação de valores mobiliários de sua emissão, no último exercício social.

§ 1º — A companhia poderá, alternativamente, publicar demonstrações financeiras condensadas desde que envie:

a) quando previamente solicitadas, cópia das demonstrações completas aos acionistas, às entidades de classe, associações profissionais e de trabalhadores, órgãos de pesquisas, universidades e órgãos de imprensa; e

b) obrigatoriamente, cópias das demonstrações completas aos respectivos órgãos oficiais de controle, de fiscalização e auto-regulação.

§ 2º — A companhia poderá publicar somente as suas demonstrações consolidadas, sem prejuízo do disposto nas letras "a" e "b" do parágrafo anterior, relativamente às demonstrações financeiras individuais.

§ 3º — A elaboração e publicação das demonstrações financeiras condensadas de companhias abertas observarão as normas da Comissão de Valores Mobiliários, que levará em consideração o porte e a representatividade da companhia.

§ 4º — A Comissão de Valores Mobiliários poderá determinar a divulgação das demonstrações financeiras de que trata esta lei em outros órgãos ou meios de comunicação além daqueles previstos no *caput* deste artigo; e ainda, dispensar a publicação dessas demonstrações, caso a companhia aberta utilize algum outro meio de comunicação que assegure a ampla divulgação e o imediato acesso a essas informações.

§ 5º — A companhia deve fazer as publicações previstas nesta Lei sempre nos mesmos meios de comunicação, e qualquer mudança deverá ser precedida de aviso aos acionistas.

§ 6º — Todas as publicações e demonstrações ordenadas nesta Lei deverão ser arquivadas no registro do comércio.

§ 7º — A companhia fechada com ativo total, na data do balanço, não superior a R$ 12.000.000,00 (doze milhões de reais) ou com receita líquida anual não superior a R$ 24.000.000,00 (vinte e quatro milhões de reais), atualizados na forma do § 1º do artigo 184, não será obrigada a publicar as demonstrações financeiras previstas no artigo 133, não se aplicando ainda o disposto no § 1º deste artigo, e nem a elaboração das demonstrações consolidadas previstas no artigo 249."

Art. 42 — *Ficam revogados os atuais artigos 181, 191, 195, 197, o parágrafo único do artigo 291 e o artigo 297 e seus incisos da Lei n. 6.404, de 15 de dezembro 1976.*

Art. 43 — Os saldos existentes nas contas de reserva de correção monetária do capital e de reservas de capital, que estão sendo extintas, deverão ser capitalizados na 1ª (primeira) assembléia geral que ocorrer após a publicação desta Lei.

Art. 44 — As disposições relativas a elaboração e publicação de demonstrações financeiras, inclusive demonstrações consolidadas, e a obrigatoriedade de auditoria independente, previstas na Lei n. 6.404/76, relativamente às companhias abertas, aplicam-se também às sociedades de grande porte, mesmo quando não constituídas sob a forma de sociedades por ações.

§ 1º — Considera-se de grande porte, para os fins exclusivos desta Lei, a empresa que possuir, no exercício social anterior, ativo acima de R$ 120.000.000,00 (cento e vinte milhões de reais) ou receita líquida anual acima de R$ 240.000.000,00 (duzentos e quarenta milhões de reais), atualizados na forma do § 1º do artigo 184 da Lei n. 6.404/76, com a redação dada por esta Lei.

Art. 45 — Fica criado o Comitê Superior de Estudos e Normas Contábeis — COSENC com a finalidade de estabelecer, revisar e atualizar os Princípios Fundamentais de Contabilidade e emitir normas sobre demonstrações financeiras e padrões de contabilidade, sem prejuízo das funções e da competência da Comissão de Valores Mobiliários.

§ 1º — O Comitê Superior de Estudos e Normas Contábeis será integrado por até nove membros representantes:

a) da Comissão de Valores Mobiliários;

b) do Conselho Federal de Contabilidade;

c) das entidades representativas de quem elabora, audita e analisa as informações contábeis;

d) de universidades e institutos de pesquisas na área contábil e de mercado de capitais.

§ 2º — O Comitê será ainda integrado por representantes de outros órgãos oficiais de controle, quando houver discussão e elaboração de normas contábeis aplicáveis às sociedades que estejam sob sua regulamentação.

§ 3º — O Comitê poderá criar comissões consultivas para o estabelecimento de práticas específicas, integradas por representantes das entidades envolvidas e pessoas com notório saber.

§ 4º — Caberá ao Ministro de Estado da Fazenda nomear e destituir as entidades referidas nas letras "c" e "d" do § 1º, aprovar o Regimento Interno do Comitê, bem como estabelecer, com o assessoramento da Comissão de Valores Mobiliários, os procedimentos necessários para sua instalação.

§ 5º — O Comitê deliberará por maioria de votos e estabelecerá em regimento próprio as condições de seu funcionamento.

§ 6º — O Comitê custeará as despesas necessárias ao seu funcionamento com recursos provenientes de:

a) dotações e contribuições a serem efetuadas pelas entidades referidas no § 1º, na forma a ser definida em seu Regimento Interno;

b) rendas de bens patrimoniais e de investimentos e receitas eventuais; e

c) dotações e contribuições de outros órgãos.

Art. 46 — Esta Lei entra em vigor a partir do exercício social seguinte à data da sua publicação, exceto com relação ao artigo 45 que entra em vigor na data da publicação desta Lei.

Atualidades

A DISCIPLINA DO DIREITO DE RECESSO NO PROJETO DE LEI N. 1.564/96[1]

PAULO LUCENA DE MENEZES

I — Introdução

A Lei n. 6.404/76, que disciplina o regime jurídico das sociedades por ações, surgiu em um contexto particular, quando se buscavam novas soluções para o desenvolvimento do país.

O referido diploma, como é notório, veio na esteira de uma profunda reforma legislativa, que teve início na década de 60 e resultou no delineamento de tópicos estruturais do ordenamento jurídico pátrio, como é o caso, entre outros, dos sistemas financeiro (Lei n. 4.505/64) e tributário (Lei n. 5.172/66), bem como da disciplina aplicável ao capital estrangeiro (Lei n. 4.131/62). No entanto, como não poderia deixar de ser, na elaboração do texto legal foram adotados diversos paradigmas, que, por apresentarem opções políticas bastante nítidas, terminaram por causar grande polêmica à época.

Passados exatos vinte anos, constata-se que o diploma encontra-se em vias de ser alterado, com o objetivo de adaptá-lo a uma nova realidade. A passagem do tempo, contudo, não colocou este processo de revisão a salvo de contestações, mas, ao invés, reacendeu discussões sobre aspectos extremamente relevantes.

Em um primeiro plano, observa-se que a própria necessidade e conveniência de se alterar o diploma em vigor são, no momento, discutíveis.

Com efeito, além dos temores que cercam qualquer proposta legislativa que tenha por objeto a alteração de um relevante texto legal pátrio, em face, entre outros motivos, da atuação de grupos de pressão,[2] alega-se que a Lei n. 6.404/76 já foi, em grande medida, passada a limpo pela doutrina e jurisprudência dos tribunais. Assim, tem-se indagado, com absoluta propriedade, a existência de justificativas plausíveis que autorizariam a mencionada revisão do diploma, notadamente no que tange à relação existente entre os fins visados e os respectivos fundamentos.

Com relação a este tópico, nota-se que muitos dos defeitos atribuídos ao texto não dizem respeito, em grande parte, ao seu conteúdo, mas à sua má aplicação, pelo que melhores resultados poderiam ser alcançados sem qualquer alteração substancial da lei em pauta. Neste sentido, por exemplo, as críticas relativas à dificuldade de compreensão e aplicação do diploma pelo Po-

1. Trabalho apresentado no curso de pós-graduação da Faculdade de Direito da Universidade de São Paulo, na disciplina *"Sociedades Mercantis no Direito Comparado II: Sociedades por Quotas de Responsabilidade Limitada e Sociedade por Ações" (DCO 732)*, ministrada pelo Prof. Mauro Rodrigues Penteado.

2. A respeito do tema, vide a dissertação de mestrado "*Iustitia* Distributiva e Democracia participativa (*Advocacy* e *Lobby*)", apresentada por Antonio Carlos Rodrigues do Amaral à Faculdade de Educação da Universidade de São Paulo (1996).

der Judiciário, seja em razão de sua especificidade técnica, ou mesmo da urgência em se solucionar determinados problemas societários em um mundo cada vez mais dinâmico, poderiam ser superadas, em parte, com a implementação de um sofisticado sistema de arbitragem, o qual a recente Lei n. 9.307/96 deve propiciar.

Outrossim, se o que se busca é o estímulo ao desenvolvimento do mercado de valores mobiliários, qualquer proposta de lei, para apresentar resultados concretos e satisfatórios, deverá voltar-se para medidas que reforcem a credibilidade dos potenciais investidores no aludido mercado — hoje tão debilitada — o que não se obtém, à evidência, pela análise das companhias como entes isolados de um universo mais amplo.

Por outro lado, nota-se que mesmo aqueles que admitem a necessidade de uma revisão discutem sobre o exato alcance que tal expediente deve observar. Neste particular, alguns sustentam a necessidade de uma ampla reforma, mediante a edição de um novo e único diploma, que deveria apenas aprimorar alguns dispositivos, conservando os preceitos da lei anterior que não exijam modificações, como medida de preservação da identidade e coerência do sistema,[3] enquanto outros sustentam a conveniência da reforma parcial da lei, por intermédio de pequenas e sucessivas alterações, o que permitiria uma adaptação constante, gradual e menos traumática do texto, tal como é observado em outros tradicionais diplomas de nosso ordenamento jurídico.[4]

Em que pese às posições doutrinárias divergentes, todavia, observa-se que três relevantes projetos de lei foram apresentados com o escopo de alterar a Lei das Sociedades Anônimas, quais sejam: um amplo projeto de revisão proposto pela Comissão de Valores Mobiliários (CVM), que busca substituir, por completo, a lei vigente, e dois projetos menores, que visam a alteração de tópicos específicos da Lei n. 6.404/76, sendo que um foi igualmente elaborado no âmbito da CVM, ao passo que o outro é de autoria do então Deputado Federal Antonio Kandir.

O primeiro projeto, como destacado, busca disciplinar totalmente a matéria, mediante o aproveitamento de determinados dispositivos da Lei n. 6.404/76, que são complementados por determinadas inovações, como é o caso da modificação das relações entre os auditores independentes e os acionistas (art. 122, X e § 3º) e a nova disciplina do acordo de acionistas (art. 118). No entanto, em razão da resistência quanto a determinadas modificações, bem como da extensão do projeto, o mesmo encontra-se praticamente paralisado.

O segundo projeto mencionado, por sua vez, busca a reformulação dos capítulos que tratam das demonstrações financeiras e contábeis, seguindo as diretrizes e padrões contábeis que são atualmente adotados no plano mundial, o que guarda correspondência com o irreversível processo de globalização.

Já o Projeto de Lei n. 1.564/96, apresentado pelo Deputado Antonio Kandir, segundo o que dispõe a própria exposição motivos, visa ajustar a Lei das de Sociedades Anônimas a um novo cenário.

Como explicitado no Projeto, referida lei teria sido editada em um panorama marcado por uma economia fechada, onde o Estado era o grande financiador das empresas, mediante a instituição de incentivos fiscais ou a obtenção de recursos junto às instituições financeiras estrangeiras, o que não mais se verifica no plano concreto. Por conseguinte, as mudanças propostas voltam-se para o mesmo objetivo inicial da Lei n. 6.404, consistente no fomento do mercado de capitais, mas em um ambiente diverso, marcado pela globalização, pela concorrência acirrada, pela necessidade de privatização — que em algumas passagens

3. Cf. José Luiz Bulhões Pedreira, "A Revisão da Lei das Sociedades Anônimas", in *Sociedades Anônimas — I Ciclo de conferências para Magistrados*, obra coletiva, EMERJ/IBCB, 1993, pp. 163 e ss.

4. Cf. Cândido Rangel Dinamarco, *A Reforma do Código de Processo Civil*, Malheiros Editores, 1995, pp. 28/30.

do projeto é tratada incorretamente, como desestatização — e ainda, pela capitalização das empresas, sem a dependência de recursos estrangeiros.

Essas metas seriam alcançadas mediante o estabelecimento de um equilíbrio entre os interesses dos acionistas controladores e dos minoritários, tal como foi feito, em particular, no direito norte-americano. Sob este prisma, um dos pontos chaves do projeto é a reformulação do direito de recesso — que será o objeto de análise do presente estudo — e outras medidas paralelas, das quais a mais importante é a revogação da obrigatoriedade de oferta pública por ocasião da alienação do controle.[5]

Ocorre que as propostas apresentadas, por representarem restrições aos direito de acionistas minoritários, têm gerado alguns sérios questionamentos, pelo que merecem uma investigação mais profunda.

II — O direito de recesso na Lei n. 6.404/76 e as modificações promovidas pela Lei n. 7.958/89

O direito de recesso, como é cediço, foi introduzido no ordenamento jurídico brasileiro pelo Decreto n. 3.708/19, tendo sido posteriormente incorporado pelas regras aplicáveis às companhias, em 1932.

Embora muito se tenha discutido sobre a natureza e os fins visados pelo direito de recesso, tem-se que o mesmo não visa favorecer os sócios minoritários ou a própria empresa. Nas palavras de Rachel Sztajn, o recesso é um mecanismo neutro, "voltado para a realidade societária, que permite a cada membro, dentro do jogo de interesses internos, garantir sua liberdade de permanecer ou não associado, sem recorrer à dissolução da sociedade".[6]

A particularidade do instituto, no tocante às sociedades anônimas, é que, em razão da dicotomia administrador/investidor, que para Ralf Dahrendorf, inclusive, foi um dos motivos do malogro das idéias marxistas, o interesse tutelado, na situação particular, é o do capitalista, e não o do empresário,[7] o que desloca o enfoque do problema, quando da sua disciplina jurídica.

No caso específico da Lei n. 6.404/76, constata-se que o diploma, embora não tivesse por finalidade precípua a tutela dos acionistas minoritários, mas o desenvolvimento do mercado de capitais, ampliou o elenco dos fatos que autorizam o recesso. Neste sentido, o diploma veio a consagrar tal direito nas hipóteses elencadas no art. 137,[8] que a doutrina entende como sendo *numerus clausus*. Assim, foram contempladas todas as matérias sujeitas a aprovação por *quorum* qualificado, nos termos em que previstos no art. 136, exceto a criação de partes beneficiárias.

Por força das diretrizes fixadas, ao acionista restou assegurado permanecer na sociedade apenas se mantidas as mesmas prerrogativas existentes no momento de seu ingresso.[9]

5. Esta medida já era proposta por José Luiz Bulhões Pedreira in "A Revisão da Lei das Sociedades Anônimas", ob. cit., p. 171. Sobre a conveniência ou não da mudança, confrontem-se as justificativas da proposta com os posicionamentos doutrinários de Fábio Konder Comparato (*O Poder de Controle na Sociedade Anônima*, Ed. RT, 1977), Mauro Rodrigues Penteado ("Apontamentos sobre a Alienação do Controle de Companhias Abertas", in *Revista de Direito Mercantil* n. 76, 1989, pp. 15 e ss.) e Guilherme Doring Cunha Pereira (*Alienação do Poder de Controle Acionário*, Saraiva, 1995, pp. 211 e ss.).

6. "O direito de recesso nas sociedades comerciais", in *Revista de Direito Mercantil* n. 71, 1988, p. 53.

7. Cf. Fábio Konder Comparato, ob. cit., p. 240.

8. Além destas situações, Egberto Lacerda Teixeira e José Alexandre Tavares Guerreiro acrescentam as hipóteses dos arts. 221; 236, parágrafo único; 256, § 2º; 296, § 4º, e 252, § 2º (*Das Sociedades Anônimas no Direito Brasileiro*, José Bushatsky, 1979, vol. 1, p. 285).

9. Cf. Antonio Jesus Marçal Romeiro Bechara, *Comentários à lei das sociedades por ações*, obra coletiva, Resenha Tributária, 1986, vol. 5, p. 337.

No entanto, com o advento da Lei n. 7.958, de 20 de dezembro de 1989, conferiu-se ao direito de recesso uma nova disciplina jurídica, suprimindo-se a possibilidade do acionista dissidente retirar-se da sociedade nos casos de deliberações majoritárias que tenham autorizado a "incorporação da companhia em outra, sua fusão ou cisão" (inciso VI) ou a "participação em grupo de sociedade" (inciso VIII). O intuito de tais alterações, nos termos vertentes da exposição de motivos do Projeto de Lei do Senado n. 182/89, decorre do fato que "tais providências, quando decididas pelos sócios, são salutares e benéficas para o desenvolvimento dos negócios sociais, não justificando, sobretudo na incorporação ou fusão, a retirada do dissidente através do processo desgastante da apuração do patrimônio líquido, muitas vezes usado abusivamente para, através da criação de embaraços, obter-se vantagens indevidas".[10]

O próprio senador Edison Lobão, autor do projeto em tela, deixou registrado que tinha por escopo "defender a agilidade das sociedades anônimas e evitar que os pequenos acionistas embaracem a vida dinâmica das empresas".

Como não poderia deixar de ser, as modificações promovidas pelo diploma legal geraram imensa celeuma, à época, agravadas pela alegação de casuísmo, em razão da denúncia de que a alteração legislativa visaria beneficiar determinadas empresas, e o trâmite do Projeto de Lei, extremamente discreto, considerando-se a importância de seu conteúdo.

As repercussões não ficaram restritas ao meio empresarial, chegando a atingir o próprio senador maranhense, que procurou retratar-se em artigo publicado no jornal *Folha de S. Paulo*; o Consultor da República, que manifestou a sua indignação à inovação verificada; e até mesmo o Presidente da República, que alegou ter sancionado o projeto imbuído de boa-fé.[11]

Ainda que perfunctoriamente, é importante relembrar o debate que tal alteração legislativa gerou, posto que o tópico é objeto de referência expressa do Projeto de Lei n. 1.564/96, além do substitutivo apresentado ao mesmo prever expressamente a revogação da Lei n. 7.958/89.

No âmbito doutrinário, tão logo o Projeto de Lei do Senado n. 182/89 foi aprovado, diversos juristas levantaram-se contra a mencionada alteração legal, salientando que se tratava de evidente retrocesso, efetuado em desacordo com as tendências de proteção dos acionistas minoritários existentes no plano mundial. Visando essa comprovação, diversos argumentos foram apresentados.

Alegou-se, em primeiro lugar, que o direito de recesso é uma modalidade de direito individual, inderrogável até mesmo por lei expressa.

A base deste entendimento estaria no art. 109 da Lei n. 6.404/76, que estabelece como direitos intangíveis dos acionistas (a) o direito de participar dos lucros, (b) o direito de participar no acervo da empresa, em caso de liquidação, (c) direito de fiscalização da gestão dos negócios, (d) o direito de preferência, em determinadas circunstâncias e (e) o direito de recesso nos casos previstos em lei.

Ocorre que, como bem destacou Jorge Lobo, apenas os três primeiros direitos mencionados "não podem ser modificados ou suprimidos por lei expressa, pois decorrem da própria natureza das sociedades de fins econômicos e lucrativos.[12] No tocante

10. *Apud* Alfredo Lamy Filho, *A Lei das S.A.*, co-autoria com José Luiz Bulhões Pedreira, Renovar, 1996, vol. II, p. 349.

11. As suspeitas e particularidades da aprovação do diploma são analisadas em detalhes por Mauro Rodrigues Penteado no estudo "A Lei 7.958/89 e a pretensa modificação do direito de retirada dos acionistas: uma discussão inócua", *Revista de Direito Mercantil* n. 77, Ed. RT, 1990, pp. 30 e ss.

12. "Direito de retirada nos casos de fusão, incorporação, cisão e participação em grupos de sociedades", *Revista dos Tribunais* n. 664, 1991, p. 46.

ao direito de recesso, porém, tal interpretação não se aplica, seja pelo conteúdo inerente ao direito em pauta, como também pelo fato do próprio inciso V do art. 109 condicionar o seu exercício a expressa e prévia "previsão legal".

Sustentou-se, outrossim, que o direito de recesso, nas hipóteses fáticas previstas, consistiria em um direito adquirido.

Esse posicionamento também mostrou-se frágil, pois somente há direito adquirido quando alguém incorpora algo ao seu patrimônio — econômico ou moral — antes de entrar em vigor a lei nova, o que não se deu no caso concreto. Para alguns doutrinadores, ter-se-ia, quando muito, uma expectativa de direito, que não veio a se concretizar em razão da não ocorrência do fato deflagrador do mesmo. Assim sendo, não estaria essa hipótese protegida pelo ordenamento jurídico.[13]

Já como terceiro argumento, destacou-se que, em virtude da mencionada Lei n. 7.958/89 não ter revogado expressamente os artigos 225, IV, 230 e 270 da Lei n. 6.404/76, que igualmente versam sobre o direito de recesso, as situações previstas nos incisos VI e VIII do art. 136 continuariam em vigor.

Esta corrente sustenta que, em face da existência de outras previsões na Lei das Sociedades Anônimas que versam sobre o tópico e não foram derrogadas, a matéria continuaria a receber o mesmo tratamento legal até então existente, embora a intenção do legislador fosse conhecida e inequivocamente distinta.

Entre os diversos estudiosos que se manifestaram neste sentido, pode-se destacar o trabalho pioneiro de Mauro Rodrigues Penteado,[14] que foi seguido por Rubens Approbato Machado[15] e Modesto Carvalhosa.[16]

Embora o entendimento dos ilustres juristas seja não apenas coerente como também louvável, considerando-se o direito que buscam resguardar, releva destacar que parcela da doutrina terminou por acatar orientação diversa, sustentando que, embora indesejáveis e eventualmente injusta as determinações vertentes da Lei n. 7.958/89 são inatacáveis.

O entendimento contrário que se apresenta demonstra que, além de ser conhecida a real intenção do legislador (*mens legistoris*), os mencionados preceitos da Lei n. 6.404/76 que não foram derrogados (arts. 225, 230 e 270) são disposições secundárias e acessórias do art. 137. Dessa forma, seguindo-se a melhor técnica de hermenêutica, e em consonância com o disposto no art. 2º da Lei de Introdução ao Código Civil, tem-se que a alteração do principal implica na correspondente alteração do dependente. Outrossim, o art. 3º da Lei n. 7.858/89, observando orientação rotineira, revogou expressamente as disposições em contrário.

Entre os adeptos dessa linha de argumentação encontram-se José Luiz Bulhões Pedreira,[17] Jorge Lobo,[18] Joaquim Antonio Penalva Santos,[19] Alfredo Lamy Filho[20] e Waldirio Bulgarelli.[21]

No plano jurisprudencial, esse impasse ainda persiste, existindo decisões favoráveis

13. Para Arnoldo Wald, "a simples expectativa não autoriza nem mesmo a prática de atos conservatórios, constituindo mera esperança" (*Curso de Direito Civil Brasileiro*, Ed. RT, vol. 1, 1987, p. 165).

14. Ob. cit., pp. 30 e ss.

15. "Sociedade por ações — Incorporação, Fusão e Cisão — Direito de Retirada", in *Revista de Direito Mercantil* n. 82, Ed. RT, 1991, p. 54.

16. "A Lei n. 7.958, de 20.12.89, e o direito de retirada dos acionistas dissidentes", in *Revista de Direito Mercantil* n. 96.

17. Ob. cit., pp. 352 e ss.

18. Ob. cit., p. 49.

19. "Incorporação, fusão e cisão — Protocolo — Ato de acesso", in *Sociedades Anônimas — I Ciclo de conferências para Magistrados*, ob. cit., p. 124.

20. Ob. cit., p. 352.

21. *Fusões, incorporações e cisões de sociedades*, Atlas, 1996, p. 237.

tanto à primeira linha de argumentação,[22] que sustenta a não derrogação da Lei n. 6.404/76 pela Lei n. 7.958/89, como à segunda.[23]

III — A disciplina do direito de recesso no Projeto de Lei n. 1.564/96

O fato, porém, é que o Projeto apresentado pelo Deputado Kandir vai de encontro à Lei Lobão, destacando-a como um dos motivos a exigir reparos na Lei das Sociedades Anônimas.

Como conta da justificativa do Projeto, essa discussão sobre a efetividade da Lei Lobão terminou por gerar um duplo dilema: deixou os acionistas minoritários completamente sem respaldo, ao mesmo tempo que não assegurou aos majoritários uma posição confortável para fazer as mudanças necessárias. Por tais motivos, o Projeto visa reintroduzir o direito de retirada, mas de forma diversa do que figurava no texto original da lei.

Apreciando-se a matéria de forma articulada, pode-se apontar as seguintes propostas:

a) Alteração do art. 136 da Lei, renumerando-os e subdivindo-os, salvo o disposto no inciso IV, no qual passa a ser exigido *quorum* qualificado não mais para *alterar* o dividendo obrigatório, mas para *reduzi-lo*.

Já o 1º do preceito é alterado para fazer constar que a validade de deliberações que afetem as ações preferenciais depende de ratificação ou aprovação dos acionistas minoritários efetivamente *prejudicados*. Outrossim, é fixado o prazo de um ano para que qualquer providência seja tomada neste sentido.

b) A segunda alteração alcança diretamente o art. 137 da Lei, estabelecendo:

a. Nos casos dos incisos I e II do art. 136, somente terá direito de recesso o titular de ações de espécies ou classes *prejudicadas*;

b. É restaurado o direito de recesso na hipótese de participação em grupo de sociedades;

c. Restringe-se o direito de recesso, ao eliminar expressamente os casos de cisão (o que já havia sido efetuado pela Lei Lobão), dissolução ou cessação do estado de liquidação, sendo apresentadas como justificativas:

— Quanto à cisão, segundo o que dispõe o Projeto, o acionista passa a permanecer com a mesma participação acionária que tinha na empresa cindida, ao contrário do que se dá nos casos de incorporação e fusão. Este aspecto implica nas alterações dos arts. 223 (cisões de companhias abertas devem gerar igualmente companhias abertas) e do 230, § 5º.

Nesta passagem, nota-se que a proposta afasta-se do modelo americano, que é citado como referência no Projeto, na medida em que confere tratamento diferenciado para a cisão e a incorporação, além, evidentemente, da exclusão do direito de recesso.[24]

— Quanto à dissolução, porque o pagamento do reembolso é a decorrência natural do processo.

— Quanto à cessação do estado de liquidação, porque não há fundamento econômico que o justifique.[25]

d. Propõe o direito de retirada nos casos de fusão e incorporação, mas somente para acionista de (a) companhias fechadas, (b) empresas abertas com ações não nego-

22. Cf. decisão do Tribunal de Alçada de Minas Gerais, avaliada por Paulo Salvador Frontini in *Revista de Direito Mercantil* n. 86, pp. 74 e ss.

23. A matéria foi apreciada pela 1ª Câmara Cível do Tribunal de Justiça do Paraná (Apelação Cível n. 44.249, Rel. Des. Osíris Fontoura).

24. Para uma análise mais minuciosa do assunto, vide estudo de Mauro Brandão Lopes (*A cisão no direito societário*, Ed. RT, 1980, pp. 238 e ss.).

25. A matéria é enfocada, entre outros, por Mauro Rodrigues Penteado, in *Dissolução e liquidação de sociedades*, Brasília Jurídica, 1995.

ciadas em bolsa ou no mercado organizado e (c) empresas abertas cujas ações não tenham liquidez nestes mercados, segundo critérios que seriam fixados pela CVM.

A orientação adotada tem como pressuposto a noção de que a fusão e a incorporação pouco afetam as companhias com ações de liquidez em bolsa de valores e mercado de balcão, onde os acionistas podem negociá-las, caso entendam que os aludidos procedimentos são contrários aos seus interesses. Segundo o autor do Projeto, o que se busca é definir os limites e condições para o exercício do direito de recesso, mas sem criar obstáculos a processos de "reorganização societária" que se façam necessários.

No entanto, embora referido procedimento ampare-se na experiência estrangeira, a sua aplicação no direito pátrio é temerária.

No tocante ao modelo americano, que, como dito, é adotado como paradigma, ensina o Prof. Robert Charles Clark, da prestigiada Universidade de Harvard, que o direito de recesso está tradicionalmente associado, de um lado, às operações de fusão, ou mesmo à venda ou transferência de parte substancial dos ativos das empresas, em dissonância com o curso normal dos negócios, ou então, às alterações do estatuto social que afetem os direitos de acionistas minoritários.[26]

As regras aplicáveis variam segundo as diversas jurisdições, mas normalmente é exigido que o acionista dissidente tenha votado contra a operação questionada, demonstrando a sua contrariedade para com a deliberação majoritária. Nesta hipótese, aguarda-se a oferta de um preço justo pela sua participação acionária, que, não ocorrendo, fatalmente leva à discussão em juízo do referido valor.

Como estes processos são morosos e caros, as previsões legais mais recentes têm estabelecido a obrigatoriedade da empresa pagar de imediato o montante que entende devido, apresentando as informações que serviram de substrato para a valoração.[27]

Como justificativa para a existência deste direito, porém, são apresentados dois argumentos relevantes.

Em primeiro lugar, se um indivíduo compra ações de uma empresa, espera-se que ele permaneça vinculado *àquele* empreendimento específico. Isto é, não se pode obrigar[28] que um acionista que adquiriu ações de uma editora seja surpreendido por uma mudança radical dos acionistas majoritários, que decidem transformá-la em uma empresa de exploração agropecuária (*defeated expectations argument).* Neste contexto, o direito de recesso permite a continuidade de determinados empreendimentos, em consonância com a deliberação majoritária, mas ressalva os interesses daqueles que não pretendem e/ou pretendiam realizar determinados investimentos.

Por outro lado, algumas operações específicas, como é o caso da fusão, envolvem determinados riscos, que são inerentes às mesmas, nos quais os minoritários tendem a receber um tratamento desigual. Neste particular o direito de recesso emerge como uma solução intermediária, a título de contraprestação.

Contra o direito de recesso, todavia, além de dois argumentos tradicionais,[29] é citado o modelo ora adotado pelo Projeto (*stock market exception*).

26. *Corporate Law,* Boston, Little, Brown and Company, 1996, pp. 443 e ss.

27. Stanley Siegel, "Corporations and other Bussiness Organizations", in *Fundamentals of American Law,* obra coletiva, New York University School of Law, 1996, p. 363.

28. No direito brasileiro esta orientação emana, inclusive, de dispositivo constitucional (art. 5º, XX).

29. Alega-se que (1) existem outras operações de riscos, além daquelas habitualmente admitidas pelos tribunais, que não geram direito de recesso, devendo-se salientar, ainda, os (2) efeitos negativos decorrentes dos pagamentos efetuados, às vezes até de forma abusiva, aos minoritários (*cash drain argument*).

Com efeito, vinte e três Estados americanos adotam o sistema que proíbe o direito de recesso quando as ações dos acionistas minoritários podem ser negociadas livremente no mercado de valores mobiliários. Esta teoria, a rigor, ampara-se no fundamento de que o direito de recesso é desnecessário quando existe um mercado de valores mobiliários aberto.

No entanto, existe um forte movimento contrário a esta orientação, com base no argumento de que este procedimento, mesmo nos Estados Unidos, não permite aos minoritários obter um preço justo pelas suas ações, posto que o valor que o mercado de ações oferece, além de poder ser manipulado, baseia-se em outras referências (*v.g.* informações disponíveis sobre as empresas), que não o próprio patrimônio da empresa. Em outras palavras, o mercado de valores mobiliários não é sensível, e por conseguinte não reflete, necessariamente, a diferença que pode existir entre o preço e o valor das ações.

Tanto é que esta exceção foi eliminada do *Model Bussiness Corporation Act* de 1978 diante da constatação de que, nestas hipóteses, notadamente no período de 1974/1975, várias companhias aproveitaram-se da queda verificada nos preços dos valores mobiliários, e compraram em bolsa suas próprias ações de acionistas minoritários.[30]

Daí, alegar-se que este sistema é inconsistente com a real função do direito de recesso, a manutenção de uma reserva de valor (*reservation price*), notadamente quando determinadas operações visam justamente a eliminação de acionistas minoritários.[31]

No caso do Brasil, em particular, as dúvidas sobre a correta aplicação dos preceitos são ainda mais consistentes, na medida em que nosso mercado de valores mobiliários ainda se mostra extremamente vulnerável às manipulações de especuladores.

Ante o exposto, é forçoso concluir que a transposição de institutos alienígenas para o ordenamento jurídico brasileiro, embora tenha sido um expediente adotado pela própria Lei n. 6.404/76, com algum sucesso, não deve iludir os responsáveis, ante a defasagem existente à realidade que assola o mercado de capitais no Brasil e outros mais estruturados. No entanto, se as propostas apresentadas, caso sejam acolhidas, vão solucionar os problemas existentes, só a experiência dirá.

30. Cf. Frank H. Easterbrook e Daniel R. Fischel, *The Economic Structure of Corporate Law*, Boston, Harvard University Press, 1996, p. 149.

31. A respeito do tema, confiram-se, ainda, os estudos do Prof. Detlev F. Vagts (*Basic Corporation Law*, The Foundation Press, New York, 1989, pp. 742/750), da Universidade de Harvard, e do Prof. Robert W. Hamilton (*Corporations*, West Publishings, St. Paul, 1994, pp. 548/557), da Universidade do Texas.

Atualidades

O CONSELHO FISCAL DAS SOCIEDADES ANÔNIMAS COMO ÓRGÃO "SUI GENERIS" NA LEI N. 6.404/76 E NO ANTEPROJETO DA CVM

FÁBIO BUCCIOLI

I — História

Na busca de um equilíbrio que permitisse assegurar certos direitos de fiscalização à minoria, sem comprometer a eficácia do funcionamento da maioria, que detinha a gestão societária, foram adotadas, pelos vários sistemas legislativos, soluções diferentes, e que seguiam em duas direções: 1) a criação de um órgão interno de fiscalização *(Collegio Sindacale,* na Itália; *Commissaires aux Comptes,* da França; Conselho Fiscal no Brasil e na Alemanha); e 2) controle externo, mediante a obrigação de auditoria por profissionais estranhos às sociedades e a criação de órgãos públicos de fiscalização das sociedades como ocorre com a *Securities and Exchange Commission* nos Estados Unidos.[1]

No Brasil, a Lei n. 3.150 de 1882 e o Decreto n. 434 de 1891 que regeram as sociedades anônimas antes do Decreto n. 2.627/40, já previam a existência de um Conselho de Fiscais, eleito pela Assembléia Geral.[2] A primeira lei garantiu aos fiscais o direito de examinar os livros,[3] de verificar o estado da caixa e da carteira, exigir informações dos administradores sobre as operações sociais, e convocar extraordinariamente a assembléia,[4] enquanto o Decreto n. 434, de 4 de julho de 1891, que consolidou as disposições legislativas e regulamentares concernentes às sociedades anônimas, previu o Conselho Fiscal em caráter obrigatório, composto de três ou mais membros e suplentes em igual número.[5]

Por sua vez, o Decreto n. 2.627/40 introduziu a concepção de órgão em substituição à tradicional de mandato: durante a elaboração do anteprojeto do Decreto em análise, devido ao descrédito do órgão fiscalizador, foram introduzidas algumas modificações de relevo que transformaram o Conselho em órgão permanente, de funcio-

1. Cf. Lamy Filho, Alfredo, & Pedreira, José Luiz Bulhões, *A Lei das S.A.*, vol. II, Rio de Janeiro, Renovar, 1996, pp. 449 e ss.

2. Cf. Lamy Filho, Alfredo, & Pedreira, José Luiz Bulhões, *A Lei das S.A.*, vol. II, Rio de Janeiro, Renovar, 1996, pp. 449 e ss.

3. O Conselho Fiscal deveria proceder ao exame de livros "durante o trimestre que precede a reunião da Assembléia Geral". Cf. Lamy Filho, Alfredo, & Pedreira, José Luiz Bulhões, *A Lei das S.A.*, vol. II, Rio de Janeiro, Renovar, 1996, pp. 449 e ss.

4. No projeto apresentado pelo Governo, havia disposição de que resultava não poderem os fiscais agir individualmente, senão por delegação dos outros. Na sessão da Câmara de 21 de novembro de 1872, foi proposta e aceita a supressão desta disposição. Cf. Veiga Júnior, Dídimo Agapito da, *As Sociedades Anonymas,* Rio de Janeiro, Imprensa Nacional, 1888.

5. A fiscalização era posterior e periódica devendo os fiscais apresentar parecer sobre negócios e operações sociais do ano seguinte ao de sua nomeação, tomando por base o inventário, o balanço e as contas dos administradores. Cf. Bulgarelli, Waldirio, *O Conselho Fiscal nas Companhias Brasileiras*, São Paulo, Ed. RT, 1988.

namento em todo o exercício social, com a presença garantida de um representante da minoria (desde que representasse um quinto do capital social).[6-7]

A não brilhante experiência do funcionamento do Conselho Fiscal, como instrumento de controle de gestão das sociedades por ações, durante a vigência do Decreto-lei n. 2.627/40 provocou modificações básicas no órgão com o advento da Lei n. 6.404/76.[8]

A nova lei, visando a assegurar condições de eficaz atuação na fiscalização dos órgãos da administração, deixou ao estatuto da companhia discricionariedade para dispor sobre o seu funcionamento permanente, ou apenas quando solicitado por minorias acionárias — art. 161 —,[9] reforçou consideravelmente os poderes do órgão, estendendo suas funções e, conseqüentemente, as responsabilidades dos seus membros.[10]

Acima de tudo foi evidenciado o caráter *sui generis* deste órgão colegiado,[11] revestindo os seus membros de poder individual de diligência.[12]

II — Funções

O Conselho Fiscal é órgão de fiscalização, e também de informação,[13] cuja atividade não se esgota na mera revisão de contas, vindo a atingir a própria fiscalização dos administradores[14] referentemente à legalidade e regularidade dos atos de gestão.[15-16]

A experiência revela a importância do órgão como instrumento de proteção de acionistas dissidentes, sempre que estes usem do seu direito de eleger em separado um dos membros do Conselho, e desde que as pessoas eleitas tenham o conhecimento que lhe permita utilizar com eficiência os meios previstos na lei para fiscalização dos

6. Cf. Lamy Filho, Alfredo, & Pedreira, José Luiz Bulhões, *A Lei das S.A.*, vol. II, Rio de Janeiro, Renovar, 1996, pp. 449 e ss.

7. No sistema legal, este Conselho é antes verificador de contas do que fiscalizador dos administradores da sociedade. Os fiscais desempenham o cargo pessoalmente, por isso a lei cogitou dos suplentes. Cf. Mendonça, J. X. Carvalho de, *Tratado de Direito Comercial Brasileiro,* vol. IV, Rio de Janeiro, Livraria Editora Freitas Bastos, 1946, pp. 87 e ss.

8. Cf. Cruz, Sérgio Marques da, *Conselho Fiscal — Comentários à Lei das Sociedades por Ações,* São Paulo, Editora Resenha Universitária, 1980, pp. 189 e ss.

9. Preconiza o *caput* do art. 161 da Lei n. 6.404/76, *in verbis:* "A companhia terá um Conselho Fiscal e o estatuto disporá sobre seu funcionamento, de modo permanente ou nos exercícios sociais em que for instalado a pedido de acionistas".

10. Cf. Barreto Filho, Oscar, "Estrutura Administrativa das Sociedades Anônimas", *Revista de Direito Mercantil,* 1976, 15(24): pp. 65 e ss.

11. A Lei n. 6.404/76 manteve o Conselho Fiscal como órgão de controle e de fiscalização da gestão e das contas, com a intenção de proteger o minoritário, mas, certamente, com função própria geral e com independência de atuação, sem necessária sujeição aos que elegeram seus membros. Cf. Bulgarelli, Waldirio, *O Conselho Fiscal nas Companhias Brasileiras,* São Paulo, Ed. RT, 1988.

12. Cf. Mendonça, J. X. Carvalho de, *Tratado de Direito Comercial Brasileiro,* vol. IV, Rio de Janeiro, Livraria Editora Freitas Bastos, 1946, pp. 241 e ss.

13. A leitura do artigo 164 mostra que o Conselho não é órgão de auditoria contábil, mas de fiscalização dos administradores e de informação da assembléia geral. Cf. Lamy Filho, Alfredo, & Pedreira, José Luiz Bulhões, *A Lei das S.A.*, vol. II, Rio de Janeiro, Renovar, 1996.

14. Apelação cível n. 131.697-1, 1ª Câmara Cível, São Paulo. Cf. Eizirik, Nelson, *Sociedades Anônimas — Jurisprudência,* Rio de Janeiro, Editora Renovar, 1996, p. 738.

15. Eizirik, Nelson, "Limites à Atuação do Conselho Fiscal", *Revista de Direito Mercantil,* (21)45: pp. 30 e ss.

16. A fiscalização exercida pelo Conselho Fiscal refere-se à legalidade e regularidade dos atos dos administradores, não à sua conveniência e oportunidade, exceto nos casos elencados no inc. III do art. 163 da Lei das Sociedades Anônimas. Cf. Carvalhosa, Modesto, *Comentários à Lei de Sociedades Anônimas,* vol. V, São Paulo, Saraiva, 1977, pp. 241 e ss.

órgãos de administração.[17-18] Do deliberado em suas reuniões, dão conta as respectivas atas, lavradas no livro próprio, e por ele assinadas. Para que de tal modo se reúnam e coletivamente deliberem, devem os membros do Conselho Fiscal preparar-se convenientemente, realizando os exames de livros e papéis pela forma que convencionem e entendam mais profícua.[19-20]

A amplitude das funções do Conselho Fiscal impõe, nas palavras do Prof. Waldirio Bulgarelli, que sejam elas esmiuçadas, examinando-se suas particularidades: do princípio geral do art. 163, inc. I, expresso como "fiscalizar os atos dos administradores e verificar o cumprimento dos seus deveres legais e estatutários", podem, por exemplo, ser detectadas e extraídas algumas funções específicas como a apreciação (através de pareceres): a) do relatório anual da administração; b) das propostas dos órgãos de administração a serem submetidas à Assembléia Geral; e c) demonstrações financeiras do exercício social.[21]

17. Cf. Lamy Filho, Alfredo, & Pedreira, José Luiz Bulhões, *A Lei das S.A.*, vol. II, Rio de Janeiro, Renovar, 1996.

18. Daí a solução do Projeto de deixar ao estatuto da companhia discricionariedade para dispor sobre o seu funcionamento permanente, ou apenas quando solicitado por minorias acionárias (art. 162). Cf. Lamy Filho, Alfredo, & Pedreira, José Luiz Bulhões, *A Lei das S.A.*. vol. II, Rio de Janeiro, Renovar, 1996.

19. Ferreira, Waldemar, *Instituições de Direito Comercial*, vol. I, tomo II, São Paulo, Max Limonad, 1957, pp. 826 e ss.

20. A atuação do Conselho Fiscal é basicamente instrumental, uma vez que visa transmitir aos acionistas as informações que necessitam, quer para exercerem o direito de fiscalizar a gestão dos negócios sociais, quer para que possam votar na assembléia geral com conhecimento de causa. Cf. Guerreiro, José Alexandre Tavares, "O Conselho Fiscal e o Direito à Informação", *Revista de Direito Mercantil* (21)45: pp. 13 e ss.

21. Nestes três tipos de exames estão formalmente contidos não só a obrigação de opinar, como também a de comunicar a opinião. Cf. Bulgarelli, Waldirio, *O Conselho Fiscal nas Companhias Brasileiras*, São Paulo, Ed. RT, 1988.

Mas o poder de deliberação do Conselho é restrito, enquanto é meramente homologatório das medidas solicitadas pelos conselheiros. O poder coletivo do Conselho Fiscal efetiva-se apenas em relação aos pareceres; por isso o Prof. Modesto Carvalhosa afirma: "(...) o regime deliberativo, portanto, é meramente homologatório das medidas solicitadas pelos conselheiros. O regime deliberativo será decisório tão-somente no que respeita aos pareceres do conselho, os quais, não obstante, deverão conter os votos em separado, dos conselheiros discordantes".[22]

Do quanto exposto, resulta clara a função essencialmente fiscalizatória do Conselho Fiscal (dos seus resultados serão extraídas as conseqüentes medidas, através de pareceres opinativos, com informações, sugestões ou mesmo denúncias), mas o grau de competência legal conferido ao órgão implica, também, outorgar-lhe uma função valorativa, formal e de mérito, vale dizer, um verdadeiro controle de legitimidade.[23]

III — Função do Conselho Fiscal de Proteção à minoria

A instalação do Conselho Fiscal como órgão de fiscalização tem como fundamento, conforme refere a doutrina, a desconfiança dos acionistas minoritários com relação ao exercício do poder de controle e ao exercício das funções diretivas dos administradores da companhia.[24]

A exposição de motivos do projeto justificou a manutenção do órgão destacando-lhe, como já dito anteriormente, a função

22. Cf. Bulgarelli, Waldirio, *O Conselho Fiscal nas Companhias Brasileiras*, São Paulo, Ed. RT, 1988.

23. Cf. Bulgarelli, Waldirio, *O Conselho Fiscal nas Companhias Brasileiras*, São Paulo, Ed. RT, 1988.

24. Eizirik, Nelson, "Limites à Atuação do Conselho Fiscal", *Revista de Direito Mercantil* (30):91, pp. 13 e ss.

precípua de proteção ao acionista dissidente[25] e localizando-o ao lado dos direitos de informação, participação e fiscalização concedidos aos acionistas e aos minoritários, como uma *longa manus* desses mesmos minoritários, através da Assembléia Geral.[26]

As funções do órgão e de seus membros, no que respeita sobretudo ao aspecto informativo, outorgam-lhe uma posição específica perante os acionistas: o Conselho Fiscal atua como órgão dos acionistas, mas com inflexão à proteção das minorias — tanto na sua constituição, como em seu funcionamento, na solicitação de informações, seja à direção como à auditoria, e quanto, ainda, à atenção que tem que prestar à minoria, quando esta solicite informações — ligando-se assim, em caráter complementar, ao direito de informação do acionista e abrindo um canal direto com a minoria.[28]

De fato, quem, na verdade, costuma estar interessado em fiscalizar a administração é o minoritário, já que evidentemente o controlador confia em si mesmo, seja quando dirige a companhia pessoalmente, seja quando atua através dos administradores que escolheu.[29-30]

A ligação entre a minoria e o Conselho Fiscal foi também evidenciada no seguinte entendimento do Judiciário, o qual afirma que, interpretando o § 2º do art. 163 da Lei Federal n. 6.404/76,[31] num órgão colegiado fiscalizador da gestão administrativa, negar-se acesso ao representante da minoria às informações tidas por ele como necessárias para o desempenho de suas funções, será, no mínimo, anular o efeito (canal direto entre minoria e Conselho Fiscal) que se pretende com a eleição por essa minoria de um seu representante.[32]

IV — Atribuições dos Conselheiros

O art. 163, *caput,* da Lei das Sociedades Anônimas afirma, *in verbis:*

"Art. 163 — Compete ao Conselho Fiscal.

I - Fiscalizar (...)

II - Opinar (...)

III - Opinar (...)

IV- Denunciar (...)

V- Convocar a Assembléia (...)

25. Daí afirmar em determinado momento: "A experiência revela a importância do órgão como instrumento de proteção de acionistas dissidentes, sempre que estes usam de seu direito de eleger em separado um dos membros do conselho (...)". Cf. Bulgarelli, Waldirio, *O Conselho Fiscal nas Companhias Brasileiras,* São Paulo, Ed. RT, 1988.

26. Cf. Bulgarelli, Waldirio, *O Conselho Fiscal das Companhias Brasileiras,* São Paulo, Ed. RT, 1988.

27. Cf. Bulgarelli, Waldirio, *A Proteção às Minorias na Sociedade Anônima,* São Paulo, Livraria Pioneira, 1977, pp. 59 e ss.

28. Uma das conseqüências dessa ligação direta do Conselho Fiscal com a minoria é propiciar a esta, através de informações, a adoção de medidas diretamente voltadas para a sociedade. Cf. Bulgarelli, Waldirio, *O Conselho Fiscal nas Companhias Brasileiras,* São Paulo, Ed. RT, 1988.

29. Cf. Bulgarelli, Waldirio, *O Conselho Fiscal nas Companhias Brasileiras,* São Paulo, Ed. RT, 1988.

30. Observa-se, igualmente, que a faculdade de representação nesse órgão de minorias qualificadas (art.161, §§ 1º e 4º), tem sido exercitada muito mais para criar dificuldades ao acionista controlador e, com isso, forçar a realização de acordos visando a retirada vantajosa dos dissidentes, do que para aprimorar a atuação da companhia. Registramos que é ainda comum, na praxe societária, o bloqueio da atuação do conselheiro fiscal eleito pela minoria, sob o fundamento de que deve ele subordinar-se à deliberação adotada por maioria no seio do órgão de fiscalização, onde os acionistas controladores costumam inibir uma ação individual mais eficiente, sob o manto do citado princípio majoritário. Cf. Penteado, Mauro Rodrigues, "Apontamentos sobre Alienação do Controle de Companhias Abertas", *Revista de Direito Mercantil* (28):76, pp. 15 e ss.

31. O Conselho Fiscal, a pedido de qualquer dos seus membros, solicitará aos órgãos de administração esclarecimentos ou informações, assim como a elaboração de demonstrações financeiras ou contábeis especiais.

32. Apelação cível n. 123.032-1 SP. Cf. Eizirik, Nelson, *Sociedades Anônimas Jurisprudência,* Rio de Janeiro, Editora Renovar, 1996, p. 733.

VI - Analisar (...)

VII - Examinar (...)

VIII - Exercer (...)."

Grandes discussões surgiram, no decorrer do tempo, a respeito da interpretação deste artigo, no sentido de admitir uma competência individual do membro do Conselho no exercício das funções atribuídas pelo artigo em exame, ou considerar o órgão exclusivamente como colegial, sem divisão de poderes ou competências.

A legislação precedente criou o problema contrário.[33] Afirmava, de fato, o art. 127 do Decreto-lei n. 2.627/40:

"Art. 127 — Aos membros do Conselho incumbe (...)."

Na vigência do Decreto em exame, Ruy Carneiro Guimarães apontava:

"Do exposto é possível concluir que o texto comentado, em ponto algum, cometeu aos fiscais como "corpo coletivo" ou "órgão colegial" o desempenho das funções enumeradas nas alíneas I a VI, nem estabeleceu os preceitos indispensáveis à exteriorização do pronunciamento do corpo de fiscais como órgão colegial. Ao contrário o art. 127 (do Decreto-lei n. 2.627/40) concedeu direitos e faculdades "aos membros do Conselho Fiscal" e aos fiscais. Assim sendo, admitimos que, embora as resoluções devam ser tomadas após reunião em conjunto, na qual, até por uma questão de lógica e de bom senso. deve preponderar a opinião da maioria, não existe impedimento legal a que qualquer dos membros do conselho. ainda que não tenha sido eleito pela minoria, divirja dos outros."[34]

33. No regime da Lei anterior, Cunha Peixoto fez sério esforço para conciliar em termos de funcionamento, a atividade dos membros e dos órgãos. Cf. Bulgarelli, Waldirio, O *Conselho Fiscal nas Companhias Brasileiras,* São Paulo, Ed. RT, 1988.

34. Cruz, Sérgio Marques da, *Conselho Fiscal — Comentários à Lei das Sociedades por Ações,* São Paulo, Resenha Universitária, 1980, pp. 189 e ss.

Somente no art. 128 § único existia menção específica a uma concepção orgânica do Conselho Fiscal:

"Parágrafo único — As atribuições e poderes conferidos pela lei ao Conselho Fiscal, não poderão ser outorgados a outro órgão da sociedade".

Tanto que o Prof. Trajano de Miranda Valverde, no seu livro *Sociedades por Ações,* sentiu-se na obrigação de sublinhar que:

"Os fiscais formam um conselho. Órgão colegial, portanto, cujas decisões são tomadas pela maioria. Assim, o parecer sobre os negócios e operações sociais, sobre o aumento de capital, é obra do conselho, como só a este compete convocar extraordinariamente a Assembléia Geral. Mas os fiscais, individualmente, têm o dever de examinar os livros, de verificar o estado do caixa e da carteira, de exigir dos diretores informações sobre as operações sociais."[35]

"O Decreto-lei n. 2.627/40 não diz se os fiscais devem atuar coletivamente ou individualmente", afirma Carvalho de Mendonça,[36] enquanto a 1ª Câmara Cível de São Paulo julgava:

"Enquanto de maneira genérica, a competência geral de fiscalizar e informar é conferida ao órgão, o nosso legislador (*Lei 6.404/76*), de maneira específica, refere-se diretamente aos Membros do Conselho, especialmente ao poder de pedir ao Conselho"[37]

Tentativa, portanto, de demonstrar a colegialidade do órgão na legislação precedente, esforço para evidenciar a compe-

35. Valverde, Trajano de Miranda, *Sociedades por Ações,* Rio de Janeiro, Ed. Revista Forense, 1953, p. 348.

36. Mendonça, J. X. Carvalho de, *Tratado de Direito Comercial Brasileiro,* vol. IV, Rio de Janeiro, Freitas Bastos, 1936, pp. 87 e ss.

37. Apelação cível n. 131.697-1, 1ª Câmara Cível, São Paulo. Cf. Eizirik, Nelson, *Sociedades Anônimas — Jurisprudência,* Rio de Janeiro, Ed. Renovar, 1996, p. 738.

tência individual dos membros perante a legislação vigente.[38]

Apoiando a posição dos juízes da 1ª Câmara de São Paulo, Modesto Carvalhosa entende que a lei vigente reforçou consideravelmente os poderes do órgão fiscalizador, estendendo as funções e, conseqüentemente, as responsabilidades dos seus membros, revestindo-os de poderes individuais de diligência.[39]

Com efeito, nada impede que os conselheiros atuem individualmente. Assim se o Conselho Fiscal, uma vez instado por qualquer dos seus membros a solicitar informações, permanece inerte, omitindo-se no desempenho de suas funções, o membro interessado pode solicitar, da administração, informações necessárias ao exercício de suas atribuições.[40]

Burlado ficaria o escopo do legislador permitindo à minoria dos acionistas a eleição de um membro do Conselho Fiscal, se não fosse permitida a estes a mais ampla liberdade de ação sem carecer de se sujeitar à orientação dos demais membros desse colégio, eleitos pelos acionistas majoritários.[41]

Não depende de deliberação do Conselho a eficácia do pedido de informações individualmente feito por qualquer de seus membros aos órgãos da administração. Trata-se de prerrogativa individual estabelecida em lei. Também está impedido o órgão de deliberar contrariamente ao direito individual de qualquer conselheiro, de assistir às reuniões do conselho de administração e da diretoria, ou de comparecer às assembléias gerais da companhia (art. 134).[42]

Anota-se que se o Conselho, não obstante não se tratar de pedido abusivo ou repetitivo, deixou de atender ao pedido de um dos seus membros e se, por outro lado, esse mesmo conselheiro não tomou as medidas legais que poderia eventualmente tomar para ter acesso às informações (como previsto no art. 159 da Lei das Sociedades Anônimas), seria de muito rigor entender-se que o sócio minoritário tenha de conformar-se com a situação.[43]

Não pode o sócio exercer a função acima, em nome do conselheiro, como também não pode em nome deste pleitear em juízo o direito de acesso às informações e documentos, pois o fato de o Conselheiro Fiscal ter sido eleito por grupo identificado de acionistas, como já dito, não o confunde com a figura do mandatário ou do representante orgânico.[44]

Inadmissível é, de conseqüência, a negativa de direito do membro, condicionando-o ao exercício conjunto e admitido[45] majoritariamente.

V — O Conselho Fiscal como orgão colegial

Parece não haver dúvidas de que a Lei n. 6.404/76 conferiu ao Conselho Fiscal a

38. É interessante evidenciar que no projeto de lei (Lei n. 3.150, de 1882) apresentado pelo governo, havia disposição que resultava que os fiscais não podiam agir individualmente, senão por delegação dos outros. Na sessão da Câmara de 21 de novembro de 1872, foi proposta e aceita a supressão desta disposição. Cf. Veiga Júnior, Dídimo Agapito da, *As Sociedades Anonymas,* Rio de Janeiro, Imprensa Nacional, 1888, pp. 384 e ss.

39. Cf. Carvalhosa, Modesto, *Comentários à Lei de Sociedades Anônimas,* vol. V, São Paulo, Saraiva, 1977, pp. 241 e ss.

40. Cf. Eizirik, Nelson, "Limites à Atuação do Conselho Fiscal", *Revista de Direito Mercantil* (30):91, pp. 13 e ss.

41. Cf. Carvalhosa, Modesto, *Comentários à Lei de Sociedades Anônimas,* vol. V, São Paulo, Saraiva, 1977, pp. 241 e ss.

42. Cf. Carvalhosa, Modesto, *Comentários à Lei de Sociedades Anônimas,* vol. V, São Paulo, Saraiva, 1977, pp. 241 e ss.

43. Apelação cível n. 123.032-1 SPO. Cf. Eizirik, Nelson, *Sociedades Anônimas — Jurisprudência,* Rio de Janeiro, Ed. Renovar, 1996, p. 733

44. Apelação Cível n. 131.697-1, 1ª Câmara Cível de São Paulo. Cf. Eizirik, Nelson, *Sociedades Anônimas — Jurisprudência,* Rio de Janeiro, Ed. Renovar, 1996, p. 738.

45. Cf. Eizirik, Nelson, *Sociedades Anônimas — Jurisprudência,* Rio de Janeiro, Ed. Renovar, 1996, p. 738.

natureza de órgão colegial,[46] apto a deliberar pela maioria de votos de seus membros. Com efeito, o art. 163 da Lei das Sociedades Anônimas estabelece expressamente a competência do Conselho Fiscal (não dos conselheiros, individualmente considerados) tanto no *caput* como no seu § 7º, referindo-se, ademais, à existência de atas de reuniões e pareceres, somente possíveis em órgãos colegiados.[47]

Já perante a Lei anterior, a doutrina, como já analisado, entendia clara a colegialidade do órgão.[48] Todavia, esta visão não obstava a que se considerasse, com idêntica tranqüilidade, que algumas das atribuições deveriam ser desempenhadas pelo Conselho, coletivamente, enquanto outras poderiam e deveriam sê-lo individualmente por seus membros. No primeiro caso estavam a emissão de pareceres sobre os negócios e operações sociais e sobre aumento de capital, bem como a convocação da Assembléia Geral Extraordinária. No segundo, achava-se o exame dos livros, a verificação do estado do caixa e da carteira de títulos, e a exigência aos diretores de informações.[49]

Liminarmente, na Lei atual surge uma inovação de relevância: a competência constante do artigo 163 é apontada como sendo do Conselho, não dos seus membros, ao invés do teor expresso do artigo 127 da Lei revogada. Sendo o Conselho Fiscal um órgão colegial, pode parecer que toda a sua atividade deve decorrer de acordo com os princípios e normas de funcionamento dos órgãos dessa espécie, deliberando suas atuações, seus pareceres e suas manifestações de acordo com o princípio majoritário, resguardado o direito de manifestação através de declarações de voto, dos membros colocados em minoria.[50]

Em primeiro lugar, é difícil negar ao Conselho Fiscal a natureza de órgão, pela sua estrutura[51] e posição no quadro organizacional da companhia. Em segundo, em todos os órgãos há espaço para atuação e responsabilidade dos membros individualmente. E, como os demais, o Conselho Fiscal se projeta ora como órgão, ora através da ação individual de seus membros.[52]

É possível, portanto, nas palavras do Prof. Waldirio Bulgarelli, verificar a existência de atividade coletiva e individual (dos membros e dos órgãos), pelos termos da lei, muito embora não tão claramente como poderia ser e não tão coerentemente como deveria ter sido.[53] O regime legal brasileiro do Conselho Fiscal, em termos de atuação, ora refere-se ao Conselho como um todo, ora volta-se para os seus mem-

46. De modo amplo, integram-se na estrutura administrativa da companhia, preordenada à satisfação dos fins sociais, os órgãos cuja existência é prevista na lei (assembléia geral, conselho de administração, diretoria e conselho fiscal). Cf. Barreto Filho, Oscar, "Estrutura Administrativa das Sociedades Anônimas", *Revista de Direito Mercantil* (15):24, pp. 65 e ss.

47. Cf. Eizirik, Nelson, "Limites à Atuação do Conselho Fiscal", *Revista de Direito Mercantil* (30):91, pp. 13 e ss.

48. Não há dúvida de que o parecer deve ser coletivo, assim como a convocação da Assembléia Geral Extraordinária. Quanto ao exame dos livros, a verificação do caixa e da carteira e a exigência de informações, a opinião geral é que cada um deles podem fazer individualmente. Cf. Mendonça, J. X. Carvalho de, *Tratado de Direito Comercial Brasileiro*, vol. IV, Rio de Janeiro, Livraria Editora Freitas Bastos, 1946, pp. 87 e ss.

49. Cf. Cruz, Sérgio Marques da, *Conselho Fiscal — Comentários à Lei das Sociedades por Ações*, São Paulo, Resenha Universitária, 1980, pp. 189 e ss.

50. Cf. Cruz, Sérgio Marques da, *Conselho Fiscal — Comentários à Lei das Sociedades por Ações*, São Paulo, Resenha Universitária, 1980, pp. 189 e ss.

51. A idéia de órgão societário revela o Conselho como um determinado tipo, considerando-se por isso alguns de seus elementos essenciais no tipo padrão, a saber: a) o comparecimento dos membros; b) o método de discussão; c) a manifestação dos presentes através de voto; e d) a decisão por maioria.

52. Cf. Bulgarelli, Waldirio, *O Conselho Fiscal nas Companhias Brasileiras*, São Paulo, Ed. RT, 1988.

53. Cf. Bulgarelli, Waldirio, *O Conselho Fiscal nas Companhias Brasileiras*, São Paulo, Ed. RT, 1988.

bros, sugerindo desde logo a visão de que não foi concebido como um órgão cerrado, monolítico, mas sim de certa maneira aberta e flexível, com visível plasticidade.[54]

Da configuração do modelo do Conselho Fiscal apresentado pela Lei n. 6.404/76 sobressai a concepção como órgão, pois, embora fazendo menções à atuação individual dos membros, não se voltou exclusivamente para eles, como aconteceu no regime do Decreto-lei n. 2.627/40. Como órgão (e assim que deve ser qualificado, tanto com fundamento no disposto no § 2º do art. 165 da Lei n. 6.404/76, como também de acordo com a doutrina predominante) foram-lhe conferidas as funções discriminadas como competência nos incisos I a VII do art. 163 e seus §§ 2º, 4º, 5º, 6º, 7º [55] e parágrafo único do art. 164 ou ainda as referidas no § 2º do art. 150; § 1º do art. 158, *in fine*, e art. 240. Já as referências aos membros são encontradas nos §§ 1º, 2º e 3º do art. 163, nos artigos 164 e 165, §§ 1º e 2º.[56]

Por ser órgão colegiado, as deliberações dos conselheiros fiscais somente serão eficazes, se derivadas de reunião regularmente convocada e instalada. Ato deliberativo isolado de quaisquer de seus membros não têm eficácia, sem embargo do poder de diligência que, individualmente, cabe ao conselheiro (art. 163), para solicitar informações aos administradores sobre todos os documentos oficiais. Ainda tendo em vista o caráter colegial do órgão, a vontade do Conselho Fiscal é distinta da dos seus membros.[57]

O Conselho Fiscal constitui órgão da companhia porque não atua em nome de terceiros, ou seja, nem da administração, nem dos acionistas, não estando submetido a nenhum dos demais órgãos sociais — nem sequer à Assembléia Geral. Ademais, não respondem seus membros perante terceiros, fazendo-o apenas junto à própria companhia. Não são os seus membros mandatários da sociedade, pois não estão encarregados de praticar atos jurídicos nas operações de verificação e fiscalização.[58]

O Conselho deve ser entendido como órgão, em relação aos seus membros, os quais devem atuar livremente sob a moldura orgânica dada pela Lei. Se essa dualidade de perspectiva do Conselho Fiscal, visto ora como órgão colegiado, ora pela atuação e responsabilidade dos seus membros, não chegou a descaracterizá-lo como órgão, deu-lhe, sem dúvida, uma configuração específica, tanto que é considerado órgão *sui generis*. A menção constante à posição dúplice de atuação do Conselho, como órgão, e a de seus membros isoladamente, tem seu fundamento na visão do órgão pelo legislador, como *ente aberto*, admitindo por isso ambas as perspectivas.[59]

O fato de possuírem os seus membros poderes individuais de diligência não desnatura o caráter colegial do órgão, pois este manifesta sua vontade pelo regime de deliberação majoritária decidindo eficazmente

54. Cf. Bulgarelli, Waldirio, *O Conselho Fiscal nas Companhias Brasileiras*, São Paulo, Ed. RT, 1988.

55. É de notar-se que, enquanto os §§ 1º e 3º aludem aos "membros do Conselho Fiscal", os §§ 2º, 4º e 5º mencionam apenas o "Conselho Fiscal", podendo essa diferença de redação levar a crer que o exercício das faculdades previstas nestes últimos três dispositivos seriam privativas do Conselho como órgão. Cf. Cruz, Sérgio Marques da, *Conselho Fiscal — Comentários à Lei das Sociedades por Ações*. São Paulo, Resenha Universitária, 1980, pp. 189 e ss.

56. Cf. Bulgarelli, Waldirio, *O Conselho Fiscal nas Companhias Brasileiras*, São Paulo, Ed. RT, 1988.

57. Constitui órgão da companhia o Conselho Fiscal, enquanto aparelho de sua organização, legalmente instituído, e não os seus membros. Não há, portanto, relação intersubjetiva entre o Conselho e a Companhia, mas há dualidade entre o órgão — Conselho Fiscal — e seus titulares e suplentes, não sendo estes o próprio órgão.

58. Cf. Carvalhosa, Modesto, *Comentários à Lei de Sociedades Anônimas*, vol. V, São Paulo, Saraiva, 1977, pp. 241 e ss.

59. Cf. Bulgarelli, Waldirio, *O Conselho Fiscal nas Companhias Brasileiras*, São Paulo, Ed. RT, 1988.

mediante reunião devidamente convocada, e desde que se verifiquem o *quorum* de instalação e o deliberativo. Trata-se, portanto, de órgão colegiado necessário e permanente.[60]

A competência colegiada do Conselho poderia significar a opressão do representante das minorias acionárias. Tal não se dá, porém, pelo fato de não implicar a visão colegial na exclusão da função dos membros.[61-62]

Na perspectiva da dialética maioria-minoria foi dada ênfase à atividade individual dos membros, parecendo ver-se nela — ainda que não expressamente consignado — uma competência concorrente ou ao menos disjuntiva, em relação àquela do órgão, visando, como é evidente, preservar a independência da atuação do conselheiro minoritário.[63]

VI — Inovações do Anteprojeto de 16.3.92

O anteprojeto de Lei apresentado pela Comissão de Valores Mobiliários em 16 de março de 1992 propõe inversão da tendência a respeito ao art. 163 da Lei n. 6.404/76.

Provavelmente, na tentativa de resolver de vez o dilema já estudado, a competência e as atribuições do Conselho Fiscal previstas no art. 163 foram atribuídas aos conselheiros individualmente.

De fato, afirma o *caput* do art. 163 do anteprojeto, *in verbis:* "Art. 163 — Compete individualmente ao Conselho Fiscal (...)."

Voltou-se, assim, ao estabelecido no Decreto-lei n. 2.627/40 onde, como já salientado, o Conselho Fiscal atuava individualmente pelos seus membros, e não resultava claro se tal órgão podia ser considerado colegial ou não.

Vale evidenciar, porém, que o anteprojeto em questão não elimina, na sua obra de revisão da Lei n. 6.404/76, o artigo 164 da mesma, dispondo, acerca dos "pareceres e representações do Conselho Fiscal".

De quanto considerado *supra,* podemos deduzir que, além de tratar de resolver o problema dos poderes individuais dos conselheiros, tentou-se também evitar recair na questão da colegialidade do Conselho enquanto órgão da sociedade.

O anteprojeto, assim dividindo claramente as competências, manteve, portanto, a característica do Conselho Fiscal como órgão colegial *sui generis* já encontrada e suscitada por Waldirio Bulgarelli e Modesto Carvalhosa em seus trabalhos sobre a Lei n. 6.404/76.

60. Cf. Carvalhosa, Modesto, *Comentários à Lei de Sociedades Anônimas,* vol. V, São Paulo, Saraiva, 1977, pp. 241 e ss.

61. Cf. Eizirik, Nelson, "Limites à Atuação do Conselho Fiscal", *Revista de Direito Mercantil* (30):91, pp. 13 e ss.

62. Entendendo de outro modo estaria irremediavelmente castrada a tentativa de imprimir maior vigor à ação fiscalizadora interna da sociedade. Isto porque o Conselho, dominado por maioria eleita pela mesma facção acionária que elege a diretoria, tenderia à conivência com esta, podendo abafar as tentativas dos conselheiros minoritários. Cf. Cruz, Sérgio Marques da, *Conselho Fiscal — Comentários à Lei das Sociedades por Ações,* São Paulo, Resenha Universitária, 1980, pp. 189 e ss.

63. Cf. Bulgarelli, Waldirio, O *Conselho Fiscal nas Companhias Brasileiras,* São Paulo, Ed. RT, 1988.

Bibliografia

BARRETO FILHO, Oscar, "Estrutura Administrativa das Sociedades Anônimas", *Revista de Direito Mercantil* (15):24.

BULGARELLI, Waldirio, *A Proteção às Minorias na Sociedade Anônima,* São Paulo, Livraria Pioneira, 1977.

BULGARELLI, Waldirio, *O Conselho Fiscal nas Companhias Brasileiras,* São Paulo, Ed. RT, 1988.

CARVALHOSA, Modesto, *Comentários à Lei de Sociedades Anônimas,* vol. V, São Paulo, Saraiva, 1977.

CRUZ, Sérgio Marques da, *Conselho Fiscal — Comentários à Lei das Sociedades por Ações,* São Paulo, Resenha Universitária, 1980.

EIZIRIK, Nelson, "Limites à Atuação do Conselho Fiscal", *Revista de Direito Mercantil* (30):91.

EIZIRIK, Nelson, *Sociedades Anônimas — Jurisprudência*, Rio de Janeiro, Renovar, 1996.

FERREIRA, Waldemar, *Instituições de Direito Comercial*, vol. I, tomo II, São Paulo, Max Limonad, 1957.

GUERREIRO, José Alexandre Tavares, "O Conselho Fiscal e o Direito à Informação", *Revista de Direito Mercantil* (21):45.

LAMY FILHO, Alfredo, & PEDREIRA, José Luiz Bulhões, *A Lei das S.A.*, vol. II, Rio de Janeiro, Renovar, 1996.

MENDONÇA, J. X. Carvalho de, *Tratado de Direito Comercial Brasileiro*, vol. IV, Rio de Janeiro, Livraria Editora Freitas Bastos, 1946.

PENTEADO, Mauro Rodrigues, "Apontamentos sobre Alienação do Controle de Companhias Abertas", *Revista de Direito Mercantil* (28):76.

VALVERDE, Trajano de Miranda, *Sociedades por Ações*, Rio de Janeiro, Ed. Revista Forense, 1953.

VEIGA JÚNIOR, Dídimo Agapito de, *As Sociedades Anonymas*, Rio de Janeiro, Imprensa Nacional, 1888.

Atualidades

ADEQUAÇÃO DAS FUNÇÕES LEGAIS DA COMISSÃO DE VALORES MOBILIÁRIOS À REALIDADE BRASILEIRA

Maria Isabel de Almeida Alvarenga

1. Introdução. 2. Antecedentes históricos da criação da Comissão de Valores Mobiliários. 3. Conteúdo da Lei n. 6.385, de 7 de dezembro de 1976. 4. Críticas à Lei n. 6.385, de 7 de dezembro de 1976. 5. O Projeto de Lei n. 1.564/96, do Ministro Antonio Kandir. 6. Conclusão. 7. Bibliografia.

1. Introdução

Passados quase vinte anos de vigência da Lei n. 6.404, de 15 de dezembro de 1976 (Lei das Sociedades por Ações), e da Lei n. 6.385, de 7 de dezembro de 1976 (que dispõe sobre o mercado de valores mobiliários e cria a Comissão de Valores Mobiliários), impende que se faça uma breve avaliação da adequação dos institutos atinentes à companhia aberta e ao mercado de capitais à atual realidade econômica vivida por nosso País.

A discussão torna-se extremamente oportuna na medida em que há pelo menos duas propostas de reforma da mencionada legislação de grande repercussão.

Destaque-se, em primeiro lugar, o Projeto de Lei n. 1.564/96 do então Deputado Federal e hoje Ministro do Planejamento Antonio Kandir, que visa à promoção de alterações tanto na Lei n. 6.404/76 como na Lei n. 6.385/76, com o declarado objetivo de "incentivar o desenvolvimento do mercado de capitais".[1]

Merece menção, ainda, o anteprojeto de lei que trata da reformulação dos capítulos XV, XVI, XVIII e XX da Lei n. 6.404/76, elaborado pela Comissão de Valores Mobiliários (CVM), submetido à Audiência Pública através de ato de seu Presidente, datado de 23 de agosto de 1996. Trata-se, porém, de proposta de reforma mais direcionada e concentrada, primordialmente, na reforma de dispositivos relacionados a aspectos contábeis da legislação sobre sociedades por ações. Não há, ao contrário,

1. Cumpre transcrever trecho da Síntese do Projeto de Lei do Ministro Antonio Kandir, que expõe as razões de ordem econômica que fundamentam sua proposta de alteração da legislação atinente às companhias abertas e mercado de capitais:

"A lei que regulamenta as sociedades anônimas e a lei que disciplina o mercado de valores mobiliários e a Comissão de Valores Mobiliários foram editadas há 20 anos, quando o Brasil ainda vivia em regime de economia fechada e o Estado era o grande articulador do financiamento à indústria e à infraestrutura, quer através de recursos fiscais, quer por meio de recursos externos obtidos junto ao sistema bancário internacional.

"Hoje o cenário alterou-se por completo. No plano interno, a economia se abriu e teve início o processo de desestatização. No plano internacional, a poupança está concentrada não mais no sistema bancário, mas nas mãos de grandes fundos de pensão, seguradoras e fundos mútuos de investimento, qualquer proposta de alteração da Lei n. 6.385/76.

Não há como negar, assim, a existência de um sentimento entre a comunidade econômica e jurídica[2] de que são necessários ajustes na legislação a fim de tornar mais efetivo o funcionamento do mercado de capitais, ante a nova realidade econômica com que nos deparamos.

Dentro desse contexto, surge como imperativa uma análise sumária da adequação das normas que conferem atribuições à CVM, contidas principalmente na Lei n. 6.385/76, especialmente quanto a seu poder disciplinar. Trata-se, antes de tudo, de uma avaliação do papel que vem sendo por ela desempenhado até este momento e de sugestões de mudanças para que assuma a condição de guardiã do mercado de capitais brasileiro.

2. *Antecedentes históricos da criação da Comissão de Valores Mobiliários*

Após o final da Segunda Guerra Mundial, o desenvolvimento econômico tornou-se preocupação constante de governos, entes e organismos internacionais. Embora existindo teorias várias acerca dos fatores do progresso e das causas do subdesenvolvimento, estabeleceu-se a idéia de que algumas medidas seriam básicas para a promoção do desenvolvimento: "o aumento dos investimentos (em capital técnico e humano) como principal instrumento para fazer crescer a renda nacional; a importância dos investimentos na infra-estrutura econômica e da eliminação de pontos de estrangulamento; a utilidade da técnica do planejamento como meio de otimizar os investimentos; e a necessidade de incluir a promoção do desenvolvimento entre as funções do Estado".[3]

O aumento de investimentos, medida fundamental para a promoção do desenvolvimento econômico, depende necessariamente da formação de poupança e do aperfeiçoamento e expansão dos mercados de capitais, que possibilitará que os recursos sejam alocados junto aos agentes investidores.

Dentro desse contexto de visualização da importância fundamental da expansão do mercado de capitais para o desenvolvimento econômico do País surgido no pós-guerra, o Governo Federal, especialmente após 1964, passou a adotar uma série de medidas destinadas a implementar esse modelo econômico desenvolvimentista.

Assim, foi promulgada a Lei n. 4.728, de 14 de julho de 1965, que "disciplinou o mercado de capitais e estabeleceu medidas para o seu desenvolvimento". No entender de Alfredo Lamy Filho e José Luiz Bulhões Pedreira (este último autor do anteprojeto de lei que deu origem à Lei n. 4.728/65), "as principais providências da lei podem ser agrupadas em cinco categorias: (a) definição de um quadro institucional que induzisse à criação de sistema de distribuição de títulos no mercado de capitais; (b) criação de condições para a formação de

protagonistas de um mercado de capitais cada vez mais importante para o financiamento da economia e das empresas.

"É hora portanto de começar a ajustar a legislação à realidade.

"O objetivo último do projeto de lei que agora apresento é justamente incentivar o desenvolvimento do mercado de capitais. De modo específico, a iniciativa trata de criar condições adequadas à capitalização das empresas brasileiras, à efetiva democratização do capital e a processos de reorganização societária necessários à reestruturação produtiva do país, numa quadra histórica marcada pela globalização produtiva e financeira e por níveis de concorrência sem precedentes."

2. Citem-se, a esse propósito, os artigos de Arnoldo Wald ("Dez Anos de Vigência da Lei das Sociedades Anônimas", *RDM* 62, pp. 5-11; "O Mercado de Capitais no Brasil", *RDM* 71, pp. 47-49), Waldirio Bulgarelli ("O Anteprojeto da CVM para a Reforma da Lei de Sociedades por Ações Brasileira", *RDM* 86, pp. 58-62) e Nelson Eizirik ("A Urgente Reforma da Lei 6.385/76", *RDM* 98, pp. 58-62).

3. Lamy Filho, Alfredo, e Pedreira, José Luiz Bulhões, in *A Lei das S.A. (pressupostos, elaboração, aplicação)*, vol. 1, Rio de Janeiro, Renovar, 1995, pp. 117-118.

mercados de obrigações privadas a prazos médio e longo; (c) regulamentação e policiamento das operações nos mercados de capitais segundo o modelo que havia sido adotado nos Estados Unidos na década de 1930, com a criação da "Securities and Exchange Comission'?; (d) algumas inovações, consideradas mais urgentes, na legislação sobre debêntures e sociedades por ações; e (e) modificações na legislação do imposto sobre a renda, especialmente para coordenar as diversas incidências sobre rendimentos de títulos negociados nos mercados de capitais".[4]

Especificamente no que tange à regulamentação e policiamento das operações (item (c) acima), e com o objetivo de proteger os investidores, foram atribuídas funções normativas ao Conselho Monetário Nacional e fiscalizadoras ao Banco Central do Brasil, que também ficava incumbido do prévio registro de distribuição de emissão no mercado.

Assim, com essas medidas, a partir de 1965 o País assistiu ao gradativo crescimento do mercado de capitais. As medidas legislativas adotadas tiveram, em um primeiro momento, grande efetividade e promoveram, de fato, o esperado fortalecimento do mercado brasileiro de ações.[5]

Entretanto, no primeiro semestre de 1971, em razão principalmente da euforia ocasionada pelo chamado "milagre econômico",[6] as Bolsas de Valores apresentaram um "boom" especulativo, caracterizado por "elevação continuada e sem precedentes dos preços e do volume de transações até 15 de junho, quando teve início um longo período de queda das cotações e do volume dos negócios".[7]

Os fatos ocorridos contribuíram para criar no País a consciência da necessidade de reformas das leis de mercado de capitais e de sociedades por ações, especialmente para maior proteção do investidor e do acionista minoritário. Ficou patente, ademais, a ineficiência do Banco Central do Brasil no exercício da função de regulação e policiamento dos mercados, difundindo-se a idéia de substitui-lo por um órgão específico, encarregado de disciplinar o mercado acionário.[8]

4. Ob. cit., p. 123.

5. Os reflexos do desenvolvimento do mercado de ações brasileiro pode ser sentido em seus números, como revela estudo elaborado por Miguel Delmar Barbosa de Oliveira: "Embora os incentivos fiscais, na primeira etapa, tenham sido importantes para o desenvolvimento do mercado de ações, a criação dos fundos fiscais 157 foi o fator mais decisivo da sua evolução. O volume de recursos, canalizados por eles ao mercado de ações, representou, já de início, um grande impulso: CR$ 65 milhões em 1968 e CR$ 88 milhões em 1969. Para se ter uma idéia da magnitude e da importância desses recursos, basta dizer que o volume de negócios com ações nas Bolsas de Valores brasileiras atingiu um ano antes — em 1967 — apenas CR$ 331 milhões.

"Com todos esses estímulos, o número de sociedades anônimas que se registraram no Banco Central como de capital aberto aumentou acentuadamente, a partir de 1968. Da mesma forma, evolui o número de companhias com ações registradas e negociadas nas principais Bolsas de Valores" (in *Introdução ao Mercado de Ações*, Comissão Nacional de Bolsas de Valores, 1980, pp. 99-100). E, em seguida, o autor transcreve tabela demonstrativa da evolução do número de sociedades anônimas de capital aberto registradas no Banco Central do Brasil. Enquanto em 1968 havia somente 289, em 1971 o número de companhias abertas já era 493.

6. Miguel Delmar Barbosa de Oliveira descreve o clima de euforia reinante no início da década de 70: "O excelente desempenho da economia nacional, a partir de 1968, com taxas oscilando em torno de 10% ao ano se fez acompanhar da confiança na sustentação do crescimento econômico, na política econômica e na ação do Governo. Estávamos vivendo o "milagre brasileiro". O Tesouro Nacional superava suas dificuldades financeiras, a taxa de inflação declinava, as exportações e as reservas monetárias cresciam rapidamente, o País recuperando a confiança nos meios financeiros internacionais. Estes fatos descortinavam para os investidores novas oportunidades de ganhos com investimentos em ações" (ob. cit., pp. 100-101).

7. Ob. cit., p. 127. Uma descrição minuciosa do mecanismo que gerou o *boom* de 1971 pode ser encontrado no estudo de Miguel Delmar Barbosa de Oliveira (ob. cit., pp. 100-101).

8. Aliás, o despreparo demonstrado pelo Banco Central do Brasil no episódio de 1971 foi alvo de duras críticas por parte do Prof. Rubens Requião, um dos maiores expoentes do Direito Comercial no

O quadro econômico também demandava reformas legislativas. Embora houvesse clara opção do Governo Federal pelo modelo desenvolvimentista, havia necessidade de medidas que corrigissem as distorções que dificultavam o pleno sucesso da economia brasileira. Um desses ajustes dizia respeito à necessidade de fortalecimento da empresa privada nacional.

É que, naquele momento, havia, nitidamente, uma grande concentração das poupanças nacionais no patrimônio do Estado, que era, também, encarregado de promover volumosos investimentos na infraestrutura e em setores da economia em que se verificasse a omissão da iniciativa privada. Paralelamente a isso, o empresário privado não tinha condições de realizar projetos de grande escala (reservados, como já dito, ao Estado e às empresas estrangeiras ou multinacionais). Verificava-se, em suma, um processo de *estatização da economia*.

Uma das causas desse processo era, justamente, a ausência de um mercado primário de ações eficiente, que permitisse ao empresário nacional buscar capital de risco que lhe possibilitasse participar dos grandes projetos de investimento. Daí por que a percepção da necessidade de fortalecimento do mercado primário de ações.

Nesse contexto, como ensinam Alfredo Lamy Filho e José Luiz Bulhões Pedreira, "a reforma da Lei das S.A. é uma precondição para a existência desse mercado primário, pois busca restaurar o verdadeiro significado da grande instituição e possibilitar a plenitude do seu funcionamento como instrumento insubstituível para conseguir a associação de milhares de investidores na formação do capital de risco exigido pela grande empresa".[9]

Ressalte-se, ademais, que em razão do *boom* ocorrido em 1971, o incipiente mercado brasileiro de ações entrou em crise: "o estado depressivo se estendeu por vários anos. Pelo menos até 1976. Nesse período, houve uma série de medidas por parte do Governo no sentido de sua recuperação, visando, principalmente, atrair investidores institucionais para as Bolsas de Valores. Nenhuma delas, no entanto, foi capaz de reanimar efetivamente o mercado. Nenhum sintoma de recuperação duradoura se fez sentir. Enquanto isso, outros segmentos do setor financeiro expandiram-se rapidamente. Com o recrudescimento do processo inflacionário, a partir de 1974, as dificuldades aumentaram mais ainda, agravadas pelo fato de algumas medidas, obviamente necessárias, estarem constantemente sendo adiadas, colocando em dúvida se o apoio governamental era efetivo".[10]

Nesse cenário, em agosto de 1974 foi constituído grupo encarregado de elaborar o Anteprojeto da lei de sociedades por ações, composto pelos advogados José Luiz Bulhões Pedreira e Alfredo Lamy Filho, que consideraram precondição essencial ao sucesso de sua missão a criação de um órgão especial de vigilância do mercado de

Brasil: "A euforia do *boom* bolsista de 1971 veio, com efeito, demonstrar o despreparo da poupança popular e do órgão público, em face dos intrincados problemas suscitados pelo mercado. A ineficiência do Banco Central do Brasil nesse setor, como órgão regulador e disciplinador, foi clamorosa. Sua impassividade e incompreensão para o drama nacional que então se desenrolou permitiram e estimularam despundorada pilhagem da poupança de milhões de brasileiros inermes, a que não escapou nem mesmo a ingenuidade e inexperiência da classe proletária. O Banco Central do Brasil, naquele episódio, ao contrário de sua função legal, incentivou a especulação, permitindo o derrame, na fogueira do mercado bolsista, de novos títulos de empresas economicamente medíocres, às quais concedeu celeremente a condição de sociedade de capital aberto. Envaidecido e embriagado pelo sucesso da recomposição do mercado de capitais, o então Ministro de Fazenda cruzava os braços, em face da manipulação criminosa do mercado, sob o desdenhoso argumento de que os lances do jogo bruto eram a norma do mercado livre..." ("Considerações sobre o Projeto de Criação da Comissão de Valores Mobiliários (CVM)", *RDM* 20, pp. 101-102).

9. Ob. cit., p. 143.

10. Miguel Delmar Barbosa de Oliveira, ob. cit., pp. 101-102.

capitais. Daí porque a decisão de ser simultaneamente elaborado outro Anteprojeto de lei — de criação da CVM. Assim, em novembro de 1974 foi entregue ao Ministro da Fazenda o Anteprojeto sobre mercados de valores mobiliários e criação da CVM.

Seguiu-se, então, a fase de discussão do Anteprojeto de lei de criação da CVM, em que se verificou violenta oposição por parte do Banco Central do Brasil, que, surpreendentemente, não aceitava a perda de parte de suas atribuições para a CVM. Em face dessa reação, o Ministério da Fazenda elaborou novo anteprojeto, a pretexto de conciliar os vários interesses envolvidos.[11]

Em decorrência de ter se originado de pelo menos três anteprojetos distintos e de não ter merecido atenção mais acurada do Congresso Nacional, o projeto de lei definitivo, que acabou dando origem à Lei n. 6.385, de 7 de dezembro de 1976 (promulgada praticamente simultaneamente à Lei n. 6.404, de 15 de dezembro de 1976), apresenta graves falhas estruturais, que serão melhor examinadas no item "4" *infra*.

Impõe-se, destarte, uma breve análise do conteúdo da Lei n. 6.385/76, para posteriormente serem verificadas suas principais deficiências, que ensejariam uma revisão legislativa da matéria.

11. O Prof. Rubens Requião bem sintetiza o jogo de interesses travado por ocasião da elaboração do Anteprojeto de lei sobre mercado de valores mobiliários e criação da Comissão de Valores Mobiliários:

"A tese dos juristas, autores do anteprojeto primitivo, com efeito, propugnava por uma CVM constituída e agindo com independência e autonomia, com amplos poderes de controle e fiscalização sobre todos os setores do mercado de ações. A outra corrente, formada sobretudo pelo Banco Central do Brasil, acusava um pretenso caráter estanque que teria sido imprimido ao novo órgão, o que lhe tiraria uma visão global do mercado financeiro e de capitais. Não aceitava o Banco Central do Brasil, segundo se divulgou, reduzir suas funções disciplinares sobre todas as instituições do sistema, recusando abrir mão para a CVM da supervisão dos papéis de risco" ("Considerações sobre o Projeto de Criação da Comissão de Valores Mobiliários (CVM)", *RDM* 20, p. 103).

3. Conteúdo da Lei n. 6.385, de 7 de dezembro de 1976

A Lei n. 6.385/76, criou a CVM, "entidade autárquica, vinculada ao Ministério da Fazenda" (art. 5º). Sua atuação limita-se às companhias abertas, que são, justamente, aquelas que recorrem ao mercado de valores mobiliários. A esse respeito, inclusive, o artigo 8º, III e V.

Uma análise dos dispositivos da Lei n. 6.385/76 revela que à Comissão de Valores Mobiliários são atribuídas funções fiscalizadoras e disciplinares, normativas, registrárias, consultivas e de fomento, que serão a seguir sumariadas.

3.1 Função fiscalizadora e disciplinar da CVM[12]

Consiste a função disciplinar da CVM no poder de "apurar, mediante inquérito administrativo, atos ilegais e práticas não eqüitativas de administradores e acionistas de companhias abertas, dos intermediários e dos demais participantes do mercado" (artigo 9º, V), concretizado pela permissão, conferida pelo legislador, para que a CVM aplique aos autores dos referidos atos ilegais e das práticas não eqüitativas as penalidades previstas no art. 11, sem prejuízo da responsabilidade civil ou penal (art. 9º, IV).

Resulta claro, assim, que, ao lado da responsabilidade civil e penal dos infratores, há também a previsão de sanções disciplinares, a serem aplicadas pela CVM por meio de procedimento administrativo e independentemente de prévio controle judicial.

No que tange à função fiscalizadora da CVM, destaca-se sua competência para "fiscalizar permanentemente as atividades

12. A respeito da função disciplinar da CVM, ver artigo de José Alexandre Tavares Guerreiro, "Sobre o Poder Disciplinar da CVM", in *RDM* 43, pp. 64-78.

e os serviços do mercado de valores mobiliários, de que trata o art. 1º, bem como a veiculação de informações relativas ao mercado, às pessoas que dele participem, e aos valores nele negociados" (art. 8º, III).

3.2. *Função normativa da CVM*[13]

Nos termos do artigo 8º, I, compete à CVM "regulamentar, com observância da política definida pelo Conselho Monetário Nacional, as matérias expressamente previstas nesta lei e na lei de sociedades por ações". Trata-se, portanto, de poder regulamentar restrito e específico, que não pode ultrapassar os limites legais, sob pena de configurar-se vício de incompetência.

Ainda no que tange à função normativa da CVM, há que se destacar que, em regra, as normas por ela editadas não se prestam a uma regulação substantiva do mercado, mas, principalmente, à adoção do *disclosure*. É o que ensina Nelson Eizirik: "a intervenção do Estado no mercado de capitais, sob a forma de regulação, dá-se mediante normas que estabelecem genericamente as condições de acesso, exercício, as condutas que devem ser mantidas e, principalmente, as informações que devem ser prestadas aos investidores. Não se verificam, a não ser excepcionalmente, casos de regulação 'substantiva', em que o Estado escolhe discricionariamente os participantes do mercado, fixa preço para as emissões públicas de ações ou interfere nas cotações, ou mesmo julga o mérito de determinados títulos, impedindo eventualmente sua distribuição pública por considerá-los de má qualidade. Com efeito, a regulação 'substantiva' pode ser fonte de graves imperfeições, particularmente quando há poucas possibilidades de controles políticos, por parte do Poder Legislativo e do público em geral, sobre a atuação das agências reguladoras governamentais, como ocorre entre nós". Assim, a Lei n. 6.385/76 "fixou inicialmente determinadas diretrizes para o processo de divulgação de informações, nos quais fica explícita a noção de que o processo de *disclosure* é um dos elementos fundamentais na regulação do mercado de capitais. Entre tais princípios, podemos destacar o primeiro deles, que estabelece: a) o sistema de divulgação visa equalizar o acesso à informação, protegendo o público investidor e gerando sua confiança; a utilização de informação privilegiada é indesejável, uma vez que permite aos que a ela têm acesso obter benefícios às custas de terceiros."[14]

Destaque-se, por fim, que, ao lado da função normativa da CVM, a regulação do mercado de capitais também se dá através da auto-regulação, definida por Nelson Eizirik como sendo "a normatização e fiscalização, por parte dos próprios membros do mercado, organizado em instituições ou associações privadas, de suas atividades, com vistas à manutenção de elevados padrões éticos. Assim, ao invés de haver uma intervenção direta do Estado, sob a forma de regulação, nos negócios dos participantes do mercado, estes se autopoliciariam no cumprimento dos deveres legais e dos padrões éticos consensualmente aceitos. No mercado de capitais, tradicionalmente, as entidades tipicamente auto-reguladoras são as Bolsas de Valores".[15]

Assim sendo, enquanto a CVM é a entidade reguladora governamental, as Bolsas de Valores são as entidades auto-reguladoras do mercado de valores mobiliários, havendo, necessariamente, uma estreita relação entre elas.[16]

13. A respeito da função normativa da CVM, ver artigo de Bolívar B. M. Rocha, "O Poder Normativo de Órgãos da Administração. O Caso da Comissão de Valores Mobiliários", in *RDM* 64, pp. 47-69.

14. "Regulação e Auto-regulação do Mercado de Valores Mobiliários", in *Questões de Direito Societário e Mercado de Capitais*, pp. 127-128.

15. Idem, ibidem.

16. Sobre a relação entre a CVM e as Bolsas de Valores, ver Nelson Eizirik, ob. cit., pp. 137-142.

3.3 Função registrária da CVM

A função registrária da CVM é prevista no artigo 8º, II, pelo qual compete à CVM "administrar os registros instituídos por esta Lei". Há duas modalidades de registro: o registro da sociedade e o registro da emissão.

O registro da sociedade implica sua caracterização como companhia aberta, a teor do artigo 4º da Lei nº 6.404/76 e do artigo 22 da Lei n. 6.385/76. A companhia pode ser registrada para negociação em bolsa ou para negociação no mercado de balcão, conforme determina o artigo 21 da Lei n. 6.385/76.

O registro da emissão pública de valores mobiliários, por sua vez, é precondição obrigatória para sua distribuição no mercado, consoante dispõe o artigo 19.

3.4 Função consultiva da CVM

O artigo 13 dispõe que "a Comissão de Valores Mobiliários manterá serviço para exercer atividade consultiva ou de orientação junto aos agentes do mercado de valores mobiliários ou a qualquer investidor". Segundo José Edwaldo Tavares Borba, "a *função consultiva* é exercida junto aos agentes do mercado e investidores, através dos chamados pareceres de orientação, os quais devem limitar-se às questões concernentes às matérias de competência da própria CVM, abrangendo apenas problemas de mercado ou sujeitos a sua regulamentação".[17]

3.5 Função de fomento da CVM

Por fim, não se pode deixar de mencionar a função de fomento atribuída à CVM, em conjunto com o Conselho Monetário Nacional, principalmente para o fim de "estimular a formação de poupanças e a sua aplicação em valores mobiliários" e "promover a expansão e o funcionamento eficiente e regular do mercado de ações, e estimular as aplicações permanentes em ações do capital social de companhias abertas sob controle de capitais privados nacionais" (artigo 4º, I e II).

4. Críticas à Lei n. 6.385, de 7 de dezembro de 1976

Como já aventado no item "2" acima, grande parte das deficiências verificadas na Lei n. 6.385/76 deve-se a sua tumultuada origem, que provocou falhas estruturais de certa gravidade.[18] A seguir, procuraremos expor quais as principais críticas já feitas à Lei n. 6.385/76 pelos estudiosos do tema, que devem necessariamente ser levadas em consideração quando da elaboração de anteprojetos visando sua reforma.

4.1 Excessiva vinculação da CVM ao Banco Central do Brasil

Antes mesmo de sua promulgação, a Lei n. 6.385/76, foi alvo de ressalvas por vários juristas de expressão, que criticaram o Projeto de lei que lhe deu origem. O ponto fundamental das oposições à lei era, como já aventado, a vinculação da CVM ao Banco Central do Brasil, ocasionada,

17. In *Direito Societário*, Rio de Janeiro, Freitas Bastos, 1995, p. 134.

18. A análise é de Nelson Eizirik, para quem as falhas "podem ser verificadas no tratamento defeituoso ou incompleto de alguns institutos jurídicos fundamentais na disciplina do mercado de capitais, como são: o conceito de valores mobiliários; a definição da emissão pública de valores mobiliários; o poder regulamentar da CVM; o poder de polícia da CVM, especialmente no que se refere aos princípios que devem nortear a responsabilidade disciplinar dos participantes do mercado; as penalidades a serem aplicadas pela CVM; o âmbito da auto-regulação exercida pelas Bolsas de Valores e demais entidades do mercado, etc." ("A Urgente Reforma da Lei 6.385/76", *RDM* 98, p. 58).

principalmente, pela precária definição das competências atribuídas a cada um dos órgãos.

Com efeito, dispõe o art. 3º, § único, da Lei n. 6.385/76 que, "ressalvado o disposto nesta Lei, a fiscalização do *mercado financeiro* e *de capitais* continuará a ser exercida, nos termos da legislação em vigor, pelo Banco Central do Brasil". Paralelamente a isso, o artigo 8º, III, determina que compete à CVM "fiscalizar permanentemente as atividades e os serviços do *mercado de valores mobiliários*". Como bem ressaltou Rubens Requião, a redação da lei dá margem a conflito de competências entre os dois órgãos, uma vez que "o *mercado de valores mobiliários,* na verdade, faz parte, é um segmento preponderante do mercado de capitais". E conclui: "melhor andaria o legislador se atribuísse à competência do Banco Central do Brasil a área do *mercado financeiro,* nele compreendido todo o mecanismo e atividade das instituições financeiras e da execução da política monetária e da creditícia, deixando para a CVM a competência para fiscalizar e disciplinar o *mercado de capitais,* neste compreendidas sobretudo a emissão e a negociação dos valores mobiliários".[19]

Também José Baptista Neto criticava o regime de atribuição de competências, que tornaria "ainda mais difícil discernir o que competirá à CVM e o que continuará da competência do Conselho Monetário Nacional e do Banco Central do Brasil", tumulto esse que "diluirá e enfraquecerá a autoridade, precisamente num setor em que ela deverá ser dotada de máxima eficiência, mormente se considerarmos que está em jogo não somente o desenvolvimento do mercado de capitais, através da confiança que deverá despertar no público, como também a proteção à economia popular, pois é desejável que grande parte dos habitantes deste país, das mais diversas profissões, possam tomar parte no capital das empresas, mediante subscrição ou compra de ações, sem correrem outro risco além do inerente à natureza do investimento livremente escolhido. Isso dependerá, evidentemente, da existência de autoridade especializada, vigilante e atuante, sem os obstáculos de uma legislação confusa".[20]

Além disso, alegava-se que diversos outros artigos da Lei n. 6.385/76 deixam entrever uma indesejada *relação de sujeição* da CVM ao Banco Central do Brasil. Exemplo disso é a redação original do artigo 10, que dispunha: "a Comissão de Valores Mobiliários poderá celebrar convênios para a execução dos serviços de sua competência em qualquer parte do território nacional, observadas as normas da legislação em vigor".[21] Segundo Rubens Requião, "o preceito abre as portas para a imposição da supremacia do Banco Central do Brasil", uma vez que, conforme noticiado na imprensa nacional, seria resultante "de uma composição com o Banco Central, na solução do conflito surgido, pois ele permite que, mediante convênio, o Banco Central promova a fiscalização do mercado, como pretendia desde o início dos debates em torno do projeto da CVM" (*O Estado de S. Paulo,* ed. de 26.6.76, p. 25).[22]

Outro indício da subordinação pretendida pela lei seria o artigo 3º, IV, que dispõe que "compete ao Conselho Monetário Nacional definir as atividades da CVM que devem ser exercidas em coordenação com

19. "Considerações sobre o Projeto de Criação da Comissão de Valores Mobiliários (CVM)", *RDM* 20, p. 104.

20. "O Projeto de Lei que institui a Comissão de Valores Mobiliários (CVM)", *RDM* 20, pp. 111-112.

21. A Lei n. 6.422, de 8 de junho de 1977, deu nova redação ao art. 10, qual seja: "Os contratos e convênios celebrados pela Comissão de Valores Mobiliários, para a execução de serviços de sua competência, em qualquer parte do território nacional, reger-se-ão pelas normas baixadas pelo Conselho Monetário Nacional".

22. "Considerações sobre o Projeto de Criação da Comissão de Valores Mobiliários (CVM)", *RDM* 20, pp 103-104.

o Banco Central do Brasil". Mais uma vez é Rubens Requião quem assinala o verdadeiro propósito do dispositivo: "o preceito que recomenda à CVM exercer as suas atribuições em coordenação com o Banco Central do Brasil revela, subliminarmente, a preocupação das autoridades sobre a atuação conflitante dos dois órgãos pondo a CVM em posição subordinada. E o que se deve desejar é que tanto a CVM como o Banco Central do Brasil exerçam suas atividades coordenadas entre si, e não apenas a Comissão em relação ao Banco.[23]

Assim, uma das críticas centrais à Lei n. 6.385/76 dizia respeito à não definição clara de que *a Comissão de Valores Mobiliários e o Banco Central do Brasil estão no mesmo nível hierárquico,* sendo ambos subordinados ao Conselho Monetário Nacional.[24]

Resta examinar se essas críticas, traçadas quando da promulgação da Lei n. 6.385/76, revelaram-se procedentes após sua efetiva entrada em vigor, ou se, ao contrário, mostraram-se desprovidas de fundamento.

A análise feita por alguns juristas após alguns anos de vigência da Lei n. 6.385/76 demonstra que a questão do conflito de competências entre o Banco Central do Brasil e a CVM continuou dificultando o desempenho da última.

Em artigo datado de 1988, Arnoldo Wald faz um balanço da situação do mercado de capitais no Brasil e conclui que, no momento em que o Governo Federal se decidia por modernizar o País e inseri-lo na competição internacional, necessário se tornava um reexame do nosso mercado de capitais, que estava imbuído de um problema crucial: "acresce que há, no Brasil, entre o sistema financeiro e o de mercado de capitais uma superposição e uma interpenetração, que se justificam por motivos históricos, de tal modo que ambos constituem, na realidade, verdadeiros irmãos siameses, e que não é possível reorganizar o sistema bancário, afastando simplesmente o mercado de capitais, para que ele venha a compor um sistema complementar com as companhias de *leasing* e de seguros". E complementa, fornecendo o que acredita ser a solução para tal distração: "impõe-se, assim, inicialmente, redefinir adequadamente o papel das instituições financeiras e do mercado de capitais, para distinguir as suas áreas próprias de atuação e os instrumentos que podem utilizar para substituir as atuais aplicações de curtíssimo prazo por uma verdadeira política de investimentos a médio e longo prazo. É possível que, diante das circunstâncias, seja até necessário tomar algumas medidas transitórias, como a criação de instrumentos que apresentem uma simbiose entre os títulos de renda fixa e as ações, por algum tempo, garantias mínimas de rentabilidade, sem prejuízo da participação no risco". Ademais, "no plano normativo institucional e já agora aproveitando mais amplamente as experiências estrangeiras mais recentes, uma clara defini-

23. "Considerações sobre o Projeto de Criação da Comissão de Valores Mobiliários (CVM)", *RDM* 20, p. 105.

24. José Baptista Neto, ao sugerir mudanças no texto do anteprojeto de lei que originou a Lei n. 6.385/76. opina que "ainda no que tange à competência, entendemos que deverá ficar bem claro o seguinte: (...) b) o Banco Central do Brasil e a CVM serão *entidades* autárquicas situadas no mesmo plano hierárquico. atuando em áreas diferentes que deverão ser delimitadas com a clareza necessária, a fim de se evitarem os prejudiciais conflitos de jurisdição" ("O Projeto de Lei que institui a Comissão de Valores Mobiliários (CVM)", *RDM* 20, pp. 111-112).

O Prof. Rubens Requião partilha de igual entendimento: "Tais preceitos, como se vê, estabelecem os propósitos não confessados pelos autores do projeto definitivo de que a CVM agirá na esteira do Banco Central do Brasil. O correto seria colocar ambas as agências estatais em plano de igualdade, como executores das decisões do Conselho Monetário Nacional, cada qual no campo reservado à sua atuação e influência. O Conselho Monetário Nacional, na execução da política do Governo concernente ao mercado financeiro e ao mercado de capitais, é que deve zelar para que os dois órgãos a ele subordinados ajam coordenada e harmoniosamente entre si" ("Considerações sobre o Projeto de Criação da Comissão de Valores Mobiliários (CVM)", *RDM* 20, p. 105).

ção das competências do Banco Central do Brasil, da Comissão de Valores Mobiliários e da Secretaria de Previdência Privada e a adequada delimitação entre a regulação e a auto-regulação facilitarão o bom funcionamento do Mercado".[25] Em conclusão, sugere, entre outras medidas para o aperfeiçoamento do mercado de capitais brasileiro, a exata delimitação dos mercados financeiro e de capitais, bem como a revisão da legislação sobre sociedades anônimas e a CVM e das normas sobre o sistema de distribuição, compatibilizando-as com as do sistema financeiro.

Por fim, não se pode deixar de mencionar a sugestão de Nelson Eizirik para reforma da Lei n. 6.385/76. Para ele, a nova lei deveria corrigir as falhas da Lei n. 6.385/76, entre elas "as zonas cinzentas entre CVM e Banco Central, que ocasionam situações de dupla e muitas vezes contraditória regulação, deixando claro a nova lei que compete à CVM a prática de todos os atos de normatização, fiscalização, registro, deferimento de autorizações, etc., com relação a todas as entidades integrantes do sistema de distribuição de valores mobiliários".[26]

Pode-se concluir, assim, que a má definição das atribuições da CVM e do Banco Central do Brasil é problema ocasionado pela própria origem da Lei n. 6.385/76, que, infelizmente, não foi corrigido até este momento, e que continua a gerar dúvidas acerca da competência da CVM para a prática de diversos atos.

4.2 Composição da Administração da CVM

Também julgamos da maior relevância a crítica atinente à composição da administração da CVM (que, nos termos do artigo 6º, é integrada por um presidente e quatro diretores, nomeados pelo Presidente da República, dentre pessoas de ilibada reputação e reconhecida competência em matéria de mercado de capitais). Para Rubens Requião, "seria conveniente e mais seguro a lei estabelecer a participação na administração da Comissão, que deliberará como órgão colegiado, de um ou dois diretores indicados pelas associações de classes representativas que operam no mercado de capitais. A tradição nacional tem colhido bons resultados com a participação da iniciativa privada em órgãos oficiais, dando-lhe mais vivacidade, eficiência e legitimidade. A escolha seria feita pelo Presidente da República, em lista sêxtupla organizada por entidades de classe que na lei foram nomeadas".[27]

Nelson Eizirik também sugere mudanças na forma de escolha dos componentes da administração da CVM, como maneira de tornar mais eficazes as normas editadas pela autarquia.[28] Para ele, a receita seria "dar efetiva autonomia política à CVM, ou seja, estabelecer que os membros do seu Colegiado sejam indicados pelo Presidente da República e aprovados pelo Congresso e, principalmente, tenham um mandato, não possam ser demissíveis *ad nutum*".[29]

4.3 Elevação do nível ético do mercado de capitais — Mudanças na função fiscalizadora e disciplinar da CVM

Em 1986, após dez anos de vigência tanto da Lei n. 6.404/76 como da Lei n. 6.385/76, começou-se a sentir a inadequação dos institutos legais atinentes à companhia aberta e ao mercado de capitais, em

25. "O Mercado de Capitais no Brasil", *RDM* 71, pp. 47-49.

26. "A Urgente Reforma da Lei 6.385/76", *RDM* 98, p. 62.

27. "Considerações sobre o Projeto de Criação da Comissão de Valores Mobiliários (CVM)", *RDM* 20, p. 105.

28. Sobre a questão da eficácia das normas da CVM, ver item "4.4".

29. "A Urgente Reforma da Lei 6.385/76", *RDM* 98, p. 60.

face da experiência prática e ante a nova realidade econômica que se verificava. Um dos pontos que foram objeto de avaliação foi, justamente, a CVM, especificamente no que tange à sua função disciplinadora. Assim se pronunciou Arnoldo Wald a esse respeito: "quando se examina a Jurisprudência tanto administrativa, quanto judiciária, que se constituiu num decênio em torno da lei societária, não deixa de haver um certo sentimento de frustração. No tocante à CVM, encontramos um conjunto sistemático de normas e um grande número de decisões em inquéritos administrativos, que representam uma importante contribuição moralizadora ao direito societário, mas, por outro lado, vimos, recentemente, posta em discussão a própria competência da autarquia e a validade da delegação que lhe foi atribuída".[30] Em suma, já se sentia, àquela época, que, embora a CVM estivesse exercendo sua função fiscalizadora, havia necessidade de que a lei aclarasse ainda mais quais suas reais atribuições, a fim de que sua atuação não pudesse ser contestada.

Em artigo posterior, Arnoldo Wald continuou a necessidade de reformas no aspecto ético do mercado: "a maior dimensão qualitativa está vinculada à seriedade e ao fortalecimento do mercado como um todo, abrangendo a qualidade e a transparência que deve ter, com a fixação de normas éticas adequadas e devidamente cumpridas, a repressão administrativa, penal e civil eficiente das irregularidades e das ilicitudes, as garantias de liquidez e o aprimoramento dos mecanismos de funcionamento e o fortalecimento econômico e financeiro das instituições que dele participam". Sugeria, pois, "a elaboração de normas jurídicas e éticas para evitar e reprimir as fraudes no mercado de capitais".[31]

30. "Dez Anos de Vigência da Lei das Sociedades Anônimas", *RDM* 62, p. 6.

31. "O Mercado de Capitais no Brasil", *RDM* 71, pp. 48-49.

Outra análise merece apreciação. Luiz Leonardo Cantidiano, em obra atual, examina, de forma muito apropriada, os impactos que as reformas na ordem econômica promovidas pelo Governo Federal terão no mercado de capitais.[32]

Diante deste novo cenário econômico, Luiz Leonardo Cantidiano destaca com precisão qual deverá ser o novo papel desempenhado pela CVM: "deve ser destacado que é fundamental, para a estabilida-

32. De acordo com a análise de Luiz Leonardo Cantidiano, com a estabilidade econômica é natural que haja um incremento nos projetos de investimentos industriais e comerciais, a fim de que as empresas nacionais supram o atraso tecnológico com que se defrontam e aumentem a produção de bens e serviços. Paralelamente a isso, deverá haver aumento dos recursos disponíveis por parte da população.

Nesse contexto, o pleno desenvolvimento e fortalecimento do mercado de capitais será imperativo, a fim de que harmonize as duas conseqüências acima mencionadas, e permita que os recursos para o financiamento do crescimento e da modernização dos negócios empresariais decorra da captação de capitais de risco junto ao público poupador.

Segundo o autor, as medidas até hoje adotadas para promover o crescimento do mercado de capitais não foram bem-sucedidas: "Parece-nos que o grande entrave ao crescimento sustentado do mercado de valores mobiliários é decorrente daquela postura equivocada do governo de, através de artifícios (como foram o incentivo fiscal e a aplicação compulsória, por certos investidores, em papéis de emissão de companhias qualificadas para receber tais recursos), pretender implantar um mercado acionário no país; ademais disso, também impactou negativamente o desenvolvimento sadio do mercado a exagerada postura, longamente adotada pelos órgãos governamentais, de fechar o mercado à participação estrangeira, cerceando e dificultando o fluxo (de vinda e de retorno) do capital externo, postura esta que só recentemente foi alterada, com a flexibilização (ainda incompleta) das amarras que desestimulavam, quando não impediam, a participação de investidores externos em nosso mercado e/ou a aplicação da poupança brasileira em outros mercados" ("A Privatização e o Mercado de Capitais", in *Direito Societário & Mercado de Capitais*, Rio de Janeiro, Renovar, 1996, pp. 174-175).

Em seguida, o autor faz uma observação acerca da contribuição que o Programa Nacional de Desestatização (PND) pode ter dado, e ainda pode vir a dar, para o crescimento do mercado de valores mobiliários no Brasil. Demonstra, assim, que a legislação editada a respeito do PND tinha como um de do mercado acionário, assim como para o sucesso de um programa de privatização que pretenda alcançar uma valorização crescente do patrimônio público, assim como uma ampla democratização dos bens de capital, através da dispersão, entre o grande público poupador, de ações de emissão de empresas que atuam em diferentes setores da atividade econômica, a existência de uma agência estatal forte, técnica e financeiramente independente, que possa ter um quadro de técnicos de alto nível profissional e indiscutível qualidade ética, contribuindo para que as operações de mercado sejam realizadas dentro de padrões exemplares, tudo com vistas à busca da eficiência do próprio mercado, com o que estará preservado o interesse maior, que é o de vê-lo cumprir adequadamente sua função econômica. Dentro dessa linha, é chegada a hora de se fazer uma verdadeira cruzada, em cada trincheira alcançável, para sensibilizar a classe política, bem como as autoridades federais, sobre a importância que tem, em nosso processo de crescimento econômico, a *Comissão de Valores Mobiliários* que, apesar de todas as dificuldades, vem cumprindo satisfatoriamente o seu papel, graças à dedicação de um quadro de competentes e dedicados técnicos".[33]

Em resumo, diante das mudanças ocorridas na economia brasileira nos últimos anos, especialmente quanto ao incremento do mercado de capitais brasileiro ocasionado pelo PND, há necessidade de elevar-se a qualidade ética das operações de mercado, sendo imperativa, nesse contexto, uma revisita aos dispositivos da Lei n. 6.385/76. Esta questão está, ainda, intimamente ligada a outra crítica feita à Lei n. 6.385/76, atinente à eficácia do sistema de regulação do mercado de valores mobiliários, que será objeto de exame no item "4.4" abaixo.

4.4 Eficácia do sistema de regulação do mercado de capitais

De profundo interesse, por fim, o artigo de Nelson Eizirik acerca da urgente necessidade de reforma da Lei n. 6.385/76. Segundo ele, o principal problema que se verifica em relação ao mercado de capitais brasileiro diz respeito à ineficácia das normas que o regem. Essa ineficácia se deve, em primeiro lugar, a total falta de condições materiais por parte da CVM, que "não está hoje equipada para atender às demandas dos que participam no mercado. A regulação é excessiva; há elevado número de normas, mas muito pouco fiscalização, por absoluta falta de condições materiais do órgão".[34]

Também assinala Nelson Eizirik que a legislação que regula o mercado de capitais não é eficaz por não ter acompanhado

de seus propósitos possibilitar o desenvolvimento do mercado de capitais, razão pela qual consignava que, sempre que possível, "a alienação das participações acionárias detidas pelo Tesouro federal seria realizada através de público leilão, em bolsas de valores; mais que isso, procurou-se fazer com que, antes da oferta de venda das ações de emissão das empresas a serem transferidas para o setor privado, as companhias emissoras daqueles títulos de participação viessem a requerer, junto à CVM, o necessário registro de companhias abertas". Havia, ainda, a intenção de que fosse criada uma cultura, junto às classes empresariais, aos políticos e à população, de participação crescente de todos os agentes econômicos no mercado de capitais. Por essa razão, "as autoridades encarregadas de comandar o programa de privatização, em absoluta sintonia com a CVM, deliberaram fazer com que, sempre que possível, as ações ofertadas à venda fossem da espécie ordinária com direito de voto pleno; pretendia-se, com tal postura, fazer com que fosse disseminada, junto ao público investidor, o controle das empresas a serem transferidas para o setor privado, com o que certamente seria diluído, ao longo do tempo, o comando político das empresas brasileiras" (ob. cit., p. 176).

Essas medidas, entre outras, tiveram um resultado prático, que consistiram em uma maior pulverização de ações junto ao grande público, com o conseqüente crescimento do público investidor; aumento de oferta de ações; alteração do perfil do investidor institucional brasileiro, que passou a adotar uma postura mais ativa, integrando o controle compartilhado de importantes empresas.

33. Ob. cit., pp. 181-182.

34. "A Urgente Reforma da Lei 6.385/76", *RDM* 98, p. 60.

a evolução do próprio mercado. Assim, em 1976, o mercado era incipiente, sendo fundamental que a lei tivesse caráter mais pedagógico e preventivo do que punitivo, na medida em que os principais aplicadores em ações eram investidores individuais, pessoas físicas. Hoje, ao contrário, o mercado é dominado por investidores profissionais, altamente técnicos, razão pela qual podem-se reforçar os mecanismos de punição dos infratores de normas.

As soluções para enfrentar esses problemas estruturais do mercado de capitais seriam, na opinião do autor, "conferir à CVM poderes para tornar eficazes as normas; e diminuir o número excessivo de normas, adequando-as à realidade de um mercado mais técnico, mais profissional, em suma, desburocratizando o mercado e acabando com suas feições corporativas, com os cartórios estabelecidos em lei".[35]

No que tange especificamente ao primeiro aspecto (atribuição de poderes à CVM) o autor oferece algumas sugestões: (i) dar autonomia política à CVM (ver item "4.2" acima); (ii) dar autonomia administrativa à CVM; (iii) dar autonomia financeira à CVM; (iv) prever a possibilidade de serem aplicadas multas mais elevadas, proporcionais à gravidade dos delitos; (v) conferir à CVM a legitimidade processual (hoje atribuída ao Ministério Público) para propor judicialmente ação civil pública (acautelatória e indenizatória) nas hipóteses de ilícitos no mercado de valores mobiliários; e (vi) criar a possibilidade de realização de acordo com o indiciado em inquérito administrativo, caso este se obrigue a cessar a prática de ato ilícito.

Quanto à desburocratização do mercado, com a diminuição do número de normas, Nelson Eizirik sugere (i) o incentivo à auto-regulação das Bolsas de Valores e das entidades do mercado de balcão, das associações que congregam as companhias abertas, os auditores independentes, os analistas de valores mobiliários, etc.; (ii) "o fim de cartórios estabelecidos, como são os casos do *underwriting* compulsório na oferta pública de valores mobiliários, intermediação obrigatória nos negócios de Bolsa, gestão de investimentos coletivos por instituições financeiras, etc.";[36] e (iii) a permissão de oferta pública de determinados valores mobiliários sem a necessidade de registro da CVM.

5. O Projeto de Lei n. 1.564/96, do Ministro Antonio Kandir

Como já dito na introdução deste trabalho, em decorrência principalmente das modificações apresentadas pela economia brasileira, houve, recentemente, uma efervescência das discussões sobre a necessidade de reforma da legislação sobre sociedades anônimas e mercado de capitais, havendo, inclusive, projetos de lei de grande repercussão, como o do Ministro Antonio Kandir.

Um dos pontos de interesse do projeto em questão diz respeito a modificações no texto da Lei n. 6.385/76, especialmente no que se refere à função fiscalizadora e disciplinar da CVM, a fim de "adaptar os mecanismos punitivos à nova realidade do mercado de capitais, de modo a conferir maior eficácia à atuação administrativa da CVM".[37]

Julgamos pertinente, aqui, reproduzir trecho da Justificação do Projeto de Lei do Ministro Antonio Kandir, que bem sintetiza as principais modificações propostas à Lei n. 6.385/76:

"(...) para dar início à tarefa mais ampla de reformular o conjunto dos mecanismos punitivos, este projeto propõe algumas modificações. Dentre elas, cabe destacar

35. "A Urgente Reforma da Lei 6.385/76", *RDM* 98, p. 60.

36. "A Urgente Reforma da Lei 6.385/76", *RDM* 98, p. 61.

37. Justificação do Projeto de Lei do Ministro Antonio Kandir.

desde logo a elevação de penas pecuniárias e a ampliação da abrangência de punições de inabilitação temporária, de modo a tornar passíveis de inabilitação temporária tanto controladores como operadores.

"Mais importante, no entanto, é a inovação que permite à CVM fazer acordos com parte envolvida em operações ilegais, de modo a que a autarquia possa reunir provas necessárias à comprovação do ilícito. Com a sofisticação crescente do mercado de capitais, a ausência desse meio de obtenção de provas resulta com freqüência na impunibilidade de fato de um número apreciável de operações, com conseqüente desmoralização da autoridade fiscalizadora e perda de credibilidade do mercado junto ao público mais amplo, fator inibidor do seu crescimento.

"Nos termos deste projeto de lei, a CVM fica autorizada a suspender o processo administrativo, se o acusado, além de comprometer-se a cessar a prática considerada ilícita e consentir na aplicação da penalidade, dispuser-se a prestar informações relativas à materialidade do ilícito, bem como às demais pessoas envolvidas no mesmo (fica estabelecido que os termos do acordo terão de ser publicados posteriormente no *Diário Oficial da União*).

"O arrependimento eficaz seria considerado atenuante para aplicação das penalidades previstas para o processo administrativo e o compromisso de cessar a prática considerada ilícita e consentir na aplicação da penalidade prevista não importaria em confissão ou reconhecimento da ilicitude de fato da conduta analisada. A ressalva visa eliminar receio de que o referido compromisso seja tomado como elemento de convicção em procedimentos conduzidos na esfera judicial, mas não significa, quase desnecessário acrescentar, que o arrependimento eficaz dispense os processos civil e penal e desobrigue o indiciado do cumprimento de penas eventualmente daí decorrentes".[38]

Outra alteração incluída no Projeto diz respeito à elevação do valor das multas aplicáveis pela CVM, incluindo, por exemplo, dentre os critérios para cálculo do valor da multa, a vantagem econômica obtida com a prática do delito, com o objetivo de "frente a somas vultosas envolvidas em ilícitos no mercado financeiro, tornar efetivamente inibitórias as multas aplicáveis pela CVM".[39]

Em suma, constata-se que as reformas à Lei n. 6.385/76 propostas pelo Ministro Antonio Kandir restringem-se a incrementar os poderes fiscalizadores da CVM, com o intuito de garantir um mais elevado padrão ético nas condutas havidas no mercado de capitais (item "4.3" acima). Entretanto, diversas outras críticas da comunidade jurídica à Lei n. 6.385/76 não foram observadas. Há que se ressaltar, entretanto, que o Projeto de Lei n. 1.564/96 é mais ambicioso que o anteprojeto de lei elaborado pela CVM, que se resume a aspectos contábeis da companhia previstos na Lei n. 6.404/76.

6. Conclusão

Diante de tudo que foi exposto, conclui-se que, em face da atual realidade brasileira, há necessidade de uma reforma mais ampla à Lei n. 6.385/76 do que a pretendida pelo Projeto de Lei n. 1.564/96 do Ministro Antonio Kandir.

Com efeito, a proposta de alteração de artigos isolados da Lei n. 6.385/76 é demasiadamente tímida e não tem o condão de corrigir as graves falhas estruturais da lei ocasionadas por um problema em sua origem. Limita-se a enfrentar um dos problemas verificados na legislação, relativo à função disciplinar da CVM e à elevação do nível ético do mercado de capitais. Nesse ponto, as sugestões de alteração são louvá-

38. Justificação do Projeto de Lei do Ministro Antonio Kandir.

39. Síntese do Projeto de Lei do Ministro Antonio Kandir.

veis, embora possa ser questionado o interesse do indiciado em inquérito administrativo junto à CVM de celebrar acordo, na medida em que não se impedirá a aplicação de penalidade, mas somente poderá ser considerada atenuante.

Essas alterações, entretanto, são meramente provisórias, pois enquanto não houver uma ampla reforma da Lei n. 6.385/76, com a correção de todas as falhas apontadas no item "4" deste estudo, dificilmente a CVM poderá atuar de forma independente, ativa e eficiente como se espera do órgão regulador do mercado de capitais brasileiro, especialmente ante às recentes modificações havidas na economia brasileira.

Não houve, como seria de se esperar, atendimento aos anseios da comunidade jurídica brasileira, que propõe medidas mais efetivas para reformulação do papel da CVM do que simplesmente foi proposto no Projeto de Lei em questão.

Ademais, há que se considerar que qualquer reforma da Lei n. 6.385/76 deveria, necessariamente, vir acompanhada de uma mudança nas condições materiais da CVM, pois de nada adianta conferir-lhe mais atribuições e mais amplos poderes se ela não tiver meios para concretizá-los. Tal situação somente traria maior descrédito ao mercado de capitais brasileiro, justamente em um momento em que se procura dar-lhe maior confiabilidade.

O mais grave é que o Sustitutivo ao Projeto de Lei n. 1.564/96, de autoria do Deputado Federal Luiz Carlos Hauly, sequer propõe qualquer alteração na Lei n. 6.385/76, havendo o risco concreto, pois, de que a tão esperada reforma da lei não ocorra por ora.

Em conclusão, o que se espera é que, nesse momento em que se fala de modificação na legislação sobre sociedade anônima e mercado de capitais, os legisladores submetam a matéria a uma ampla discussão pública, atentando para a necessidade de uma reformulação geral da Lei n. 6.385/76, conforme preconizado pelo empresariado e pela comunidade jurídica.

7. *Bibliografia*

Baptista Neto, José. "O Projeto de Lei que Institui a Comissão de Valores Mobiliários (CVM)", *RDM*, nova série, 20:111-114.

Borba, José Edwaldo Tavares. *Direito Societário*, Rio de Janeiro, Freitas Bastos, 1995.

Bulgarelli, Waldirio. "O Anteprojeto da CVM para a Reforma da Lei de Sociedades por Ações Brasileira", *RDM*, nova série, 86:58-62.

Cantidiano, Luiz Leonardo. "A Privatização e o Mercado de Capitais", *Direito Societário & Mercado de Capitais*, Rio de Janeiro, Renovar, 1996, pp. 169-182.

Eizirik, Nelson. "Tendências da Regulação do Mercado de Capitais nos Estados Unidos", *Questões de Direito Societário e Mercado de Capitais*, pp.143-171.

______ "Regulação e Auto-Regulação do Mercado de Valores Mobiliários", *Questões de Direito Societário e Mercado de Capitais*, pp.123-142.

______ "Os Instrumentos de Modernização do Mercado de Capitais em 1991 e o Fortalecimento das Empresas", *RDM*, nova série, 82:5-12.

______ "A Urgente Reforma da Lei 6.385/76", *RDM*, nova série, 98:58-62.

Guerreiro, José Alexandre Tavares. "Sobre o Poder Disciplinar da CVM", *RDM*, nova série, 43:64-78.

Lamy Filho, Alfredo, e Pedreira, José Luiz Bulhões. *A Lei das S.A. (pressupostos, elaboração, aplicação)*, Rio de Janeiro, Renovar, 1995.

Loss, Louis. "O Papel do Governo na Proteção dos Investidores", *RDM*, nova série, 58:71-87.

Oliveira, Miguel Delmar Barbosa de. *Introdução ao Mercado de Ações*, Comissão Nacional de Bolsas de Valores, 1980.

Requião, Rubens. "Considerações sobre o Projeto de Criação da Comissão de Valores Mobiliários", *RDM*, nova série, 20:101-109.

Rocha, Bolívar B. M. "O Poder Normativo de Órgãos de Administração — O Caso da Comissão de Valores Mobiliários", *RDM*, nova série, 64:47-69.

Wald, Arnoldo. "Dez Anos de Vigência da Lei de Sociedades Anônimas", *RDM*, nova série, 62:5-11.

______ "O Mercado de Capitais no Brasil", *RDM*, nova série, 71:47-49.

Atualidades

PROJETO DE LEI N. 1.564, DE 1996*

Altera dispositivos da Lei n. 6.404, de 15 de dezembro de 1976, que dispõe sobre as "sociedades por ações", e da Lei n. 6.385, de 7 de dezembro de 1976, que dispõe sobre o mercado de valores mobiliários e cria a Comissão de Valores Mobiliários.

I — Relatório

O Deputado Federal Antonio Kandir apresentou o Projeto de Lei n. 1.564, de 1996, com propostas de alterações nas Leis ns. 6.404, de 15 de dezembro de 1976, que dispõe sobre as sociedades por ações, e 6.385, de 7 do mesmo mês, que dispõe sobre o mercado de valores mobiliários e cria a Comissão de Valores Mobiliários.

O objetivo enunciado na Justificação da proposição é o de "incentivar o desenvolvimento do mercado de capitais no Brasil", tratando, especificamente, de "criar condições adequadas à capitalização das empresas brasileiras, à efetiva democratização do capital e a processos de reorganização societária necessários à reestruturação produtiva do País".

No tocante à Lei n. 6.404, de 1976, a proposição:

a) nos incisos do art. 136, reordena a enumeração das matérias para cuja deliberação é necessária a aprovação de acionistas que representem metade, no mínimo, das ações com direito a voto, se maior quórum não for exigido pelo estatuto da companhia "cujas ações não estejam admitidas à negociação em bolsa ou no mercado de balcão", expressão esta que substitui a expressão "companhia fechada" no *caput* do artigo; no § 1º, estabelece o prazo improrrogável de um ano para a ratificação, por titulares de mais da metade de cada classe de ações preferenciais prejudicadas, reunidos em assembléia especial convocada pelos administradores, nos casos e para o fim nele especificados;

b) no *caput* do art. 137, exclui a dissolução e a cessação do estado de liquidação da companhia, e inclui a fusão da companhia ou sua incorporação em outra, no rol das causas que ensejam o direito de retirada, e adita os incisos I a V, que especificam normas sobre o exercício do direito de recesso; no § 1º, trata da época da titularidade das ações para o exercício do direito de retirada, e sua parte final passa a constituir o § 2º, no qual esclarece que o direito ao reembolso poderá ser exercido no prazo previsto no *caput* do artigo; o atual § 2º passa a constituir o § 3º, com nova redação, na qual especifica o termo inicial da contagem do prazo nele mencionado; o atual § 3º passa a constituir o § 4º;

c) ao art. 140, acrescenta parágrafo único que assegura aos titulares de ações preferenciais sem voto, ou que não tenham assegurado pelo estatuto o direito previsto no *caput* do art. 18, a eleição, em votação

* Parecer e substitutivo do Deputado Luiz Carlos Hauly (Relator) apresentado à Comissão de Economia, Indústria e Comércio da Câmara dos Deputados, ao Projeto de Lei de autoria do Deputado Antonio Kandir.

em separado, de um membro do Conselho de Administração das companhias abertas com ações admitidas à negociação em bolsa ou no mercado de balcão organizado, hipótese em que, caso se adote na eleição comum o sistema de voto múltiplo, assegura-se, sempre, ao acionista controlador, a possibilidade de eleger a maioria do órgão;

d) ao art. 223, acrescenta o § 3º, determinando que serão também abertas as companhias sucessoras que resultarem de fusão, cisão ou incorporação de companhias abertas;

e) ao § 5º do art. 229, adita expressão que assegura aos acionistas sem voto a possibilidade de evitar distribuição não proporcional de direitos de companhias cindidas, exigindo, para tanto, a aprovação de todos os acionistas;

f) no art. 230, exclui do acionista dissidente de deliberação que aprovar a cisão da companhia o direito de retirar-se, mediante o reembolso do valor de suas ações, mantendo tal direito ao acionista dissidente de deliberação que aprovar a incorporação da companhia em outra sociedade ou sua fusão, exceto àquele que for titular de ações admitidas à negociação em bolsa ou no mercado de balcão organizado e que não se encontrem em situação de iliquidez, cabendo à Companhia de Valores Mobiliários estabelecer critérios e parâmetros que determinarão se as ações da companhia são efetiva e regularmente negociadas (art. 137, II);

g) no § 3º do art. 264, muda o substantivo "controladores" pela expressão "não controladores"; inclui, entre parênteses, menção ao art. 230, após o substantivo dissidentes; substitui a menção ao art. 137 por menção ao art. 45; e substitui as alíneas do parágrafo pela expressão "valor do patrimônio líquido a preços de mercado";

h) revoga o art. 254, que exige prévia autorização da Comissão de Valores Mobiliários para a alienação do controle da companhia aberta (*caput*) e dispõe sobre a garantia de tratamento igualitário aos acionistas minoritários, mediante simultânea oferta pública para a aquisição de ações (§§ 1º a 3º), bem como os §§ 1º e 2º do art. 255, que cuidam do tratamento eqüitativo que deve ser assegurado aos acionistas minoritários, no caso de alienação do controle de companhia aberta que dependa de autorização do governo para funcionar.

No tocante à Lei n. 6.385, de 1976, a proposição dá nova redação ao art. 11 que define as penalidades impuníveis aos infratores das normas dessa lei, da Lei de Sociedades por Ações, das resoluções da Comissão de Valores Mobiliários, bem como de outras normas legais cujo cumprimento incumba à CVM fiscalizar, com as seguintes alterações:

a) no inciso III, substitui a expressão "administrador de companhia aberta ou de entidade do sistema de distribuição de valores" por "administrador de instituição financeira ou sociedade registrada na CVM";

b) no inciso IV, institui a limitação de "até o máximo de vinte anos";

c) no inciso V, substitui a expressão "suspensão da autorização ou registro para o exercício das atividades de que trata esta Lei" por "suspensão da autorização ou de registro instituído em lei";

d) no inciso VI, passa para o singular a palavra "indicados";

e) mediante acréscimo dos incisos VII e VIII, cria, respectivamente, as penalidades de "proibição temporária, até o máximo de vinte anos, de praticar determinadas atividades ou operações, para os integrantes do sistema de distribuição do mercado de capitais" e "proibição temporária, até o máximo de dez anos, de atuar como investidor, direta ou indiretamente, no mercado de capitais";

f) no inciso I do § 1º, passa o teto nele previsto, de 500 (quinhentas) vezes o valor nominal de uma Obrigação Reajustável do Tesouro Nacional, para R$ 5.000.000,00 (cinco milhões de reais);

g) no inciso II do § 1º, passa o teto nele previsto, de 30% (trinta por cento), para 50% (cinqüenta por cento), do valor da emissão ou operação irregular;

h) mediante acréscimo do inciso III ao § 1º, cria o teto de "3 (três) vezes o montante da vantagem econômica obtida ou da perda evitada em decorrência do ilícito";

i) no § 2º, passa o teto nele previsto para a multa pela inexecução de ordem da Comissão, por dia de atraso no seu cumprimento, de 10 (dez) vezes o valor nominal de uma Obrigação Reajustável do Tesouro Nacional, para R$ 5.000,00 (cinco mil reais);

j) no § 3º, restringe a aplicação das penalidades previstas nos incisos III a IV aos casos de infração grave, assim definidos em normas da Comissão, ou de reincidência;

l) mantido o § 4º, acrescenta os §§ 5º a 9º, que cuidam da suspensão do procedimento administrativo, da previsão do termo de compromisso para tanto exigido, do descumprimento das obrigações neste assumidas e do reconhecimento de atenuantes para aplicação de penalidades previstas na lei.

Após haver sido designado Relator do projeto na Comissão de Economia, Indústria e Comércio, recebi várias sugestões sobre a matéria, destacando:

1) inclusão, no § 1º do art. 117, das seguintes modalidades de exercício abusivo de poder

"— utilizar, sob qualquer modalidade, recursos da companhia, para fins estranhos ou lesivos aos seus objetivos;

"— realizar negócios, sob qualquer modalidade, com terceiros, em condições prejudiciais aos interesses da companhia;

"— subscrever ações, para os fins do disposto no art. 170, com a realização em bens estranhos aos objetivos sociais da companhia";

"— praticar outros atos que causem dano patrimonial à companhia ou a seus acionistas;

2) diminuição do prazo previsto no art. 111, § 1º, de "não superior a 3 (três) exercícios consecutivos", por "não superior a 1 (um) exercício";

3) proposta de nova redação às alíneas do § 4º do art. 161:

"Art.161 (...)

"§ 4º Na constituição do conselho fiscal serão observadas as seguintes normas:

"a) Os acionistas com direito a voto poderão eleger um membro efetivo e respectivo suplente;

"b) Os acionistas minoritários, desde que representem, em conjunto, 5% (cinco por cento) ou mais das ações com direito a voto, poderão eleger, em votação em separado, um membro e respectivo suplente;

"c) os titulares de ações preferenciais sem direito a voto, ou com voto restrito, que representem, no mínimo, 5% (cinco por cento), terão direito de eleger, os membros e suplentes, que, em qualquer caso, serão em número igual ao dos eleitos nos termos das alíneas 'a' e 'b', mais um;"

4) alteração do piso fixado no § 3º do art. 162, de 0,1 (um décimo) para 30% (trinta por cento), para a remuneração dos membros do conselho fiscal;

5) inclusão do advérbio "detalhadamente", após "fixará", e da conjunção "e", entre global e individual, no *caput* do art. 152, que trata da remuneração dos administradores;

6) revogação dos dispositivos em que constam referência a ações ao portador;

7) definição de prazos de prescrição para o exercício do poder de polícia da CVM no mercado de capitais;

8) exclusão da obrigatoriedade de publicação, em órgão oficial, dos atos das sociedades anônimas, fechadas ou abertas, no *caput* do art. 289.

II — Voto do relator

Tanto o oportuno projeto de lei como as sugestões oferecidas foram cuidadosamente apreciados, tendo em vista o fortalecimento do mercado de capitais de risco, a conciliação dos interesses envolvidos nas sociedades por ações e a busca do ponto de equilíbrio desejável nas relações entre a maioria e a minoria, buscando, assim, melhorar o sistema adotado, que se baseia na efetiva responsabilidade do controlador da empresa, e de seus administradores, na precisa definição dos direitos do minoritário e na ampla publicidade, para o que é imperioso, também, ensejar à Comissão de Valores Mobiliários melhores condições para bem exercer a fiscalização que lhe cabe, na defesa da empresa, do minoritário, do crédito público e das instituições que atuam no mercado.

Antes de firmar qualquer posição sobre a matéria, decidi ouvir autoridades, associações e outras entidades representativas do setor, investidores, intervenientes no mercado de valores mobiliários e profissionais especializados, a fim de colher subsídios com vistas ao aperfeiçoamento da proposição. Com tal objetivo, promovi reuniões em São Paulo, no Rio de Janeiro e em Brasília, cujas conclusões fundamentam meu voto.

Com essa visão, adoto as seguintes alterações na redação dada pelo Projeto de Lei n. 1.564, de 1996, a dispositivos da Lei n. 6.404, de 1976:

Art. 137, II

"Art. 137 ....

II — nos casos do número IV do art. 136 somente terá direito de retirada o titular das ações que não integrem índices gerais representativos de carteira de ações admitidos a negociação em bolsas de futuros;

...."

A nova redação é mais objetiva e define com precisão os destinatários do direito de retirada nos casos de fusão da companhia, ou sua incorporação em outra.

Art. 137, IV

"Art. 137 ....

IV — o prazo para o dissidente de deliberação de assembléia especial (art. 136, § 1º) será contado da publicação da respectiva ata;

...."

Suprime-se a expressão "ou da prática do ato que gere o direito de recesso", porque estabelecer outro momento, especialmente quando o ato em questão não pode ser praticado sem deliberação assemblear, viria trazer incertezas, tanto para o dissidente, quanto para a companhia.

Art. 137, V

"Art. 137 ....

V — o pagamento do reembolso somente poderá ser exigido após a observância do disposto no § 3º e, se for o caso, da ratificação da deliberação pela assembléia geral.

...."

Dessa forma, corrige-se engano de referência ao § 2º, substituindo-o por § 3º.

Art. 137, § 1º

"Art. 137 ....

§ 1º O acionista dissidente de deliberação da assembléia, inclusive o titular de ações preferenciais sem direito de voto, poderá exercer o direito de reembolso das ações de que, comprovadamente, era titular na data da primeira publicação do edital de convocação da assembléia, ou na data da comunicação do fato relevante objeto da deliberação, se anterior.

...."

Justifica-se a alteração porque, muitas vezes, as operações geradoras do direito de retirada são comunicadas ao mercado antes mesmo da convocação da assembléia geral. Portanto, o dispositivo deve contemplar expressamente essa hipótese, para se evitar a "indústria do recesso".

Art. 137, § 2º

"Art. 137 ....

§ 2º O direito de reembolso poderá ser exercido no prazo previsto no inciso III do *caput* deste artigo, ainda que o titular das ações tenha-se abstido de votar contra a deliberação ou não tenha comparecido à reunião.

...."

Art. 137, § 3º

"Art. 137 ....

§ 3º Nos 10 (dez) dias subseqüentes ao término do prazo de que trata o inciso III do *caput* deste artigo, contado da publicação da ata da assembléia geral ou da assembléia especial que ratificara deliberação, é facultado aos órgãos da administração convocar a assembléia geral para reconsiderar ou ratificar a deliberação, se entenderem que o pagamento do preço do reembolso das ações aos acionistas dissidentes que exerceram o direito de retirada porá em risco a estabilidade financeira da empresa.

...."

Nestes dois últimos dispositivos, faz-se referência expressa ao inciso III do *caput* do artigo, para tornar mais claros os textos.

Art. 140

O projeto introduz parágrafo único ao art. 140 da lei societária, que diz respeito à composição do Conselho de Administração, para assegurar aos titulares de ações sem voto o direito de eleger para esse Conselho, em separado, um membro e respectivo suplente, possibilitando-lhes participar, efetivamente, da administração da companhia. No entanto, de acordo com o art. 18, o estatuto já pode assegurar a uma ou mais classes de ações preferenciais o direito de eleger, pelo mesmo processo, um ou mais membros dos órgãos de administração. A inovação proposta afetaria a estrutura administrativa da companhia, podendo causar desequilíbrios no funcionamento do órgão e privilegiar apenas o grupo que elegesse o membro e suplente, em detrimento dos acionistas minoritários. Aos não votantes devem ser atribuídos maiores poderes de fiscalização, no âmbito do conselho fiscal, bem como vantagens econômicas concretas. Assim sendo, suprime-se o parágrafo único aditado ao art. 140. Para ensejar que todos os acionistas de companhia aberta com ações admitidas à negociação em bolsa ou no mercado de balcão organizado, bem como os agentes do mercado, tomem conhecimento de informações quanto à respectiva situação econômico-financeira e projeções de resultados e obtenham resposta a esclarecimentos que solicitarem, propõe-se a adição de inciso ao art. 22, parágrafo único, da Lei n. 6.385, de 7 de dezembro de 1976.

Art. 223, §§ 3º e 4º

"Art. 223 ....

§ 3º Se a incorporação, fusão ou cisão envolverem companhia aberta, as sociedades que a sucederem serão também abertas, devendo obter o respectivo registro e, se for o caso, promover a admissão de negociação das novas ações no mercado secundário, no prazo máximo de 120 (cento e vinte) dias, contados da data da assembléia geral que aprovou a operação, observando as normas pertinentes baixadas pela Comissão de Valores Mobiliários.

§ 4º O descumprimento do previsto no parágrafo anterior dará ao acionista direito de retirar-se da companhia, mediante reembolso do valor das suas ações (art. 45), nos 30 (trinta) dias seguintes ao término do prazo nele referido, observado o disposto nos §§ 1º e 4º do art. 137."

Cria-se sanção especifica para o caso de descumprimento da norma de sucessão estabelecida, a fim de evitar que o minoritário corra o risco de transformar-se em acionista de uma sucessora cujos títulos não tenham qualquer liquidez.

Art. 229, § 5º

"Art. 229 ....

§ 5º As ações integralizadas com parcelas de patrimônio da companhia cindida serão atribuídas a seus titulares, em substituição às extintas, na proporção das que possuíam; a atribuição em proporção diferente requer aprovação de todos os titulares, inclusive das ações sem direito a voto."

Substituindo-se os termos "acionistas", por "titulares", e "dos", por "das ações", adequa-se o texto ao fato de que o direito de voto é inerente às ações.

Art. 230

"Art. 230. Nos casos de incorporação ou fusão, o prazo para o exercício do direito de retirada, previsto no art. 137, II, será contado a partir da publicação da ata que aprovar o protocolo ou justificação da operação, mas o pagamento do preço do reembolso somente será devido se a operação vier a efetivar-se".

Modificou-se o texto para incorporar o comando do parágrafo único ao *caput* e remetê-lo ao dispositivo pertinente à matéria, evitando repetições, o que facilita sua compreensão.

Art. 264, § 3º (art. 8º do projeto)

"Art. 8º Os arts. 250, § 1º, e 264, *caput*, e § 3º, passam a vigorar com a seguinte redação:

"Art. 250 ....

§ 1º A participação dos acionistas não controladores no patrimônio líquido e no lucro do exercício será destacada, respectivamente, no balanço patrimonial e na demonstração do resultado do exercício.

...."

"Art. 264. Na incorporação, pela controladora, de companhia controlada, a justificação, apresentada à assembléia geral da controlada, deverá conter, além das informações previstas nos arts. 224 e 225, o cálculo das relações de substituição das ações dos acionistas não controladores da controlada com base no valor do patrimônio líquido das ações da controladora e da controlada, avaliados os dois patrimônios segundo os mesmos critérios e na mesma data, a preços de mercado.

....

§ 3º Se as relações de substituição das ações dos acionistas não controladores, previstas no protocolo da incorporação, forem menos vantajosas que as resultantes da comparação prevista neste artigo, os acionistas dissidentes da deliberação da assembléia geral da controlada (art. 230) que aprovar a operação terão direito de escolher entre o valor de reembolso fixado nos termos do art. 45 ou o valor de patrimônio líquido a preços de mercado."

Nos três dispositivos, corrige-se o engano de menção a "controladores", em lugar de "não controladores", providência que o projeto adotou apenas para o texto do § 3º do art. 264.

Além das alterações adotadas para o texto do projeto, acima referidas e justificadas, é oportuno aproveitar a oportunidade para ampliar o alcance e abrangência da pro-posição, seguindo e respeitando os princípios e objetivos que a nortearam, com vistas ao fortalecimento do mercado de valores mobiliários, como a seguir exposto.

Art. 111, § 1º

"Art. 111 ....

§ 1º As ações preferenciais sem direito de voto adquirirão o exercício desse direito se a companhia, pelo prazo previsto no estatuto, não superior a 2 (dois) exercícios consecutivos, deixar de pagar os dividendos a que fizerem jus, direito que conservarão até o pagamento, se tais dividendos não forem cumulativos, ou até que sejam pagos os cumulativos em atraso.

...."

A fim de abreviar para o acionista que abdicou de seu direito de voto, em função da preferência no recebimento de dividendos, a retomada desse direito na hipótese de a companhia deixar de pagá-los, substitui-se, no § 1º do art. 111, a expressão "não superior a três exercícios consecutivos", por "não superior a 2 (dois) exercícios consecutivos" e suprime-se a expressão "fixos ou mínimos", para alcançar quaisquer dividendos.

Art. 117, §1º

"Art. 117 ....

§ 1º ....

h) utilizar, a qualquer título, recursos da companhia para fins estranhos ou lesivos aos seus objetivos;

i) realizar negócios, a qualquer título, com terceiros, em condições prejudiciais aos interesses da companhia;

j) subscrever ações, para os fins do disposto no art. 170, com a realização em bens estranhos aos objetivos sociais da companhia;

l) praticar outros atos que causem dano patrimonial à companhia ou a seus acionistas.

...."

Para definir responsabilidades do controlador, acrescentam-se modalidades específicas de exercício abusivo do poder às previstas no § 1º do art. 117.

Art. 123, parágrafo único, *d*

"Art. 123 ....

Parágrafo único ....

d) por acionistas que representem 5% (cinco por cento), no mínimo, do capital votante, ou 5% (cinco por cento), no mínimo, dos acionistas sem direito a voto, quando os administradores não atenderem, no prazo de 8 (oito) dias, a pedido de convocação de assembléia para instalação do conselho fiscal."

Adita-se a alínea *d* ao parágrafo único do art. 123, com objetivo de permitir nova hipótese de convocação de assembléia geral, para instalação do conselho fiscal.

Art. 136, § 4º

"Art. 136 ....

§ 4º Deverá constar da ata da assembléia geral que deliberar sobre as matérias dos incisos I e II, se não houver prévia aprovação, que a deliberação só terá eficácia após a sua ratificação pela assembléia especial prevista no §1º."

Acrescenta-se § 4º ao art. 136, determinando-se esclarecer, na própria ata, que as deliberações aprovadas, quando for o caso, ficarão na dependência de ratificação pela assembléia especial.

Art. 152, *caput*

"Art. 152. A assembléia geral fixará pormenorizadamente o montante global e individual da remuneração dos administradores, inclusive benefícios de qualquer natureza e verbas de representação, tendo em conta suas responsabilidades, o tempo dedicado às suas funções, sua competência e reputação profissional e o valor dos seus serviços no mercado.

...."

No *caput* do art. 152, definem-se claramente critérios para fixação da remuneração dos administradores:

Art. 161 , § 4º

"Art. 161 ....

§ 4º ....

a) os acionistas com direito a voto poderão eleger, pelo menos, um membro e respectivo suplente;

b) os acionistas minoritários, desde que representem, em conjunto, 5% (cinco por cento) ou mais das ações com direito a voto, terão direito de eleger, em votação em separado, um membro e respectivo suplente;

c) ressalvado o disposto nas alíneas anteriores, os titulares de ações preferenciais sem direito a voto, ou com voto restrito, excluídos o controlador, a sociedade controlada ou do mesmo grupo e o cônjuge ou parente, até o terceiro grau, terão direito de eleger, em votação em separado, os membros efetivos e suplentes que, somados ao eleito nos termos da alínea b, serão sempre em número igual ao dos eleitos nos termos da alínea *a*, mais um.

...."

Modifica-se a redação das alíneas do § 4º do art. 161, estabelecendo novos critérios para a eleição dos membros do conselho fiscal, dada a própria natureza de suas funções.

Art. 162, § 3º

"Art. 162 ....

§ 3º A remuneração dos membros do conselho fiscal, além do reembolso, obrigatório, das despesas de locomoção e estadia necessárias ao bom desempenho do cargo, será fixada pela assembléia geral que os eleger, e não poderá ser inferior, para cada membro em exercício, a 30% (trinta por cento) da que, em média, for atribuída a cada diretor, não computados benefícios, verbas de representação e participação nos lucros.

...."

Aumenta-se o piso de remuneração dos membros do conselho fiscal previsto no § 3º do art. 162, e obriga-se o reembolso de despesas de locomoção e estadia, em face das responsabilidades e deveres que lhes são atribuídos.

Art. 163, § 5º

"Art. 163 ....

§ 5º O conselho fiscal poderá, para melhor desempenho de suas funções, escolher profissionais especializados e fixar-lhes os honorários, dentro de níveis razoáveis, vigentes na praça e compatíveis com a dimensão econômica da companhia, os quais deverão ser pagos por esta.

...."

Em face das responsabilidades do conselho fiscal, prevê-se que poderá eventualmente utilizar os serviços de profissionais especializados para melhor desempenhar suas funções.

Art. 170, §§ 1º e 7º

"Art. 170 ....

§ 1º O preço de emissão deve ser fixado, sem diluição injustificada da participação dos antigos acionistas, ainda que tenham direito de preferência para subscrevê-las, tendo em vista:

a) a perspectiva de rentabilidade da companhia; ou

b) o valor do patrimônio líquido da ação; ou

c) a cotação de suas ações em Bolsa de Valores ou no mercado de balcão organizado, admitido ágio ou deságio em função das condições do mercado.

....

§ 7º A proposta de aumento do capital deverá esclarecer qual dos critérios previstos no § 1º deste artigo foi adotado, justificando pormenorizadamente os aspectos econômicos que determinaram a sua escolha."

Modifica-se a redação do dispositivo, com o objetivo de evitar interpretações equivocadas, acrescentando-se parágrafo para exigir que os aspectos econômicos do critério adotado sejam devidamente justificados.

Art. 176, § 6º

"Art. 176 ....

§ 6º A companhia fechada com patrimônio líquido, na data do balanço, não superior a R$ 1.000.000,00 (um milhão de reais) não será obrigada à elaboração e publicação da demonstração das origens e aplicações de recursos."

Substitui-se o "valor nominal de vinte mil obrigações reajustáveis do Tesouro Nacional" por seu equivalente, aproximado, em reais.

Art. 202, § 1º

"Art. 202 ....

§ 1º O estatuto poderá estabelecer o dividendo como porcentagem do lucro ou do capital social, a este somadas as reservas de capital (art. 182, §§ 1º e 2º) e as reservas de lucros (art. 182, § 4º), ou fixar outros critérios para determiná-lo, desde que sejam reguiados com precisão e minúcia e não sujeitem os acionistas minoritários ao arbítrio dos órgão de administração ou da maioria.

...."

Define-se que, no caso de o estatuto estabelecer dividendo como porcentagem do capital social, ao montante deste devem ser somadas as reservas de capital e as reservas de lucros, a fim de evitar defasagem em seu valor.

Art. 206, I, *c*

"Art. 206 ....

I — ....

c) por deliberação da assembléia geral (art. 136, X);

...."

Apenas adapta-se a referência ao inciso X do art. 136, de acordo com a redação a este dada pela proposição em exame.

Art. 256, II, *a*

"Art. 256 ....

II — ....

a) cotação média das ações em bolsa ou no mercado de balcão organizado, durante os 90 (noventa) dias anteriores à data da contratação;

...."

Na alínea *a* do inciso II, suprime-se a referência indevida, entre parênteses, ao art. 247, parágrafo único, e acrescenta-se a expressão "ou no mercado de balcão organizado", em face de sua regulamentação em dispositivos que se propõe aditar à Lei n. 6.385, de 1976.

Art. 270

"Art. 270. A convenção de grupo deve ser aprovada com observância das normas para alteração do contrato social ou do estatuto (art. 136, V).

...."

Apenas adapta-se a referência ao inciso V do art. 136, na redação a este dada pelo projeto.

Art. 277 §1º

"Art. 277 ....

§ 1º ....

a) a sociedade de comando e as filiais poderão eleger, pelo menos, um membro e respectivo suplente;

b) os acionistas minoritários, desde que representem, em conjunto, 5% (cinco por cento) ou mais das ações com direito a voto, terão direito de eleger, em votação em separado, um membro e respectivo suplente;

c) ressalvado o disposto nas alíneas anteriores, os titulares de ações preferenciais sem direito a voto, ou com voto restrito, excluída a sociedade de comando e as filiais, terão direito de eleger, em votação em separado, os membros efetivos e suplentes que, somados ao eleito nos termos da alínea *b,* serão sempre em número igual ao dos eleitos nos termos da alínea *a*, mais um.

...."

Como no § 4º do art. 161, são estabelecidos novos critérios para a eleição dos membros do conselho fiscal, dada a própria natureza de suas funções.

Art. 289, *caput* e §§ 1º e 6º

"Art. 289. As publicações ordenadas pela presente lei serão feitas:

I — no órgão oficial da União; ou

II — no órgão oficial do Distrito Federal ou Estado, conforme esteja situada a sede da companhia; e

III — em jornal de grande circulação editado na localidade em que esteja situada a sede da companhia.

§ 1º A Comissão de Valores Mobiliários poderá determinar que as publicações ordenadas pela presente lei sejam feitas, também, em jornal de grande circulação nas localidades em que os valores mobiliários da companhia sejam negociados em bolsa ou em mercado de balcão, ou disseminadas por algum outro meio que assegure sua ampla divulgação e imediato acesso às informações.

....

§ 6º As publicações do balanço e demonstração de lucros e perdas poderão ser feitas adotando-se como expressão monetária o "milhar de reais."

No *caput* e § 1º, dá-se nova disciplina à obrigatoriedade de publicações ordenadas pela lei, adotando-se redação mais precisa, e no § 6º corrige-se erro material, substituindo-se "aplicações" por "publicações", e faz-se adequação ao vigente padrão monetário do País, substituindo-se "milhar de cruzeiros" por "milhar de reais".

Art. 294, *caput*

"Art. 294. A companhia fechada, que tiver menos de 20 (vinte) acionistas, cujo patrimônio líquido for inferior a R$ 5.000.000,00 (cinco milhões de reais) poderá:

...."

Substitui-se o "valor nominal de vinte mil Obrigações Reajustáveis do Tesouro Nacional" por R$ 5.000.000,00 (cinco milhões de reais), aumentando a abrangência do dispositivo para desonerar companhias fechadas de menor porte.

Merece especial atenção o art. 4º da Lei n. 8.021, de 12 de abril de 1990, que conferiu nova redação ao art. 20 da Lei n. 6.404, de 15 de dezembro de 1976, excluindo a possibilidade de emissão de ações ao portador e endossáveis.

Em 31 de outubro de 1990, foi sancionada a Lei n. 8.088, que, reafirmando a ordem de identificação dos tomadores de títulos, valores mobiliários e cambiais, estatuiu que os mesmos deveriam ser sempre emitidos sob a forma nominativa, sendo transmissíveis somente por endosso em preto.

Teve origem, então, discussão doutrinária acerca de terem ou não sido repristinadas as ações endossáveis, o que perdura até hoje. Nessas circunstâncias, com o objetivo de dirimir a controvérsia, é necessário reformular a redação dos dispositivos conexos a essa matéria, abrangendo todos os valores mobiliários referidos na Lei n. 6.404, de 1976.

Em conseqüência, a redação dos dispositivos desse diploma legal, a seguir enumerados, é alterada do seguinte modo:

Art. 16, I a IV (renumerados para I a III)

"Art. 16 ....

I — conversibilidade em ações preferenciais;

II — exigência de nacionalidade brasileira do acionista; ou

III — direito de voto em separado para o preenchimento de determinados cargos de órgãos administrativos.

...."

Art. 24, IX a XII (renumerados para IX a XI)

"Art. 24 ....

IX — o nome do acionista;

X — o débito do acionista e a época e o lugar de seu pagamento, se a ação não estiver integralizada,

XI — a data da emissão do certificado e as assinaturas de dois diretores, ou do agente emissor de certificados (art. 27).

...."

Art. 38, *caput*

"Art. 38. O titular de certificado perdido ou extraviado de ação endossável ou de ação ao portador não convertidas em ação nominativa poderá, justificando a propriedade e a perda ou extravio, promover, na forma da lei processual, o procedimento de anulação e substituição para obter a expedição de novo certificado.

...."

Art. 39

"Art. 39. O penhor ou caução de ações se constitui pela averbação do respectivo instrumento no livro de "Registro de Ações Nominativas".

§ 1º ....

§ 2º ...."

Art. 40, I a III (renumerados para I e II)

"Art. 40 ....

I — ....

II — se escritural, nos livros da instituição financeira, que os anotará no extrato da conta de depósito fornecida ao acionista.

Parágrafo único ...."

Art. 42, § 1º

"Art. 42 ...."

§ 1º Sempre que houver distribuição de dividendos ou bonificação de ações e, em qualquer caso, ao menos uma vez por ano, a instituição financeira fornecerá à companhia a lista dos depositantes de ações recebidas nos termos deste artigo, assim como a quantidade de ações de cada um.

...."

Art. 43, *caput* e § 3º

"Art. 43. A instituição financeira autorizada a funcionar como agente emissor de certificados (art. 27) pode emitir título representativo das ações que receber em depósito, do qual constarão:

....

§ 3º Os certificados de depósito de ações serão nominativos, podendo ser mantidos sob o sistema escritural.

...."

Art. 49, VII a IX (renumerados para VII e VIII)

"Art. 49 ....

VII — o nome do beneficiário;

VIII — a data da emissão do certificado e as assinaturas de dois diretores."

Art. 50, *caput* e § 1º

"Art. 50. As partes beneficiarias serão nominativas e a elas se aplica, no que couber, o disposto nas seções V a VII do Capítulo III.

§ 1º As partes beneficiárias serão registradas em livros próprios, mantidos pela companhia.

...."

Art. 63

"Art. 63. As debêntures serão nominativas, aplicando-se, no que couber, o disposto nas seções V a VII do Capítulo III.

Parágrafo único. As debêntures podem ser objeto de depósito com emissão de certificado, nos termos do art. 43."

Art. 64, X a XIV (renumerados para X a XIII)

"Art. 64 ....

X — o nome do debenturista;

XI — o nome do agente fiduciário dos debenturistas, se houver;

XII — a data da emissão do certificado e a assinatura de dois diretores da companhia;

XIII — a autenticação do agente fiduciário, se for o caso."

Art 72, § 1º e § 2º, *l* (renumerado para *j*)

"Art. 72 ....

§ 1º A cédula será nominativa, escritural ou não.

§ 2º ....

j) o nome do titular."

Art. 78, *caput*

"Art. 78. Os bônus de subscrição terão a forma nominativa.

...."

Art. 79, VI a VIII (renumerados para VI e VII)

"Art. 79 ....

VI — o nome do titular;

VII — a data da emissão do certificado e as assinaturas de dois diretores."

Art. 100, I, *c*, e IV a VII, e §§ 1º e 2º

"Art. 100 ....

I — o livro de "Registro de Ações Nominativas", para inscrição, anotação ou averbação:

....

c) das conversões de ações, de uma em outra espécie ou classe;

....

IV — o livro de "Atas das Assembléias Gerais";

V — o livro de "Presença dos Acionistas";

VI — os livros de Atas das Reuniões do Conselho de Administração", se houver, e de "Atas das Reuniões da Diretoria";

VII — o livro de "Atas e Pareceres do Conselho Fiscal".

§ 1º A qualquer pessoa serão dadas certidões dos assentamentos constantes do livro mencionado no inciso I, e por elas a companhia poderá cobrar o custo do serviço.

§ 2º Nas companhias abertas, os livros referidos nos incisos I a III do *caput* deste artigo poderão ser substituídos, observadas as normas expedidas pela Comissão de Valores Mobiliários, por registros mecanizados ou eletrônicos."

Art. 101, *caput*

"Art. 101. O agente emissor de certificados (art. 27) poderá substituir os livros referidos nos incisos I a III do art. 100 pela sua escrituração e manter, mediante sistemas adequados, aprovados pela Comissão de Valores Mobiliários, os registros de propriedade das ações, partes beneficiárias, debêntures e bônus de subscrição, devendo uma vez por ano preparar lista dos seus titulares, com o número dos títulos de cada um, a qual será encadernada, autenticada no registro do comércio e arquivada na companhia.

...."

Art. 104, *caput*

"Art. 104. A companhia é responsável pelos prejuízos que causar aos interessados por vícios ou irregularidades verificadas nos livros de que tratam os incisos I a III do art. 100.

...."

Art. 126, II e § 2º, *c*

"Art. 126 ....

II — os titulares de ações escriturais ou em custódia nos termos do art. 41, além do documento de identidade, exibirão, ou depositarão na companhia, se o estatuto o exigir, comprovante expedido pela instituição financeira depositária.

§ 1º ....

§ 2º ....

c) ser dirigido a todos os titulares de ações cujos endereços constem da companhia.

...."

Art. 255

"Art. 255. A alienação do controle de companhia aberta que dependa de autorização do governo para funcionar está sujeita à prévia autorização do órgão competente para aprovar a alteração do seu estatuto."

Art. 283

"Art. 283. A assembléia geral não pode, sem o consentimento dos diretores ou gerentes, mudar o objeto essencial da sociedade, prorrogar-lhe o prazo de duração, aumentar ou diminuir o capital social, emitir debêntures ou criar partes beneficiárias nem aprovar a participação em grupo de sociedade."

Finalmente, o art. 9º do projeto revoga o art. 254 e os §§ 1º e 2º do art. 256 da lei societária. No entanto, outras supressões são necessárias, a fim de eliminar de seu texto dispositivos que fazem referência a títulos ao portador ou endossáveis, cuja emissão foi proibida pela Lei n. 8.021, de 1990 (arts. 21; 22; 26; 112 e 292).

Em face das novas redações, supressões e revogações de dispositivos da lei societária, sugiro a sua reedição, na íntegra, com as alterações posteriores à sua promulgação.

No tocante ao art. 11 da Lei n. 6.385, de 7 de dezembro de 1976, algumas alterações se impõem, na redação que lhe foi dada pelo projeto

Art. 11, III, V, VI, VII e VIII

"Art. 11 ....

III — suspensão do exercício do cargo de administrador de companhia aberta, de entidade do sistema de distribuição, ou de outras entidades que dependam de autorização ou registro na Comissão de Valores Mobiliários;

....

V — suspensão de autorização ou registro, para o exercício das atividades de que trata esta lei;

VI — cassação de autorização ou registro, para o exercício das atividades de que trata esta lei;

VII — proibição temporária, até o máximo de 20 (vinte) anos, de praticar determinadas atividades ou operações, para os integrantes do sistema de distribuição ou outras entidades que dependam de autorização ou registro na Comissão de Valores Mobiliários;

VIII — proibição temporária, até o máximo de 10 (dez) anos, de atuar como investidor, direta ou indiretamente, em uma ou mais modalidades de operação no mercado de valores mobiliários."

A redação proposta no Projeto para o art. 11, III, acabou por suprimir referência aos administradores de sociedades integrantes do sistema de distribuição. Por outro lado, é importante incluir também, nesse dispositivo, os administradores de outras empresas cuja atividade depende de autorização prévia da CVM, tais como instituições custodiantes e administradoras de carteiras de valores mobiliários de terceiros. Para o fim de manter a mesma linguagem, os incisos V, VI e VII também devem ser adaptados. Quanto ao inciso VIII, considerando-se a necessidade de se adequar a pena aos diversos casos que podem apresentar-se, igualmente é indispensável a sua alteração.

Art. 11, § 1º

"Art. 11 ....

§ 1º..

I — R$ 500.000,00 (quinhentos mil reais);

...."

Reduz-se o teto previsto no inciso I, de R$ 5.000.000,00 (cinco milhões de reais), para R$ 500.000,00 (quinhentos mil reais), aproximando-o ao fixado no art. 67 da Lei n. 9.069, de 29 de junho de 1995, R$ 100.000,00 (cem mil reais), que é o máximo de multa aplicável pelo Banco Central por infração de qualquer tipo, exceto cambial.

Art. 11, § 2º (incluído, renumerando-se como § 11 o proposto § 2º)

"Art. 11 ....

§ 2º Nos casos de reincidência será aplicada, alternativamente, multa nos termos do parágrafo anterior, até o triplo dos valores fixados em seus incisos, ou penalidade prevista nos incisos III a VIII do *caput* deste artigo.

...."

Nos casos de reincidência, admite-se aplicação alternativa de multa, até o triplo dos valores fixados, ou de penalidade prevista para os casos de infração grave.

Art.11, § 3º

"Art. 11 ....

§ 3º Ressalvado o disposto no parágrafo anterior, as penalidades previstas nos incisos III a VIII do *caput* deste artigo somente serão aplicadas nos casos de infração grave, assim definidos em normas da Comissão de Valores Mobiliários.

...."

Corrige-se erro de referência aos "incisos III a IV", em lugar de "incisos III a VIII", como se infere do próprio texto e objetivo do parágrafo, regulamentando-se a penalização dos casos de reincidência no § 2º.

Art. 11, § 4º

"Art. 11 ....

§ 4º As penalidades, com exceção da multa cominatória, somente serão impostas com observância do procedimento previsto no § 2º do art. 9º, cabendo recurso para o Conselho de Recursos do Sistema Financeiro Nacional."

...."

Adapta-se o dispositivo à redação dada ao § 2º (renumerado como § 11), esclarecendo que o recurso cabível deve ser interposto para o Conselho de Recursos do Sistema Financeiro Nacional.

Art. 11, §§ 5º a 9º

"Art. 11 ....

§ 5º..

I — ....

§ 7º O termo de compromisso devera ser publicada no "Diário Oficial da União", discriminando o prazo para cumprimento das obrigações eventualmente assumidas, e o seu inadimplemento caracterizará crime de desobediência, previsto no art. 330 do Código Penal.

§ 8º ....

§ 9º Serão considerados na aplicação de penalidades previstas na lei o arrependimento eficaz e o arrependimento posterior ou a circunstância de qualquer pessoa, espontaneamente, confessar ilícito ou prestar informações relativas à sua materialidade."

Do § 5º, retira-se o inciso III, considerando-se suficientes as obrigações previstas nos outros dois incisos do parágrafo, e ao final do § 7º acrescenta-se a expressão "previsto no art. 330 do Código Penal".

Altera-se a redação do § 9º para adequá-la à natureza dos conceitos penais de arrependimento eficaz e arrependimento posterior, que devem ser considerados na aplicação de penalidades previstas na lei.

Art. 11, § 10 (incluído)

"Art. 11 ....

§ 10. A Comissão de Valores Mobiliários regulamentará a aplicação do disposto nos §§ 5º a 9º deste artigo aos procedimentos conduzidos pelas Bolsas de Valores e entidades do mercado de balcão organizado."

Como muitas vezes existe o poder disciplinar concorrente das Bolsas de Valores, de entidades do mercado de balcão organizado e da Comissão de Valores Mobiliários, defere-se a esta o poder de regulamentar a aplicação do disposto nos §§ 5º a 9º aos procedimentos por aquelas conduzidos, mediante adição de parágrafo, numerado como § 10.

Art. 11, § 11 (§ 2º no projeto)

"Art. 11 ....

§ 11. A multa cominada por inexecução de ordem da Comissão de Valores Mobiliários, nos termos do inciso II do *caput* do art. 9º e do inciso IV de seu § 1º, não excederá a R$ 5.000,00 (cinco mil reais) por dia de atraso no seu cumprimento e sua aplicação independe do inquérito administrativo previsto no inciso V do *caput* do mesmo artigo."

O deslocamento do parágrafo evita o entendimento de que a multa cominatória somente é aplicável após a instauração de inquérito administrativo, o que, evidentemente, não se coaduna com a natureza da penalidade.

Art. 11, § 12 (incluído)

"Art. 11 ....

§ 12. Da decisão que aplicar a multa prevista no parágrafo anterior caberá recurso voluntário, no prazo de 10 (dez) dias, ao Colegiado da Comissão de Valores Mobiliários, sem efeito suspensivo."

No caso de aplicação da multa nos termos do § 11, assegura-se ampla defesa, mediante recurso ao colegiado da Comissão.

O Projeto de Lei n. 1.564, de 1996, adotou, na redação do art. 137, II, *a*, da Lei n. 6.404, de 1976, a expressão "mercado de balcão organizado". Pretendeu, assim, fazer distinção entre esse mercado e o mercado de balcão "desorganizado", não transparente. Como as leis em vigor não fazem tal distinção, referindo-se apenas a "mercado de balcão", aproveita-se o ensejo para adaptar os dispositivos da Lei n. 6.385, de 1976, que tratam da matéria. Destarte, adotam-se as seguintes alterações:

Art. 15, V

"Art. 15......................................

V — entidades de mercado de balcão organizado."

Art. 17

"Art. 17. As Bolsas de Valores e as entidades de mercado de balcão organizado terão autonomia administrativa, financeira e patrimonial, operando sob a supervisão da Comissão de Valores Mobiliários.

Parágrafo único. Às bolsas de valores e às entidades de mercado de balcão organizado incumbe, como órgãos auxiliares da Comissão de Valores Mobiliários, fiscalizar os respectivos membros e as operações nelas realizadas."

Art. 21

"Art. 21. A Comissão de Valores Mobiliários manterá, além do registro de que trata o art. 19:

I — o registro para negociação na bolsa;

II — o registro para negociação no mercado de balcão, organizado ou não;

§ 1º Somente os valores mobiliários emitidos por companhia registrada nos termos deste artigo podem ser negociados na bolsa e no mercado de balcão.

§ 2º O registro do art. 19 importa registro para o mercado de balcão, mas não para a bolsa ou entidade de balcão organizado.

§ 3º São atividades do mercado de balcão não organizado as realizadas, com a participação das empresas ou profissionais indicados no art. 15, incisos I, II e III, ou nos seus estabelecimentos, excluídas as operações efetuadas em bolsas ou em sistemas administrados por entidades de balcão organizado.

§ 4º Cada Bolsa de Valores ou entidade de mercado de balcão organizado poderá estabelecer requisitos próprios para que os valores sejam admitidos à negociação no seu recinto ou sistema, mediante prévia aprovação da Comissão de Valores Mobiliários.

§ 5º O mercado de balcão organizado será administrado por entidades cujo funcionamento dependerá de autorização da Comissão de Valores Mobiliários, que expedirá normas gerais sobre:

I — condições de constituição e extinção, forma jurídica, órgãos de administração e seu preenchimento;

II — exercício do poder disciplinar pelas entidades, sobre os seus participantes ou membros, imposição de penas e casos de exclusão;

III — requisitos ou condições de admissão quanto à idoneidade, capacidade financeira e habilitação técnica dos administradores e representantes das sociedades participantes ou membros;

IV — administração das entidades, emolumentos, comissões e quaisquer outros custos cobrados pelas entidades ou seus participantes ou membros, quando for o caso.

§ 6º Compete à Comissão de Valores Mobiliários expedir normas para a execução do disposto neste artigo, especificando:

I — casos em que os registros podem ser dispensados, recusados, suspensos ou cancelados;

II — informações e documentos que devam ser apresentados pela companhia para a obtenção do registro, e seu procedimento;

III — casos em que as ações poderão ser negociadas simultaneamente nos mercados de bolsa e de balcão, organizado ou não."

Aproveita-se a oportunidade para definir prazos de prescrição originária e intercorrente para o exercício do poder de polícia da Comissão de Valores Mobiliários no mercado de valores mobiliários. Instaurar inquéritos administrativos muitos anos após a ocorrência dos fatos é prática de natureza autoritária que não deve ser permitida, por contrária aos princípios gerais do Direito. Assim como todo crime, qualquer infração administrativa deve prescrever.

Em face disso, adita-se ao projeto o seguinte artigo:

"Art. Fica incluído na Lei n. 6.385, de 7 de dezembro de 1976, o seguinte art. 33, renumerando-se os demais:

"Art. 33. Prescrevem em 5 (cinco) anos as infrações das normas legais cujo cumprimento incumba à Comissão de Valores Mobiliários fiscalizar, ocorridas no mercado de valores mobiliários, no âmbito de sua competência, contado esse prazo da data da prática do ilícito ou, no caso de infração permanente ou continuada, do dia em que tiver cessado.

§ 1º Aplica-se a prescrição a todo inquérito paralisado por mais de 3 (três) anos, pendente de despacho ou julgamento, devendo ser arquivado de ofício ou a requerimento da parte interessada, sem prejuízo de serem apuradas as responsabilidades pela paralisação, se for o caso.

§ 2º A prescrição interrompe-se:

I — pela notificação do indiciado;

II — por qualquer ato inequívoco que importe apuração da irregularidade;

III — pela decisão condenatória recorrível, de qualquer órgão julgador da Comissão de Valores Mobiliários;

IV— pela assinatura do termo de compromisso, como previsto no § 5º do art. 11 desta lei.

§ 3º Não correrá a prescrição quando o indiciado ou acusado encontrar-se em lugar incerto ou não sabido.

§ 4º Na hipótese do parágrafo anterior, o processo correrá contra os demais acusados, desmembrando-se o mesmo em relação ao acusado revel."

Isto exposto, voto pela aprovação do Projeto de Lei n. 1.564, de 1996, nos termos do Substitutivo anexo.

Deputado Luiz Carlos Hauly (Relator)

PROJETO DE LEI N. 1.564, DE 1996 SUBSTITUTIVO

Altera dispositivos da Lei n. 6.404, de 15 de dezembro de 1976, que "dispõe sobre as sociedades por ações", e da Lei n. 6.385, de 7 de dezembro de 1976, que "dispõe sobre o mercado de valores mobiliários e cria a Comissão de Valores Mobiliários".

O Congresso Nacional decreta:

Art. 1º. Os dispositivos da Lei n. 6.404, de 15 de dezembro de 1976, abaixo enumerados, passam a vigorar com as seguintes redações:

"Art. 16 ....

I — conversibilidade em ações preferenciais;

II — exigência de nacionalidade brasileira do acionista; ou

III — direito de voto em separado para o preenchimento de determinados cargos de órgãos administrativos.

.... "

"Art. 24 ....

IX — o nome do acionista;

X — o débito do acionista e a época e o lugar de seu pagamento, se a ação não estiver integralizada;

XI — a data da emissão do certificado e as assinaturas de dois diretores, ou do agente emissor de certificados (art. 27).

.... "

"Art. 38. O titular de certificado perdido ou extraviado de ação endossável ou de ação ao portador não convertidas em ação nominativa poderá, justificando a propriedade e a perda ou extravio, promover, na forma da lei processual, o procedimento de anulação e substituição para obter a expedição de novo certificado.

.... "

"Art. 39. O penhor ou caução de ações se constitui pela averbação do respectivo instrumento no livro de "Registro de Ações Nominativas".

§ 1º ....

§ 2º .... "

"Art. 40 ....

I — ....

II — se escritural, nos livros da instituição financeira, que os anotará no extrato da conta de depósito fornecida ao acionista.

Parágrafo único .... "

"Art. 42 ...."

§ 1º Sempre que houver distribuição de dividendos ou bonificação de ações e, em qualquer caso, ao menos uma vez por ano, a instituição financeira fornecerá à companhia a lista dos depositantes de ações recebidas nos termos deste artigo, assim como a quantidade de ações de cada um.

...."

"Art. 43. A instituição financeira autorizada a funcionar como agente emissor de certificados (art. 27) pode emitir título representativo das ações que receber em depósito, do qual constarão:

....

§ 3º Os certificados de depósito de ações serão nominativos, podendo ser mantidos sob o sistema escritural.

...."

"Art. 49 ....

VII — o nome do beneficiário;

VIII — a data da emissão do certificado e as assinaturas de dois diretores."

"Art. 50. As partes beneficiárias serão nominativas e a elas se aplica, no que couber, o disposto nas seções V a VII do Capítulo III.

§ 1º As partes beneficiárias serão registradas em livros próprios, mantidos pela companhia.

...."

"Art. 63. As debêntures serão nominativas, aplicando-se, no que couber, o disposto nas seções V a VII do Capitulo III.

Parágrafo único. As debêntures podem ser objeto de depósito com emissão de certificado, nos termos do art. 43."

"Art. 64 ....

X — o nome do debenturista;

XI — o nome do agente fiduciário dos debenturistas, se houver;

XII — a data da emissão do certificado e a assinatura de dois diretores da companhia;

XIII — a autenticação do agente fiduciário, se for o caso."

"Art. 72 ....

§ 1º A cédula será nominativa, escritural ou não.

§ 2º ....

j) o nome do titular."

"Art. 78. Os bônus de subscrição terão a forma nominativa.

...."

"Art. 79 ....

VI — o nome do titular;

VII — a data da emissão do certificado e as assinaturas de dois diretores."

"Art. 100 ....

I — o livro de "Registro de Ações Nominativas", para inscrição, anotação ou averbação:

....

c) das conversões de ações, de uma em outra espécie ou classe;

....

IV — o livro de "Atas das Assembléias Gerais";

V — o livro de "Presença dos Acionistas";

VI — os livros de "Atas das Reuniões do Conselho de Administração", se houver, e de "Atas das Reuniões de Diretoria";

VII — o livro de "Atas e Pareceres do Conselho Fiscal".

§ 1º A qualquer pessoa serão dadas certidões dos assentamentos constantes do livro mencionado no inciso I, e por elas a companhia poderá cobrar o custo do serviço.

§ 2º Nas companhias abertas os livros referidos nos incisos I a III do *caput* deste artigo poderão ser substituídos, observadas as normas expedidas pela Comissão de Valores Mobiliários, por registros mecanizados ou eletrônicos."

"Art. 101. O agente emissor de certificados (art. 27) poderá substituir os livros referidos no incisos I a III do art. 100 pela sua escrituração e manter, mediante sistemas adequados, aprovados pela Comissão de Valores Mobiliários, os registros de propriedade das ações, partes beneficiárias, debêntures e bônus de subscrição, devendo uma vez por ano preparar lista dos seus titulares, com o número dos títulos de cada um, a qual será encadernada, autenticada no registro do comércio e arquivada na companhia.

...."

"Art. 104. A companhia é responsável pelos prejuízos que causar aos interessados por vícios ou irregularidades verificadas nos livros de que tratam os incisos I a III do art. 100.

...."

"Art. 111 ....

§ 1º As ações preferenciais sem direito de voto adquirirão o exercício desse direito se a companhia, pelo prazo previsto no estatuto, não superior a 2 (dois) exercícios consecutivos, deixar de pagar os dividendos a que fizerem jus, direito que conservarão até o pagamento, se tais dividendos não forem cumulativos, ou até que sejam pagos os cumulativos em atraso.

...."

"Art. 117 ....

§ 1º ....

h) utilizar, a qualquer título, recursos da companhia para fins estranhos ou lesivos aos seus objetivos;

i) realizar negócios, a qualquer titulo, com terceiros, em condições prejudiciais aos interesses da companhia;

j) subscrever ações, para os fins do disposto no art. 170, com a realização em bens estranhos aos objetivos sociais da companhia;

l) praticar outros atos que causem dano patrimonial à companhia ou a seus acionistas."

"Art. 123 ....

Parágrafo único ....

d) por acionistas que representem 5% (cinco por cento), no mínimo, do capital votante, ou 5% (cinco por cento), no mínimo, dos acionistas sem direito a voto, quando os administradores não atenderem, no prazo de 8 (oito) dias, a pedido de convocação de assembléia para instalação do conselho fiscal."

"Art. 126 ....

II — os titulares de ações escriturais ou em custódia nos termos do art. 41, além do documento de identidade, exibirão, ou depositarão na companhia, se o estatuto o exigir, comprovante expedido pela instituição financeira depositária.

§ 1º ....

§ 2º ....

c) ser dirigido a todos os titulares de ações cujos endereços constem da companhia .... "

"Art. 136. É necessária a aprovação de acionistas que representem metade, no mínimo, das ações com direito a voto, se maior quórum não for exigido pelo estatuto da companhia cujas ações não estejam admitidas à negociação em bolsa ou no mercado de balcão, para deliberação sobre:

I — criação de ações preferenciais ou aumento de classes existentes, sem guardar proporção com as demais espécies e classes, salvo se já previstos ou autorizados pelo estatuto;

II — alteração nas preferências, vantagens e condições de resgate ou amortização de uma ou mais classes de ações preferenciais, ou criação de nova classe mais favorecida;

III — redução do dividendo obrigatório;

IV — fusão da companhia, ou sua incorporação em outra;

V — participação em grupo de sociedades (art. 265);

VI — mudança do objeto da companhia;

VII — cessação do estado de liquidação da companhia;

VIII — criação de partes beneficiárias;

IX — cisão da companhia;

X — dissolução da companhia.

§ 1º Nos casos dos incisos I e II, a eficácia da deliberação depende de prévia aprovação ou da ratificação, em prazo improrrogável de um ano, por titulares de mais da metade de cada classe de ações preferenciais prejudicadas, reunidos em assembléia especial convocada pelos administradores e instalada com as formalidades desta lei.

....

§ 4º Deverá constar da ata da assembléia geral que deliberar sobre as matérias dos incisos I e II, se não houver prévia aprovação, que a deliberação só terá eficácia após a sua ratificação pela assembléia especial prevista no § 1º."

"Art. 137. A aprovação das matérias previstas nos incisos I a VI do art. 136 dá ao acionista dissidente direito de retirar-se da companhia, mediante reembolso do valor das suas ações (art. 45), observadas as seguintes normas:

I — nos casos dos incisos I e II do art. 136, somente terá direito de retirada o titular de ações de espécie ou classe prejudicadas;

II — nos casos do inciso IV somente terá direito de retirada o titular de ações que não integrem índices gerais representativos de carteira de ações admitidos à negociação em bolsas de futuros;

III — o reembolso da ação deve ser reclamado à companhia no prazo de 30 (trinta) dias contados da publicação da ata da assembléia geral;

IV — o prazo para o dissidente de deliberação de assembléia especial (art. 136, § 1º) será contado da publicação da respectiva ata;

V — o pagamento do reembolso somente poderá ser exigido após a observância do disposto no § 3º e, se for o caso, da ratificação da deliberação pela assembléia geral.

§ 1º O acionista dissidente de deliberação da assembléia, inclusive o titular de ações preferenciais sem direito de voto, poderá exercer o direito de reembolso das ações de que, comprovadamente, era titular na data da primeira publicação do edital de convocação da assembléia, ou na data da comunicação do fato relevante objeto da deliberação, se anterior.

§ 2º O direito de reembolso poderá ser exercido no prazo previsto no inciso III do *caput* deste artigo, ainda que o titular das ações tenha-se abstido de votar contra a deliberação ou não tenha comparecido à reunião.

§ 3º Nos 10 (dez) dias subseqüentes ao término do prazo de que trata o inciso III do *caput* deste artigo, contado da publicação da ata da assembléia geral ou da assembléia especial que ratificar a deliberação, é facultado aos órgãos da administração convocar a assembléia geral para reconsiderar ou ratificar a deliberação, se entenderem que o pagamento do preço do reembolso das ações aos acionistas dissidentes que exerceram o direito de retirada porá em risco a estabilidade financeira da empresa.

§ 4º Decairá do direito de retirada o acionista que não o exercer no prazo fixado."

"Art. 152. A assembléia geral fixará pormenorizadamente o montante global e individual da remuneração dos administradores, inclusive benefícios de qualquer natureza e verbas de representação, tendo em conta suas responsabilidades, o tempo dedicado às suas funções, sua competência e reputação profissional e o valor dos seus serviços no mercado.

...."

"Art. 161 ....

§ 4º ....

a) os acionistas com direito de voto poderão eleger, pelo menos, um membro e respectivo suplente;

b) os acionistas minoritários, desde que representem, em conjunto, 5% (cinco por cento) ou mais das ações com direito a voto, terão direito de eleger, em votação em separado, um membro e respectivo suplente;

c) ressalvado o disposto nas alíneas anteriores, os titulares de ações preferenciais sem direito de voto, ou com voto restrito, excluídos o controlador, a sociedade controlada ou do mesmo grupo e o cônjuge ou parente, até o terceiro grau, terão direito de eleger, em votação em separado, os membros efetivos e suplentes que, somados ao eleito nos termos da alínea *b*, serão sempre em número igual ao dos eleitos nos termos da alínea *a*, mais um."

"Art. 162 ....

§ 3º A remuneração dos membros do conselho fiscal, além do reembolso, obrigatório, das despesas de locomoção e estadia necessárias ao desempenho da função, será fixada pela assembléia geral que os eleger, e não poderá ser inferior, para cada membro em exercício, a 30% (trinta por cento) da que, em média, for atribuída a cada diretor, não computados benefícios, verbas de representação e participação nos lucros."

"Art. 163 ....

§ 5º O conselho fiscal poderá, para melhor desempenho de suas funções, escolher profissionais especializados e fixar-lhes os honorários, dentro de níveis razoáveis, vigentes na praça e compatíveis com a dimensão econômica da companhia, os quais deverão ser pagos por esta.

...."

"Art. 170 ....

§ 1º O preço de emissão deverá ser fixado, sem diluição injustificada da participação dos antigos acionistas, ainda que tenham direito de preferência para subscrevê-las, tendo em vista:

a) a perspectiva de rentabilidade da companhia: ou

b) o valor do patrimônio líquido da ação; ou

c) a cotação de suas ações em Bolsa de Valores ou no mercado de balcão organizado, admitido ágio ou deságio em função das condições do mercado.

....

§ 7º A proposta de aumento do capital deverá esclarecer qual dos critérios previstos no § 1º deste artigo foi adotado, justificando pormenorizadamente os aspectos econômicos que determinaram a sua escolha."

"Art. 176 ....

§ 6º A companhia fechada, com patrimônio líquido, na data do balanço, não superior a R$ 1.000.000,00 (um milhão de reais) não será obrigada à elaboração e publicação da demonstração das origens e aplicações de recursos."

"Art. 202 ....

§ 1º O estatuto poderá estabelecer o dividendo como porcentagem do lucro ou do capital social, a este somadas as reservas de capital (art. 182, §§ 1º e 2º) e as reservas de lucros (art. 182, § 4º), ou fixar outros critérios para determiná-lo, desde que sejam regulados com precisão e minúcia e não sujeitem os acionistas minoritários ao arbítrio dos órgãos de administração ou da maioria.

.... "

"Art. 206 ....

I — ....

c) por deliberacão da assembléia geral (art. 136, X);

.... "

"Art. 223 ....

§ 3º Se a incorporação, fusão ou cisão envolverem companhia aberta, as sociedades que a sucederem serão também abertas, devendo obter o respectivo registro e, se for o caso, promover a admissão de negociação das novas ações no mercado secundário, no prazo máximo de 120 (cento e vinte) dias, contados da data da assembléia geral que aprovou a operação, observando as normas pertinentes baixadas pela Comissão de Valores Mobiliários.

§ 4º O descumprimento do previsto no parágrafo anterior dará ao acionista direito de retirar-se da companhia, mediante reembolso do valor das suas ações (art. 45), nos 30 (trinta) dias seguintes ao término do prazo nele referido, observado o disposto nos §§ 1º e 4º do art. 137."

"Art. 229 ....

§ 5º As ações integralizadas com parcelas de patrimônio da companhia cindida serão atribuídas a seus titulares, em substituição às extintas, na proporção das que possuíam; a atribuição em proporção diferente requer aprovação de todos os titulares, inclusive das ações sem direito a voto."

"Art. 230. Nos casos de incorporação ou fusão, o prazo para exercício do direito de retirada, previsto no art. 137, inciso II, será contado a partir da publicação da ata que aprovar o protocolo ou justificação, mas o pagamento do preço de reembolso somente será devido se a operação vier a efetivar-se."

"Art. 250 ....

§ 1º A participação dos acionistas não controladores no patrimônio líquido e no lucro do exercício será destacada, respectivamente, no balanço patrimonial e na demonstração do resultado do exercício.

.... "

"Art. 255. A alienação do controle de companhia aberta que dependa de autorização do governo para funcionar está sujeita à prévia autorização do órgão competente para aprovar a alteração do seu estatuto."

"Art. 256 ....

II — ....

a) cotação média das ações em bolsa ou no mercado de balcão organizado, durante os 90 (noventa) dias anteriores à data da contratação;

.... "

"Art. 264. Na incorporação, pela controladora, de companhia controlada, a justificação, apresentada à assembléia geral da controlada, deverá conter, além das informações previstas nos arts. 224 e 225, o cálculo das relações de substituição das ações dos acionistas não controladores da controlada com base no valor do patrimônio líquido das ações da controladora e da controlada, avaliados os dois patrimônios segundo os mesmos critérios e na mesma data, a preços de mercado.

.... "

§ 3º Se as relações de substituição das ações dos acionistas não controladores, previstas no protocolo da incorporação, forem menos vantajosas que as resultantes da comparação prevista neste artigo, os acionistas dissidentes da deliberação da assembléia geral da controlada (art. 230) que aprovar a operação terão direito de escolher entre o valor de reembolso fixado nos termos do art. 45 ou o valor do patrimônio líquido a preços de mercado."

"Art. 270. A convenção de grupo deve ser aprovada com observância das normas para alteração do contrato social ou do estatuto (art. 136, V).

.... "

"Art. 277 ....

§ 1º ....

a) a sociedade de comando e as filiais poderão eleger, pelo menos, um membro e respectivo suplente;

b) os acionistas minoritários, desde que representem, em conjunto, 5% (cinco por cento) ou mais das ações com direito a voto, terão direito de eleger, em votação em separado, um membro e respectivo suplente;

c) ressalvado o disposto nas alíneas anteriores, os titulares de ações preferenciais sem direito a voto, ou com voto restrito, excluída a sociedade de comando e as filiais, terão direito de eleger, em votação em separado, os membros efetivos e suplentes que, somados ao eleito nos termos da alínea *b*, serão sempre em número igual ao dos eleitos nos termos da alínea *a*, mais um.

.... "

"Art. 283. A assembléia geral não pode, sem o consentimento dos diretores ou gerentes, mudar o objeto essencial da sociedade, prorrogar-lhe o prazo de duração, aumentar ou diminuir o capital social, emitir debêntures ou criar partes beneficiárias nem aprovar a participação em grupo de sociedade."

"Art. 289. As publicações ordenadas pela presente lei serão feitas:

I — no órgão oficial da União; ou

II — no órgão oficial do Distrito Federal ou Estado, conforme esteja situada a sede da companhia; e

III — em jornal de grande circulação editado na localidade em que esteja situada a sede da companhia.

§ 1º A Comissão de Valores Mobiliários poderá determinar que as publicações ordenadas pela presente lei sejam feitas, também, em jornal de grande circulação nas localidades em que os valores mobiliários da companhia sejam negociados em bolsa ou em mercado de balcão, ou disseminadas por algum outro meio que assegure sua ampla divulgação e imediato acesso às informações.

....

§ 6º As publicações do balanço e da demonstração de lucros e perdas poderão ser feitas adotando-se como expressão monetária o "milhar de reais"."

"Art. 294. A companhia fechada, que tiver menos de 20 (vinte) acionistas, cujo patrimônio líquido for inferior a R$ 5.000.000,00 (cinco milhões de reais) poderá:

.... "

Art. 2º Os arts. 11, 15, 17, 21 e 22 da Lei n. 6.385, de 7 de dezembro de 1976, passam a vigorar com as seguintes redações:

"Art. 11 ....

I — advertência;

II — multa;

III — suspensão do exercício do cargo de administrador de companhia aberta, de entidade do sistema de distribuição ou de outras entidades que dependam de autorização ou registro na Comissão de Valores Mobiliários;

IV— inabilitação temporária, até o máximo de 20 (vinte) anos, para o exercício dos cargos referidos no inciso anterior;

V — suspensão de autorização ou registro, para o exercício das atividades de que trata esta lei;

VI — cassação de autorização ou registro, para o exercício das atividades de que trata esta lei;

VII — proibição temporária, até o máximo de 20 (vinte) anos, de praticar determinadas atividades ou operações, para os integrantes do sistema de distribuição ou de outras entidades que dependam de autorização ou registro na Comissão de Valores Mobiliários;

VIII — proibição temporária, até o máximo de 10 (dez) anos, de atuar como investidor, direta ou indiretamente, em uma ou mais modalidades de operação no mercado de valores mobiliários.

§ 1º A multa não excederá o maior destes valores:

I — R$ 500.000,00 (quinhentos mil reais);

II — 50% (cinqüenta por cento) do valor da emissão ou operação irregular; ou

III — 3 (três) vezes o montante da vantagem econômica obtida ou da perda evitada em decorrencia do ilícito.

§ 2º Nos casos de reincidência serão aplicadas, alternativamente, multa nos termos do parágrafo anterior, até o triplo dos valores fixados, ou penalidade prevista nos incisos III a VIII do *caput* deste artigo.

§ 3º Ressalvado o disposto no parágrafo anterior, as penalidades previstas nos incisos III a VIII do *caput* deste artigo somente serão aplicadas nos casos de infração grave, assim definidas em normas da Comissão de Valores Mobiliários.

§ 4º As penalidades somente serão impostas com observância do procedimento previsto no § 2º do art. 9º desta lei, cabendo recurso para o Conselho de Recursos do Sistema Financeiro Nacional.

§ 5º A Comissão de Valores Mobiliários poderá suspender, em qualquer fase, o procedimento administrativo, se o indiciado ou acusado assinar termo de compromisso, obrigando-se a:

I — cessar a prática de atividades ou atos considerados ilícitos pela Comissão de Valores Mobiliários; e

II — corrigir as irregularidades apontadas, inclusive indenizando os prejuízos.

§ 6º O compromisso a que se refere o parágrafo anterior deste artigo não importará confissão quanto à matéria de fato, nem reconhecimento de ilicitude da conduta analisada.

§ 7º O termo de compromisso deverá ser publicado no *Diário Oficial da União*, discriminando o prazo para cumprimento das obrigações eventualmente assumidas, e o seu inadimplemento caracterizará crime de desobediência, previsto no art. 330 do Código Penal.

§ 8º Não cumpridas as obrigações no prazo, a Comissão de Valores Mobiliários dará continuidade ao procedimento administrativo anteriormente suspenso, para a aplicação das penalidades cabíveis.

§ 9º Serão considerados, na aplicação de penalidades previstas na lei, o arrependimento eficaz e o arrependimento posterior ou a circunstância de qualquer pessoa, espontaneamente, confessar ilícito ou prestar informações relativas à sua materialidade.

§ 10. A Comissão de Valores Mobiliários regulamentará a aplicação do disposto nos §§ 5º a 9º deste artigo aos procedimentos conduzidos pelas Bolsas de Valores e entidades do mercado de balcão organizado.

§ 11. A multa cominada pela inexecução de ordem da Comissão de Valores Mobiliários, nos termos do inciso II do *caput* do art. 9º e do inciso IV de seu § 1º, não excederá a R$ 5.000,00 (cinco mil reais) por dia de atraso no seu cumprimento e sua aplicação independe do inquérito administrativo previsto no inciso V do *caput* do mesmo artigo.

§ 12. Da decisão que aplicara multa prevista no parágrafo anterior caberá recurso voluntário, no prazo de 10 (dez) dias, ao Colegiado da Comissão de Valores Mobiliários, sem efeito suspensivo."

"Art. 15 ....

V — entidades de mercado de balcão organizado."

"Art. 17. As Bolsas de Valores e as entidades de mercado de balcão organizado terão autonomia administrativa, financeira e patrimonial, operando sob a supervisão da Comissão de Valores Mobiliários.

Parágrafo único. Às Bolsas de Valores e às entidades de mercado de balcão organizado incumbe, como órgãos auxiliares da Comissão de Valores Mobiliários, fiscalizar os respectivos membros e as operações nelas realizadas."

"Art. 21. A Comissão de Valores Mobiliários manterá, além do registro de que trata o art. 19:

I — o registro para negociação na bolsa;

II — o registro para negociação no mercado de balcão, organizado ou não.

§ 1º Somente os valores mobiliários emitidos por companhia registrada nos termos deste artigo podem ser negociados na bolsa e no mercado de balcão

§ 2º O registro do art.19 importa registro para o mercado de balcão, mas não para a bolsa ou entidade de mercado de balcão organizado.

§ 3º São atividades do mercado de balcão não organizado as realizadas com a participação das empresas ou profissionais indicados no art. 15, incisos I, II e III, ou nos seus estabelecimentos, excluídas as operações efetuadas em bolsas ou em sistemas administrados por entidades de balcão organizado.

§ 4º Cada Bolsa de Valores ou entidade de mercado de balcão organizado poderá estabelecer requisitos próprios para que os valores sejam admitidos à negociação no seu recinto ou sistema, mediante prévia aprovação da Comissão de Valores Mobiliários.

§ 5º O mercado de balcão organizado será administrado por entidades cujo funcionamento dependerá de autorização da Comissão de Valores Mobiliários, que expedirá normas gerais sobre:

I — condições de constituição e extinção, forma jurídica, órgãos de administração e seu preenchimento;

II — exercício do poder disciplinar pelas entidades, sobre os seus participantes ou membros, imposição de penas e casos de exclusão;

III — requisitos ou condições de admissão quanto à idoneidade, capacidade financeira e habilitação técnica dos administradores e representantes das sociedades participantes ou membros;

IV — administração das entidades, emolumentos, comissões e quaisquer outros custos cobrados pelas entidades ou seus participantes ou membros, quando for o caso.

§ 6º Compete à Comissão de Valores Mobiliários expedir normas para a execução do disposto neste artigo, especificando:

I — casos em que os registros podem ser dispensados, recusados, suspensos ou cancelados;

II — informações e documentos que devam ser apresentados pela companhia para a obtenção do registro, e seu procedimento;

III — casos em que as ações poderão ser negociadas simultaneamente nos mercados de bolsa e de balcão, organizado ou não."

"Art. 22 ....

Parágrafo único ....

VII — a realização, pelas companhias abertas com ações admitidas a negociação em bolsa ou no mercado de balcão organizado, de reuniões anuais com seus acionistas e agentes do mercado de valores mobiliários, no local da Bolsa de maior negociação dos títulos da companhia no ano anterior, para a divulgação de informações quanto à respectiva situação econômico financeira, projeções de resultados e resposta aos esclarecimentos que lhes forem solicitados;

VIII — as demais matérias previstas em lei."

Art. 3º. Fica incluído na Lei n. 6.385, de 7 de dezembro de 1976, o seguinte art. 33, renumerando-se os demais:

"Art. 33. Prescrevem em 5 (cinco) anos as infrações das normas legais cujo cumprimento incumba à Comissão de Valores Mobiliários fiscalizar, ocorridas no mercado de valores mobiliários, no âmbito de sua competência, contado esse prazo da prática do ilícito ou, no caso de infração permanente ou continuada, do dia em que tiver cessado.

§ 1º Aplica-se a prescrição a todo inquérito paralisado por mais de 3 (três) anos, pendente de despacho ou julgamento, devendo ser arquivado de ofício ou a requerimento da parte interessada, sem prejuízo de serem apuradas as responsabilidades pela paralisação, se for o caso.

§ 2º A prescrição interrompe-se:

I — pela notificação do indiciado;

II — por qualquer ato inequívoco que importe apuração da irregularidade;

III — pela decisão condenatória recorrível, de qualquer órgão julgador da Comissão de Valores Mobiliários.

IV — pela assinatura do termo de compromisso, como previsto no § 5º do art. 11 desta lei.

§ 3º Não correrá a prescrição quando o indiciado ou acusado encontrar-se em lugar incerto ou não sabido.

§ 4º Na hipótese do parágrafo anterior, o processo correrá contra os demais acusados, desmembrando-se-o em relação ao acusado revel."

Art. 4º. O Poder Executivo fará republicar a íntegra das Leis ns. 6.404, de 15 de dezembro de 1976, e 6.385, de 7 de dezembro de 1976, com as alterações promovidas posteriormente à sua promulgação, inclusive as desta lei, suprimindo o texto dos arts. 21, 22, 26, 112 e 292 da primeira delas.

Art. 5º. A presente lei entrará em vigor 30 (trinta) dias após a sua publicação, aplicando-se, todavia, imediatamente, a partir desta data, às companhias que vierem a se constituir.

Art. 6º. Revogam-se a Lei n. 7.958, de 20 de dezembro de 1989, o art. 254 e os §§ 1º e 2º do art. 255 da Lei n. 6.404, de 15 de dezembro de 1976, e as demais disposições em contrário.

Deputado Luiz Carlos Hauly (Relator)

Atualidades

LA COMISIÓN DE LAS NACIONES UNIDAS PARA EL DERECHO MERCANTIL INTERNACIONAL (CNUDMI)

I — Origen, mandato y composición de la CNUDMI

La Comisión de las Naciones Unidas para el Derecho Mercantil Internacional (CNUDMI) fue establecida por la Asamblea General en 1966. La Asamblea General, al establecer la Comisión, reconoció que las disparidades entre las legislaciones nacionales que regían el comercio internacional creaban obstáculos al flujo del comercio. Consideró que la Comisión constituiría un instrumento mediante el cual las Naciones Unidas podrían desempeñar un papel más activo en la reducción o eliminación de esos obstáculos. Por consiguiente, encomendó a la Comisión el mandato general de fomentar la armonización y unificación progresivas del derecho mercantil internacional. Desde ese momento, la CNUDMI se ha convertido en el principal órgano jurídico del sistema de las Naciones Unidas en el área del derecho mercantil internacional.

La Comisión está integrada por 36 Estados miembros, elegidos por la Asamblea General. La estructura de su composición es representativa de las diversas regiones geográficas y de los principales sistemas jurídicos y económicos del mundo. Los miembros de la Comisión son elegidos por períodos de seis años, y cada tres años expira el mandato de la mitad de ellos. El 28 de noviembre de 1994, durante el cuadragésimo nono período de sesiones de la Asamblea General, se eligió a los miembros cuyo mandato expiraba un día antes de la apertura del 28º período de sesiones (Viena, 2 a 26 de mayo de 1995). Así pues, los miembros de la CNUDMI a partir del 2 de mayo de 1995, y los años en que expiran sus respectivos mandatos son los siguientes:

Alemania (2001), Algeria (2001), Arabia Saudita (1998), Argentina (1998), Australia (2001), Austria (1998), Botswana (2001), Brasil (2001), Bulgaria (2001), Camerún (2001), Chile (1998), China (2001), Ecuador (1998), Egipto (2001), Eslovaquia (1998), España (1998), Estados Unidos de América (1998), Federación de Rusia (2001), Finlandia (2001) Francia (2001), Hungría (1998), India (1998), Irán (República Islámica del) (1998), Italia (1998), Japón (2001), Kenia (1998), México (2001), Nigeria (2001), Polonia (1998), Reino Unido de Gran Bretaña e Irlanda del Norte (2001), República Unida de Tanzanía (1998), Singapur (2001), Sudán (1998), Tailandia (1998), Uganda (1998), y Uruguay (1998).

La secretaría de la CNUDMI es ejercida por la Subdivisión de Derecho Mercantil Internacional de la Oficina de Asuntos Jurídicos de las Naciones Unidas. Se encuentra en Viena, y sus señas son las siguientes:

Secretaría de la CNUDMI Centro Internacional de Viena Apartado postal 500 A-1400 Viena, Austria (Europa)

Teléfono: (43-1) 21345-4060 o 4061 Télex: 135612 uno a Telefax: (43-1) 21345-5813 Portada de internet (en prep.): http://www.un.or.at/uncitral

II — Grupos de trabajo de la CNUDMI

La Comisión ha establecido tres grupos de trabajo que se encargan de la labor preparatoria sustantiva sobre los temas que figuran en el programa de trabajo de la Comisión. Cada uno de los grupos de trabajo está integrado por todos los Estados miembros de la Comisión.

III — Períodos de sesiones de la CNUDMI y de sus Grupos de trabajo

La Comisión lleva a cabo su labor en períodos de sesiones anuales, que se celebran alternadamente en la sede de las Naciones Unidas, en Nueva York o en Viena. Cada grupo de trabajo de la Comisión celebra generalmente uno o dos períodos de sesiones al año, según el tema de que se ocupe; estos períodos de sesiones también se celebran alternadamente en Nueva York y Viena.

Todos los Estados que no son miembros de la Comisión, así como las organizaciones internacionales interesadas, están invitados a asistir como observadores a las sesiones de la Comisión y de sus grupos de trabajo. Los observadores pueden participar en las deliberaciones de las sesiones de la Comisión y de sus grupos de trabajo en la misma medida que los Estados miembros.

IV — Labor llevada a cabo por la CNUDMI

A continuación se indican los temas sobre los que la Comisión ha trabajado o está trabajando, así como los principales resultados de sus labores.

A. Compraventa internacional de mercaderías y operaciones conexas

• *Convención sobre la Prescripción en materia de Compraventa Internacional de Mercaderías (Nueva York. 1974).* Esta Convención establece normas uniformes que rigen el plazo dentro del que puede iniciarse un procedimiento relacionado con un contrato de compraventa internacional de mercaderías. La Convención ha sido enmendada por un Protocolo de 1980, cuando se aprobó la Convención de las Naciones Unidas sobre los Contratos de Compraventa Internacional de Mercaderías (véase *infra*). Tanto la Convención en su primera versión como la Convención enmendada entraron en vigor el 1º de agosto de 1988. Actualmente son 20 los Estados partes en esta Convención, de los que 14 son partes en la Convención enmendada.

• *Convención de las Naciones Unidas sobre los Contratos de Compraventa Internacional de Mercaderías (Viena. 1980).* Esta Convención contiene un conjunto comprensivo de normas que rigen la formación de los contratos de compraventa internacional de mercaderías, las obligaciones del comprador y del vendedor, los derechos y acciones en caso de incumplimiento y otros aspectos del contrato. La Convención entró en vigor el 1º de enero de 1988. Actualmente son 45 los Estados partes en esta Convención.

• *Guía Jurídica de la CNUDMI sobre Operaciones de Comercio Compensatorio Internacional (1992).* La finalidad de la Guía Jurídica, adoptada en 1992, es ayudar a las partes en la negociación de operaciones de comercio compensatorio internacional. En ella se examina importantes cuestiones jurídicas que plantean dichas operaciones y se propone soluciones para su adopción en los contractos

B. Transporte internacional de mercaderías

• *Convenio de las Naciones Unidas sobre el Transporte Marítimo de Mercancías. (1978) ("Reglas de Hamburgo").* Este Convenio establece un régimen jurídico uniforme para los derechos y obligaciones (de cargadores, porteadores y consignatarios) que surjan de un contrato de transporte marítimo de mercancías. El Convenio se preparó a petición de los países en desarrollo y su aprobación por los Estados ha sido apoyada por organizaciones intergubernamentales tales como la UNCTAD, el Comité Jurídico Consultivo Asiático-Africano y la Organización de los Estados Americanos. Las 20 ratificaciones o adhesiones que eran necesarias para que el Convenio entrara en vigor han sido ya depositadas, y así el Convenio rige desde el 1º de noviembre de 1992 (situación actual: 25 ratificaciones o adhesiones).

• *Convención de las Naciones Unidas sobre la Responsabilidad de los Empresarios de Terminales de Transporte en el Comercio Internacional (Viena. 1991).* La Convención contiene normas uniformes que rigen la responsabilidad del empresario de terminal por las pérdidas y daños que sufran las mercaderías objeto de transporte internacional mientras se encuentran en la terminal, así como por la demora en su entrega. La Convención fue adoptada por una conferencia diplomática y quedó abierta a la firma y ratificación o adhesión el 19 de abril de 1991. A1 presente, se ha recibido una adhesión. Son necesarias cinco ratificaciones o adhesiones para que la Convención entre en vigor.

C. *Arbitraje y conciliación comercial internacional*

• *Reglamento de Arbitraje de la CNU DMI (1976).* El Reglamento de Arbitraje contiene un conjunto completo de normas de procedimiento que las partes pueden utilizar para la sustanciación de las actuaciones arbitrales atinentes a sus relaciones comerciales. El Reglamento se utiliza ampliamente en muchos contextos.

• *Recomendaciones para ayudar a las instituciones arbitrales y otros órganos interesados en relación con los arbitrajes sometidos al Reglamento de Arbitraje de la CNUDMI (1982).*

• *Reglamento de Conciliación de la CN UDMI (1980).* Las partes en una controversia comercial, cuando deseen solucionarla amistosamente, podrán acordar que este Reglamento rija el procedimiento de conciliación.

• *Ley Modelo de la CNUDMI sobre Arbitraje Comercial Internacional (1985).* La Ley Modelo de Arbitraje tiene por objeto ayudar a los Estados a reformar y modernizar sus leyes sobre procedimiento arbitral a fin de que tengan en cuenta las características y necesidades especiales del arbitraje comercial internacional. La Ley Modelo fue aprobada por la Comisión en 1985 y ya ha sido promulgada como ley en un considerable número de ordenamientos jurídicos, tanto de países desarrollados como de países en desarrollo.

• *Proyecto de Notas de la CNUDMI sobre Organización del Proceso Arbitral (1996).*

La finalidad de las Notas es ayudar a los profesionales del arbitraje en la preparación del proceso arbitral, proponiéndoles una lista comentada de asuntos que el tribunal arbitral puede juzgar útil decidir en el curso del proceso. Este texto, que por su naturaleza no es obligatorio, puede utilizarse tanto en el arbitraje administrado por una institución arbitral, como en el que no lo es.

• *Convención sobre el Reconocimiento y la Ejecución de las Sentencias Arbitrales Extranjeras (Nueva York. 1958).* Aunque la Convención fue preparada por las Naciones Unidas antes de que se estableciera la CNUDMI, la promoción de la Convención forma parte del programa de trabajo de la Comisión. Como su nombre indica, la Convención prevé el reconocimiento y la ejecución de laudos arbitrales dictados en países extranjeros. A la fecha, 109 Estados son partes en la Convención.

D. Contratación pública

• *La Ley Modelo de la CNUDMI sobre Contratación Pública de Bienes, Obras y Servicios (1994).* Esta Ley Modelo, adoptada por la Comisión en 1994, se redactó con el objeto de asistir a los países en el proceso de reforma y actualización de sus leyes en materia de adquisiciones por el sector público. La Ley prevé la técnica adecuada para alcanzar los fines de competencia leal, transparencia, imparcialidad y objetividad en todo el proceso de contratación, asegurando así una mayor economía y eficiencia en este campo. Para auxiliar al ejecutivo y legislativo en diversos países que utilizan la Ley Modelo, la Comisión ha redactado también la *Guía para la Incorporación Eventual al Derecho Interno de la Ley Modelo de la CNUDMI sobre la Contratación Pública de Bienes, Obras y Servicios.*

En 1993, la Comisión había adoptado la Ley Modelo de la CNUDMI sobre Contratación Pública de Bienes y Obras junto con la Guía que le acompaña para facilitar la incorporación eventual de la Ley al derecho interno. Esta Ley Modelo es apta para aquellos Estados que quieran adoptar una legislación de contratación pública sólo en el campo de bienes y obras.

E. Contratos de Construcción

• *Guía Jurídica de la CNUDMI para la Redacción de Contratos Internacionales de Construcción de Instalaciones Industriales (1988).* Esta Guía Jurídica fue publicada en febrero de 1988. Examina las principales cuestiones jurídicas que se plantean en relación con la construcción de instalaciones industriales, abarcando la etapa previa al contrato, la etapa de la construcción y la posterior a la construcción, y sugiere a las partes posibles formas de abordar estas cuestiones en sus contratos. Se preparó teniendo presentes los problemas especiales de los adquirentes de países en desarrollo.

F. Pagos internacionales

• *Convención de las Naciones Unidas sobre letras de cambio internacionales y pagarés internacionales (Nueva York. 1988).* Esta Convención prevé nuevos títulos valores internacionales de uso facultativo para las partes en operaciones comerciales internacionales, así como un conjunto comprensivo de normas que rigen esos títulos. Tiene por objeto eliminar las principales disparidades e incertidumbres que actualmente existen en relación con los títulos valores utilizados en los pagos internacionales. La Convención es aplicable cuando las partes utilicen una forma especial de instrumento negociable expresando que éste quedará sometido a la Convención de la CNUDMI. Esta fue aprobada y abierta a la firma por la Asamblea General en su cuadragésimo tercer período de sesiones, celebrado en diciembre de 1988. Son necesarias diez ratificaciones o adhesiones para que la Convención entre en vigor. Hasta la fecha, 2 Estados se han adherido a ella.

• *Guía Jurídica de la CNUDMI sobre Transferencias Electrónicas de Fondos (1987).* Esta Guía, publicada en 1987, describe los problemas jurídicos que se plantean en las transferencias de fondos por medios electrónicos y examina algunos criterios para solucionarlos.

• *Ley Modelo de la CNUDMI sobre Transferencias Internacionales de Crédito (1992).* La Ley Modelo, aprobada en 1992, trata de las operaciones resultantes de una orden dada por un iniciador a un banco para que éste ponga a la disposición de un beneficiario una suma determinada de dinero. La Ley Modelo comprende materias como las obligaciones del banco expedidor de la orden y del banco receptor; el plazo de que dispone el banco receptor para efectuar el pago; y la responsabilidad de un banco ante su expedidor o su iniciador, cuando la transferencia sufra retraso u ocurra algún error.

• *Convención de las Naciones Unidas sobre Garantías Independientes y Cartas de Crédito Contingente (Nueva York. 1995).* Esta Convención fue adoptada por la Assamblea General el 11 de diciembre de 1995, quedando abierta para la firma y ratificación o adhesión. Tiene por objeto facilitar el uso de garantías independientes y de cartas de crédito contingente, en especial cuando, por tradición local, se conoce sólo uno de estos instrumentos. La Convención, además, da solidez al reconocimiento de aquellos principios básicos y características que son comunes a ambos instrumentos.

G. Comercio electrónico

• *Recomendaciones a los gobiernos y a las organizaciones internacionales sobre el valor jurídico de los registros computadorizados (1985).*

• *Ley Modelo de la CNUDMI sobre Comercio Electrónico (1996).* Esta Ley Modelo, adoptada en 1996, tiene por objeto facilitar el uso de medios modernos de comunicación y de almacenamiento de información, por ejemplo, el intercambio electrónico de datos (EDI), el correo electrónico y la tel ecopia, con o sin soporte como sería el Internet. Se basa en el establecimiento de equivalentes funcionales de conceptos conocidos en el tráfico que se opera sobre papel, como serían los conceptos "escrito", "firma" y "original". La Ley Modelo, por cuanto proporciona los criterios para apreciar el valor jurídico de los mensajes electrónicos, será muy importante para aumentar el uso de las comunicaciones que se operan sin el uso del papel. Como complemento de las normas generales, la Ley contiene también normas para el comercio electrónico en áreas especiales, como sería el transporte de mercancías. Por último, la Comisión ha expedido aún una Guía para la Incorporación de la Ley Modelo de la CNUDMI sobre *Comercio Electrónico* al derecho interno. Esta Guía tiene por destinatarios, en los diferentes Estados, a la rama del ejecutivo, a los cuerpos legislativos y a los mismos tribunales de justicia, según los casos.

H. Otros productos de la labor de la CNUDMI

Cabe citar, entre otros los siguientes textos que son producto de la labor de la CNUDMI:

• *Disposiciones relativas a una unidad de cuenta universal y al ajuste de la limitación de la responsabilidad en los instrumentos internacionales sobre transporte (1982);*

• *Normas uniformes sobre cláusulas contractuales por las que se establece una suma convenida en razón de la falta de cumplimiento (1983).*

V — Sentencias y laudos sobre textos de la CNUDMI (CLOUT)

La secretaría de la CNUDMI ha establecido un sistema para recoger y diseminar información sobre decisiones judiciales y también laudos arbitrales, atinentes a las convenciones y leyes modelos elaborados por la Comisión. El objeto de este sistema es despertar, a nivel internacional, el interés por los textos legales elaborados por la Comisión, y a la vez, facilitar una interpretación y aplicación uniformes de esos textos. Este sistema informativo se explica en un documento que puede ser solicitado a la secretaría (A/CN.9/SER.C/GUIDE/1). Al presente, el sistema CLOUT cubre información sobre la operatividad de los siguientes textos: Convención sobre prescripción (Nueva York, 1974), en la versión del Protocolo de enmienda (Viena, 1980); Convención de las Naciones Unidas sobre compraventa (Viena, 1980); Ley Modelo de la CNUDMI sobre arbitraje (1985); y, Reglas de Hamburgo (1978).

VI — Asistencia a los países que consideran la posibilidad de aprobar los textos de la CNUDMI

La Secretaría de la CNUDMI está dispuesta a prestar asistencia y asesoramiento técnicos a los Estados que estén considerando la posibilidad de aprobar alguno de los textos jurídicos preparados por la Comisión. Dicha asistencia implica a menudo el examen de la legislación propuesta.

VII — Capacitación en derecho mercantil internacional

• *Seminarios nacionales y regionales sobre derecho mercantil internacional*

La Comisión organiza seminarios a nivel nacional y regional así como también misiones oficiales para informar sobre el derecho mercantil internacional, con el propósito de promover la divulgación de las labores de la Comisión principalmente en países en desarrollo y con miras a la aprobación y utilización de los textos elaborados por ella.

• *Seminario sobre derecho mercantil internacional para jóvenes estudiosos*

Se prevé la celebración de seminarios sobre derecho mercantil internacional para jóvenes estudiosos y profesionales del derecho, con ocasión de las plenarias anuales de la Comisión cuando éstas se tienen en Viena. Se acostumbra adjudicar algunas becas para sufragar los gastos de viaje de ciertos participantes. El próximo seminario se celebrará en Viena en junio de 1997.

• *Pasantías*

La Secretaría de la CNUDMI tiene establecido un programa de pasantías, para dar a jóvenes profesionales la oportunidad de familiarizarse con las labores de la Comisión y acrecentar sus conocimientos en áreas especiales del derecho mercantil internacional. La Secretaría no dispone de fondos para ayudar a los pasantes a sufragar sus gastos de viaje y estadía.

VIII — Publicaciones

A. Documentos de la CNUDMI

Por lo general, todos los documentos que se presentan a la Comisión y a sus Grupos de Trabajo son publicados en las seis lenguas oficiales de las Naciones Unidas (árabe, chino, español, francés, inglés y ruso). Estos documentos llevan el símbolo A/CN.9/.... Aquellos documentos que aún no hayan sido reproducidos en el Anuario CNUDMI podrán ser solicitados a la Secretaría de la Comisión.

B. El Anuario de la CNUDMI

El Anuario de la CNUDMI es una compilación de todos los documentos de trabajo sustantivo que son fruto de las labores de la Comisión y de sus Grupos de Trabajo. Reproduce también el Informe anual de la Comisión que se publica como suplemento 17 de "Documentos Oficiales de la Asamblea General". El Anuario se publica sólo en español, francés, inglés y ruso. El Anuario se publica con uno o dos años de retraso en inglés; para las otras tres lenguas, el retraso suele ser mayor. Puede ser consultado en las Bibliotecas Depositarias de Naciones Unidas. Estas Bibliotecas existen en las capitales de los diferentes países y en otras grandes ciudades o en ciudades con universidades de importancia.

C. Guías jurídicas

• Guía Jurídica de la CNUDMI sobre Operaciones de Comercio Compensatorio Internacional;

• Guía Jurídica de la CNUDMI para la Redacción de Contratos Internacionales de Construcción de Instalaciones Industriales;

• Guía Jurídica de la CNUDMI sobre Transferencias Electrónicas de Fondos.

D. Separatas

• Convención sobre la Prescripción en materia de Compraventa Internacional de Mercaderías;

• Convención de las Naciones Unidas sobre los Contratos de Compraventa Internacional de Mercaderías;

• Convenio de las Naciones Unidas sobre el Transporte Marítimo de Mercancías ("Reglas de Hamburgo");

• Convención de las Naciones Unidas sobre la Responsabilidad de los Empresarios de Terminales de Transporte en el Comercio Internacional;

• Convención de las Naciones Unidas sobre letras de cambio internacionales y pagarés internacionales;

• Ley Modelo de la CNUDMI sobre Arbitraje Comercial Internacional;

• Ley Modelo de la CNUDMI sobre Transferencias Internacionales de Crédito;

• La Ley Modelo de la CNUDMI sobre Contratación Pública de Bienes, Obras y Servicios;

• Reglamento de Arbitraje de la CNU DMI;

• Reglamento de Conciliación de la CNUDMI.

Nota — Tanto el Anuario como las Guías Jurídicas son publicaciones para la venta y las respectivas órdenes deberán dirigirse a la Oficina de Venta de Naciones Unidas, en Nueva York o en Ginebra:

United Nations Publications
Sales Section
2 United Nations Plaza
Room DC2-853, Dept. I001
Nueva York, N.Y. 10017
EUA
Tel: 212 / 963-8302; 1(800) 253-9646
Fax: 212 / 963-3489
E-mail: publications@un.org

United Nations Publications
Sales Office and Bookshop
CH-1211 Ginebra
Suiza
Tel: 4122 / 917-2613, 917-2614: (órdenes/información)
4122 / 917-2615: (suscripciones/órdenes permanentes)
4122 / 917-2606: (cuentas, información comercial, órdenes)
Fax: 4122 / 917-0027

Jurisprudência Comentada

LIVRE MANIFESTAÇÃO DE VOTO DE ACIONISTA EM ASSEMBLÉIAS GERAIS

Comentário de RAPHAEL NEHIN CORRÊA
à sentença no Processo
n. 096/95 — 1ª Vara Cível Central

Vistos, etc.

Isaltina Ometto Silveira Mello, qualificada na Inicial, moveu Ação Ordinária, contra Participações Celisa S/A e Rubens Ometto Silveira Mello.

Alegou, em síntese, que é acionista majoritária da sociedade ré Celisa, sendo titular de 191.071.850 ações ordinárias daquela empresa, representando 99,73736135% do capital social. O restante do capital - 0,263%, está distribuído entre os filhos da autora, Celso Silveira Mello Filho e o co-réu Rubens Ometto Silveira Mello, bem como seus sobrinhos Pedro Ometto Neto, Sergio Simões Ometto e Renata Simões Ometto. Desde a assembléia geral extraordinária dos acionistas da Celisa, de 23.9.93, o co-réu Rubens foi eleito Diretor-Presidente da empresa. No entanto, no final de 1994, a autora e seu filho Rubens divergiram a respeito da condução dos negócios da Celisa, que é uma "holding" pura. Em razão disso, a autora propôs a realização de uma assembléia geral extraordinária para 21.12.94, com a finalidade de examinar a sistemática de administração da empresa e eventual reorganização administrativa. No curso da assembléia a autora propôs a destituição de Rubens do cargo de Diretor-Presidente da companhia e sua eleição para o cargo. Porém, Rubens, na qualidade de Diretor-Presidente da Celisa, presidindo os trabalhos da A.G.E., recusou-se a colocar em discussão e votação referida proposta da autora. Alegou ele que tanto importaria na violação de dois acordos de acionistas, da mesma sociedade e de Primavera Participações S.A., que possuem efeitos na administração de Participações Aguassanta S.C. Ltda. A autora manifestou por escrito seu protesto e ajuizou medida cautelar inominada, visando a suspensão do arquivamento na JUCESP da ata daquela A.G.E., bem como de seus possíveis efeitos, além da suspensão provisória de Rubens do exercício do cargo de Diretor Presidente da Celisa. Concedida a liminar, seus efeitos foram suspensos em virtude de agravo de instrumento, ao qual foi dado efeito suspensivo. Entretanto, os acordos de acionistas invocados não foram celebrados para o fim de assegurar a Rubens a perpetuação na presidência da Celisa. Trata-se de acordo entre dois grandes blocos de acionistas, um com maioria na Celisa e minoria na Primavera Participações S.A. e outro, inversa e simetricamente, com maioria na Primavera e minoria na Celisa. Veja-se que este litígio está circunscrito ao âmbito de um dos ramos do Grupo Ometto, ou seja, do bloco majoritário na Celisa e minoritário na Primavera Participações S.A. Segundo o artigo 10º do estatuto social da Celisa, o grupo majoritário tem direito de voto em separado para eleger o Diretor Presidente, o Diretor Superintendente e o Diretor Secretário, enquanto os minoritários poderão eleger o Diretor 1º Vice Presidente e o Diretor 2º Vice Presidente. Outrossim, cabe a cada ação ordinária nominativa um voto nas deliberações das Assembléias Gerais da Sociedade — artigo 6º. Segundo a tese defendida pelo co-réu Rubens, com apenas 0,10% das ações votantes da Celisa, tornar-se-ia ele seu Diretor Presidente perpétuo, com o controle da Celisa e de todas as sociedades por ela, direta ou indiretamente, controladas. São fatos diferentes a representação da Celisa na reunião dos quotistas da Aguassanta e do Conselho de Gerentes, e o exercício da presidência dessa reunião. Esse é o sentido da expressão "em caráter pessoal", contida no acordo invocado por Rubens. Pleiteou a anulação da decisão da Mesa dirigente da assembléia geral de acionistas da Celisa realizada em 21.12.94, com o conseqüente cancelamento de seu arquivamento na Junta Comercial do Estado de São Paulo, se já realizado, bem como seja declarado que a disposição contida na letra "i", da cláusula 10.1 dos acordos de acionistas celebrados pelas partes não impede que a autora exerça seu direito de voto em separado nas assembléias gerais de acionistas da Celisa e eleja ou destitua, a qualquer tempo e livremente, o Diretor Presidente, Superintendente e Secretário da Celisa, na forma da lei, condenando-se os réus nas cominações de estilo. Com a inicial vieram os documentos de fls. 20/63.

A co-ré Participações Celisa S.A. apresentou contestação (fls. 98/102), alegando que é uma sociedade "holding", que controla, em conjunto com Primavera Participações S.A., a empresa Participações Aguassanta S/C Ltda., a qual, por sua vez, controla, direta ou indiretamente, todas as empresas do "Grupo Pedro Ometto", maior complexo álcool-açucareiro do país. Confirmou os fatos descritos na inicial, no tocante à assembléia geral extraordinária de 21.12.94, alegando que não colocou a proposta da autora em votação, posto que violaria o acordo de acionistas. O artigo 118 da Lei n. 6.404/76 impõe a rigorosa observância dos acordos de acionistas pela empresa. Subscreveu os termos da defesa apresentado pelo co-réu Rubens Ometto Silveira Mello.

Também contestou o feito Rubens Ometto Silveira Mello (fls. 104/123), alegando que os acordos de acionistas foram declarados válidos em decisão do E. Tribunal de Justiça. Os herdeiros Sérgio, filho de Orlando e Rubens, filho de Isaltina, possuem direito personalíssimo na "holding" mãe Aguassanta, de continuar a conduzir os negócios do grupo. Destacou as qualidades administrativas de Rubens. Confirmou os fatos descritos na inicial. Todavia, os acionistas vinculados ao acordo estão obrigados a respeitá-lo. Invocou a cláusula "10.I.i" do acordo de acionistas. Para exercer o direito de presidir as assembléias de quotistas da Aguassanta ou as reuniões do Conselho de Gerentes, conforme lhe é assegurado pelo acordo de acionistas, deve ele, obrigatoriamente, ocupar o cargo de gerente da Aguassanta, conforme emana do contrato social desta. Celisa se faz presente em Aguassanta por intermédio de um representante na assembléia de quotistas e no conselho de gerentes. Não existe outra hipótese de representação válida. Expôs as diversas situações que o obrigam ao cargo de Diretor Presidente da Celisa, sem o que não poderia presidir as reuniões de quotistas ou o Conselho de Gerentes de Aguassanta. Citou doutrina favorável. Aguarda a improcedência da ação. Juntou documentos (fls. 124/297 - 2º volume).

A autora replicou (fls. 306/308). Foi designada audiência de conciliação (fls. 315), suspendendo-se o trâmite processual por 120 dias, a requerimento das partes (fls. 329). A autora requereu o prosseguimento do feito (fls. 336), sendo redesignada nova audiência de conciliação (fls. 337).

Em apenso encontram-se os autos de Medida Cautelar Inominada entre as mesmas partes (Proc. n. 1.904/94), na qual a autora, sob os mesmos fundamentos descritos acima, no resumo da inicial da ação principal, pleiteou em caráter liminar e definitivo a suspensão do arquivamento na JUCESP da ata da assembléia de acionistas de 21.12.94, e de seus efeitos, bem como a suspensão provisória do co-réu Rubens Ometto Silveira Mello do exercício do cargo de Diretor Presidente da Celisa, até decisão da ação principal ou realização de nova assembléia geral. A autora juntou documentos (fls. 20/73).

A liminar foi parcialmente deferida, tão-somente no sentido de suspender o arquivamento da ata na JUCESP (fls. 75). Posteriormente, a liminar foi ampliada, para suspender o co-réu Rubens Ometto Silveira Mello do exercício do cargo de Diretor Presidente (fls. 81). O feito foi contestado por Rubens Ometto Silveira Mello (fls. 148/167), propugnando pelo reconhecimento da inexistência dos requisitos necessários à procedência da medida. Defendeu a validade dos acordos de acionistas. Juntou documentos (fls. 168/251 - 2º volume).

Participações Celisa S.A. também contestou o feito (fls. 261/266), subscrevendo as razões do co-réu Rubens. A autora replicou (fls. 278/297).

Passo a relatar os autos de Medida Cautelar Inominada, movida por Isaltina Ometto Silveira Mello, contra os mesmos réus, inicialmente distribuída a 7ª Vara Cível Central (naquela Vara Proc. n. 1.013/96), na qual foi reconhecida a conexão, remetendo-se a esta Vara preventa (aqui Processo n. 1.214/96). A ação foi proposta em 2.5.96. Descrevendo a mesma situação acionária da empresa Celisa, alegou que fora designada assembléia geral ordinária, prevista para 6.5.96, na qual, entre outras matérias, seria deliberada a eleição dos membros da diretoria da empresa. Após aduzir argumentos em prol de sua tese, citando doutrina favorável, temendo pelo seu direito de voto, pleiteou a garantia de livre transcrição de sua manifestação de voto em ata e o conseqüente acolhimento de tal voto pela mesa diretora dos trabalhos da assembléia, para livre eleição do Diretor Presidente, Diretor Superintendente e Diretor Secretário da Celisa; o respectivo arquivamento da ata na JUCESP, tudo a ser acompanhado por Oficiais de Justiça e por oficial Tabelião; busca e apreensão de livros e documentos sociais; lacração de cofres da empresa. A ação principal se destinará à busca da declaração definitiva dos direitos da autora, quanto ao livre exercício de seu direito de voto na Celisa. Com a inicial vieram os documentos de fls. 23/70.

A liminar foi deferida (fls. 72/74). A autora juntou documentos (fls. 78/83). O co-réu Rubens Ometto Silveira Mello pleiteou a reconsideração da liminar (fls. 85/110), juntando documentos (fls. 111/269 - 2º volume). O mandado de citação foi devolvido (fls. 276/277). Participações Celisa S.A. apresentou contestação (fls. 279/331), acompanhada de documentos (fls. 312/377). Nova manifestação da autora veio a fls. 379/388.

Por decisão de 20.5.96, foi reconhecida a conexão, enviando-se os autos a este juízo (fls. 394/397). Foi juntada cópia do Agravo de Instrumento requerido pelos réus, junto ao E. Tribunal de Justiça do Estado de São Paulo (fls. 401/449). Manifestou-se a autora, requerendo incidente de falsidade (fls. 451/454). Os réus reiteraram o pedido de reconsideração da liminar (n. 462/466).

Este é o breve relatório.

Decido.

A conexão entre os processos foi bem decidida pelo d. Juízo da 7ª Vara Cível Central (fls. 3941397 - 2º volume - Ação Cautelar - Proc. n. 1.214/96, desta Vara). Embora os pedidos abrangidos pela liminar sejam diversos dos pleitos anteriormente versados nesta 1ª Vara Cível, na cautelar anteriormente movida pela autora contra os mesmos réus (Proc. n. 1.904194), acima relatada, a causa de pedir repousa sobre a mesma tese de direito.

Em outras palavras, o núcleo da controvérsia entre as partes reside na interpretação de disposições dos acordos de acionistas demonstrados a fls. 29/45, 46/62, 124/140 e 141/157, do Proc. n. 096/95 — ação principal interposta nesta Vara. Em torno dessa controvérsia nuclear, da qual depende diretamente a permanência do co-réu Rubens Ometto Silveira Mello no cargo de Diretor Presidente da "holding" Participações Celisa S.A., nasceram as duas cautelares e a ação principal. Na verdade, a turbulência na vida acionária do conhecido "Grupo Pedro Ometto" deita raízes em épocas distantes, conforme demonstra o v. acórdão de fls. 159/177, da ação principal, que declarou a vigência dos mencionados acordos de acionistas.

Melhor examinando os autos, com a vinda da cautelar — Proc. n. 1.214/96, remetida pela 7ª Vara Cível Central, concluo pela desnecessidade da audiência de conciliação designada nos termos do artigo 331, do Código de Processo Civil, para 13.6.96 (fls. 337 Proc. 096/95), eis que a hipótese de aplicação do artigo 330, inciso I, do mesmo diploma legal. Por um lado, a questão a ser decidida pertence preponderantemente ao campo do direito; de outro lado, os autos já estão suficientemente instruídos, em moldes a permitir a entrega da prestação jurisdicional. Veja-se, ainda, que, desde 7.8.95 (fls. 321) o processo esteve suspenso em seu trâmite, a pedido das partes, para tentativa de solução amigável. Não sobreveio esta, ao contrário, acirrando-se a litigiosidade entre as partes. No entanto, conforme é curial, considerando os interesses envolvidos, sempre restará às partes o caminho da solução consensual, eis que o litígio se desenvolve entre membros de uma família, grupo majoritário na Participações Celisa S.A. e minoritário na Participações Primavera S.A., com repercussões em inúmeras empresas controladas, direta e indiretamente por elas, por intermédio de outra "holding", a "Administração de Participações Aguassanta S/C Ltda.".

Restou incontroverso nos autos, que a Participações Celisa S.A. é uma empresa "holding", a qual, juntamente com Primavera Participações S.A., controlam a mencionada "holding" Administração de Participações Aguassanta S/C Ltda. Para administrar o grupo de empresas, demonstradas no esquema de fls 28 (Proc n. 096/95), foram firmados diversos acordos de acionistas, desde 12.12.85. Tais acordos exteriorizam as fórmulas de vinculações de dois grupos de acionistas, que dividem as responsabilidades na gestão das diversas empresas que compõem o grupo econômico. Em outras palavras, os acordos definem as regras de convivência entre os dois grupos de acionistas, um majoritário da Celisa e minoritário na Primavera, e outro exatamente o contrário, majoritário na Primavera e minoritário na Celisa.

A tese defendida pelo co-réu Rubens Ometto Silveira Mello, de que deve obrigatoriamente ser eleito Diretor Presidente da Celisa S.A., não resulta de uma disposição expressa, direta e clara, do acordo de acionistas referente a Participações Celisa S.A. (fls. 29/45 e 124/140 - Proc. n. 096/96), mas de uma rebuscada interpretação conjunta de várias de suas cláusulas, inclusive do contrato social da Aguassanta S/C Ltda. A tese de Rubens vem exposta com clareza a partir do item 35 da contestação de fls. 98/123 — Proc. 096/95, mais precisamente, a fls. 113 e seguintes. Principia por invocar a cláusula 9.II, do acordo de acionistas (vide fls. 128):

9.II - Caberá ao Diretor Presidente da Sociedade (ou ao seu substituto estatutário), representar isoladamente a Sociedade junto à reunião dos sócios quotistas de Participações Aguassanta S/C Ltda., e ao Conselho de Gerentes desta, e em tudo o que se relacionar à administração e/ou ao preponderante interesse (jurídico ou econômico), pertinente a Pedro Ometto S.A. Administração e Participações (POSA) e Dabarra Participações S.A. (DABARRA) e as terceiras empresas do GRUPO A, logo abaixo relacionadas...

Em seguida, essa tese compreende o núcleo dos direitos invocados pelo co-réu

Rubens, a cláusula "10.I.i" do mesmo acordo de acionistas (vide fls. 132):

i) As presidências das Assembléias dos sócios quotistas de Aguassanta bem como do Conselho de Gerentes, serão exercidas pessoalmente por Sergio Simões Ometto, enquanto vivo e assim o desejar, não estando fisicamente impedido ou ausente. Se e quando Sergio Simões Ometto deixar de ocupar aquelas presidências, caberão elas também em caráter pessoal, a Rubens Ometto Silveira Mello nas mesmas condições. Para as ausências ocasionais de Sérgio Simões Ometto, nas Assembléias de quotistas, bem como nas reuniões do Conselho de Gerentes, por ele fica indicado Rubens Ometto Silveira Mello para presidi-las.

Finalmente, foram invocadas as cláusulas II.1, do estatuto social da Celisa S.A. e cláusulas III.7, III.1.1 e IV.1.1, do estatuto da Participações Aguassanta, que dispõem:

II.1 - (Vide fls. 263/264- Proc. n. 096/95) — Caberá ao Diretor Presidente, isoladamente, representar a Sociedade junto aos diversos órgãos das sociedades designadas Administração de Participações Aguassanta S/C Ltda., Pedro Ometto S.A. — Administração e Participações e Dabana Participações S.A., bem como das terceiras empresas operacionais, por elas controladas direta ou indiretamente, ...

III.7 - (Vide fls. 281 - Proc. n. 096/95) - O Presidente do Conselho de Gerentes, em suas ausências ou impedimentos temporários, é substituído pelo gerente por ele previamente designado; na ocorrência de vaga, os demais gerentes convocam nos 30 (trinta) dias subseqüentes, a Assembléia dos Quotistas para o preenchimento do cargo.

III.1.1 - (Vide fls. 278 - Idem) - O Conselho de Gerentes é presidido por um de seus pares, eleito pela Assembléia dos Quotistas para o cargo de Presidente do Conselho de Gerentes.

IV.1.1 - (Vide fls. 281/282 - Idem) - As Assembléias dos Quotistas, ordinárias ou extraordinárias, são instaladas e presididas pelo Presidente do Conselho de Gerentes, constituindo-se a mesa dirigente com mais um dos presentes que serve como Secretário.

Do conjunto dessas disposições, o co-réu Rubens construiu sua tese, cujas conclusões estão expostas a fls. 116, item 45, da contestação, letras "a" a "e", que podem ser resumidas, singelamente, nas seguintes proposições:

1. Rubens tem direito personalíssimo de substituir Sergio na presidência das Assembléias de Quotistas e das reuniões de gerentes da Aguassanta;

2. Para que possa exercer esse direito, tem obrigatoriamente que fazer parte das referidas assembléias e reuniões, na qualidade de gerente da Aguassanta;

3. Rubens somente poderá fazer parte dessas assembléias e reuniões, no uso da representação da Celisa, já outorgada pela cláusula "10.I.i" supratranscrita;

4. A Celisa somente pode ser representada naquelas reuniões por seu Diretor Presidente;

5. Logo, Rubens deve ser o Diretor Presidente da Celisa, para poder representá-la em Aguassanta.

Como se vê, a tese do co-réu Rubens, que o perpetua no cargo de Diretor Presidente da Celisa S.A., é extraída da interpretação conjunta dos diversos dispositivos supratranscritos. Porém, nada nos autos indica que tal resultado estivesse na linha de cogitação dos signatários dos acordos de acionistas, mormente, a pessoa da autora, que se vê impedida de administrar integralmente seu patrimônio, no caso corporificado pela propriedade de 99,737% das ações da Celisa S.A. O resultado da interpretação defendida por Rubens, pode-se dizer que conduz mesmo a um absurdo, pois, detendo ele, ao que consta, apenas 0,10% das ações da Celisa S.A., desfrutaria do comando de grande parte do grupo econômico, em virtude do denominado "efeito cascata", resultante dos acordos de acionistas.

O equívoco da tese em estudo, reside em concentrar na pessoa de Rubens, o direito de presidir, subsidiariamente, vale dizer, na ausência de Sergio Simões Ometto, as assembléias de quotistas e reuniões do Conselho de Gerentes da Aguassanta, com a qualidade de Diretor Presidente da Celisa. Ou seja, reduzindo a uma fórmula mais simples, "somente posso presidir as assembléias e reuniões do Conselho de Gerentes da Aguassanta na qualidade de Diretor Presidente da Celisa S.A.; logo, devo ser repetidamente reeleito Diretor Presidente da Celisa, para que possa continuar a presidir aquelas reuniões.

Tal interpretação reduz a pó o direito de voto da acionista majoritária absoluta da Celisa, a autora, que possui 99,73% das ações ordinárias nominativas, com direito a voto. Ressalte-se que na cláusula "10.I.i" do acordo de acionistas, não está estabelecido, como pretende o co-réu Rubens a fls. 116, letra "c", a "... representação de Celisa, já outorgada por força da cláusula "10.I.i" dos citados acordos de acionistas". O que ali se fixou foram as pessoas de Sergio e, subsidiariamente, de Rubens, para a presidência das reuniões ali mencionadas. A expressão "em caráter pessoal' significa a identificação ou indelegabilidade da pessoa mencionada, sem que tenha de representar, necessariamente, a vinculação com o cargo de Diretor Presidente da Celisa. Na verdade, tal vinculação, segundo a tese ora analisada, advém de disposições do Estatuto Social da Aguassanta.

Porém, aqui reside outra contradição da tese defendida por Rubens, pois, como se viu acima, tal tese afasta a aplicação dos textos legais que garantem o direito de voto da acionista majoritária, bem como as disposições do estatuto social da Celisa, no mesmo sentido. Significa sobrepor o acordo de acionistas ao direito livre de voto. No entanto, a mesma posição não é defendida pela tese, no tocante ao Estatuto Social da Aguassanta S/C Ltda. Em outras palavras, enquanto essa tese preconiza a sobreposição do acordo de acionistas ao direito de voto e ao estatuto social da Celisa S.A., não prevê a mesma sobreposição em relação ao Estatuto da Aguassanta. Esse último, sempre segundo a tese ora comentada, deve prevalecer, enquanto o primeiro, deve perecer.

Não se vislumbra, em síntese, base de sustentação, para a tese defendida pelo coréu Rubens. O livre exercício do voto pela autora, na Celisa S.A., para eleger e destituir o Diretor Presidente, Diretor Superintendente e Diretor Secretário da Celisa S.A., não fere as disposições do acordo de acionistas, no que diz respeito ao exercício da presidência das assembléias e reuniões do Conselho de Gerentes da Aguassanta S/C Ltda., em caráter subsidiário, por Rubens Ometto Silveira Mello.

Em resumo, a presente sentença acolhe integralmente a preliminar de ambas as ações cautelares. Quanto ao r. despacho de fls. 75, da cautelar n. 1.904/94, esclareça-se que a destituição de Rubens resulta do voto majoritário da autora, não acolhido na assembléia de 21.12.94, porém, agora manifestado de forma inequívoca pela autora no pedido de liminar. Portanto, a decisão judicial não se substitui à assembléia de acionistas, mas, desobstruindo o impedimento à livre manifestação do voto majoritário, reconhece os efeitos desse voto, que é a destituição do Diretor Presidente e eleição da própria acionista majoritária para o cargo. Agora, com a assembléia realizada aos 6.5.96 (fls. 272/273, da cautelar Proc. n. 1.214/96), essa questão fica definitivamente superada.

A presente sentença decide a lide nos termos da controvérsia estabelecida, ou seja, no que diz respeito à administração da Participações Celisa S.A. Não projeta sua eficácia no tocante à presidência das assembléias e reuniões do Conselho de Gerentes da empresa Administração de Participações Aguassanta S/C Ltda., que não foi parte no processo, nem seus acionistas. Esta questão há de ser decidida no âmbito das disposições do acordo de acionistas e do estatuto social dessa empresa.

A eficácia desta sentença está contida, como não poderia deixar de ser, na adoção da tese de que o direito subjetivo subsidiário do co-réu Rubens Ometto Silveira Mello, contido na cláusula "10.I.i" do acordo de acionistas, não implica necessariamente sua reeleição contínua e obrigatória para o cargo de Diretor Presidente da Participações Celisa S.A. Todo o mais, que concerne a "holding" Aguassanta S/C Ltda., foge ao âmbito desta sentença, que decide a lide nos estritos termos em que foi proposta.

Finalmente, indefiro o incidente de falsidade de fls. 451/454, da cautelar Proc. n. 1.214/96, que se refere à procuração de fls. 312 dos mesmos autos. Trata-se de alegação de falsidade ideológica, eis que o co-réu Rubens Ometto Silveira Mello declarou-se representante legal da Celisa S.A., em 6.5.96. Porém, nessa data, até o momento da realização da assembléia geral ordinária, ele efetivamente representava a Celisa S.A., na qualidade de Diretor Presidente.

A autora Isaltina Ometto Silveira Mello fica dispensada da propositura da ação principal, no que se refere a cautelar Proc. n. 1.214/96, desnecessária para pleitear "... a declaração definitiva dos direitos dos autores (sic), quanto ao livre exercício de seu direito de voto em CELISA" (fls. 22 - Proc. n. 1.214/96), posto que esta sentença servirá exatamente a esse propósito, no âmbito do pedido da ação principal - Proc. n. 096/95.

Isto posto e considerando o que mais dos autos consta, julgo procedente a ação proposta, para anular a decisão da Mesa dirigente da assembléia geral de acionistas da Participações Celisa S.A., realizada em 21.12.94, declarando que a disposição da cláusula "10.I.i", dos acordos de acionistas celebrados pelas partes, não impede a autora de exercer seu direito de voto em separado, nas assembléias gerais de acionistas da Participações Celisa S.A., elegendo e destituindo, a qualquer tempo, livremente, o Diretor Presidente, Superintendente e Secretário da empresa mencionada. Confirmo a r. decisão liminar da cautelar Proc. n. 1.904/94, com a ampliação, no que couber, da r. decisão de fls. 81 dessa cautelar, bem como a r. decisão fls. 72/74 da cautelar Proc. n. 1.214/96, convalidando a assembléia geral ordinária de 6.5.96, realizada ao abrigo da liminar, para que a autora possa exercer todos os direitos inerentes a sua condição de acionista majoritária e Diretora Presidente de Participações Celisa S.A. Condeno os réus nas custas processuais e honorários advocatícios, que fixo em 10% sobre o valor corrigido de cada uma das causas.

P. R. I. C.

São Paulo, 24 de maio de 1996.

Adherbal dos Santos Acquati

Juiz de Direito

Comentário

Entendo que a sentença ora em comento, proferida pelo Juízo de Direito da 1ª Vara Cível do Foro Central da Capital do Estado de São Paulo, deu adequada solução à matéria debatida nos autos, consistente na interpretação de cláusula de Acordo de Acionistas.

Com efeito, a referida decisão declarou que a disposição contida em uma das cláusulas dos dois Acordos de Acionistas celebrados pelas partes não inibe a autora da ação judicial, acionista majoritária da companhia, de exercer seu direito de voto em separado, nas assembléias gerais de acionistas da sociedade, para a eleição e destituição de membros da Diretoria, nos termos das previsões estatutárias relativas à eleição daquele órgão social.

Entretanto, observe-se que a sentença não enfrentou de forma explícita o problema referente à ilegalidade de cláusula constante do Acordo de Acionistas que perpetua o administrador em cargo de Diretoria, ou que predefina o voto do acionista para a eleição de pessoa determinada para ocupar cargo de administração, tema esse de grande relevo, em especial no caso em exame, pois envolve a responsabilidade irrenunciável do acionista pelo exercício do poder de controle.

Preferiu o julgador trilhar o caminho da interpretação das regras contidas nos Acordos de Acionistas, e o fez, a meu ver, com acerto inquestionável.

Situação fática

De fato, depreende-se da sentença que a autora Isaltina foi impedida de manifestar livremente seu direito de voto, que deve ser exercido dentro do Bloco da Maioria de Celisa, e de realizar o registro da ata que documentasse as deliberações efetivamente tomadas na Assembléia, perante a Junta Comercial do Estado de São Paulo, na Assembléia Geral Ordinária de dentro do Bloco da maioria de Celisa e de realizar o registro da ata que documentasse as deliberações efetivamente tomadas na Assembléia, perante a Junta Comercial do Estado de São Paulo, na Assembléia Geral Ordinária de Celisa, realizada em 21 de dezembro de 1994, que teve como ordem do dia, dentre outras matérias, "... a reorganização administrativa, sem reforma estatutária".

Nesta Assembléia, o voto manifestado pela autora Isaltina, consistente na deliberação relativa à destituição do co-réu Rubens do cargo de Diretor Presidente de Celisa, indicando a si mesma para o exercício do cargo, não foi acatado pela mesa diretora dos trabalhos, cujo presidente era justamente seu filho Rubens, co-réu da demanda, em decorrência de disposição estatutária, sob a errônea alegação de que "sua aceitação importaria na violação de dois acordos, registrados e arquivados nas sedes das sociedades, celebrados pelos acionistas desta sociedade e de Primavera Participações S.A., para produzirem efeitos em Administração de Participações Aguassanta S.C. Ltda.".

De fato, o reconhecimento ao direito à livre manifestação do voto por parte da autora Isaltina assumia, para esta, caráter de vital importância, tendo em vista que a quase totalidade de seu patrimônio encontra-se traduzido nas ações de Celisa de que é titular, conforme destacado pelo respeitável *decisum.*

Assim sendo, a vedação ao exercício de seu direito de voto, *decorrência natural da titularidade de suas ações*, acarretaria à autora a total e absoluta indisponibilidade de seu patrimônio.

Em razão da conduta reputada ilegal do co-réu Rubens, na assembléia realizada em 21.12.94, consubstanciada no não acolhimento da livre manifestação de voto de Isaltina, acionista controladora de Celisa, percebe-se que o mesmo Rubens tinha a pretensão de manter-se vitaliciamente no cargo de Diretor Presidente de Celisa, em que pese o fato de deter apenas e tão-somente 0,1% das ações com direito a voto desta empresa, objetivando, com isto, ser o representante de Celisa uma "holding" pura e não operacional, com participações no capital de outras sociedades nas sociedades por ela controladas. Dessa forma, percebe-se que aquele que exerça o cargo de Diretor Presidente de Celisa tem o poder de representação desta companhia em diversas outras empresas não-operacionais e também operacionais integrantes do importante grupo econômico Pedro Ometto, líder nacional no setor de açúcar e álcool.

Análise jurídica

a) O Exercício do Direito de Voto e a Supremacia das Decisões da Assembléia, no Âmbito da Sociedade Anônima

Conforme já referido, a autora Isaltina detém 99,737% das ações com direito a voto da companhia, possuindo seus filhos Rubens e Celso 0,1% de tais ações cada um.

Assim sendo, detém a autora o poder de controle de Celisa, poder esse irrenunciável e que deve ser exercido nas assembléias gerais de acionistas das companhias.

Com efeito, a assembléia geral é o órgão supremo da companhia, por tratar-se da reunião dos acionistas, que dela participando contribuem com a manifestação de seu voto para a formação da vontade social, tendo a assembléia a competência privativa, dentre outras, para a eleição ou destituição dos administradores da companhia (artigo 122, inciso II, da Lei n. 6.404/76).

Configurada, portanto, a titularidade das ações da empresa, delas decorre, inquestionavelmente, a faculdade do exercício do direito de voto no órgão máximo da sociedade, inclusive em relação à escolha dos administradores, direito este que, como assente na doutrina e na jurisprudência, *é inderrogável e irrenunciável pelo acionista*, sendo certo que a decisão quanto ao conteúdo do voto é privativa do acionista, não podendo ser transferida a terceiro.

b) As disposições firmadas no âmbito de Celisa constantes do Estatuto da companhia e dos acordos de acionistas existentes

As disposições constantes do Estatuto Social de Celisa e dos Acordos de Acionistas celebrados apenas confirmam tais direitos dos acionistas, em especial quanto ao exercício do direito de *voto* em assembléia, já consagrados pela legislação em vigor.

Para tanto, necessária a transcrição de tais cláusulas, o que propiciará maior facilidade na compreensão da questão analisada.

O atual Estatuto de Celisa, de acordo com a redação que lhe foi dada em 23 de setembro de 1993, assim regula a matéria relativa à administração da companhia:

"Art. 7º. A sociedade é administrada por uma Diretoria, composta de 5 (cinco) membros, designados Diretor Presidente, Diretor 1º Vice-Presidente, Diretor 2º Vice-Presidente, Diretor Superintendente, e Diretor Secretário, todos residentes no País, *acionistas ou não, com mandato de 3 (três) anos facultada a reeleição*" (grifo nosso).

Assim, foi determinado: a) um prazo de mandato limitado, pelo período de 3 (três) anos; b) a reeleição dos diretores, *facultativa*, dependendo dos interesses dos controladores e da sociedade; c) a possibilidade, inclusive, de *eleição de diretores que não sejam acionistas*, ou seja, pessoas outras que não Isaltina, Celso ou Rubens.

Ademais, determina o Estatuto, em seu artigo 10º, e seus parágrafos 1º e 2º, o seguinte:

"Art. 10. Cabe à Diretoria, com os mais amplos e gerais poderes, administrar os negócios sociais em conformidade com a Lei e com o Estatuto Social, respeitando os "Acordos de Acionistas" arquivados na sede social.

Parágrafo 1º. Segundo a permissão do artigo 16, inciso IV, da Lei n. 6.404/76, fica estabelecido o voto em separado, para preenchimento dos cargos na Diretoria, em razão da separação das atribuições de cada Diretor.

Parágrafo 2º. *Aqueles acionistas, que compuserem o Bloco da Maioria na Sociedade, terão o direito do voto em separado para eleger o Diretor Presidente, o Diretor Superintendente e o Diretor Secretário*" (grifo nosso).

Portanto, tal direito de livre escolha da Diretoria, determinado pela Lei, foi expressamente reconhecido e outorgado aos acionistas, pelas disposições estatutárias acima transcritas.

Posterior e subsidiariamente ao Estatuto, considerando seu caráter acessório e hierarquicamente inferior àquele, foi celebrado, duas semanas após a AGE de 23 de setembro de 1993, o *Segundo Acordo de Acionistas de Celisa*, que teve por finalidade dispor sobre a participação de Celisa em suas empresas controladas, nomeadamente a *Administração de Participações Aguassanta S.C. Ltda.*; *Pedro Ometto S.A. Administração e Participações;* e *Dabarra Participações S.A.*, bem como regular as relações entre os acionistas integrantes dos Blocos da maioria e da Minoria em Celisa.

Com base neste Acordo, ficou estabelecido que seria atribuído ao Diretor Presidente de Celisa, *eleito na forma prevista no Estatuto, pelo voto em separado dos integrantes do Bloco da maioria,* "... representar isoladamente a Sociedade junto à Reunião dos Sócios Quotistas de Participações Aguassanta S/C. Ltda., e ao Conselho de Gerentes desta (...)".

Em respeito à forma de eleição da Diretoria, prevista pelo Estatuto, bem como aos poderes a ela conferidos por disposições estatutárias, o Acordo de acionistas de Celisa determinou que seu Diretor Presidente fosse o representante da companhia em Aguassanta, e que por esta sociedade fossem escolhidos os diretores das empresas controladas Pedro Ometto S.A. e Dabarra S.A.

De causar perplexidade, pois, o fato do co-réu Rubens haver controlado isoladamente Celisa e parte expressiva das empresas pertencentes ao Grupo Pedro Ometto, detendo apenas e tão-somente 0,1% das ações ordinárias com direito a voto da "holding" Celisa.

Diante de tais fatos, plenamente justificável o anseio da autora Isaltina , como integrante do Bloco da maioria formado em Celisa e detentora de 99,737% do capital social, em eleger livremente a diretoria da companhia por ela controlada, fazendo prevalecer seu direito de voto e o exercício do poder de controle que lhe é conferido pela titularidade da quase totalidade das ações com direito a voto da sociedade.

Fez-se necessária a propositura da ação judicial objeto da sentença comentada, em virtude do fato ocorrido na última Assembléia Geral Extraordinária de Celisa, realizada em 21.12.1994, consistente na atitude ilegal da mesa diretora dos trabalhos daquela assembléia, presidida exatamente pelo co-réu Rubens, que, ao não acolher o voto da acionista majoritária, negou à autora Isaltina, o direito pessoal e inderrogável de destituí-lo do cargo de Diretor Presidente da companhia.

Em tal assembléia, de acordo com os termos da ata lavrada sob a presidência de Rubens, a mesa diretora deixou de acolher o voto de Isaltina, sob a seguinte alegação:

"A Mesa dos Trabalhos deixou de acolher a proposta antes formulada, de destituição do Diretor Presidente da sociedade, porque sua aceitação importaria na violação de dois acordos, registrados e arquivados nas sedes das sociedades, celebrados pelos acionistas desta sociedade e de Primavera Participações S.A., para produzirem efeitos em Administração de Participações Aguassanta S.C. Ltda.".

Tal ilegal decisão, violadora da legislação societária em vigor, fundamenta-se na interpretação errônea da cláusula 10ª, I, letra "i", do 2º Acordo de acionistas de Celisa, abaixo transcrita:

"10.I — A nível de Aguassanta

A nível de Aguassanta, sempre respeitadas as disposições da cláusula 9ª anterior, também serão atendidas mais as regras seguintes.

(...)

i) As presidências das Assembléias dos sócios-quotistas de Aguassanta, bem como do Conselho de Gerentes, serão exercidas pessoalmente por Sérgio Simões Ometto, enquanto vivo e assim o desejar, não estando fisicamente impedido ou ausente. Se e quando Sérgio Simões Ometto deixar de ocupar aquelas presidências, caberão elas também em caráter pessoal, a Rubens Ometto Silveira Mello, nas mesmas condições. *Para as ausências ocasionais de Sérgio Simões Ometto*, nas assembléias de quotistas, bem como nas reuniões do Conselho de Gerentes, por ele fica indicado Rubens Ometto Silveira Mello para presidi-las." (grifo nosso)

Com base nesta única indicação pessoal de Rubens, constante dos termos do referido Acordo de acionistas, para, pura e simplesmente, *substituir*, na *eventualidade* de ausência de Sérgio Simões Ometto na *presidência da mesa diretora dos trabalhos, nas assembléias de quotistas e reuniões do*

Conselho de Gerentes da empresa Aguassanta, pretendeu Rubens manter-se, de forma vitalícia, no cargo de Diretor Presidente de Celisa, função estatutária totalmente distinta, independente e desvinculada da mera presidência de assembléias de quotistas de outra sociedade, na qual Celisa é detentora de expressiva participação societária, argumentação essa que foi muito bem apreciada e refutada pelo ilustre prolator da sentença em exame.

Saliente-se, ainda, que inexiste qualquer disposição constante dos Acordo de acionistas, que garanta direito pessoal a Rubens para ocupar, como pretende, o cargo de Diretor Presidente de Celisa, de forma vitalícia, levando-se em conta o prazo de vigência dos citados Acordos (vinte e cinco anos, prorrogáveis por igual período).

Ademais, ainda que constante dos termos dos Acordos disposição deste teor, a mesma seria *nula de pleno direito*, não surtindo eficácia em relação à companhia e seus acionistas, por absoluto desrespeito aos mandamentos exarados pela lei reguladora das Sociedades Por Ações, em especial em seus artigos 122, inciso II, e do Estatuto da companhia Celisa.

Como já ressaltado, o direito de voto é privativo do acionista, e inderrogável, por qualquer razão, o seu exercício. Por outro lado, a assembléia geral é o órgão máximo e supremo da companhia, competindo a ela, *em caráter privativo*, a eleição e destituição dos administradores, conforme dispõe o citado artigo 122, inciso II, da Lei n. 6.404/76.

Assim sendo, conclui-se ser vedada a estipulação constante de acordo de acionistas, que vincule as partes contratantes a eleger pessoa determinada para cargos de Diretoria.

Isto porque, a competência privativa para a eleição da Diretoria pertence à assembléia, não tendo os acionistas estipulantes do acordo legitimidade para criar tal espécie de relação obrigacional, pois o exercício do direito de voto é exclusivo do acionista e deve ser por ele exercido na assembléia.

Não é, pois, matéria a ser regulada no âmbito de acordo de acionistas a eleição pessoal de membros da diretoria da companhia. Mais ainda, a decisão sobre o conteúdo do voto é privativa do acionista devendo por ele ser manifestado, não podendo tal direito ser transferido a terceiro, em razão da necessidade de preservação da autenticidade das deliberações da Assembléia Geral como expressão da vontade da coletividade dos acionistas.

Com efeito, dentre os objetivos precípuos do acordo de acionistas, plenamente reconhecido pela doutrina e jurisprudência e, mais ainda, consagrado na lei societária, está o de regular e direcionar o exercício do voto.

Usualmente, estipula-se no corpo do acordo de acionistas a forma de manifestação do voto pelas partes contratantes, mas *é vedada a predefinição do conteúdo do voto, pois este só pode ser exercido pelo próprio acionista na assembléia*.

No caso em tela, verifica-se que os dois Acordos de acionistas de Celisa foram celebrados para regular as relações dos acionistas integrantes do Bloco da maioria e do Bloco da minoria apenas em relação à participação de Celisa em suas controladas. *Não há nenhuma disposição constante destes Acordos de acionistas que regule o exercício do voto dos contratantes para a eleição da Diretoria de Celisa, matéria essa regulamentada pelo Estatuto da companhia*.

Nesse sentido, a lição de Fábio Konder Comparato acerca da ineficácia de estipulação para eleição de diretores em acordo de acionistas, em parecer integrante de sua obra *Direito Empresarial*, 1ª edição, 1995, Editora Saraiva, pp. 174 e ss.:

"Na atual Lei de Sociedades por Ações, o art. 122, II, ressalvou expressamente, quanto ao poder privativo da assembléia geral de 'eleger e destituir, a qualquer tempo, os administradores e fiscais da companhia', o disposto no inc. II do art. 142. Atribui este último dispositivo ao conselho de administração o poder de 'eleger e destituir os diretores da companhia e fixar-lhes as atribuições, observado o que a respeito dispuser o estatuto.'

"No tocante à parte final desse dispositivo, tive ocasião de observar, no parecer retromencionado, que "o que se regula no estatuto é, tão-só, o procedimento do exercício desse poder exclusivo. Pois não faria senso que a lei descesse a tais pormenores, quando justamente o objetivo da normatividade estatutária é o de adaptar a execução do mandamento legal à individualidade de cada companhia".

"A regra geral de que 'as atribuições e poderes conferidos por lei aos órgãos de administração não podem ser outorgados a outro órgão, criado por lei ou pelo estatuto' (art. 139) é, claramente, de ordem pública. Trata-se de corolário obrigatório do princípio da exclusividade de funções. (...)

"Se assim é relativamente ao estatuto social, que não pode alterar regras de competência privativa estabelecidas em lei, com maioria de razão vale o mesmo raciocínio em relação aos acordos de acionistas, que se situam na hierarquia normativa, em posição inferior à do estatuto social. (...)

"Que direito de voto é esse, cujo exercício pode ser pactuado pelos acionistas? Obviamente, o direito de votar, que pertence aos próprios acionistas, e não a terceiros. E onde se exerce esse voto acionário? Evidentemente na assembléia geral ou especial. (...)

"É, pois, juridicamente aberrante que os acionistas estipulem sobre o exercício de poderes e direitos que não lhes pertencem. Estipulações dessa ordem padecem de ilegitimidade e, como tal, não produzem efeitos de direito" (grifos nossos).

Consoante acima exposto, a eleição da Diretoria de Celisa é regulada pelo artigo 10º e seus parágrafos do Estatuto Social da companhia, donde se depreende o direito dos acionistas de manifestar seu voto em separado, para o preenchimento dos cargos de Diretoria, incumbindo ao Bloco da Maioria na sociedade deliberar internamente acerca da eleição do Diretor Presidente.

Caso o Estatuto Social ou os Acordos de Acionistas de Celisa estipulassem o conteúdo do voto dos acionistas para a eleição da Diretoria, tal disposição seria nula de pleno direito, já que o voto é pessoal e intransferível, devendo, em tal matéria, ser manifestado na assembléia geral, em especial, pelo fato de inexistir Conselho de Administração em Celisa.

Frise-se, ademais, que as cláusulas de acordos de acionistas devem ser compatíveis com as normas e princípios norteadores da Lei Societária.

Tal assertiva é confirmada pelas próprias disposições da Lei do Anonimato, na seção relativa aos Acordos de Acionistas, notadamente no parágrafo 2º ao artigo 118, o qual veda a invocação dos acordos para a exclusão de responsabilidade do acionista quanto ao exercício do voto ou do poder de controle.

Este preceito atesta ser limitada a liberdade de convenção sobre a manifestação do voto pela disciplina legal desse direito e da responsabilidade do acionista em exercê-lo.

Alfredo Lamy Filho e José Luiz Bulhões Pedreira, também em excelente compilação de pareceres (*A Lei das S.A.*, volume II, 2ª edição, 1996, Editora Renovar, pp. 283 e ss.), manifestaram-se sobre diversos aspectos do acordo de acionistas e do exercício do voto:

"a) nos acordos consorciais, os acionistas se obrigam a votar de modo uniforme, mas o *conteúdo do voto será determinado por deliberação coletiva do grupo, para a qual cada acionista contribuirá com sua manifestação de vontade. (...)*

"*O princípio de que a decisão sobre o conteúdo de cada voto é privativa do acionista constitui outra norma básica do regime legal do direito de voto*, de que depende a preservação da autodeterminação da companhia e da autenticidade das deliberações da Assembléia Geral, como expressões da vontade coletiva. (...)

"*É o próprio acionista quem, ao contrair a obrigação, decide como votará: o que conflita com o principio legal é a obrigação assumida pelo acionista de votar segundo decisão de terceiro*. (...)

"*Esses três princípios*, que regem o direito de voto na Lei n. 6.404/76, *constituem limitações inderrogáveis à validade dos acordos de acionistas*, seja dos acordos 'de prestação', seja dos 'consorciais'. O acordo, qualquer que seja sua espécie, está, pois, sujeito - além das normas do direito obrigacional em geral — à disciplina cogente do direito societário. (...)

"No acordo consorcial, o acionista não predefine o conteúdo do seu voto, mas também não transfere a terceiro o poder de determiná-lo: as deliberações do consórcio, quando tomadas por maioria, representam a vontade do grupo social, resultante de manifestação de vontade dos próprios acionistas. Não há, portanto, incompatibilidade entre o acordo consorcial e os princípios do regime legal do direito de voto" (grifos nossos).

Finalmente, examinemos a opinião de Modesto Carvalhosa a respeito da função do direito de voto em separado, prevista no artigo 16, inciso IV, da Lei Societária, constante de sua consagrada obra *Comentários à Lei de Sociedades Anônimas*, volume 1, 2ª edição, Saraiva, p. 90:

"É facultado ao estatuto criar classe de ordinárias com direito de voto em separado para preenchimento de determinados cargos na administração da companhia.

"Essa classe visa, principalmente, assegurar de modo permanente o direito de certo grupo de eleger majoritária, paritária ou minoritariamente os administradores da companhia.

"Assim, *v.g.*, poderá uma instituição financeira, em virtude de vínculos contratuais que mantenha com a companhia, garantir para si, mediante a criação dessa classe especial de ações, o direito definitivo e inderrogável de eleição em separado de membros do Conselho de Administração e da Diretoria da sociedade."

Conclusão

Pelas razões acima expendidas, entendo correta a solução atribuída pela sentença à complexa questão submetida à apreciação do Judiciário Paulista, que bem analisou as regras contidas nos dois Acordos de Acionistas de Celisa, adotando uma interpretação sistemática às disposições cogentes da Lei Societária e do Estatuto Social da companhia.

Portanto, andou bem o nobre Magistrado ao garantir à autora Isaltina, acionista majoritária da companhia, o livre exercício de seu direito de voto nas Assembléias Gerais da companhia, em especial, para a eleição ou destituição da Diretoria, em votação em separado, dentro do Bloco da Maioria formado em Celisa, *nos termos do artigo 10º, e seus parágrafos 1º e 2º, do Estatuto Social*.

Bibliografia consultada

ASCARELLI, Tullio, *Problemas das Sociedades Anônimas e Direito Comparado*, 2ª edição, São Paulo, Editora Saraiva, 1969.

CARVALHOSA, Modesto, *Comentários à Lei das Sociedades Anônimas*, 2ª edição, São Paulo, Editora Saraiva, 1978.

COMPARATO, Fábio Konder, *Direito Empresarial*, 1ª edição, 2ª tiragem, São Paulo, Editora Saraiva, 1995.

LAMY FILHO, Alfredo, e José Luiz Bulhões Pedreira, *A Lei das S.A.*, 2ª edição, Rio de Janeiro, Editora Renovar, 1996.

Jurisprudência Comentada

SOCIEDADE — Sócio — Exclusão — Formação de outra empresa com finalidade social semelhante — Concorrência comprovada — Ação procedente — Sentença confirmada

SOCIEDADE POR QUOTAS — Responsabilidade limitada — Empresa constituída por dois sócios — Dissolução parcial — Cabimento — Impossibilidade, no entanto, de operar definitivamente com um só sócio — Artigo 206, inciso I, *d*, da Lei Federal n. 6.404 de 1976, c.c. o artigo 18 do Decreto Federal n. 3.708, de 1919 — Fixação do prazo de seis meses para a regularização da situação societária — Recurso parcialmente provido

SOCIEDADE POR QUOTAS — Responsabilidade limitada — Empresa constituída por apenas dois sócios — Dissolução parcial — Apuração de haveres do sócio excluído — Critério — Inaplicabilidade do artigo 657, § 2º, do Código de Processo Civil de 1939 — Apuração que deve ser feita com base num balanço real, levantado no momento do arbitramento — Artigo 15 do Decreto Federal n. 3.708, de 1919 — Recurso provido para esse fim

Comentários de ANDRÉ FILÓCOMO ao acórdão na Apelação Cível n. 187.415-2 — São Paulo — Apelante: Manoel Lopes — Apelado: Alberto Santilli Filho

ACÓRDÃO

Acordam, em Décima Sexta Câmara Civil do Tribunal de Justiça do Estado de São Paulo, por votação unânime, dar provimento parcial ao recurso.

Trata-se de ação de dissolução parcial de sociedade, alegando o autor que o réu, seu sócio, não vem cumprindo suas obrigações sociais a ponto de formar empresa com finalidade social semelhante, denominada Digiflow Medição e Controle de Fluidos Ltda.

A ação foi julgada procedente, para decretar a extinção, excluindo o réu da sociedade, nomeando liquidante para apurar os haveres do sócio excluído, condenado nas custas e honorários de 20% sobre o valor da causa.

O réu apelou: argúi cerceamento, e no mérito pede a improcedência.

É o relatório.

O Juiz concluiu que a Digiflow tinha finalidade semelhante àquela da qual era sócio com o autor, comparando as cláusulas de ambas sociedades.

A simples comparação conduz a uma aproximação de fins, embora a Digiflow opere em campo mais abrangente. A sociedade celebrada entre réu e autor tem por finalidade a Indústria e Comércio de rotâmetros, bibímetros, visores de nível, bombas hidráulicas dosadoras e medidores de fluxo eletrônicos, representações e assessoria técnica do ramo — fls. 8, cláusula IV.

A sociedade Digiflow tem como objetivo social: a importação e exportação de medidores de vazão para líquidos e gases dos seguintes tipos: Medidores Eletromagnéticos, Medidores de Turbinas, Medidores tipo Vortex Shedding, Medidores Ultrasônicos, Bombas dosadoras, Válvulas Reguladoras de pressão, Válvulas Reguladoras de Fluxo com servocomando, Dosadores anestésicos para uso hospitalar e medidores de vazão com microprocessadores — cf. I, p. 33.

A Digiflow opera no setor de importação e exportação e teoricamente pode completar a atividade da outra sociedade. Para tanto, tinham ambas de trabalhar coligadamente, pois isoladamente, a Digiflow exerce atividade concorrente em prejuízo da Matec Indústria, Comércio e Representações Ltda. Não é necessária prova para demonstrar a semelhança de finalidade e o prejuízo sofrido por esta última sociedade celebrada entre autor e réu.

Assim sendo, não houve cerceamento, pois a prova eventualmente produzida irá demonstrar o que se conclui obviamente, pelo confronto das atividades de ambas sociedades.

A concorrência existe e a dissolução parcial da sociedade era de rigor. Pouco importa que a sociedade a ser em parte dissolvida só tenha dois sócios, pois a jurisprudência vem admitindo que a sociedade por quotas pode operar com um só sócio.

Neste sentido esta Câmara já decidiu de acordo com acórdão relatado pelo ilustre Desembargador Nélson Schiesari, assim dispondo: "a sentença, contudo, mostrou, e bem, a possibilidade de subsistência da sociedade mercantil com a saída de um dentre apenas dois sócios, caso dos autos, fundando-se em lições da lavra de Miranda Valverde, Pontes de Miranda e Rubens Requião, dentre outros, respaldadas por decisões jurisprudenciais deste Egrégio Tribunal de Justiça, do Egrégio Tribunal de Justiça do Estado do Rio de Janeiro e do Colendo Supremo Tribunal Federal. Ora, a própria Lei das sociedades por quotas de responsabilidade limitada remete, pelo seu artigo 18, à Lei das Sociedades Anônimas para aplicação supletiva. E esta, n. 6.404, de 1976, dispõe no artigo 206, inciso I, *d*: "Dissolve-se a companhia de pleno direito, pela existência de um único acionista, verificada em Assembléia Geral Ordinária, se o mínimo de dois não for reconstituído até a do ano seguinte". Cf. Apelação n. 143.515-2 — São Paulo — Dissolução e liquidação da Sociedade — Adm. Socied. Ltda. No mesmo sentido, decidiu-se na Apelação n. 165.261-2, e na Apelação n. 147.043. O Professor Darcy Arruda Miranda Júnior também registra antecedentes — cf. *Dicionário Jurisprudencial da Sociedade por Ações* — Lei n. 6.404, de 15.12.76, pp. 762-763.

É certo que aqui não se questiona de sociedade de capitais, porém de sociedades de quotas, sociedade de pessoas, conforme ensina a doutrina — cf. *Curso de Direito Comercial*, vol. I/258, Rubens Requião. Nesse caso a exclusão de um dos sócios pode significar praticamente na extinção da sociedade, ou então, na sua transformação numa empresa individual.

Todavia, é admissível contornar a dificuldade tendo em vista o empreendimento econômico que deve ser preservado, fato que determinou jurisprudência, aceitando a dissolução parcial de tal tipo de sociedade; salvando assim, o valor econômico investido na sociedade.

Nesse caso, se a sociedade por quotas não pode definitivamente operar com um só sócio, poderá fazê-lo transitoriamente até que sua constituição se regularize. Com esta finalidade, a sociedade Matec Indústria, Comércio e Representações Ltda., tem o prazo de 6 meses para regularizar sua situação societária, sob pena de se extinguir nos termos da lei. Segue-se aí o exemplo da Lei de Sociedades Anônimas — artigo 206, inciso I, *d*, acima citada.

Esse esclarecimento é colocado de ofício, pois é contraditória a sentença decretar dissolvida parcialmente a sociedade mantendo-a de maneira definitiva com um só sócio, contrariamente ao que dispõe a lei e ao próprio conceito de sociedade. Tal esclarecimento é necessário assim, para salvar a coerência da sentença e a própria Justiça da solução, que é mantida.

Esse esclarecimento o Juiz poderia ter feito, sendo que sua omissão é sanada nesta Instância sem alterar substancialmente a sentença.

Mantida esta em tal ponto, não pode subsistir, entretanto, quando determina que a apuração dos haveres do sócio excluído será procedido na forma do artigo 657, § 2º, do Código de Processo Civil anterior, por meio de liquidação. Tal modo de operação se afasta do artigo 15 do Decreto n. 3.708, de 1919, como também impõe ao réu enorme injustiça.

O certo é proceder-se a apuração do valor dos haveres do sócio com base num balanço real, levantado no momento do arbitramento, para que o mesmo valor não sofra defasagem.

Para este fim, dá-se provimento parcial ao recurso do réu, atendido este último item.

O julgamento teve a participação dos Senhores Desembargadores Clímaco de Godoy (Presidente sem voto), Marcello Motta e Nélson Schiesari, com votos vencedores.

São Paulo, 28 de abril de 1992.

Bueno Magano, Relator.

Comentário

1. O presente trabalho tem por objetivo comentar criticamente o acórdão prolatado pela 16ª Câmara Cível do Tribunal de Justiça do Estado de São Paulo em 28 de abril de 1992, no julgamento da Apelação Cível n. 187.415-2, tendo sido Relator o Desembargador Bueno Magano.

2. No caso, pelo que se depreende do relatório do acórdão, um dos dois sócios de uma sociedade por quotas de responsabilidade limitada passou a desenvolver atividades paralelas à desenvolvida pela empresa, culminando por constituir uma outra sociedade, também por quotas de responsabilidade limitada, com finalidade social semelhante à primeira.

A sentença proferida na ação de dissolução parcial de sociedade proposta pelo outro sócio determinou a exclusão do primeiro, nomeando liquidante para a apuração dos seus haveres e mantendo a sociedade somente com o sócio remanescente.

O acórdão confirmou a sentença no tocante à exclusão de um dos sócios e à manutenção da sociedade com o remanescente, fixando, entretanto, o prazo de 6 meses para a regularização da "situação societária" e determinando a apuração de haveres com base em um balanço real, levantado no momento do arbitramento, e não na forma do art. 657, § 2º, do Código de Processo Civil.

Dentre os diversos temas tratados pelo acórdão, destaca-se o da empresa unipessoal transitória, que será examinado após um breve comentário sobre os demais assuntos abrangidos no julgado.

3. O primeiro tema abordado é o referente à finalidade da sociedade.

A identificação da semelhança existente entre as finalidades das duas sociedades foi feita, com acerto, com base na comparação entre as "cláusulas de ambas sociedades", ou seja, entre os objetos sociais constantes dos dois contratos de constituição.

De fato, do contrato social nasce a sociedade, à qual o Direito reconhece personalidade jurídica própria, distinta das de seus sócios.

Esse reconhecimento, entretanto, não é ilimitado: condiciona-se à persecução dos objetivos previstos no ato de constituição, delimitando-se a capacidade da sociedade, portanto, pelo seu objeto social.

Assim, consistindo o objeto social nos limites de atuação da sociedade, dentro dos quais devem ser desenvolvidas as atividades sociais, é ele o único parâmetro para a identificação da finalidade da sociedade.

4. Identificada a finalidade de cada sociedade, constatou-se que a da segunda, mais ampla, abrangia a da primeira, concluindo-se então que ambas eram semelhantes, e que, participando o sócio de ambas, estaria configurada a existência de concorrência, fundamento da dissolução parcial.

Discordamos, contudo, dessa assertiva, pois a semelhança ocorreria somente se os objetos sociais fossem absolutamente equivalentes, o que, ao que consta, não ocorreu. Uma vez que a finalidade da segunda sociedade era mais ampla que a da primeira, não é possível que ambas as finalidades fossem semelhantes, mas sim que todas as da primeira sociedade fossem semelhantes a algumas da segunda.

De qualquer forma, a simples semelhança, ainda que total, entre as finalidades das duas sociedades não poderia, por si só, dar ensejo à exclusão do sócio, uma vez que a participação de uma pessoa em mais de uma sociedade não é vedada pelo nosso ordenamento jurídico.

No Brasil, a dissolução da sociedade pode ser pleiteada judicialmente nos casos previstos no art. 336 do Código Comercial, com aplicação subsidiária do art. 1.399 do Código Civil. Assim, apesar de legalmente, dentre outros casos, poder ser pleiteada somente a dissolução total da sociedade quando houver a violação ou a falta de cumprimento das obrigações sociais (Código Comercial, art. 336, 3), nas mesmas hipóteses é admitida jurisprudencialmente a dissolução parcial da sociedade, com fundamento na natureza plurilateral do contrato social e na teoria institucional da preservação da empresa.

As obrigações sociais, por sua vez, são aquelas que decorrem do denominado "estado de sócio", ou seja, do conjunto de direitos e obrigações contraídos pelo sócio quando da constituição da sociedade. Essas obrigações podem estar expressas no contrato social ou na legislação, como a obrigação legal de contribuir para a formação do capital social ou a contratual de não participar de outras sociedades que tenham o mesmo objeto social, ou podem derivar de construções doutrinárias e jurisprudenciais formuladas a partir dos princípios gerais de direito ou das características próprias da relação jurídica societária, como a necessidade de comportarem-se os sócios e os administradores de acordo com a regra da boa-fé.

No caso, além de não haver prova de ter o sócio causado prejuízo à primeira sociedade, também não há sinal de haver qualquer tipo de impedimento contratual à sua participação em outras sociedades, pelo que esse fato não bastaria para fundamentar a dissolução parcial. Por outro lado, é evidente que a participação de um dos sócios em uma sociedade concorrente, o que ficou configurado pela semelhança parcial entre os objetos sociais, pode resultar no rompimento da *affectio societatis*, o que certamente poderia ser invocado para fundamentar a exclusão do sócio.

5. Determinada a exclusão de um dos sócios, acertadamente decidiu-se pela manutenção da sociedade apenas com o sócio remanescente, embora em caráter provisório, o que mostrou a harmonia dos julgadores, nesse particular, com a tendência atual do Direito Comercial.

De há muito os comercialistas preocupam-se em definir a natureza jurídica do ato constitutivo das sociedades comerciais, sendo, atualmente, majoritariamente aceita a teoria do contrato plurilateral, formulada por Tullio Ascarelli, que, na definição do Código Civil Italiano de 1942, é um contrato com mais de duas partes, cuja prestação de cada uma é dirigida à consecução de um fim comum.

No Direito Brasileiro, tanto o Código Comercial quanto o Código Civil adotaram a teoria contratualista, tendo o segundo inclusive definido em seu artigo 1.363 o "contrato de sociedade", o que reforça a idéia de que a sociedade, por originar-se de um contrato, tem por requisito essencial a presença permanente de, no mínimo, dois sócios.

Contudo, diante da constante transformação do Direito Comercial, por duas razões principais essa regra vem sendo atenuada pelos nossos julgadores.

Primeiro, pelo desenvolvimento da teoria institucionalista, segundo a qual nas sociedades comerciais, principalmente as de organização complexa, há um interesse social na preservação da empresa que advém de seu caráter institucional, ou seja, aquele que confere à sociedade a feição de uma "organização social, estável em relação à ordem geral das coisas, cuja permanência é assegurada por um equilíbrio de forças ou por uma separação de poderes, e que constitui, por si mesma, um estado de direito", na definição de Hauriou.

A outra razão é a crescente necessidade de limitar-se a responsabilidade do comerciante individual em sua atividade profissional, que se vê obrigado a arriscar, no exercício regular do comércio, o patrimônio destinado ao desenvolvimento de sua atividade e também o seu patrimônio particular.

Diante disso, passou a ser admitida em diversas legislações a existência, original ou superveniente, de sociedades comerciais com apenas um sócio, atendendo, portanto, à necessidade social de limitação da responsabilidade do comerciante individual e de preservação do caráter institucional da empresa.

Em nosso ordenamento jurídico, porém, em regra as "sociedades unipessoais" não são reconhecidas, com exceção da subsidiária integral prevista no artigo 251 da Lei 6.404/76.

Contudo, embora a constituição de sociedades comerciais com apenas um sócio não seja admitida em nosso ordenamento, a jurisprudência brasileira, com manifesta influência da teoria institucionalista, vem reconhecendo a necessidade de preservação da empresa, admitindo então a subsistência temporária da sociedade reduzida a apenas um sócio, no que decidiram acertadamente a sentença e o acórdão.

Além dessa base teórica, o fundamento legal da decisão também é plausível, pois, em se tratando de sociedade por cotas de responsabilidade limitada, no silêncio da regulamentação própria aplicam-se as disposições da Lei das Sociedades Anônimas, nos termos do art. 18 do Decreto n. 3.708/19. A Lei das SA atual, por sua vez, em seu artigo 206, inc. I, letra *d*, concede à sociedade reduzida a apenas um acionista, conforme identificado em Assembléia Geral Ordinária, o prazo de até a próxima Assembléia Geral Ordinária para a recomposição do quadro societário ao mínimo de dois, sendo possível, portanto, que a mesma regra seja aplicada ao caso concreto.

Assim, em virtude dos dispositivos legais de nosso ordenamento jurídico, de forte tradição contratualista, não há como reconhecer, exceto nos casos de subsidiária integral, a existência permanente da "sociedade unipessoal", pelo que o julgado, ao reconhecer a necessidade de preservação do empreendimento econômico, decidiu com acerto a decretação da subsistência temporária da empresa com apenas um sócio.

6. Discordamos do acórdão, contudo, no tocante à concessão do prazo de 6 meses para a reconstituição do quadro societário ao mínimo de dois sócios.

De fato, como já referido, não há disposição legal expressa a respeito da subsistência da sociedade por cotas de responsabilidade limitada quando reduzida a apenas um sócio, pelo que é razoável, nos termos do art. 18 do Decreto n. 3.708/19, invocar aplicação do art. 206 da Lei das SA para fundamentar a sua continuidade temporária.

Ora, nos termos do art. 206 da Lei das SA, verificada na Assembléia Geral Ordinária a redução da sociedade anônima a apenas um acionista, a recomposição da pluralidade societária deve ocorrer até a realização da próxima Assembléia Geral Ordinária, ou seja, no prazo máximo de um ano.

Assim, se pelos motivos expostos esse artigo também é aplicável à sociedade por cotas de responsabilidade limitada, pelos mesmos motivos o prazo de reconstituição do quadro societário deve ser o mesmo, ou seja, de pelo menos um ano, pelo que se mostra infundado o prazo fixado pelo acórdão.

7. Por fim, quanto à apuração dos haveres do sócio excluído, o acórdão coadunou-se com a orientação dominante.

Com efeito, tratando-se de exclusão de sócio de sociedade por cotas de responsabilidade limitada, na apuração de seus haveres é de ser aplicado o artigo 15 do Decreto n. 3.708/19, norma especial reguladora da matéria.

Por outro lado, apesar de esse artigo determinar, na apuração de haveres, a utilização do último balanço aprovado, é de rigor que essa apuração seja feita com base em um balanço que reflita a realidade do momento do arbitramento, principalmente em razão da desvalorização monetária que assolava o país, como se depreende da data do julgamento.

Esse é o entendimento jurisprudencial dominante construído com base na vedação ao enriquecimento ilícito, bem seguido pelo acórdão.

8. Estas foram as questões que considerei merecedoras de destaque, comentadas superficialmente em virtude de não ter o presente trabalho a finalidade de aprofundar-se no tratamento de cada uma delas.

Bibliografia

Ascarelli, Tullio - *Problemas das Sociedades Anônimas e Direito Comparado*, 1ª ed., Ed. Saraiva, 1945.

Bulgarelli, Waldirio - *Tratado de Direito Empresarial*, 2ª ed., 1995, Ed. Atlas.

Ferreira, Waldemar - *Tratado de Direito Comercial*, 1961, Ed. Saraiva.

Requião, Rubens - *Curso de Direito Comercial*, 19ª ed., 1989, Ed. Saraiva.

Salomão Filho, Calixto - *A Sociedade Unipessoal*, 1995, Malheiros Editores.

Valverde, Trajano de Miranda - *Sociedades por Ações*, 3ª ed., 1959, Forense.

Jurisprudência Comentada

SOCIEDADE POR COTAS DE RESPONSABILIDADE LIMITADA

Compromisso assumido por um dos sócios-gerentes em nome da sociedade ou nos limites dos poderes de sua gerência — Responsabilidade da sociedade

Comentários de ALBERTO SANYUAN SUEN
ao acórdão na Ap. Civ. 10.284 — 2ª C. — j. 23.2.94
— Rel. Des. Ayrton Tenório Cavalcante

Ementa oficial: A Sociedade responde pelo compromisso assumido por qualquer um dos Sócios Gerentes, se este é contraído em nome da Sociedade ou nos limites dos poderes da Gerência.

ACÓRDÃO

Vistos, relatados, discutidos estes autos da apelação cível 10.284, da Capital, em que é apelante Vereda Tropical Hotéis Empreendimentos Ltda., e apelado o Banco Sudameris Brasil S.A.: Banco Sudameris Brasil S.A., propôs ação de execução forçada contra Vereda Tropical Hotéis e Empreendimentos Ltda., objetivando o recebimento de seu crédito representado por 4 notas promissórias e 1 duplicata, à época, no valor de Cr$ 35.638.550,00. Todos os títulos que se encontram acostados ao processo, foram regularmente emitidos, estando vencidos, protestados e não pagos.

Com a inicial do processo de execução foram anexados os docs. de fls., os quais indicam o resultado da transação financeira realizada entre os litigantes.

O apelante foi regularmente citado pelo Correio, assim como o seu avalista e sócio gerente Azor W. Yartuce Filho que tomou ciência através de mandado.

No prazo determinado para o pagamento do débito ou oferecimento de bens à penhora, nada ocorreu, tanto assim que, por indicação do apelado, foi efetuada a penhora do prédio e instalações do apelante.

Houve embargos tempestivamente opostos, tendo o embargante/apelante argüido em preliminar a ausência de pressupostos de constituição e desenvolvimento válido do processo, ao fundamento precípuo de que as notas promissórias, duplicatas e contrato de abertura de crédito não têm liquidez nem a certeza, circunstâncias que invalidam o processo especial de execução.

No mérito, o apelante refuta os títulos em execução, inquinando-os de nulos, sob a alegação de que o seu representante, no caso o sócio gerente, não tinha capacidade jurídica para contratar, isto é, tomar o empréstimo para ser utilizado por ele.

Juntou os docs. de fls., os quais, na maioria, são reprodução dos que foram acostados pelo apelado.

Em tempo hábil o apelado impugnou a peça embargatória, refutando todas as alegações ali contidas, em especial a preliminar argüida pelo apelante.

Ao concluir a sua impugnação o apelado pediu o enquadramento do apelante como litigante de má-fé, nos termos do art. 17, II da Lei Adjetiva civil "que é o caso do litigante que cria e inventa fatos inverídicos a fim de excluir a sua responsabilidade ativa e passiva na ação".

A sentença de fls. julgou os embargos improcedentes, condenando o embargante apelante nas custas processuais e verbas honorárias na base de 15% sobre a dívida defendida, ordenando o prosseguimento da execução, como de direito.

Houve apelação de fls., e em seu bojo nada mais foi acrescido além do que foi exposto nos embargos. Apenas levemente faz alusão a um inexistente cerceamento de defesa, requerendo por essa razão a anulação da sentença ou a sua reforma.

O apelado apresentou contra-razões a fls., no mesmo diapasão da já falada impugnação, enfatizando que o apelante "confessa que tomou o empréstimo, não nega a existência do débito e não se insurge contra a liquidez e certeza de uma inexistente incapacidade jurídica".

É o relatório.

Entendeu o MM. Juiz *a quo*, sem nenhuma procedência a alegada falta de representação, justificando "que a apelante não nega que tomou um empréstimo, apenas quer negar a existência do débito, ao fundamento desproposital que há a incapacidade jurídica do sócio que emitiu as letras promissórias, endossou a duplicata e por último firmou contrato de abertura de crédito em conta-corrente". Diz ainda que "constata-se, isto sim, que por ocasião do empréstimo, a embargante, como devia, não apresentou alteração do seu contrato social. Omitiu, sim, é o que está claro e evidente nos autos". Realmente, agiu com acerto o MM. Juiz ao prolatar a sua decisão. O fez com o necessário equilíbrio e perfeitamente acorde com a lei, doutrina e jurisprudência dominante do País.

Dos motivos alegados nos embargos apenas um voltou à tona no recurso de apelação ora apreciado: incapacidade jurídica do sócio gerente para contrariar empréstimo.

Nas contra-razões apresentadas, novamente foram refutadas as alegações do apelante, enfatizando-se a confissão dele de haver recebido o dinheiro produto do empréstimo e a utilização em seus negócios.

Irreparável é a sentença atacada, haja vista, que ela foi prolatada com o necessário equilíbrio e fez justiça entre as partes litigantes.

Não se vê, como bem acentuou a decisão *a quo*, procedência na argumentação expendida pela apelante, concernente à pretensa incapacidade jurídica do seu sócio-gerente para contratar em nome da sociedade.

Ao admitir-se a tese do apelante, estará sendo reconhecido como legal o condenável procedimento de enriquecimento sem causa, isto porque ele confessa que tomou o empréstimo, não nega a existência do débito e não se insurge contra a liquidez e certeza da dívida, apenas acha que não deve pagar sob a alegação de uma inexistente incapacidade jurídica do sócio gerente geral, Azor W. Yartuce.

Ninguém melhor do que o sócio gerente do apelante para, ao solicitar o empréstimo, fazer ciência ao apelado do teor de seu estatuto que apenas tinha Registro em São Paulo.

Vejamos o que diz a doutrina:

"É exigir demais no âmbito do comércio, onde as operações se realizam em massa, e por isso sempre em antagonismo com o formalismo, que a todo instante o terceiro que contrata com uma sociedade comercial solicite deste a exibição do contrato social para verificação dos poderes do gerente" (Nelson Abrão, *Sociedade por Quotas de Responsabilidade Limitada*, p. 99). No mesmo sentido tem sido o entendimento da mais Alta Corte do País.

"Embora conste do contrato constitutivo das sociedades por quotas de responsabilidade limitada que o uso da firma é exclusivo de um dos sócios, a *sociedade responde* pelo compromisso assumido por qualquer um dos sócios-gerentes, se este é contraído em nome da sociedade ou nos limites dos poderes da gerência" (RE 9.547 — Rel. Min. Afrânio Costas, Ac. do STF, Forense, V/239).

Ainda, agiu com acerto o MM. Juiz ao julgar os embargos antecipadamente, com fundamento no parágrafo único do art. 740 do CPC, em razão de que os mesmos versam apenas matéria de direito.

Ex positis: Acorda a 2ª Câmara Civil do Tribunal de Justiça de Alagoas, por votação unânime, negar provimento à apelação e manter a sentença recorrida.

Maceió, 23 de fevereiro de 1994 — Gérson Omena Bezerra, pres. — Ayrton Tenório Cavalcante, relator — Danilo Antonio Barreto Accioly.

Comentário

A 2ª Câmara Civil do Tribunal de Justiça de Alagoas, por votação unânime negou provimento à Apelação cível 10.284 em que é apelante Vereda Tropical Hotéis Empreendimentos Ltda., e apelado o Banco Sudameris Brasil S.A., mantendo a sentença recorrida, em que Vereda Tropical Hotéis Empreendimentos Ltda. foi condenada em execução forçada promovido contra ela por Banco Sudameris S.A.

Alega a apelante, quanto ao mérito, que o contrato de abertura de crédito, assim como as cambiais emitidas, são nulos uma vez que o sócio gerente que firmou tal contrato e as respectivas cambiais não tinha capacidade jurídica para fazê-lo.

Os ilustres desembargadores do Tribunal de Justiça de Alagoas acolheram a Teoria da Aparência sustentada pelo apelado, justificando que seria exigir demais no âmbito do comércio, onde as operações se realizam em massa, que a todo instante o terceiro que contratasse com uma sociedade comercial tivesse que solicitar deste a exibição do contrato social para a verificação dos poderes do gerente.

Entenderam assim, os ilustres desembargadores que a apelante não poderia opor-se a execução forçada movida contra ela, fundamentando sua defesa na nulidade dos atos praticados com excesso de poder por um de seus sócios gerentes.

Acrescentaram ainda os ilustres desembargadores, contrariando o princípio da publicidade dos contratos sociais, que "ninguém melhor do que o sócio gerente do apelante para, ao solicitar o empréstimo, fazer ciência ao apelado do teor de seu estatuto que tinha registro em São Paulo"; sugerindo assim a transferência do ônus da verificação dos estatutos sociais do banco para o cliente.

Em doutrina comparada dois sistemas opostos se colocam quando tratam do tema referente aos efeitos das restrições de poderes de gerência sobre terceiros.

De acordo com a orientação originária do direito alemão, a limitação estatutária do poder de gerência não produz efeitos externos, visando proteger os terceiros que contratam com a sociedade. Tanto os Códigos das Obrigações suíço como os ensinamentos do direito francês filiam-se ao ensinamento alemão.

Outro sistema, entretanto, consagrado no antigo Código Comercial italiano admite a cláusula limitativa. Adotado também na Argentina, tal sistema confere eficácia à plena publicidade das cláusulas limitativas excluindo a possibilidade de alegação de boa-fé por terceiros.

Sobre este tema são bastante conhecidos o posicionamento doutrinário e jurisprudencial dos tribunais brasileiros.

O Prof. Waldemar Ferreira sustenta que a melhor doutrina é a que decide pela validade da cláusula limitativa, quando o contrato arquivado no registro do comércio expressamente a proíbe. Entretanto, outros comercialistas importantes opinam contrariamente (Eunápio Borges, Rubens Requião).

Os tribunais têm proferido decisões ora acolhendo a Teoria da Aparência, que visa resguardar terceiros de boa-fé que contratem com a sociedade, ora entendendo que o Princípio da Publicidade dos Contratos Sociais deve prevalecer.

A jurisprudência do STJ tem entendido que as restrições aos poderes de gerência não são oponíveis pela sociedade a quaisquer terceiros de boa-fé.

Sumarizando, podemos dizer que nos atos praticados com abuso da razão social por um dos sócios, ou seja, que visam promover fim diverso do objeto social (atos *ultra vires societatis*), os tribunais têm entendido que a sociedade não se responsabiliza por eles, acolhendo assim o princípio da publicidade dos contratos sociais.

Entretanto, se o uso indevido da firma social ocorre em negócios condizentes com o objeto social, os demais sócios se obrigam solidariamente (art. 316 C. Comercial). Ainda quando o sócio-administrador, não respeitando as limitações do uso da firma social impostas pelo contrato social, contrata com terceiros (abuso e excesso de poder); os tribunais têm aceitado a vinculação da sociedade, podendo os sócios exigirem posteriormente do sócio-administrador que abusou da razão social, as eventuais perdas e danos. Aqui os tribunais têm acolhido a chamada Teoria da Aparência, que visa resguardar o terceiro de boa-fé.

O presente acórdão fala sobre a Teoria da Aparência para justificar o conteúdo de sua decisão. Entretanto cabe aqui esclarecer algumas confusões cometidas no conteúdo do presente acórdão.

Em primeiro lugar é necessário examinar o problema à luz do Princípio da Publicidade dos Contratos Sociais.

Pretende o apelante o reconhecimento da nulidade dos contratos de abertura de créditos em conta corrente firmado por um dos seus sócios em seu nome, assim como de cambiais emitidas contra ela, argumentando que seu contrato social dispõe que a contratação de empréstimos não poderia ser feito apenas por um dos sócios, ou por aquele sócio específico que contratou com o banco. Assim tal sócio gerente teria agido com excesso de poder, firmando acordos em nome da firma que o contrato social não autorizava.

O conteúdo do acórdão esclarece ainda que contrato social tinha registro em São Paulo, tendo sido assim registrado no Departamento Nacional de Registro de Comércio para valer contra terceiros, de modo que o apelado não poderia invocar a ignorância de seu conteúdo para sustentar a validade do contrato de abertura de crédito em conta corrente assim como das cambiais. Esta aliás é a lição de Pontes de Miranda acolhida em vários julgados (*Tratado de Direito Privado*, 49/107; *Revista de Direito*, 94/330). A adoção de opinião contrária importaria a destruição do valor publicitário do registro, que se tornaria assim inócuo (Pontes de Miranda, *Tratado de Direito Privado*, 108).

Portanto, à luz do princípio da publicidade dos contratos sociais, o banco apelado teria a obrigação de examinar o conteúdo dos contratos sociais do apelante antes de firmar os contratos de abertura de crédito, assim como as respectivas cambiais.

Ainda mais, o banco apelado nem poderia ser considerado terceiro de boa-fé, uma vez que os estabelecimentos de crédito possuem cadastros de seus clientes, não contratando com eles sem averiguar a situação pessoal e jurídica de cada obrigado.

Assim à luz do princípio da publicidade, os contratos ou estatutos sociais, uma vez registrados, reputam-se conhecidos, pelo que a vedação contratual em questão não poderia ter sido ignorada pelo banco apelado, eximindo assim a apelante de qualquer responsabilidade.

O presente acórdão parece confundir os argumentos que usa para sustentar sua decisão. Não parece, neste caso, ser apropriado o argumento da Teoria da Aparência, uma vez que o banco apelado não se enquadra no que poderia ser chamado terceiro de boa-fé como já exposto e discutido.

Jurisprudência Comentada

DA NECESSIDADE DE AFRONTA A INTERESSE DE SÓCIO PARA O EXERCÍCIO DO DIREITO DE RECESSO

Sociedade Anônima — Criação de nova classe de ações preferenciais — Direito de recesso do sócio — Exercício condicionado à demonstração de prejuízo em seu desfavor

Comentários de Ricardo de Santos Freitas
ao acórdão no REsp 31.515-SP — 4ª T — j. 5.3.1996,
Rel. Min. Sálvio de Figueiredo Teixeira, *DJU* 22.4.96

Ementa oficial: O direito de retirada do sócio da sociedade anônima inconformado com a deliberação de criação de nova classe de ações preferenciais não é ilimitado, dependendo, assim, da demonstração de prejuízo em seu desfavor, sob pena de se transformar o recesso em mera venda de ações, o que escapa à finalidade do instituto.

Ementa da Redação: Descabe autorizar a retirada do sócio pela simples alteração na estrutura da sociedade. Mister que tenha interesse em pleiteá-la em razão de prejuízo sofrido.

ACÓRDÃO

Vistos, relatados e discutidos estes autos, acordam os Ministros da 4ª Turma do STJ, na conformidade dos votos e das notas taquigráficas a seguir, por unanimidade, não conhecer do recurso. Votaram com o relator os Mins. Barros Monteiro, César Asfor Rocha, Ruy Rosado de Aguiar e Fontes de Alencar.

Brasília, 25 de março de 1996 — *Sálvio de Figueiredo Teixeira*, pres. e relator.

EXPOSIÇÃO

O Exmo. Sr. Min. Sálvio de Figueiredo Teixeira: Os recorrentes, inconformados com a aprovação da mudança da estrutura da sociedade anônima recorrida que, em assembléia geral, deliberou pela emissão de debêntures e criação de duas classes de ações preferenciais (*A* e *B*, a primeira com direito a voto), pleitearam, através desta demanda, o seu exercício do direito de retirada da sociedade, com o reembolso do valor real de suas ações.

A sentença julgou improcedentes os pedidos, sob o fundamento de não ter existido prejuízo em desfavor dos autores com a referida alteração, principalmente porque as ações preferenciais *B*, criadas com a finalidade de conversão das debêntures não pagas pela sociedade, não foram utilizadas.

À apelação, o Tribunal de Justiça de São Paulo, sob a relatoria do Desembargador Renan Lotufo, negou provimento, embora por outros motivos. Disse que os autores tiveram oportunidade de exercer seu direito de conversão das ações ordinárias em preferenciais com direito a voto (classe *A*), mas não o fizeram, descabendo, em conseqüência, reclamar de possível perda de condição privilegiada, assinalando, ainda, que a simples emissão de debêntures conversíveis em ações preferenciais não causaria qualquer prejuízo aos sócios minoritários.

Inconformados, os autores interpuseram recurso especial alegando, além de dissídio, violação dos arts. 136-I e 137 da

Lei das Sociedades Anônimas, sustentando que o direito de retirada decorre de fato objetivo definido na lei, sem ser necessário qualquer questionamento a respeito da existência ou não de prejuízo.

Contra-arrazoado, foi o recurso admitido na origem.

É o relatório.

VOTO

O Exmo. Sr. Min. Sálvio de Figueiredo Teixeira (relator): A recorrida, companhia originariamente fechada, necessitou de capital de giro para continuar com sua atividade. Para tanto, emitiu debêntures e criou duas classes de ações preferenciais. Aos sócios titulares de ações ordinárias foi possível a conversão delas em preferenciais *A*, com direito a voto. A segunda classe, *B*, nasceu com o objetivo de agasalhar as debêntures não resgatadas pela sociedade.

Insatisfeitos com essa modificação, os recorrentes tentaram exercer seu direito de *recesso*, que restou negado tanto pela sociedade como pela decisão do Colegiado paulista, sob o fundamento de não ter havido prejuízo para eles.

Destarte, cinge-se a matéria recursal em perquirir se esse prejuízo é pressuposto para o exercício do direito de retirada.

Sem razão os recorrentes, posto que afirmativa a conclusão.

O direito de recesso ou retirada na sociedade anônima, introduzido na legislação brasileira na década de 30 e ligeiramente modificado pela atual lei de regência (de n. 6.404/76) consiste na possibilidade de sócio que não se conforma com deliberação tomada pela sociedade no sentido, *verbi gratia*, de criar ou alterar ações preferenciais, dela retirar-se.

Foi ele instituído com o objetivo de sanar um dos mais sérios problemas nas sociedades anônimas, a saber, a divergência entre a maioria e a minoria dos sócios. Possibilita a norma, então, a retirada do sócio dissidente que passa a credor da sociedade pelo valor do reembolso de suas ações.

O fundamento é a proteção dos interesses do sócio insatisfeito, que se viu atingido na esfera patrimonial com a alteração ocorrida, exsurgindo, então, a necessidade da demonstração de efetivo prejuízo em seu desfavor, sob pena de se transformar o recesso em mera venda de ações, o que escapa à finalidade do instituto.

Assim, descabe autorizar a retirada do sócio pela simples alteração na estrutura da sociedade. Mister que tenha interesse em pleiteá-la em razão de prejuízo sofrido.

Lamy Filho, um dos formuladores da Lei das Sociedades Anônimas, sobre a matéria, doutrina: "A interpretação que pretende estender o direito de retirada aos acionistas que não são prejudicados deixa de aplicar a lei segundo as funções ou fins sociais a que ela se dirige e as exigências do bem comum; mas, ao contrário, ao pretender legitimar a transformação do direito de retirada em arma usada abusivamente por quem não tem interesse a proteger mas visa a locupletar-se, injustificadamente, à custa da destruição da empresa, empresta à lei efeitos perversos, anti-sociais, que conflitam com o fim a que se dirige e com as exigências do bem comum" (*A lei das S.A.*, Renovar, cap. 7, seção 2, n. 8, p. 558).

No mesmo sentido, Campos Batalha, *verbis*: "Antes de passar à análise das hipóteses de exercício do direito de retirada, devemos assinalar que tal exercício não é ilimitado, achando-se condicionado à existência (real ou potencial) de prejuízos ao acionista retirante. Não basta apenas a ocorrência de qualquer das hipóteses taxativamente enunciadas na lei: é indispensável a possibilidade de prejuízo" (*Direito Processual Societário*, Forense, n. 2.1.1.10, p. 239).

No pertinente à alegação dos recorrentes de existência de efetivo prejuízo, descabe, nesta instância, averiguar a real situação dos fatos, haja vista que demandaria reexame de provas, defeso na oportunidade, consoante o enunciado 7 da Súmula/STJ.

Intactos, portanto, os preceitos contidos nos arts. 136-I e 137 da Lei 6.404/76.

Com relação à divergência, não restou ela caracterizada. De uma leitura atenta do acórdão proferido no RE 104.895-RS, da relatoria do Min. Carlos Madeira, extrai-se a conclusão no sentido de ser indispensável a ocorrência de prejuízo para que o sócio descontente exerça o seu direito de retirada. Apesar de constar dos votos dos Mins. Aldir Passarinho e Djaci Falcão referência à desnecessidade de se observar prejuízo no caso, não representou essa assertiva nenhuma explicitação de opinião de Suas Excelências quanto à tese defendida neste especial, tendo em vista que estavam somente se referindo a um requerimento dos então recorrentes extraordinários. E tanto não foi que a ementa desse aresto restou assim redigida: *Sociedade anônima — Direito de recesso — Não exige a Lei 6.404/76, art. 136, inc. V, que a alteração estatutária importe mudança de objeto essencial da empresa. Basta que prejudique interesses de acionistas minoritários, para dar ensejo ao recesso* (grifos feitos).

Assim sendo, depreende-se mais similitude do que contrariedade no confronto entre o acórdão tido como paradigma e o impugnado através deste apelo.

Em face do exposto, não conheço do recurso.

Certidão de julgamento - Certifico que a E. 4ª T., ao apreciar o processo em epígrafe, em sessão realizada nesta data, proferiu a seguinte decisão: A Turma, por unanimidade, não conheceu do recurso.

Votaram com o relator os Srs. Mins. Barros Monteiro, César Asfor Rocha, Ruy Rosado de Aguiar e Fontes de Alencar.

O referido é verdade. Dou fé.

Brasília, 25 de março de 1996.

Comentário

O acórdão em questão acompanha orientação majoritária da jurisprudência e doutrina nacionais.

Entende-se não caber direito de retirada para acionista que não tenha interesse afrontado com a deliberação de Assembléia Geral.

Parece-nos, todavia, que nossos Tribunais têm tratado do tema, por vezes, de forma demasiadamente genérica. Sem atentar para as peculiaridades da norma legal, contida, basicamente, no art. 136 da Lei n. 6.404/76.

O instituto do direito de retirada nasceu com o Código de Comércio de 1882 da Itália, cujo artigo 158 conferia a faculdade de solicitar a saída da empresa com o recebimento do reembolso do valor de sua participação societária aos sócios que discordassem das seguintes deliberações, tomadas em decisão majoritária: mudança de objeto social, prorrogação do prazo de duração da sociedade com prazo determinado de existência, fusão ou alteração de capital.

O legislador brasileiro ao criar as sociedades por quotas de responsabilidade limitada através do Decreto n. 3.708, de 1919, tratou de inserir o instituto no sistema jurídico pátrio, permitindo ao sócio quotista solicitar sua retirada da sociedade sempre que divergisse de uma alteração contratual, recebendo o reembolso do valor de suas quotas com base no último balanço aprovado.

Para as sociedades por quotas, no entanto, o instituto acabou não tendo aplicação prática em nosso país, na medida em que firmou-se o entendimento dos Tribunais de que o artigo 335, § 5º, do Código Comercial Brasileiro permite a dissolução parcial da sociedade, por denúncia unilateral de qualquer dos sócios, sem necessidade de se apontar discordância de deliberação social, nas sociedades com prazo indeterminado de duração.[1]

Mas, plantada a semente, a idéia foi propagada para as sociedades anônimas.

1. Mello Franco, Vera Helena, in *Rev. de Direito Mercantil*, nova série, julho/setembro/1989, vol. 75, p. 19. A prática elegeu o pedido de dissolução, geralmente com fundamento na norma do art. 335, V, C. Com., como modo de retirada mais vantajoso do que aquele derivado, normalmente, do exercício do direito de recesso. A razão disto foi a criação pretoriana da chamada dissolução parcial.

Em 1932, o Decreto n. 21.536 regulamentava a criação de ações preferencias, conferindo o direito de recesso ao acionista que discordasse da deliberação de assembléia que criasse ações preferenciais mais favoráveis ou que alterasse preferências ou vantagens nas ações já existentes.

A evolução legislativa das sociedades anônimas, no Brasil, caminhou para a ampliação das situações em que se previa o direito de retirada ao acionista minoritário.

O Decreto-lei n. 2.627, de 1940, tratou de inserir novas hipóteses de aplicação do instituto (alteração de objeto essencial, fusão e cessação de estado de liquidação) e o atual diploma legal, Lei n. 6.404/76, por fim, marcou a definitiva ampliação dos contornos do instituto.

As hipóteses de cabimento do direito de recesso nas sociedades anônimas, segundo a Lei n. 6.404/76, permitem observar dois grupos distintos de situações: as que alteram substancialmente a organização da companhia e as que afrontam direitos dos acionistas.

Nesse primeiro grupo temos as seguintes situações:

• mudança do objeto da companhia (artigo 136, V);

• dissolução ou cessação do estado de liquidação (artigo 136, VII);

No segundo grupo as situações são:

• criação de ações preferenciais ou aumento de classe existente sem guardar proporção com as demais, salvo se já previstos ou autorizados no estatuto (artigo 136, I);

• alterações nas preferenciais, vantagens e condições de resgate ou amortização de uma ou mais classes de ações preferenciais, ou criação de nova classe, mais favorecida (artigo 136, II);

• alteração do dividendo obrigatório (artigo 136, IV).

Lamy Filho,[2] co-autor do Anteprojeto de Lei que originou a Lei n. 6.404/76, ao estabelecer a distinção dos grupos acima demonstrada, refere-se ao segundo grupo como sendo aquele em que se reduzem os direitos de participação do acionista dissidente.

Fábio Konder Comparato,[3] referindo-se ao direito de retirada previsto nos incisos I e II do artigo 136 da Lei n. 6.404/76, observa que as expressões *preferências* e *vantagens* ali mencionadas tem idêntico significado pelo contexto e abrangem direitos políticos e direitos pecuniários, ao contrário da lei anterior, o Decreto n. 2.627/40, que restringia o direito de retirada à redução de preferências e vantagens somente pecuniárias.

Como a expressão *direitos de participação* sugere apenas direitos políticos, não obstante ser evidente a intenção do autor de se referir à participação financeira (nos lucros e na distribuição do capital), preferimos citar o segundo grupo apenas como sendo aquele em que se afrontam direitos dos acionistas.

Juristas de renome defendem ainda o cabimento do direito de retirada na ocorrência de incorporação de companhia em outra, sua fusão ou cisão e na ocorrência de participação da companhia em grupo de sociedade.

Tal previsão constava expressamente do *caput* do artigo 137 da Lei n. 6.404/76, tendo sido suprimida pela Lei n. 7.958/89, conhecida como Lei Lobão.

Numa assombrosa demonstração de má técnica legislativa, padecendo do vício hoje corrente da superficialidade, o legislador não atentou para o fato de que existem outros artigos no corpo da Lei n. 6.404/76 que dispunham acerca do exercício do direito de retirada nessas duas hipóteses, quais sejam, os artigos 225, IV, 230, 264, §§ 3º e 4º, e 270, parágrafo único.

A omissão de declarar também expressamente revogados esses dispositivos tornou-se o núcleo da argumentação daqueles

2. Lamy Filho, Alfredo, e Bulhões Pedreira, José Luiz, in *A Lei das S.A.*, Ed. Renovar, 1992, p. 556.

3. *Direito Empresarial*, Ed. Saraiva, 1990, p. 218.

que defendem a preservação do direito de retirada nas duas hipóteses apontadas.

Sem embargo da autoridade desses juristas, parece-nos estarem eles permitindo a exacerbação de convicções societárias próprias em detrimento de uma correta exegese jurídica.

O artigo 137 encerra dentro de si o núcleo das hipóteses do direito de retirada previstas na Lei n. 6.404/76 em que pese existirem referências ao exercício desse direito em outros artigos do texto legal. Esses artigos esparsos, todavia, são disposições complementares.

Revogada a disposição nuclear ensejadora do direito de retirada para os casos de incorporação, fusão, cisão e participação grupal a regra de hermenêutica jurídica aponta para a revogação tácita desses dispositivos secundários esparsos.

Importa observar que a intenção do legislador não permite dúvidas, conforme excerto da exposição de motivos da Lei n. 7.958/89:

"A providência legislativa é reclamada pelo desenvolvimento empresarial brasileiro, que tem sofrido sérios embaraços nos seus esforços de modernização, crescimento, em decorrência de dois obsoletos institutos legais, que conspiram contra a expansão das sociedades por ações e dificultam sua adaptação às condições atuais de mercado, produção e desenvolvimento.

"Duas hipóteses, dentre as enumeradas pelo artigo 136 da Lei n.6.404/76, mostraram-se, na prática destes últimos dez anos, contrárias ao livre desenvolvimento das empresas constituídas pela modalidade de ações. Trata-se da incorporação, fusão ou cisão e participação em grupo de sociedade.

"Tais providências, quando decididas pelos sócios, são salutares e benéficas para o desenvolvimento dos negócios sociais, não justificando, sobretudo na incorporação ou fusão, a retirada do dissidente através do processo desgastante da apuração do patrimônio líquido, muitas vezes usado abusivamente para, através da criação de embaraços, obterem-se vantagens indevidas."

Alinhamo-nos, portanto, com aqueles que entendem não mais caber faculdade de direito de retirada para os casos de incorporação, fusão, cisão ou inserção em grupo societário.

Apontadas as situações que ensejam o exercício desse direito, devemos enfatizar que se trata de elenco taxativo, que implica na proibição da utilização do recurso de analogia para sua extensão a outras hipóteses pois sujeito ao princípio da tipicidade fechada,[4] expressão emprestada do Direito Penal e do Direito Tributário, que segundo Misabel Derzi,[5] seria melhor substituída pela expressão *conceito determinado.*

Analisando os sistemas jurídicos estrangeiros verificamos que a evolução histórica do instituto no Brasil caminhou na contramão da história.

Na própria Itália, berço de seu nascimento, o direito de recesso foi sendo restringido após sua criação, por apresentar-se, em diversas situações, como real entrave ao crescimento, e às vezes até mesmo à sobrevivência das sociedades.

Com efeito, leis italianas de 1915 e 1925 trataram de excluir a possibilidade de recesso na hipótese de aumento de capital e, por fim, o atual Código Civil Italiano, unificado, em seu artigo 2.437, tratou de admitir o recesso acionário apenas e tão-somente nos casos de mudança de objeto, de tipo societário, ou de transferência de sede social para o estrangeiro.[6]

Como se observa, não existente na vigente legislação italiana nenhuma hipótese de permissão de retirada de acionista em caso de afronta a direitos societários, limi-

4. Comparato, Fábio Konder, ob. cit., p. 215.

5. *Direito Tributário, Direito Penal e Tipo,* Ed. RT, 1988, p. 18.

6. Galgano, Francesco, "La Società per Azioni", in *Trattato di Diritto Commerciale e di Diritto Pubblico dell'Economia,* Ed. CEDAM, 1984, p. 326.

tando-se tal direito a restritos casos de alteração da organização da companhia.

A França também não acolhe o direito de retirada para as situações de violação a direitos pecuniários ou políticos dos acionistas, consoante dispõe a Lei n. 24.17.66.

O direito norte-americano, por sua vez, não obstante trate a matéria em legislações estaduais, inclina-se preponderantemente para restringi-lo apenas a casos de fusão ou de venda da integralidade do ativo da empresa.[7] Designado de *appraisal right, right to dissent,* ou ainda de *withdrawal right,* o direito de retirada no sistema jurídico norte-americano restringe-se aos sócios de *corporations* cujas ações em Bolsa não tenham liquidez, conforme determinação que constava do *Model Business Corporation Act.* Tal restrição foi eliminada por emenda legislativa de 1988.

O estudo comparado dos sistemas jurídicos dos diversos países demonstra a excessiva preocupação do legislador brasileiro quanto à proteção do acionista dissidente de decisão assemblear, principalmente no que diz respeito àquelas que interferem em seus direitos políticos e pecuniários.

O Anteprojeto de Lei de reformas da Lei n. 6.404/76, de autoria do atual Ministro do Planejamento, Dr. Antônio Kandir, ao tratar das hipóteses de direito de retirada previstas nos incisos I e II do artigo 136, explicita a restrição do direito ao exercício do recesso acionário aos acionistas *prejudicados* pela decisão assemblear.

Essa vem sendo a orientação jurisprudencial. Nas hipóteses de recesso encerradas nos incisos I e II do artigo 136 da Lei 6.404/76 há situações em que alguns acionistas não chegam a ter qualquer interesse pecuniário ou político cerceado, havendo também aqueles que chegam a ser beneficiados pela decisão assemblear.

Não haveria sentido em permitir que acionistas não prejudicados pudessem solicitar o recesso, desfalcando patrimonialmente a companhia sem que qualquer justificativa de interesse a ser tutelado estivesse colocada como contrapeso.

Deslocada a polêmica acerca da necessidade de caracterização de afronta a interesse do acionista na afirmação de seu direito à retirada para o campo da hipótese legal inserida no inciso V, quando a assembléia decide mudar o objeto social da companhia, o enfoque passa a ser diferente.

Aqui pressupõe o legislador que qualquer modificação no estatuto quanto ao objeto social da companhia cause afronta a interesse de todos os acionistas. Ao adquirir o estado de sócio o acionista manifesta sua aceitação e interesse quanto às condições estabelecidas no pacto social, mormente no que diz respeito às atividades a serem desenvolvidas pela empresa.

Assim, qualquer acréscimo, diminuição ou alteração de atividade prevista no objeto social da empresa constitui mudança e desrespeita o interesse dos acionistas, razão pela qual estes podem opor-se à decisão majoritária pleiteando sua retirada da companhia com fundamento na regra do inciso V do artigo 136.

Trata-se de prejuízo implícito que dispensa prova outra que a simples caracterização de que houve a referida diminuição, acréscimo ou alteração de objeto social.

Esse foi o entendimento assentado pelo Supremo Tribunal Federal ao julgar o Recurso Extraordinário n. 104.895, do Rio Grande do Sul, a que se refere o acórdão ora comentado.

A ementa do acórdão do STF não sintetiza de maneira adequada a argumentação desenvolvida com brilhantismo no corpo do julgado.

Assim está ela redigida: "Sociedade Anônima — Direito de Recesso — Não exige a Lei n. 6.404/76, art. 136, inc. IV, que a alteração estatutária importe mudança de objeto essencial da empresa. Basta que prejudiquem interesses de acionistas minoritários, para dar ensejo ao recesso".

7. Lamy Filho, Alfredo, e Bulhões Pedreira, José Luiz, ob. cit., p. 563.

Essa última frase induz a pensar que mudanças de objeto podem haver que não ensejam direito de recesso por não acarretarem qualquer afronta a interesses de acionistas. Não é essa, entretanto, a conclusão a que chega o mal ementado acórdão. Ao contrário, a leitura atenta do julgado nos revela ser posição da Suprema Corte que a aplicação da regra contida no inciso V do artigo 136 da Lei n. 6.404/76 tem como pressuposto único a manifestação de vontade de se retirar do acionista face à comprovação da mudança do objeto social.

Mas o mesmo não se pode dizer da regra dos incisos I e II do artigo 136. Estas colocam-nos diante da possibilidade de situações onde existam acionistas beneficiados, acionistas não afetados e acionistas com interesses afrontados pela deliberação assemblear.

Não mais parte a lei da premissa de que, tomada a decisão, decorre inexoravelmente a afronta ao interesse do sócio. Impõe-se então ao acionista a obrigação de demonstrar essa afronta.

A utilização da expressão *afronta a direitos* ou a *interesses* encontra seu fundamento na lição de Fábio Konder Comparato,[8] que observa que "a doutrina reconhece, portanto, sem discrepância, que o direito de recesso do sócio dissidente de deliberação social não constitui uma sanção de ato ilícito praticado pela maioria; não representa uma forma de indenização. Se o fora, o sócio recedente seria obrigado a provar o prejuízo sofrido, para exercer a retirada, quando na verdade o recesso atua como uma espécie de denúncia vazia do vínculo societário".

Não obstante discordemos da comparação com a regra de direito imobiliário pelo fato de haver mera presunção *juris tantum* de afronta a interesse de sócio nas hipóteses do artigo 136, I e II, o raciocínio é perfeito quando afasta qualquer aplicação da responsabilidade civil, motivo que nos leva a recusar a expressão prejuízo, equivalente a dano.

Releva notar, por fim, que a prova de afronta a direito de acionista não conduz a complicadas controvérsias quanto à matéria de fato, nos casos concretos submetidos à apreciação do Poder Judiciário.

Ao contrário, os fatos são, na maioria das vezes, incontestes. Difícil é imaginar dúvidas quanto à materialidade das deliberações sociais. E é do conteúdo das deliberações sociais que se verifica, *in concreto,* a existência de eventual afronta a direitos dos acionistas.

Reside aí o principal equívoco do presente julgado: alegando ser vedado ao Supremo Tribunal de Justiça o exame da real situação dos fatos, por importar em reexame da prova, parte a Turma julgadora da convicção adotada pelo Tribunal de Justiça do Estado de São Paulo de que não houve qualquer afronta a direito dos autores.

Mas a exposição dos fatos, incontroversos nesse ponto, nos revela que houve criação de duas classes de ações preferenciais. Embora tenha sido permitido aos acionistas a conversão das ações ordinárias em preferenciais classe A, mostra-se inequívoca a possibilidade de diluição de preferências pecuniárias e de vantagens políticas advindas da conversão das debêntures emitidas em ações preferenciais classe B.

Pouco importa que no curso da lide tenha-se verificado que não chegou a se concretizar qualquer conversão. À data da deliberação assemblear a afronta a esses direitos de sócio manifestava-se latente, propiciando aos acionistas manifestarem sua intenção de retirada da companhia.

No acórdão *sub examine,* como costuma acontecer em casos de espécie, a verificação de afronta a direitos não representa exame ou reexame de provas, mas mera análise das conseqüências jurídicas advindas de fatos incontroversos, plenamente cabível de ser realizada pelo Superior Tribunal de Justiça ou mesmo pelo Supremo Tribunal Federal, como aliás procedeu esse último, ao julgar o próprio RE n. 104.895-RS.

8. Ob. cit., pp. 226 e 227.

Comentários

SENTENCIAS PRIMERAS EN APLICACIÓN DE LAS REGLAS DE HAMBURGO

DAVID MORÁN BOVIO

La *Revue de Droit Commercial, Maritime, Aérien et des Transports*[1] reproduce en su último número[2] las dos sentencias que se acompañan. Tratándose de las primeras publicadas — que se sepa — en aplicación de las Reglas de Hamburgo,[3] merecen algunas reflexiones[4] que pongan de relieve lo que en ellas se manifiesta como más sobresaliente.

Precediéndolas, cabría decir unas palabras comunes a ambas decisiones, con rúbrica expresiva del fenómeno más general, *Las Reglas de Hamburgo están en vigor y se aplican*, y un subtítulo *(aber keine Panik!)*, echando mano de una expresión lo-

1. También conocida y citada como *Revue Scapel*. No en vano. Su fundador fue Paul Scapel, el director honorario es Louis Scapel, el director Christian Scapel (Administración y redacción: 28, Boulevard Paul-Peytral, 28. 13006 Marseille. Tel. 91.33.38.29. Fax 91.55.61.41). Tiene carácter trimestral.

2. El primero del año 73º, enero-febrero-marzo de 1996.

3. Así se denomina a la Convención aprobada en la Conferencia de Naciones Unidas sobre Transporte de Mercancías por Mar (Hamburgo, del 6 al 31 de marzo de 1978), siguiendo la recomendación de la Resolución adoptada por dicha Conferencia (v. Anexo III de la Convención). La reciente entrada en vigor atrajo la atención de los especialistas e interesados en el tema: v., además de otras citas en notas posteriores, p. ej., AAVV *Coloquio sobre las Reglas de Hamburgo* Asociación Española de Derecho Marítimo, marzo de 1995; AAVV *The Hamburg Rules: A choice for the E.E.C.* Bruselas 1994; AAVV encuentro internacional organizado por el *Institut Mediterranéen des Transports Maritimes*, Marsella 25 de noviembre de 1992, 1993 Il Diritto Marittimo (DM) 267-357; Alcantara, J. M. *Las Reglas de Hamburgo ante su inminente entrada en vigor. Una valoración actualizada* 1991 dic Derecho de los Negocios (DN) 1; Basedow, J. *Seefrachtrecht: Die Hamburger Regeln sind in Kraft* 1993 Zeitschrift für Europäisches Privatrecht 100; BIMCO *Circolare B.I.M.C.O. sulle Regole di Amburgo* 1994 DM 618; Emparanza Sobejano, A. *Transporte marítimo bajo conocimiento de embarque: su régimen jurídico internacional tras la entrada en vigor de las Reglas de Hamburgo*, en *El Derecho del transporte marítimo internacional*, coord. J. Mª Eizaguirre, que corresponde a las *I Jornadas sobre transporte marítimo europeo. Aspectos mercantiles y jurisdiccionales*. Facultad de Derecho de San Sebastián. 20 y 21 de mayo de 1993. San Sebastián, 1994; Herber, R. *Gedanken zum Inkrafttreten der Hamburg Regeln* 1992 Transportrecht (TranspR) 382; Honnold, J. O. *Ocean Carriers and Cargo; Clarity and Fairness — Hague or Hamburg?* 1993 Journal of Maritime Law & Commerce (JML&C) 75; Lüddeke, C. F. Johnson, A. *A guide to the Hamburg Rules. From Hague to Hamburg via Visby. An Industry Report* London 1991; Mankowski, P. *Jurisdiction Clauses und Paramount Clauses nach dem Inkrafttreten der Hamburg Rules* 1992 TranspR 301; Nicol, C. C. *Do the Hamburg Rules Suit a Shipper-Dominated Economy*? 1993 JML&C 151; Secretaría de la UNCTAD, informe *The economic and commercial implications of the entry into force of the Hamburg Rules and the Multimodal Transport Convention* New York 1991. (El texto de las Reglas de Hamburgo (RH, en adelante) puede cosultarse en la *Revista de Derecho Mercantil* (*RDM*) n. 207.)

4. También porque el tema coincide con un área de reciente interés personal (v. Moran Bovio, D. *Los límites del período de la responsabilidad del porteador en las Reglas de Hamburgo* en *Estudios de Derecho Mercantil en Homenaje al Profesor Menéndez* Madrid 1996; preparándose en la actualidad otra monografía sobre *Extremos del período mínimo de*

cal que no parece preciso traducir, pues puede ser bien entendida por los lectores de nuestra lengua.

Efectivamente, después de comentarios agoreros de diferente índole cargados de predicciones funestas[5] que con facilidad hacían desear al lector la lejanía del epicentro de la anunciada catástrofe,[6] da la impresión, por contraste, a tenor de lo que en ambas decisiones puede colegirse, que por lo menos los jueces se encuentran cómodos en las RH y las aplican con facilidad.

En ambas sentencias, sin necesidad de recurrir a un bosque de precedentes plagado de senderos entrecruzados y carente de claras indicaciones, en el que para cada nuevo caso casi se hace preciso abrir la propia trocha; de una forma sencilla y directa, pronto se identifica el supuesto de hecho correspondiente y enseguida se evalúa la adecuación de su consecuencia jurídica. Servirá para constatar lo que se dice, que no falte en el comentario una breve reflexión comparativa, con el régimen que las RH tratan de sustituir, esto es: el de la Convención de Bruselas para la unificación de ciertas reglas en materia de conocimiento de embarque de 25 de agosto de 1924 (CB)

la responsabilidad del porteador en la Convención de Bruselas).

5. Así, unas palabras que unen al acierto de Waldron (A. J. *The Hamburg Rules — A Boondoggle for Lawyers?* 1991 Journal of Business Law 306, 318) de reproducir unos párrafos de un Boletín de la BIMCO, el refrendo de Honnold (n. 3) que las cita del siguiente modo: *The Hamburg Rules "must be resisted at every opportunity" since they would "cast aside the result of half a century of expensive litigation and pave the way for another half century of legal debate on a new and different regime"* (p. 81).

Poco después de aprobarse la Convención, Sanchez Calero se antecipó (a esos (pre)juicios), indicando que el cambio del "status quo" vigente, implica que: *las labores de la UNCITRAL hayan sido vistas con recelo, cuando no con clara hostilidad, por parte de las representaciones de los armadores* (*Las Reglas de Hamburgo sobre el contrato de transporte marítimo de mercancías. Una valoración crítica,* Barcelona, 1981 pp. 10 y 46-48). Sweeney (J.C. *The Uniform Regime Governing the Liability of Maritime Carriers* 1992 DM 964 nn. 41 y 42 y texto de referencia) ofrece también unas clarificadoras frases expresivas de la situación: *Because theoretical positions for or against the alternative solutions are wedded to economic self-interest we have reached the point where organized shippers ... and organized carriers ... are glaring at each other and saying "NEVER". The voice of the insurance industry is also not heard as the voice of the experience but rather the voice of self interest as P&I clubs* (énfasis en el original).

6. No cabe calificar de otro modo la sombria situación, como saben los familiarizados con el tema, particularmente si se atiende a alguna de las voces en el debate, la del Comité Marítimo Internacional (CMI) y la de los aseguradores.

Sobre el CMI, puede citarse la última encuesta dirigida a las Asociaciones Nacionales de Derecho Marítimo (que no representan precisamente los intereses de los cargadores), en la que la tercera pregunta ha sido: *Should the action be limited to urging straightforward acceptance of the Hamburg Rules? If not, please state why in general terms, and then specify which of the provisions of the Hamburg Rules you consider to cause unacceptable commercial difficulties or serious problems of interpretation. Please illustrate such difficulties and/or problems by example*. La síntesis de las respuestas, según la efectúa el propio CMI, merece ser reproducida: *All Associations* (lo que significa: Argentina, Australia y Nueva Zelanda, Canadá, China*, Dinamarca, Francia, Alemania, Grecia, Indonesia, Irlanda, Israel, Italia, Japón, Noruega, Suecia*, Suiza, Africa del Sur, Reino Unido, USA, Venezuela) *except Finland and Spain have given a negative reply*.

Pero cuando se busca el detalle del por qué, resulta que la mayor parte de los comentarios fueron de carácter general, concentrándose los más específicos en el régimen de responsabilidad del porteador instaurado en el art. 5.1 de las RH (Reino Unido y Noruega), mientras que otros se fijaron en las enmiendas de redacción (Noruega). En el comentario a cada precepto, es cierto que la mayor parte se la lleva el art. 5, mientras que las menciones a los demás se refieren a sugerencias de arreglos de orden formal, en la mayor parte de los casos. Y sobre el 5, las críticas pueden reducirse a que establece un sistema distinto del precedente (echándose de menos la ausencia de la liberación del porteador por falta náutica — punto tampoco mayoritario pues la Asociación sueca lo considera acertado — y la lista de los excepted perils) (cfr. 1995 1 CMI News Letter 2, 3).

Con respecto a las de la industria aseguradora v., por todos, Sturley, M. F. *Changing Liability Rules and Marine Insurance: Conflicting Empirical Arguments About Hague, Visby, and Hamburg in a Vacuum of Empirical Evidence* 1993 JML&C 119.

* Para las dos Asociaciones señaladas, cabe dudar de la legitimidad de sus críticas pues disponen

y su Protocolo modificativo de 23 de febrero de 1968 (tradicionalmente denominado Protocolo de Visby).[7]

***

Compagnie Sénégalaise d'Assurances et de Réassurances et al vs. Roscoe Shipping Co, M. le Capitaine du navire "World Appolo", Steamship Mutual Underwriting Association (Trib. Comm. Marseille) 23 ene 1996, 1996 *Rev. SCAPEL* 51-55.

LOS HECHOS pueden resumirse indicando que se trata de un contrato de transporte internacional marítimo de mercancías (arroz, 525.000 sacos) desde Koschichang-Bankok (Thailandia) a Dakar (Senegal) para el que se libra un conocimiento de embarque carente de reservas. A la arribada se verifican defectos y faltas en la mercancía: algunos sacos rotos, otros perdidos, impregnados de fuel (con la consiguiente avería del arroz) unos cuantos. La cuantía de esos daños acabará englobada en US$ 83.471, estimándose derivados de una estiba y arrimaje defectuosos, a lo que se une la inconsciente realización de las tareas de descarga, efectuadas por Somarca, un empresario de carga y descarga, a designación del destinantario, en virtud de la cláusula *Dakar Free Out* registrada en el conocimiento de embarque.

La persona facultada para recibir las mercancías reclama a los aseguradores de la carga la cantidad considerada como daño a ésta. Después de satisfacer la indemnización, ejercitan las compañías de seguros la acción de repetición contra el capitán, el buque, el porteador y el P&I Club del buque. Este último emite una garantía a primera demanda que cubre las responsabilidades y gastos del porteador en el caso, probablemente para liberar al buque de algún embargo preventivo.

LOS DOS PROBLEMAS (I y II) a que pueden reducirse los mencionados por la sentencia serían: la determinación de la responsabilidad del porteador (sub I), y la acción de las compañías subrogadas contra el Club de P&I (sub II), ya que la cuantía de los daños parece indiscutida, así como su reparto: 55% para el porteador, 45% para Somarca, dejando fuera de esa cuenta la cantidad del daño incontrovertiblemente causada por el porteador a resultas de la defectuosa estiba. De las cuestiones debatidas sólo la primera tiene propiamente que ver con la aplicación de las RH, si bien la otra igual merece alguna consideración, aunque sólo sea porque justifica la vista ante el tribunal francés.

I. DERECHO APLICABLE es el de las RH. Senegal es uno de los países que al haber ratificado las RH, las han puesto en vigor desde primero de noviembre de 1992. Y siguiendo el art. 2.1.b) RH, citado y reproducido en la sentencia,

Las disposiciones del presente Convenio se aplicarán a todos los contratos de transporte marítimo entre dos Estados diferentes, siempre que: ***El Puerto de Descarga*** *previsto en el contrato de transporte marítimo esté situado* ***En un Estado Contratante*** (énfasis añadido).[8]

En dicho instrumento le basta al tribunal recurrir a otros dos preceptos para

de nueva legislación que, en importantes materias, como la principal en las sentenciais que se aluden, se alinéa por completo a las RH.

7. Sobre el tema de la pretendida substitución v. Moran Bovio (n. 4) ns. 5 y 6.

8. Mankowsky (n. 3) p. 301; ha estudiado com detalle ese que él denomina *wigefasste zwingende Anwendungssystem*, con respecto al cual mantiene, sin que le falten razones, su inderogabilidad desde la perspectiva del art. 23 RH. A las críticas sobre el "expansionismo" de este precepto ha respondido, entre outros, Bonassies (P. *Le domaine d'application des Règles de Hambourg* 1993 DM 281) recordando que igual princípio figura en el CMR, la última Convención (antes de HR) adoptada en materia de transporte, así como en la primera ley marítima de nuestra época, la Harter Act (v. las soluciones que propone a los problemas de Derecho aplicable e relación con el art. 7 de la Convención de Roma y con la L. francesa de 1966). (Acerca del proceso formativo del art. 2 v. Sweeney J. C. *The UNCITRAL Draft Convention on Carriage of Goods by Sea* 1975 JML&C pp. 500-503).

decidir el tema de la responsabilidad del porteador. Por una parte el 4.2.b) que se ocupa de fijar el fin del periodo de la responsabilidad del porteador en el muelle de descarga, del cual menciona, con carácter alternativo, los apartados ii) y iii), que identifican ese término con la entrega de las mercancías, respectivamente, *poniéndolas a disposición del consignatario de conformidad con el contrato, las leyes o los usos del comercio de que se trate aplicables en el puerto de descarga; o poniéndolas en poder de una autoridad u otro tercero a quienes, según las leyes o los reglamentos aplicables en el puerto de descarga, hayan de entregarse las mercancías.*[9]

Cualquiera de ellos, más la asunción de que la cláusula *Dakar Free Out* no sólo traslada los gastos de las operaciones de descarga al destinatario, sino también las responsabilidades derivadas de dichas tareas (presupuesto relativamente fácil de admitir teniendo en cuenta que el trayecto y el volumen transportado manifiestan con cierta claridad que no nos encontramos ante un tráfico de línea),[10] permiten deducir a la autoridad judicial que la responsabilidad del porteador ha concluido en el momento en que Somarca inicia las labores de descarga.[11]

No obstante, para redondear la decisión adoptada, añade el fallo otra norma de las RH: el art. 5.1, a fin de subrayar que el porteador responde de las pérdidas y averías, anteriores a la entrega de la mercancía, a no ser que pruebe haber adoptado *todas las medidas para evitar el hecho y sus consecuencias,* circunstancia que no ha demostrado ninguno de los demandados.

A partir de ahí sólo restan cuestiones de cálculo de la suma indemnizatoria, que en la sentencia se efectúan por tonelada de la mercancía dañada (posibilidad comprendida entre las del art. 6 RH) (55% del peso total de la mercancía dañada, por 2,5 Derechos Especiales de Giro, por el valor en dólares USA, en el día del cálculo, de dicha unidad, más igual operación con respecto a las cantidades enteramente imputables al porteador).

II. LA ACCIÓN DIRECTA CONTRA EL P&I CLUB sólo requiere para su cabal entendimiento, en este caso, que se recuerde el motivo de su ejercicio: la reclamación encuentra apoyo en la garantía a primera demanda,[12] siendo ajena a cualquier pretensión de los demandantes de obviar el mecanismo del mutuo reaseguro propio de los P&I Clubs.[13] Se trata, de todas formas, de una garantía a primera demanda de carácter condicionado, ya que, además de la solicitud al P&I Club, ha de concurrir otro requisito de carácter opcional: o que el Club acceda amigablemente al pago, o que haga éste en ejecución de una sentencia firme, ya sea del *Tribunal de Commerce* de Marsella, ya de la Corte de apelación — lo que inclina a pensar que la historia del caso tiene algún capítulo pendiente (no queda claro del texto de la sentencia, si la

9. Sobre ambos parágrafos, génesis, discusiones, régimen de aplicación para el tráfico de línea y en buques *tramps*, v. Moran Bovio (n.4) *passim*.

10. En éste no se admitiría la liberación de la responsabilidad del porteador con respecto a las tareas de descarga, bajo la premisa, propia de esa modalidad del transporte, de que los agentes del porteador en el muelle de destino realizan dichas labores. V., p. ej., *Luciano Graja e Tito Caorsi SNC vs. Dalmine SpA ("Lisholmen" e "Attiki")* (CA Milano) 1984 DM 609, con nota de Berlingieri (*"Fios-Liner": una clausola senza senso*); y *Agenzia Marittima Garipoli e Bizzaro vs. Levante Stà Italiana Ass e Riass* (CA Catania) 1991 DM 729 y la nota de Orione, M.

11. Alegra advertir la coincidencia con la solución propuesta (v. Moran Bovio (n. 4) nn.130 y ss.).

12. V. acerca de la institución Diaz Moreno, A. *Las Reglas Uniformes de la Cámara de Comercio Internacional sobre garantías "a demanda"* 1993 sep DN 1; id. *Los trabajos de UNCITRAL en materia de garantías independientes internacionales* 1993 RDM 151; Sanchez Guilarte, J. *El contrato autónomo de garantía. Las garantías a primera demanda* Madrid 1995.

13. Para una exposición completa del sistema mencionado, así como de la figura, v. Clavero Terneiro, M. *Clubs de P&I* Madrid 1992, esp. pp. 386-431.

condición mencionada consta en la garantía o constituye una alegación posterior del P&I Club, intentando ampararse en su condición).

Habiendo quedado fuera del proceso el capitán, a instancia de la naviera y del Club, el Tribunal condena solidariamente a los dos últimos al pago de la cantidad de los daños, más los otros gastos.

LA COMPARACIÓN de la solución adoptada al I *supra* con la resultante de aplicar la CB exige, como punto de partida, dejar claro que, según el régimen supuestamente imperativo de la CB (cfr. arts. l.e), 2, 3.2 más el 3.8 y el 7 para interpretar a los anteriores),[14] la responsabilidad del porteador se extiende desde la carga a la descarga de las mercancias en el buque. Esa fue la voluntad reiterada de los redactores del instrumento[15] que, con motivo de su revisión,[16] no se quiso[17] o no se supo[18] modificar, a pesar de las considerables dificul-

14. La acumulación de esos preceptos para determinar una cuestión tan menuda puede resultar algo extraña, se trata, sin embargo, de un lugar común. V., p. ej., Gaskell, N. *Shipowner liability for cargo damage caused by stevedores. The Coral* 1993 Lloyds Maritime & Commercial Law Quaterly 170 p.171; mientras que otros dejan de mencionar alguno de ellos, así Colinvaux (R. P. en *Carver's Carriage by Sea* 13ª ed London 1982 n. 497, y en su *The Carriage of Goods by Sea Act, 1924* London 1954 p. 33) no se refiere al 3.8; Züge (P. *Die Haager Regeln über Konossemente und das Rechtliche Schicksal der Ware während des Seetransportes* Freiburg 1953 p. 25-26) omite la referencia al 2; Cole (S. D. *The Hague Rules 1921 Explained* 2ª ed London 1922 p. 43) considera que el 1.e) debe ser leído con el VI (Reglas de la Haya), que después será el 7; de la misma opinión son Wildiers (P. *Le connaissement Maritime* 2ª ed Anvers 1961 pp.125-126) y Schaps, G. Abraham, H. J. *Das Seerecht in der Bundesrepublik Deutschland* 4ª ed (Abraham, H. J., Abraham, K. H.) *Seehandelsrecht Zw* t. I 1978#663 n. 7. Pourcelet (M. *Le transport maritime sous connaissement* Montreal 1972 p. 45) al igual que Rodiere (R. *Traité general de Droit Maritime* t. II Paris 1968 n. 742) reúne al art.1.e), 3.2 y 2.

15. Una primera constatación de esa afirmación puede obtenerse en la recensión a Sturley, M. F. *The Legislative History of the Carriage of Goods by Sea Act and the 'Travaux Préparatoires' of the Hague Rules* Littleton, Colorado 1990; en 1992 Anuario de Derecho Marítimo ns. 17-27, particularmente n. 24.

16. Nos referimos al, así llamado (siguiendo la recomendación final del Informe del Sub-Comité de Cláusulas de Conocimento del CMI que preparó la Conferencia de Estocolmo (1963) de la que emanó el borrador que, con importantes enmiendas, fue finalmente adoptado en una Conferencia Diplomática en Bruselas en 1968, 23 de febrero) Protocolo de Visby.

17. El elemento volitivo parece estar más presente en el apunte de reforma del art.1.e) y el 7, que figuraban en la lista de "otros temas", aquéllos que los encargados de preparar el informe aludido en la nota precedente, no consideraban oportuno modificar; decisión que se justifica del siguiente modo: *While ... it might well be of great assistance to the commercial world if a clear definition could be evolved covering the period of the carrier's liability the Sub-Committee has reached the conclusion that this problem is not suited for a renewed international discussion* (v. CMI Volumen de la XXVIª Conf del CMI editado por su secretaría administrativa, Amberes 1963 pp. 88-89), dejando Van Ryn (J. *La Convention de Bruxelles du 25 août 1924 pour l'unification de certaines règles en matière de connaissement. Resultats de son application et projets d'amendement* 1964 I-III Journal de Droit International 4; el mismo artículo en 1964 DM 165) constancia de *La raison véritable de ce refus ... la crainte de remettre en question l'une des bases du compromis de 1924, en agravant la responsabilité du transporteur* (p.17).

Con ese estado de cosas, parece conveniente reproducir algún pasaje de informes remitidos por Asociaciones Nacionales de Derecho Marítimo sobre el particular, así, la francesa señala: *it would be of great assistance to the users, as to the carriers, if the Convention was applicable to the contract of carriage as a whole, i.e. from the time the goods have been received into the carrier's charge on to the time they are delivered to the consignee* (CMI *ut supra* p. 150); o la italiana: *We believe that no doubt should arise as to the fact that the contract of carriage covers the period between the delivery of the goods to the carrier and their redelivery to the consignee, irrespective of the possibility for the carrier to contract out his liability as regards loses and damages suffered by the goods, prior to the loading or after discharge* (CMI *ut supra* p. 131); y v. también, en idéntica línea, el del Reino Unido p. 119.

18. Así cabe referirse al proceso de la pretendida reforma del 3.2 CB, con la que se trataba de evitar que el porteador respondise de las operaciones que él no realiza (carga y descarga), pero de las que la CB le hace responsable; y de averiguar el modo de trasladar los efectos de la hipotética decisión de modificar el precepto al conocimento de embarque, a fin

tades que algunos comentaristas le achacaban.[19]

Una parte de las razones para eludir la enmienda trae su causa del texto de una sentencia, necesariamente adjetivable como afortunada, de la primera instancia británica,[20] posteriormente revalidada por la *House of Lords*,[21] que interpreta los términos de la CB de un modo flexible.[22] Así

de que éste pudiera declarar exento de responsabilidad al porteador que no lleve a cabo las tareas mencionadas.

Divididas las opiniones de los redactores del informe (CMI (n.17) p. 75) las Asociaciones Nacionales reproducen parecido reparto de ideas. V., p. ej., a favor de la enmienda propuesta, Noruega (CMI (n. 17) pp. 134-135); Dinamarca (CMI (n. 17) pp. 156-157) manteniendo la opinión de que no habría de declararse en el conocimento de embarque si la carga fue efectuada por el cargador; y la de Grecia (CMI (n.17) p. 192). En contra, por sus consecuencias sobre el conocimiento de embarque, en ese capítulo estarían la finesa (CMI (n. 17) p. 107), la sueca (CMI (n. 17) p. 110), la española (CMI (n. 17) p. 194), y la canadiense (CMI (n. 17) pp. 164-165). O las que enmendaban la forma: así la italiana (CMI (n. 17) p. 127), la japonesa (CMI (n. 17) p. 160), la yugoslava (CMI (n. 17) p. 140), la americana (USA) (CMI (n. 17) p. 205).

Por eso es lógico que la Comisión encargada de estudiar el tema en la Conferencia de Estocolmo acabe impidiendo que el asunto llegue al plenario (v. CMI (n. 17) p. 507). El volumen no incorpora minutas de la discusión en Com. Sin embargo Van Ryn (n. 17) p. 20, relator especialmente autorizado por su condición de delegado (de Bélgica) y Presidente de la Comisión constituida en la Conferencia para estudiar los temas de la CB, explica que la decisión se adoptó con paridad de votos (ocho contra ocho) y con un amplio número de abstenciones.

19. Así, Temperley, R. *Carriage of Goods by Sea Act, 1924* 4ª ed. London 1932, en un pasaje referido al 3.2, precepto sobre el que escribe: *seems to make it clear that it is intended to prescribe, not merely the limits of the exemption clauses permissible to the carrier, but also the extent of the services he shall be deemed to have undertaken to perform. It is considered probable, therefore, that the categorical wording of [3.2] imposes upon the carrier the obligation to perform the whole of the operations of loading and discharging, and to perform them properly and carefully* (pp. 26-27); mereciendo ser traídos otros pasajes posteriores (aunque sólo sea por las innumerables veces que fueron aludidos, v.gr. Marais, G. *Les transports internationaux de marchandises par mer* Paris 1949 p. 109-110; Blandel, G. Van (G. *Connaissement et Règles de La Haye* Bruxelles 1929 p. 84-85 — aludiendo a la 3ª ed.1927). *A difficult question of serious and immediate practical importance has arisen since the Act came into force as to whether in cases to which the Rules apply it is now permissible to carry goods as hitherto under B/L containing what are called "free in and out" and "free delivery" or "f.i.o." and "f.d." clauses* (propone otros ejemplos y concluye:) *it follows that the Act renders these clauses null and void in cases where Rules apply* (p.28); pero añade: *These clauses are widely used, and, where the circumstances of the trade or the nature of the cargo, as, for example, cement stone, clay, sudcake, manure ... required it to be handled entirely by the merchants' experienced employees, the clauses are naturally regarded, from a business point of view, as being absolutely essential. They have accordingly been retained, notwithstanding the provisions of this Act, in the revised forms prescribed by the Chamber of Shipping for the trades in which they have hitherto been customary"* (p. 28). Por lo cual finaliza diciendo: *The whole position is a very insatisfactory one. Carriers in the trade ... have to sacrifice valuable business or to carry on their trade on terms the validity of which is at best doubtful, thereby incurring risk of a nature which is quite unjust that they should be called upon to bear* (p. 29). Igual opinión era anotada por Scrutton, pero 12ª ed. (1925) (cfr. *infra* n. 22).

20. *Pyrene Co Ltd vs. Scindia Navigation Co Ltd* 1954 1 Lloyd's Law Reports (LLR) 321, en la que la caída de uno de los objetos a transportar, cuando colgaba de los puntales del buque por una avería de éstos, sin que tampoco se hubiese emitido aún conocimiento de embarque ni conocimiento recibido para embarque, obliga al Juez Devlin a clarificar el sentido de las expresiones carga y descarga en la CB.

21. *G. H. Renton & Co Ltd vs. Palmyra Trading Corp. (The Caspiana)* 1956 2 LLR 379. Fue Lord Morton of Henryton quien después de reproducir un amplio pasaje de Pyrene, manifestó su acuerdo (*not only is the construction approved by Devlin, J., more consistent with the object of the Rules, but it is also the more natural construction of the language used* p. 391).

22. *[t]o define not the scope of the contract service but the terms on which that service is to be performed. The extent to which the carrier has to undertake the loading of the vessel may depend not only upon different systems of law but upon the customs and practice of the port and nature of the cargo. It is difficult to believe that the Rules were intended to impose a universal rigidity in this respect, or to deny freedom of contract to the carrier. The carrier is practically bound to play some part in the loading and discharging, so that both operations are

que desde entonces quizá no quepa hablar más de lindes imperativas de la CB en materia de carga y descarga, porque el porteador sólo responderá de las operaciones que efectivamente desenvuelva.[23]

Vía más reciente de moderno trazado, pero coincidente en destino con la anterior, discurre por el 4.2.i) de la CB, en cuya virtud el porteador no responderá de los actos imputables al cargador o al destinatario de los que provengan daños a las mercancías.[24] Desde hace no mucho tiempo, dicho precepto viene empleándose en el sentido de liberar al porteador de las responsabilidades derivadas de una descarga (o carga) negligente realizada por el destinatario o sus agentes,[25] sin que tampoco fuese tal el sentido originario del precepto.[26]

naturally included in those convered by the contract of carriage. But I see no reason why the Rules should not leave the parties free to determine by their own contract the part which each has to play. On this view, the whole contract of carriage is subject to the Rules, but the extent to which loading and discharging are brought within the carrier's obligations is left to the parties themselves to decide.

Devlin reconoce ir en contra de la opinión de Temperley (n. 19) (de quien, sin embargo, le llega el núcleo del razonamiento, invertido por Colinvaux (n. 14) p. 47; si bien Devlin lo lee en la correspondiente edición del Carver al cuidado del último autor) y de Scrutton *Charterparties and Bills of Lading*. Por eso puede ser curioso anotar que en la edición de esta obra consecutiva a *Pyrene* (16ª por W. L. McNair y A. A. Mocatta London 1955) se recogen las opiniones de Devlin; pero acentuando, por una parte, que se trataba de algo en lo que no era preciso que el juez adoptase alguna postura, porque se encontraba fuera del objeto de la decisión (así, en el comentario al art. 2; después de señalar las tres opciones exegéticas que parecen existir: que en todo caso responda el porteador de la carga y la descarga, que sólo lo haga desde el *ship's rail* y que sólo responda de las operaciones que efectivamente realice; indican cómo la segunda de las opciones es desacreditada por Roche en *Goodwin Ferreira vs. Lamport and Holt* 1929 34 LLR 192 y por Devlin en *Pyrene* y añaden: *Devlin did not have to decide between the remaining alternatives*, p. 471) y, por otra parte, que era sólo una opinión, tan válida como la de los anotadores de la obra *an alternative view*, p. 169; *the contrary view*, p. 474), que continuaban reflejando la suya (*It seems to result from Rules 2 and 8 of Article III ... an agreement that a shipper shall be responsible for the loading or stowage will be null and void. Probably there is no objection to a clause merely putting the expense of this operation on the shipper* p.169; y comentando el art. 3.2: *The obligation on the carrier ... appears to be absolute ... this rule, coupled with the prohibition in Rule 8 of this Article renders null and void any agreement which throws upon the shipper, charterer or consignee the risk as distinct from the expense of such operations* p. 474).

En la edición del prestigioso manual posterior a Renton (17ª London 1964 que añade a M. J. Mustill entre los anotadores) desaparecen los comentarios críticos y sólo se refleja la opinión favorable de la Cámara, mencionando los jueces que sustentaban lo dicho para *Pyrene* (en el comentario al art. 2, pp. 409-410).

23. Problema distinto es el de las consecuencias que el principio sentado por *Pyrene* arrastra, en cuanto parece haber provocado una importante separación exegética entre USA y Reino Unido a la que alude Davies, M. *Two views of Free In and Out, Stowed Clauses in Bills of Lading* 1994 Australian Business Law Review 198, basándose en las decisiones *Balli Trading Ltd vs. Afalona Shipping Co Ltd (The "Coral")* 1993 1 LLR 1, donde continúan citándose las palabras de Devlin en *Pyrene* (v. p. 5) (1ª ins: *Balli Trading Ltd vs. Afalona Shipping Co Ltd (The "Coral")* 1992 2 LLR 159) (v. una reflexión sobre éstas en Gaskell (n.14)), por lo que corresponde al Reino Unido; y en *Ass Metals & Minerals vs. M/V Arktis Sky* (2Cir) 978 Federal Reporter (2nd.Series) (F.2d) 47 (1ª ins: 1992 American Maritime Cases (AMC) 1217) en lo que toca a USA. Se da además la particularidad de que ambas revocan las de primera instancia; de modo que la solución ofrecida por Sheen en la *Admiralty Court* coincide con la del Segundo Circuito y viceversa con respecto a las de Corte de Apelación y la de la Corte del Distrito en SDNY.

24. Parece que fue Denning (en *Ismail vs. Ocean Polish Lines* 1977 2 LLR 134; 1976 Queen's Bench 893) quien lo empleó por primera vez en tal sentido.

25. V., p. ej., *Sigri Carbon Co vs. Lykes Bros SS Co* (WD Ky) 1988 AMC 1787, y el fundamento que le concede para la crítica a Hegarty, M. *A Cogsa "Carrier's Duty to Load and Stow Cargo is Nondelegable or it is? Associated Metals & Minerals Corp. v. M/V Arktis Sky* 1995 Tulane Maritime Law Journal 125.

26. Así, en los trabajos prepatorios siempre es mencionado en el contexto del artículo en el que se encuentra: como formando parte del elenco de me-

De ahí que, si *Compagnie Sénégalaise d'Assurances et de Réassurances et al vs. Roscoe Shipping Co* hubiera de ser juzgado de acuerdo con CB, la solución habría de ser idéntica a la de las RH, en lo que atañe al momento a partir del cual deja el porteador de responder de las mercancías, siendo además no pocas las decisiones que, en casos parecidos, llegan a igual conclusión.[27]

Pero, conviene subrayar por contraste con RH, a ese *status quaestionis* no se llega derechamente como hace el *Tribunal de Commerce* marsellés, sino que es preciso someter a la CB a un largo y pausado examen. Probablemente por eso, desde la entrada en vigor de CB hasta que empieza a consolidarse la interpretación que permite el paralelismo de las decisiones en este punto, transcurren veintiséis años. Cuántos casos fueron juzgados en ese lapso de acuerdo con el criterio estricto, puede ser una buena cuestión. Otra, de porte semejante, cuántos lo serán aún, porque ciertamente los deberes impuestos por el 3.2 CB, leídos a la luz el 3.8 CB, no impiden decir lo contrario, sino, quizá, lo aconsejan.

Después de lo dicho se entiende mejor la primera parte del argumento que en contra de las RH se coincide en esgrimir: van a echar por la borda las valiosas clarifi-

didas con las que cuenta el porteador marítimo para su defensa; pero en ningún momento se alude a la possibilidad de que, en su virtud, pudiesen ser realizadas las operaciones de carga y descarga por alguien que no fuese el porteador. Y cuando se discute la intentada reforma del 3.2 CB antes y durante la Conferencia de Estocolmo del CMI, tampoco se encuentran alusiones a dicha posibilidad (cf. *supra* n. 18).

No son muchos los autores que hablan del 4.2.i) para aplicarlo a la carga o descarga completada por el cargador o el destinatario. La mayor parte lo considera uma cláusula vaga o de caráter residual (p. ej. Knauth, A. W. *Ocean bills of lading* 4ª ed Baltimore 1953 p. 240), por lo que no la aplican en esos instantes (p. ej., Pourcelet (n.14) p.106), refiriéndolo sólo a algunos casos especiales (p. ej. Thompson, G. H. M. *Outline of the Law relating to Bills of Lading* London, 1925: *mis-statements of the nature and value of goods* p. 157) y explicando ligeramente su contenido (así Hodgson, A. J. *The Carriage of Goods by Sea Act* Liverpool, 1932, *even though the act or the omission was neither wilful nor negligent*, p. 29). Quizá como un eco ampliado de las palabras de Denning en *Ismail* (n. 24) v. Tetley (W. *Marine Cargo Claims* Montreal, 1988, p. 271) y Carbone (S. M. *Contratto di transporto marittimo di cose* en *Trattato di Diritto Civile e Commerciale* dirigido por Cicu, A. y Messineo, F. continuado por Mengoni, L. Vol. XXVI t. 2 sezI Milano 1988 p. 353).

27 Así, *Tapco Nigeria vs. M/V Westwind* (5Cir) 702 F.2d 1252 y *Metalimport of Romania vs. SS Italia* (SDNY) 426 Federal Supplement (F.Supp.) 770, en las que la actuación impuesta por las normas portuarias y, por ello, ineludible, de los empresarios de carga y descarga (*Nigerian Port Authority* y *Navlomar*, respectivamente), viene a significar que no se apliquen las reglas de la CB, sino que se juzga que la responsabilidad del porteador ha de cesar antes del inicio de la descarga, cuando ésta ha de ser obligatoriamente efectuada por el empresario independiente. Del mismo modo *All-Commodities Supplies Co Ltd vs. MV Acritas* (5Cir) 702 F.2d 1260, donde expressamente se menciona lo siguiente: *with a total lack of control compelled by law, the carrier could not be negligent and could not be responsible* (p.1.263).

Cabe también la posibilidad de que no sea la ley la que impida al porteador la realización de las actividades de carga o descarga, sino que, por conveniencia del cargador sea éste quien las lleve a cabo. En tal caso, si el porteador pude demostrar que no participó en la realización de las mismas, y de éstas resultaron danõs a las mercancías, el porteador podrá eximirse de su responsabilidad en virtud del 4.2.i o 4.2.q. Así, concretamente, en *Tubacex Inc vs. M/V Risan and Forest Lines Inc* (5Cir) 45 F.3d 951, porque el daño es causado por los estibadores contratados y bajo el completo control del cargador; de ahí que reproduzca una parte de la decisión en *Ass Metals & Minerals vs. M/V Arktis Sky* (2Cir) 978 F.2d 47 que merece ser traída: *the carrier could escape liability under the defense provided in section 1304(2)(i) by carrying its burden of proof that the damage did not occur because of his own acts* (p. 956).

Puede completar lo anterior, ofreciendo pasajes de otras jurisdicciones, la sentencia de apelación *Weltra Trasporti Internazionali SpA vs. Agenzia Marittima Antonio Conti* (CA Firenze) 1983 DM 298, en la que los daños a las mercancías acaecen después de la descarga, como consecuencia de la lluvia, mediando, además, una cláusula FIO (v. ibi la nota de Kielland, K.). Las palabras de Bouloy, P. en su nota a *Union Industrial et Maritime vs. Cie D'Ass L'Abeille* (CA Paris) 1981 Le Droit Maritime Français (DMF) 723, inspiradas en el *dictum* de la caciones de las que la CB ha sido objeto.[28] Y es que a ésta le resultan totalmente indispensables esos complementos doctrinales, tanto que con ellos se pueden alcanzar conclusiones completamente opuestas, a las que naturalmente se extraen de una exégesis atenta de sus preceptos (lo cual, al menos, aconseja mantener firmes reservas a su validez como instrumento jurídico, pues no auspicia una mínima predictibilidad de soluciones, al menos en la materia referida, porque carece bastante del atributo de la claridad) .

Pero, también después de lo leído, se deshace el segundo tramo de la misma reflexión parafraseada: las RH no van a necesitar otras decenas de años para perfilar el sentido de sus preceptos, pues ya se ve que no es así. De ahí el subtítulo propuesto: *aber keine Panik!*[29]

* * *

Société Tunisio Européenne d'Assurances et de Réassurances "Carte" vs. Sudcargos (Trib. Prem. ins. Tunis, 9ème. Chr) 2 nov 1994, 1996 *Rev. SCAPEL* 40-42

LOS HECHOS en este caso son más simples: mediante conocimiento de embarque se acredita el transporte, desde un puerto francés, innominado en la sentencia, al de Radès (Túnez), de un contenedor cerrado y sellado por el cargador, quien dice que alberga *(said to contain, o déclaré contenir* parece haber añadido en el conocimiento el agente del porteador en el muelle de embarque, o el capitán del buque, o el sobrecargo) 437 cajas de electrodomésticos (Moulinex). A la descarga, siguiendo la sentencia, si bien es seis días posterior a la arribada el certificado de averías, describe éste la ausencia de 57 cajas (con respecto a las que el porteador decía haber estibado en el contenedor, según el conocimiento). Después de haber indemnizado, de acuerdo con la lista de ventas preparada por Moulinex, al destinatario, la aseguradora subrogada en los derechos de éste reclama al porteador.

EL PROBLEMA reside exclusivamente en uno de prueba: ¿se considera demostrado que el contedor encerraba 437 cajas cuando se entregó al porteador o, por el contrario, tenía ya entonces sólo 370?

DERECHO APLICABLE es el contenido en las RH, pues Túnez es uno de los Estados Contratantes de las mismas. En su virtud, le basta al Tribunal considerar que el art.18 (*sic;* pero ha de ser el 16 por lo que del mismo reproduce[30]) admite la inserción de reservas a las declaraciones del conocimiento de embarque, con lo que deja de constituir una prueba contra el porteador en cuanto al número y género de las mercancías entregadas para el transporte. No habiéndose demostrado ese extremo por otros procedimientos, la solución sólo puede ser

decisión merecen ser también reproducidas: *L'intervention de l'organisme public à monopole met nécesariament fin à l'exècution du contrat de transport maritime et ce donc à ce stade qu'il convient de se placer pour apprécier la responsabilité du transporteur maritime dans le respect de la Convention internationale de Bruxelles* (p.727). Continuando esa tendencia, v. Bonassies, P. *Le droit positif français en 1990 (II)* 1991 DMF 78, en p. 97; id. *Le droit positif français en 1989* 1990 DMF 139, en p. 143 y *National Employers Mutuel General Insurance Ass Ltd vs Chargeurs Réunis ("CR-Douala")* (CA Paris) 1993 DMF 311.

28. Cfr. *supra* n. 5, las referencias coincidentes de Honnold y Waldron.

29. Al menos desde una perspectiva estrictamente jurídica. Otra cosa será que los porteadores y sus aseguradores (ordinarios y mutuos) hayan de ponerse a trabajar para reordenar sus finanzas de acuerdo con las nuevas normas de indemnización. Quizá lo último explique mejor que cualquier otra cosa la evidente resistencia al cambio por su parte.

30. *D'entreprende des réserves motivées dans le cas où le transporteur aurait des motifs sérieux pour douter du bien-fondé des désignations présentées par l'expediteur* (p. 42 1ª col). Sin desmerecer el recurso del Tribunal, cabe pensar, sin embargo, que quizá hubiese sido preferible recurrir a la última alternativa del para. 1 del art.16: *la falta de medios razonables para verificar esos datos*, a fin de justificar la inserción de reservas ante el deber de transportar un contenedor cerrado y sellado por el cargador.

la desestimación de la demanda que marca la conclusión del procedimiento en este caso.

LA COMPARACIÓN con la CB ha de partir de la mención del párrafo final del art. 3.3[31] con el que se permite la adición de reservas en el conocimiento de embarque. La admisibilidad de éstas, sin embargo, ha de pasar por el tamiz del 3.8 CB, en cuanto ha de impedirse que la posibilidad de insertarlas se convierta en procedimiento para que el porteador eluda sus obligaciones y responsabilidades.[32] La cláusula en cuestión, rodeada de circunstancias semejantes a las del caso, ha sido objeto de consideración en diferentes ocasiones, habiéndose llegado siempre a la misma conclusión que con las RH se obtiene.[33]

Lo anterior no significa, que pretendiéndose entregar un contenendor cerrado

31. *Sin embargo, ningún porteador, Capitán o Agente del porteador tendrá la obligación de declarar o mencionar en el conocimiento, las marcas, un número, una cantidad o un peso, cuando tenga razón fundada para suponer que no representan exactamente las mercancías actualmente recebidas por él, o que no ha tenido medios razonables de comprobar.*

32. En *G&A Breglia SpA vs. Tirrenia di Navigazione SpA ("Da Mosto")* (1ª ins *Napoli*) 1985 DM 547, relativo al transporte de unos tablones agrupados en paralelepípedos perfectos y, en consecuencia, fáciles de contar, la cláusula *said to be*, se declara como inoperante al efecto de relevar al porteador de su responsabilidad por la cantidad de mercancía transportada. En palabras del Tribunal: *sicché era estremamente facile, mediante una semplice operazione di conta, controllare il numero dei pezzi caricati, con rapidità e precisione, non dovendosi, certamente, disfare il carico stesso* (p. 549).

Un ejemplo sólo semejante, pero con igual orientación e ilustrativo de la pretendida liberación del porteador por éste procedimiento, lo proporciona la prohibición de las que pueden denominarse *cláusulas de calificación*, con las que en el conocimiento de embarque se califica un hecho de un modo determinado, cuando su naturaleza es bien diferente: lo que a todas luces constituye una falta comercial, pretende el conocimento de embarque que sea una falta náutica [así, em *Horn vs. Cia de Navegacion Fruco SA* (5Cir) 1968 AMC 2548, que viene a ser el caso determinante en nuestros días, la cláusula era la siguiente: *it is expressly agreed that any negligence, fault or error in the operation of the said refrigeration apparatus shall be deemed to be and is hereby expressly agreed to be a fault of (sic) error in the management of the vessel ... and shall not be considered or held to be a fault or failure in the custody, care or stowage of merchandise shipped in refrigeration space* (p. 2.568)]. La jurisprudencia ha sido rotunda ante cláusulas de esa especie, que buscan alterar la naturaleza de las cosas para descargar al porteador de su responsabilidad [en el caso precedente se indica: *Since the operation of refrigeration system herein so directly affected the condition of the cargo, we conclude that the damage related thereto fall within the liability created by sec. 1303(2). The refrigeration clause ... therefore cannot be allowed to bar liability for cargo damage so far as the B/L relationship between the cargo owner and the charterer is concerned* (p. 2.568). Acerca de las implicaciones sucesivas de este caso v. ia *Crelinsten Fruit Co & William D Branson Ltd vs. Maritime Fruit Carriers (The Lemoncore)* 1975 2 LLR 249 (n. 98). Junto a éste, v. *Iginio Mazzola SpA vs. Adriatic Shipping Co SRL ("Playa de Naos")* (1ª ins Trieste) 1978 DM 478, esp. p. 482, referida a la nulidad de la cláusula *London Reefeer*, de sentido idêntico al antes mencionado].

Cabe calificar como fina labor jurisprudencial la desarrollada con otro grupo de cláusulas, vecinas de las mencionadas [referidas a la calidad aparente de los bienes en el embarque. Un ejemplo es la recogida en *GF Co vs. Pan Ocean Shipping & Co Ltd et al* (9Cir) 1994 AMC 1739: *The term apparent good order and condition when used in this bill of lading with reference to iron, steel or metal products or wood products does not mean that the goods, when received, were free of visible rust or moisture staining, chafing and/or breakage. If the shipper so requests, a substitute bill of lading omitting the above definition and setting forth any notations as to rust or moisture staining, chafing, and/or breakage wich may appear on the mates, or tally clerk's receipts* (pp. 1.740-1.741)], cuya admisibilidad en nuestros dias queda fuera de controversia, siempre que por la elección que permiten al cargador, se claro que sólo pretenden establecer el importe del flete en función de lo que el cargador requiera [v. junto al antes citado; *Portland Fisch Co vs. States SS Co* (9Cir) 1975 AMC 395 y *Tokio Marine & Fire Ins Co vs. Retla SS Co* (9Cir) 1970 AMC 1611. Por contraste, cuando no conceden al cargador posibilidad de optar por un conocimiento de embarque más de-tallado, no se aprueba la cláusula en cuestión, o las que se encuentran en igual órbita: v. *Plywood Panels Inc vs. M/V Sun Valley* (EDVa) 1993 AMC 516 (*Lumber clause*); *Acwoo Int'l Steel Corp vs. Toko Kaiun Kaisha Ltd* (6Cir) 1988 AMC 2922].

33. Para Francia v. Godin, P. *Transport par conteneurs: La clause "said to contain"* 1980 DMF 67-71; para USA, Shachar, Y. *The Container Bill of*

y sellado para su transporte internacional por mar, en cuyo conocimiento de embarque estampará la consabida cláusula el porteador, haya de quedar el cargador al albur del pillaje en el muelle de carga, en el buque, durante la travesía, y en el muelle de descarga, mientras que los bienes se encuentran en poder del porteador, porque éste no puede responder de lo que el contenedor encierra. Existe una precaución mínima, especialmente adecuada para el tipo de objetos transportados del caso (y otros comercializables sin dificultad por un poseedor sin escrúpulos), no adoptada en este supuesto, que dicta el sentido común o, en su defecto, enseña una lectura de la jurisprudencia: la de establecer un peso incontrovertible del contenedor en el momento de la entrega, esto es, que el agente del porteador en el puerto de carga participe en dicha acción o la reslice personalmente, e igual operación se repita nada más llegar las mercancías al puerto de destino.[34] En caso de que exista diferencia en el resultado de las mediciones, deberá responder el porteador por la misma.

Lading as a Receipt 1978-79 JML&C 39, y los casos que citan; particularmente, en éste último ámbito geográfico las palabras que Schoenbum, T. J. *Admiralty and Maritime Law* 2ª ed. Vol. 2 St. Paul 1994, p. 89, donde reproduce el *dictum* coincidente de *Mitsui & Co vs. MV Eastern Treasure* 466 F.Supp. 391, 395; y *MV Hans Leondhardt* 719 F.Supp. 508-509; *Shipper's weight, load, and count notations on a bill of lading are enforceable because they simply put the burden on the shipper to prove the amount that was shipped; they do not diminish the responsability of thte carrier.* V. también, con igual orientación a la de la sentencia comentada, *ACE Imports vs. Companhia de Navegação Lloyd Brasileiro [The "Esmeralda"]* (Austr. Spr. Ct. NSW) 1988 1 LLR 206; y los comentarios que le dedica Meng, T. L. *The Law in Singapore on Carriage of Goods by Sea* 2ª ed Singapore 1994 pp. 247-248, refiriendo otro caso del área a la que se refiere. Comentarios más generales pueden encontrarse en la serie de artículos sobre los problemas jurídicos suscitados por los contenedores en 1968 European Transport Law 476-663 (Manca, Wheble, De Cadt, Suykens-Coppierters, Sanchez Gamborino).

34. V. en tal sentido la lección que se desprende de *Bally Inc. vs. MV Zim America Zim Container Service et al* (2Cir) 1994 AMC 2762, en el que *Bally* pierde el caso, por no haber pesado en el momento de la descarga el contenedor del que faltaban un importante número de cajas, ausencia que habría sido advertida fácilmente el emplear una de las básculas que abundaban en las immediaciones. Por el contrario, el contenedor fue abierto en el almacén de la firma, con lo que no queda patente que la pérdida se produjese mientras los bienes se encontraban al cuidado del porteador.

Jurisprudência

TRANSPORTE MARÍTIMO

Conteneur remis fermé et plombé au transporteur — Application des Règles de Hambourg — Responsabilité (NON)

Le transporteur maritime n'est pas responsable des manquants en présence d'une réserve stipulée au connaissement et selon laquelle toute responsabilité est écartée quant au nombre et à la nature des colis empotés dans un conteneur qui fut remis fermé et scellé et livré dans le même état au destinataire.

Conformément aux Règles de Hambourg qui autorisent le transporteur à prendre des réserves motivées an cas de doute sur la véracité des mentions, il appartient au destinataire de prouver la conformité du contenu avec les mentions portées au connaissement lors de la remise du conteneur au transporteur.

Tribunal de première instance de Tunis 9ème Chambre

Jugement du 2 novembre 1994

Société Tuniso Européenne d'Assurances et de Réassurances 'Carte' c/ Sudcargos

Objet de l'action:

Attendu qu'il est exposé par la requête introductive d'instance que la défenderesse a transporté 437 colis contenant des appareils électroménagers embarqués à bord du bateau "Sainte Baume" suivant connaissement n. 981548 en date du 25/11/1992.

Qu'aprés accostage du bateau au port de Radès le 27/11/1992 il s'est avéré après déchargement qu'il y a eu perte de 57 colis suivant certificat d'avaries n. 3898 en date du 2/12/1992 ce qui constitue une perte subie par la destinataire qui est la Société Tunisienne Internationale Trading estimé à (8 532,d279) valeur dc la marchandise disparue comme cela découle de l'etat des dégâts dressé par la destinataire et de la liste de vente n. 146122 en date du 24/11/1992 dressée par l'expéditrice la société Moulinex.

Que la demanderesse, en sa qualité d'assureur de la marchandise disparue, a payé la valeur de la perte subie par la destinataire suivant quittance datée du 16/7/1993.

C'est pourquoi et par application des articles 144 - 328 du Code de Commerce Maritime le représentant de la demanderesse conclut pour que le tribunal:

— Condamne la défenderesse à payer à sa cliente les sommes ci-après détaillées:

1 - (8 532,d273) valeur de la marchandise disparue,

2 - (127,d200) frais du certificat d'avaries maritimes,

3 - Les intérêts de droit en matière commerciale à compter du jour de l'introduction de l'instance jusqu'à parfait payement,

4 - (300.d000) frais de justice et honoraires d'avocat,

— Condamne la défenderesse en sus aux dépens.

Procédure:

En vertu de quoi l'affaire a été inscrite au registre ad hoc sous le n. 85530, puis appelée à l'audience préparatoire fixée au P. V. d'assignation. Audience à laquelle Me Ben Mahmoud s'est présenté pour se constituer avocat de la défenderesse et demander le renvoir pour réponse.

Me Triki s'est présenté loco Me Bechr et s'est rapporté à la sagesse du tribunal.

Puis l'affaire est appelée devant plusieurs audiences exigées par le déroulement de la procédure et dont la dernière fut celle fixée pour les plaidoines au 19/10/1994, audience à laquelle Me Chokki s'est présenté loco Me Bechr pour se prévaloir de ses conclusions. M. Khabthani s'est présenté loco Me Ben Mahmoud pour se prévaloir également.

Qu'à cette audience le tribunal a renvoyé l'affaire pour délibération et prononcé du jugement à l'audience fixée au préambule. Qu'à l'audience désignée et après les délibérations conformément à la loi, il a été jugé et prononcé comme suit:

Argumentations:

Attendu que l'avocat de la demanderesse a produit à l'appui de ses conclusions les pièces suivantes:

- le connaissement n. 981548,
- un certificat d'avaries maritimes,
- un état de dégâts,
- la liste de vente n. 146122,
- une police d'assurance,
- une quittance de payement datée du 18/7/1993.

Attendu que Me Ben Mohamed au nom du transporteur maritime a soutenu en réponse à l'action, que le rapport d'expertise est dressé par la Société Tunisienne de Contrôle et de Services Maritimes à la diligence de la destinataire, que cette expertise est nulle, car la police d'assurance indique que le constat des degâts serait établi par les soins de M. Abdessatar Ounissi, alors que le rapport d'expertise a été dressé par quelqu'un d'autre.

Que rien au dossier n'indique que sa cliente a été convoquée pour assister aux opérations de constat en conformité des dispositions du deuxième paragraphe de l'article 351 du Code de Commerce Maritime.

Il a également fait remarquer d'une manière subsidiaire que le connaissement stipulait des rèserves expresses soussignées par le transporteur déclinant toute responsabilité quant au nombre et au genre des colis, pour la bonne raison que le container avait été présenté au chargement fermé et scellé avec du plomb, que rien ne prouve que l'avarie a été consommée avant la livraison du container à la destinataire.

Pour ces motifs il conclut pour que le tribunal,

- déboute la demanderesse de l'action principale,
- reçoive l'action reconventionnelle,
- condamne la demanderesse à payer à la défenderesse trois cents dinars, frais de justice et honoraires d'avocats,
- la condamne aux dépens.

Attendu que Me Bechr a répliqué aux moyens de la défenderesse en faisant remarquer d'une part,

Que l'expertise a été pratiquée en conformité de la loi étant donne qu'il est admis que la compagnie d'assurance peut suppléer le Commissaire des avaries, vu que l'assureur du bateau et qui représente le transporteur a été convoqué en application de l'article 167 du Code de Commerce Maritime, pour assister aux opérations de l'expertise suivant la signature et l'empreinte du cachet apposés sur la convocation.

Que d'autre part, il fait remarquer que la stipulation énoncée sur le connaissement est caduque par application des dispositions de l'article 161 du CCM étant donné qu'elle tend à augmenter les causes d'imprécision prévues par l'article 145 du CCM.

Qu'en plus, il s'avère par référence au certificat d'avaries, que les dégâts sont causés par le vol avec effraction, que le transporteur serait responsable de la marchandise depuis la prise en charge jusqu'à la livraison au destinataire en application de l'article 146 du CCM.

Il conclut pour ces raisons que le tribunal fasse droit à la demande.

Attendu que Me Ben Mahmoud fait remarquer que la demanderesse a reconnu que la constatacion a été pratiquée par une partie dépourvue de qualité, que sa cliente n'a pas assisté à la constatation vu qu'elle n'a pas reçu du Commissaire aux avaries la moindre convocation qui devait être adressée d'après la formule prévue par le deuxième paragraphe de l'article 351 du CCM.

Le Tribunal:

Attendu que l'action tendait à faire condamner le transporteur maritime à payer à la demanderesse venue aux droits de son assuré, la valeur de la marchandise disparue et les autres conclusions indiquées à la requête sur le fondement des dispositions des articles 144 et 326 du Code de Commerce Maritime.

Attendu qu'il est constant au vu des pièces du dossier et en particulier du connaissement, du rapport du Commissaire des avaries que les marchandises transportées se trouvaient dans des conteneurs présentés au chargement fermés et scallés avec du plomb, et livrés à la destinataire à l'état indiquées.

Attendu que le connaissement qui constitue l'acte sur lequel l'action est fondée, stipule une réserve qui dispense le transporteur de toute responsabilité quant au nombre et au genre des colis en raison que les containers sont présentés scellés au plomb, qu'il est impossible de vérifier la véracité des désignations des marchandises indiquées sur le connaissement.

Attendu que le Traité de Hambourg de 1978 ratifié par la République Tunisienne permet dans son article 18 d'entreprendre des réserves motivées dans le cas où le transporteur aurait des motifs sérieux pour douter du bien-fondé des désignations présentées par l'expéditeur.

Attendu qu'il découle des réserves portées sur le connaissement que cet acte ne constitue pas une preuve contre le transporteur quant au nombre et au genre des colis, que celui qui se prévaut de la véracité des désignations y indiquées doit administrer la preuve de leur bien-fondé lors de la remise de la marchandise au transporteur.

Attendu que dans cet ordre d'idées et tant que le destinataire ou l'expéditeur n'a pas prouvé le nombre ou le genre des colis contenus dans les conteneurs lors de la remise de ces derniers au transporteur et la conformité de leur contenu avec les désignations portées sur le connaissement, l'avarie est considérée non constante, qu'il échet de prononcer le débouté.

Attendu que les dépens restent à la charge du demandeur par application des dispositions de l'article 128 du Code de Procédure Civile et Commerciale.

Attendu que les conclusions pécuniaires formulées par l'avocat du défendeur n'etaient pas présentées dans le cadre d'une action reconventionnelle qui remplissait les formes prévues par la loi, qu'il échet donc de la rejeter.

Pour ces motifs:

Et par application de ce qui est précédemment exposé et en vertu des articles 40 et 128 du Code de Procédure Civile et Commerciale,

Le Tribunal statuant en premier ressort,

- déboute le demandeur de sa demande,

- laisse les dépens à la charge de la partie succombante.

Président: M. Abderra Zak Ben M'na

Juges: Mme Y. Ghannam; M. A. Ben Youssef

Avocats: Me A. Bechr (Société Tuniso européenne d'assurances et de réassurances); Me T. Ben Mahmoud (Surcargos).

Aimable communication de M. Serge Nouel.

Action contre le P&I Club du Navire — Application des Règles de Hambourg — Responsabilité (OUI)

Les assureurs peuvent valablement agir contre le P & I Club du navire, émetteur d'une lettre de garantie selon laquelle il s'était engagé à régler à concurrence d'un certain montant les condamnations prononcées contre le transporteur par le présent tribunal, et ce dans la mesure oú ce dernier est amené à rendre une décision définitive entrainant son dessaisissement et permettant ainsi l'exécution de la lettre de garantie.

Les Règles de Hambourg sont applicables parce que le port de déchargement prévu au contrat de transport par mer est situé dans un État signataire, en l'occurrence le Sénégal.

Après avoir relevé que les dites Règles ne définissaient par de manière formelle le moment de la livraison, les juges ont retenu la responsabilité partielle du transporteur au motif que les avaries s'étaient produites antérieurement à la livraison, en l'espèce avant le déchargement dont les opérations incombaient au destinataire en vertu de la clause "Dakar free out".

Tribunal de Commerce de Marseille

Jugement du 23 janvier 1996

Compagne Sénégalaise d'Assurance et de Réassurances-CSAR et 27 autres Compagnes c./ Roscoe Shipping Co. M. le Capitaine du Navire "World Appolo" Steamship Mutual Underwriting Association

Attendu que par citation délivrée le mercredi 15 mars 1995, la Compagnie Sénégalaise d'Assurances et de Réassurances-CSAR, l'Assurance Générale du Sénégal, la SONAM, la Nationale d'Assurances, la Prévoyance Assurances, la SNAS, la SONAM et la CPSP Caisse de Stabilisation et de Péréquation des Prix exposent notamment au tribunal que selon connaissement numéro BDK1, l'armateur requis a pris en charge, sans aucune réserve, un lot de 525.000 sacs de riz thaï au départ de Koshichang en Thailande, à bord de son navire "Word Appolo", à destination de Dakar; qu'à destination, une expertise amiable contradictoire menée tout au long du déchargement, a établi l'existence d'avaries successives et de manquants pour un total de 83.471 USD; que le transporteur maritime est indiscutablement responsable et en doit entière réparation; que c'est dans ces conditions qu'elles ont cité devant le Tribunal de Commerce de Marseille, Roscoe Shipping Co Monrovia, Liberia, Monsieur le Capitaine du "World Appolo", et Steamship Mutual Underwriting Association, pour les entendre condamner in solidum à lui payer la somme de 83.471 USD avec intérêts au taux légal à compter du jour de la demande en justice et celle de 25.000,00 F au titre des dispositions de l'article 700 du Nouveau Code de Procédure Civile, outre les dépens et pour entendre ordonner l'exécution provisoire;

Attendu que par conclusions reprises à la barre, la Compagnie Sénégalaise d'Assurances et de Réassurances-CSAR, l'Assurance Générale du Sénégal, la SONAM, la Nationale d'Assurances, la Prévoyance Assurances, la SNAS, la SONAM et la CPSP Caisse de Stabilisation et de Péréquation de Prix exposent notamment au Tribunal que le P&I Club Steamship Mutual Underwriting Association a délivré en date du 9 août 1994, une lettre de garantie du montant des condamnations qui pourraient être mises à la charge de l'armateur du "World Appolo", que pour tenter d'échapper à la garantie à première demande qu'il a delivrée, le Club prétexte: "que cet engagement ne peut donner lieu à exécution qu'à la condition ... en exécution d'une décision définitive reudue soit par le Tribunal de Commerce de Marseille, soit par la Court d'Appel"; que cela signifie donc, que le Club devra payer à concurrence de 38.000.000 de F. CFA sur présentation du jugement du tribunal de Commerce qui condamnera l'armateur; que la responsabilité du transporteur maritime est entière en l'espèce et par conséquent, le tribunal devra condamner ce dernier à leur payer le montant total du préjudice qu'elles ont subi; qu'en effet, lorsqu'une juridiction tranche sur le fond, sa décision est définitive; que de plus, comme le fait le Nouveau Code de Procédure Civile, le terme "jugement" doit être pris dans un sens large, et désigne toute décision au fond; que de plus, la CPSP ayant été indemnisée, elle se désiste de son action; qu'en outre, l'acte de subrogation versé aux débats comporte bien la reconnaissance du règlement effectué par les assureurs au profit de CPSP pout la somme de 46.359.588 F. CFA pour les pertes et avaries subies par les marchandises; que la demande du transporteur maritime va bien au-delà des textes; que sur le fond du litige, le transporteur tente aussi de s'exonérer d'une partie des dommages qui lui incombe, et se fonde pour cela sur l'article 42 b ii des Règles de Hambourg; que l'obligation pour le transporteur de procéder de façon appropriée et soignée au déchargement, est une évidence; qu'en outre, les Règles de Hambourg indiquent que le transporteur est responsable de la marchandise, tant qu'il en a la garde; qu'il en a la garde tant qu'elle est à bord de son navire, et qu'il ne saurait en aucune façon s'exonérer de cette responsabilité; que par ailleurs, la clause "Dakar free out" invoquée par le transporteur maritime, n'a absolument pas le sens que celui-ci veut lui donner; que cette clause a pour seule signification: frais de déchargement à la charge du réceptionnaire, e non comme le soutient la transporteur, le fait que la responsabilité des opérations de déchargement serait à la charge du réceptionnaire; qu'en outre, les lois applicables au Sénégal aux opérations de déchargement, sont les anciennes lois françaises et notamment celle du 2 avril 1936 qui imposc au transporteur maritimc unc rcsponsabilité d'ordre public depuis la "prise sous palan" jusqu'à "la remise sous palan"; que la preuve d'absence de faute suppose en fait, pour exonérer le transporteur, la preuve d'une cause étrangère déterminée, d'un événement identifié et non imputable au transporteur qui a pris toutes les mesures pour l'éviter; qu'à la lecture du rapport d'expertise, on constate que la marchandise était mal arrimée et que la ventilation était mauvaise; qu'en conséquence, elles demandent au tribunal de donner acte à la CPSP de son désistement d'action; de dire et juger l'action des assureurs recevable et bien fondée à l'encontre du Club; de dire et juger l'action des assureurs à l'encontre de l'armateur recevable et bien fondée; de dire et juger que les assureurs ont bien intérêt et qualité à agir à l'encontre du transporteur maritime; de dire et juger que la responsabilité du transporteur maaritime est entière en l'espèce et qu'il doit entière réparation; de condamner le Club, le transporteur maritime, in solidum à leur payer la somme de 83.471 USD avec intérêts au taux légal à compter de l'assignation, outre la sommer de 25.000 F à titre d'indemnité au titre de l'article 700 du Nouveau Code de Procédure Civile et entiers dépens; d'ordonner l'exécution provisoire nécessaire et compatible avec la nature de la présente affaire;

Attendu que Roscoe Shipping Co Monrovia Liberia, Monsieur le Capitaine du navire "World Appolo", et Steamship Mutual Underwriting Association indiquent notamment au tribunal, par conclusions développées oralement, que Monsieur le Capitaine devra être mis hors de cause, et demande une somme de 5.000,00 F au titre de l'article 700 du Nouveau Code de Procédure Civile puisque l'armateur étant cité, sa mise en cause s'avère inutile; que par ailleurs, le Club de Protection est un assureur étranger et qu'à ce titre, le contrat que le lie avec l'armateur, est régi par le droit anglais; qu'en conséquence, les demanderesses ne peuvent articuler d'action directe à l'encontre d'un assureur étranger, puisque celle-ci est incompatible avec les principes fondamentaux du droit du contrat d'assurance conclu entre le P&I Club et l'armateur, et notoirement par le principe du "paid to be paid"; que de plus, la lettre de garantie ne peut s'analyser comme une garantie autonome que par ailleurs, cet engagement ne peut donner lieu à exécution qu'à la condition "sine qua non", d'un accord amiable conclu entre les parties, ou en exécution d'une décision définitive rendue, soit par le Tribunal de Commerce de Marseille, soit par la Court d'Appel; qu'en l'espèce, d'une part le fondement de l'action légitimant la demande à l'encontre des armateurs est totalement différent de celle exercée à l'encontre du Club, et d'autre part les obligations découlant de la lettre de garantie ne pourront s'exercer qu'ultérieurement sur présentation d'une décision judiciaire et définitive condamnant les armateurs du navire; que c'est pourquoi, quelle que soit la décision que sera rendue pas le tribunal à l'encontre de l'armateur, et même si elle s'avérait exécutoire, elle ne sera pas définitive; que de plus, en vertu de l'article L 172-29 du Code des Assurances, seul l'assureur qui a payé l'indemnité d'assurance acquiert, à concurrence de son paiement, tous les droits de l'assuré nés des dommages qui ont donné lieu à garantie; qui dès lors, le seule quittance subrogative communiquée n'est pas un élément suffisant pour justifier de ce paiement; qu'en outre, le contrat dont il s'agit se trouve régi par les dispositions des Règles de Hambourg du 30 mars 1978; qu'en leur article 4, celles-ci prévoient que la responsabilité du transporteur couvre la période pendant laquelle les marchandises sont sous sa garde, étant précisé qu'elles sont réputées sous sa garde jusqu'au moment où il en effectue la livraison en remettant les marchandises au destinataire; qu'en l'espèce, preuve est rapportée que le destinataire réel a mandaté la Somarca pour intervenir sur le navire dès l'ouverture des panneaux, et pour effectuer le déchargement de celui-ci; que de même, la demande est infondée sur le "quantum"; qu'il résulte en effet des rapports que 45% des avaries sont attribuées aux opérations de manutention dont à l'évidende, la concluante ne peut être portée responsable; que de plus, il y a d'énormes différences entre le pointage effectué pour le compte de la marchandise et le pointage effectué pour le compte de l'armateur; qu'en conséquence, ils sollicitent du tribunal de les recevoir en leurs écritures, les dire bien fondées; de mettre hors de cause le Capitaine du navire "World Appolo"; de dire et juger irrecevable et infondée l'action directe diligentée à l'encontre du Steamship Mutual Underwriting Association; de constater que les demandeurs ne justifient pas de leur qualité et de leur intérêt à agir; en conséquence, de déclarer l'action irrecevable; de constater que les armateurs ont livré la marchandise aux mandataires du réceptionnaire; de dire que leur responsabilité s'arrête à l'ouverture des panneaux; de constater que les demandeurs ne rapportent pas la preuve d'une faute des armateurs; en conséquence, de débouter CSAR et autres compagnies d'assurances et la CPSP de leurs demandes, fins et conclusions; subsidiairement de dire et juger qu'en toute hypothèse, la responsabilité des armateurs ne peut être retenue qu'à concurrence de 34.052 USD; de rejeter pour le surplus toute autre demande, fins et conclusions; de condamner les demandeurs au paiement de 20.000 F en application de l'article 700 du Nouveau Code de Procédure Civile, ainsi qu'aux entiers dépens;

Sur quoi:

I — Sur la recevabilité de la demande:

1) Sur la recevabilité de l'action à l'encontre de Steamship Mutual Underwriting Association:

Attendu qu'il y a lieu de constater qu'à la suite des avaries constatées amiablement à Dakar lors des opérations de livraison de la cargaison de riz en provenance de Koshichang (Thailande), le P&I Club du navire, Steamship Mutual Underwriting Association, a délivré pour faciliter le départ du navire à la fin du déchargement, une lettre de garantie en sûreté des condamnations qui pourraient être mises à la charge de l'armateur du navire "World Appolo" au titre de sa responsabilité de transporteur;

Attendu que selon la lettre de garantie, l'assureur dudit navire s'engageait à régler, à première demande, à concurrence de 38.000.000 F. CFA, toute condamnation prononcée par un jugement du Tribunal de Commerce de Marseille ou de la Cour d'appel compétente;

Attendu qu'il résulte des termes de la lettre de garantie, que le P&I Club du navire a accepté incontestablement le principe de régler le montant des condamnations qui pourraient être mises à la charge de l'armateur du "World Appolo", dans les limites de la lettre de garantie; que cette acceptation expresse suffit en elle-même à rendre recevable l'action des demanderesses à l'encontre de Steamship Mutual Underwriting Association, et rend ainsi inopérante l'argumentation dont elle se prévaut quant aux conditions relatives à l'exécution de la garantie, dans la mesure où il ne saurait être contesté que la décision du tribunal de céans sans être irrévocable puisque susceptible de voies de recours, sera néanmoins définitive puisque une fois rendue, le tribunal sera dessaisi de la contestation objet du présent litige;

Attendu qu'il échet ainsi de déclarer recevable l'action des compagnies d'assurances Compagnie Sénégalaise d'Assurances et de Réassurances-CSAR et autres à l'encontre de Steamship Mutual Underwriting Association;

2) Sur la recevabilité de l'action à l'encontre de Roscoe Shipping Monrovia:

Attendu qu'il échet de donner acte à la Caisse de Stabilisation et de Péréquation des Prix CSPS de son désistement d'action à l'encontre de Roscoe Shipping Co Monrovia Liberia;

Attendu que l'armateur Roscoe Shipping Co Monrovia Liberia entend soulever l'irrecevabilité de la demande des assureurs à son encontre, estimant que ces derniers ne justifient ni de leur qualité, ni de leur intérêt pour agir;

Attendu qu'au vu des documents produits aux débats, et notamment de la quittance d'indemnité subrogative, il ressort que la CPSP déclare avoir reçu de la Compagnie Sénégalaise d'Assurances et de Réassurances, la somme de 46.359.588 F. CFA, consécutivement à l'avarie constatée lors de la réception des marchandises transportées de Bankok à Dakar par le MV "World Appolo", sous connaissement BDK 1 du 7 avril 1994 émis à Bankok, CPSP déclarant subroger les compagnies d'assurances dans tous leurs droits et recours;

Attendu qu'il convient de constater que tous les termes portés sur ladite quittance d'indemnité permettent incontestablement aux assureurs de se prévaloir, dès lors qu'ils ont indemnisé leur assuré, et faute de démonter que la quittance produite est un faux, d'une subrogation légale à l'encontre du transporteur maritime, la Cour d'appel de Rouen dans un arrêt en date du 6 mars 1986, rappelant: "que la preuve du paiement de l'indemnité par l'assureur peut être faite par tout moyen, de sorte qu'elle peut résulter de l'acte de subrogation lui-même"; qu'il y a lieu par conséquent de déclarer recevable l'action des assureurs Compagnie Sénégalaise d'Assurances et de Réassurances-CSAR et autres à l'encontre de Roscoe Shipping Co Monrovia Liberia;

II — Sur le fond:

Attendu qu'aucune fate n'étant invoquée à l'encontre de Monsieur le Capitaine du navire "World Appolo", il échet de le mettre hors de cause à titre personnel; que l'armement étant présent et représenté, il y a lieu de le mettre hors de cause ès qualités;

Attendu toutefois qu'il n'existe en la cause aucune considération d'équité en faveur de l'application de l'article 700 du Nouveau Code de Procédure Civile au profit de Monsieur le Capitaine du navire "World Appolo";

Attendu que selon l'article 2 1/b de la Convention des Nations-Unies sur le Transport de Marchandises par Mer du 30 mars 1978, appelée Règles de Hambourg entrée en vigueur en date du 1er novembre 1992: "les dispositions de la présente convention s'appliquent à tous contrats de marchandises par mer entre deux États différents lorsque... le port de déchargement prévu dans le contrat de transport par mer est situé dans un État contractant";

Attendu que le port de Dakar est situé au Sénégal; que cet État a ratifié la Convention des Nations-Unies sur le transport de marchandises par mer; que dès lors, et conformément à l'article susvisé, les Règles de Hambourg s'appliquent au présent litige; qu'il convient dans ces conditions de rechercher l'étendue de la responsabilité du transporteur maritime au regard desdites règles:

Attendu que selon l'article 4 de ladite convention: "la responsabilité du transporteur, en ce qui concerne les marchandises, couvre la période pendant laquelle les marchandises sont sous sa garde au port de chargement durant le transport, et au port de déchargement", l'article 4/2b i précisant que les marchandises sont réputées être sous la garde du transporteur jusqu'au moment où il effectue la livraison en remettant les marchandises au destinataire ou (alinéa 2 b/ii), dans le cas où le destinataire ne reçoit pas les marchandises du transporteur, en les mettant à disposition du destinataire conformément au contrat ou aux lois ou aux usages du commerce considérés applicables au port de déchargement, ou (2 b/iii), en remettant les marchandises à une autorité ou autre tiers auquel elles doivent être remises conformément aux lois et règlements applicables au port de déchargement, étant entendu selon les paragraphes 1 et 2, que la notion de destinataire s'étend également aux préposés ou mandataires respectifs tant du transporteur, que du destinataire;

Attendu qu'à l'étude de ces dispositions, il appert que contrairement à la Convention de Bruxelles et à la loi française, les Règles de Hambourg ne définissent pas de manière formelle le moment de la livraison; qu'en définitive, faute de limitation impérative le transporteur peut incontestablement se prévaloir d'une livraison lors de l'ouverture des panneaux et de la mise à disposition des marchandises, et ce d'autant que les parties en auraient convenu par des dispositions propres au contrat;

Attendu que dans le présent litige, il échet de constater que le connaissement comporte la mention "Dakar free out"; que cette mention, outre le fait de mettre les frais de déchargement à la charge du destinataire, indique que tous les dommages consécutifs audit déchargement ne peuvent être imputés au transporteur maritime dont la responsabilité, selon l'art 5/1 de la Convention, se trouve engagée de plein droit au titre des pertes et avaries subies par la marchandise, antérieurement à la livraison, sauf à ce dernier de rapporter la preuve d'avoir "pris toutes les mesures pouvant raisonnablement être exigées pour éviter l'événement et ses conséquences";

Attendu qu'en l'espèce, il échet de constater qu'aucune réserve n'a été prise par le transporteur: lors de la prise en charge de la cargaison de riz;

Attendu que selon le rapport du Cabinet d'Expertises Commerciales et Maritimes Mbaye-Jacques Diop, qu'il convient d'homologuer dans la mesure où il s'avère s'être déroulé au contradictoire de toutes les parties, il a été dénombré,

— qu'un certain nombre de sacs flasques sains dont les causes sont attribuées à la pression de charge, l'absence de vaigrage, la présence de bambous dans les cales, les heurts sur le bord des hiloires lors du hissage des palanquées, l'utilisation des crochets, ainsi que la rupture d'elingues usées, le dommage relatif a ces sacs flasques étant attribué pour 45% à la charge du manutentionnaire, et 55% au transporteur maritime;

— que des sacs mouillés intacts, des sacs flasques mouillés et tachés de fuel, ainsi qu'un certain nombre de sacs non délivrés considérés donc comme manquants, l'expert retenant la responsabilité totale du transporteur maritime, tant pour les avaries que pour les manquants;

Attendu qu'ainsi, compte tenu de la responsabilité du manutentionnaire Somarca retenue pour 45% sur le manquant relatif aux sacs flasques, la responsabilité du bord pour ce manquant ne saurait excéder le montant de 37 T 405, sa responsabilité totale compte tenu de la dépréciation consécutive aux avaries, s'élevant à 309 T 736 soit à 228 USD la tonne, représentant en tout un préjudice de 70.619 USD;

Attendu ainsi qu'en l'état de ce qui précède, il y a donc lieu de faire droit à la demande de la Compagnie Sénégalaise d'Assurances et de Réassurances-CSAR, l'Assurance Générale du Sénégal, la SONAM, la Nationale d'Assurances, la Prévoyance Assurances, la SNAS et la SONAM et de condamner ainsi solidairement Roscoe Shipping Co Monrovia, Liberia et Steamship Mutual Underwriting Association, à leur payer la somme de 70.619,00 USD (soixante dix mille six cent dix-neuf US Dollars) en principal, ou sa contre valeur en francs français au cours du jour du prononcé du présent jugement, avec intérêts au taux légal à compter de la citation, et celle de 4.323,00 USD (quatre mille trois cent vingt trois US Dollars) ou sa contre valeur en francs français au cours du jour du prononcé du présent jugement au titre des frais d'expertise, outre les dépens;

Attendu que le comportement de Roscoe Shipping Co Monrovia, Liberia et de Steamship Mutual Underwriting Association ayant occasionné à la Compagnie Sénégalaise d'Assurances et de Réassurances-CSAR, l'Assurance Générale du Sénégal, la SONAM, la Nationale d'Assurances, la Prévoyance Assurances, la SNAS et à la SONAM des frais irrépétibles, il y a lieu d'allouer à la Compagnie Sénégalaise d'Assurances et de Réassurances-CSAR et autres, la somme de 15.000,00 F (quinze mille francs) au titre des dispositions de l'article 700 du Nouveau Code de Procédure Civile;

Attendu que l'exécution provisoire s'avérant nécessaire et compatible avec la nature de l'affaire, il échet de l'ordonner excepté toutefois en ce qui concerne les condamnations prononcées au titre de l'article 700 du Nouveau Code de Procédure Civile et au titre des dépens;

Attendu qu'il échet de rejeter tout surplus des demandes comme non fondé, ni justifié;

Par ces motifs:

Le Tribunal de Commerce de Marseille, après en avoir délibéré conformément à la loi, advenant l'audience de ce jour et, statuant par jugement contradictoire et en premier ressort,

I — Sur la recevabilité de la demande:

1) Sur la recevabilité de l'action à l'encontre de Steamship Mutual Underwriting Association,

Déclare recevable l'action de la Compagnie Sénégalaise d'Assurances et de Réassurances-CSAR, l'Assurance Générale du Sénégal, la SONAM, la Nationale d'Assurances, la Prévoyance Assurances, la SNAS et la SONAM à l'encontre de Steamship Mutual Underwriting Association;

2) Sur la recevabilité de l'action à l'encontre de Roscoe Shipping Monvoria:

Donne acte à la Caisse de Stabilisation et de Péréquation des Prix CSPS de son désistement d'action à l'encontre de Roscoe Shipping Co Monrovia Liberia; Déclare recevable l'action de la Compagnie Sénégalaise d'Assurances et de Réassurances-CSAR, l'Assurance Générale du Sénégal, la SONAM, la Nationale d'Assurances, la Prévoyance Assurances, la SNAS et la SONAM à l'encontre de Roscoe Shipping Co Monrovia Liberia;

II — Sur le fond:

Met hors de cause Monsieur le Capitaine du navire "World Appolo", tant à titre personnel qu'ès qualités;

Condamne solidairement Roscoe Shipping Co Monrovia, Liberia et Steamship Mutual Underwriting Association à payer à la Compagnie Sénégalaise d'Assurances et de Réassurances-CSAR, l'Assurance Générale du Sénégal, la SONAM, la Nationale d'Assurances, la Prévoyance Assurances, la SNAS et la SONAM la somme de 70.619,00 USD (soixante dix mille six cent dix-neuf US Dollars) en principal, ou sa contre valeur en francs français au cours du jour du prononcé du présent jugement, avec intérêts au taux légal à compter de la citation, celle de 4.323,00 USD (quatre mille trois cent vingt trois US Dollars) ou sa contre valeur en francs français au cours du jour du prononcé du présent jugement au titre des frais d'expertise, et celle de 15.000,00 F (quinze mille francs) au titre des dispositions de l'article 700 du Nouveau Code de Procédure Civile;

Condamne Roscoe Shipping Co Monrovia, Liberia et Steamship Mutual Underwriting Association aux dépens toutes taxes comprises de la présente instance;

Ordonne l'exécution provisoire des dispositions du présent jugement, excepté toutefois en ce qui concerne les condamnations prononcées au titre de l'article 700 du Nouveau Code de Procédure Civile et au titre des dépens;

Rejette pour le surplus toutes autres demandes, fins et conclusions contraires aux dispositions du présent jugement;

Président: M. Tessor

Juges: MM. Clergerie; Vidal

Avocats: SCP SCAPEL-Scapel-Grail-Bonnaud (Compagnie Sénégalaise d'Assurances et de Réassurances et 7 autres compagnies); Me Follin (Roscoe Shipping Co; M. le capitaine du navire "World Appolo"-Steamship Mutual Underwriting Association).

Mercosul

A ISO 14.000 E O MERCOSUL

Eldis Camargo Neves da Cunha
e
Rosana Siqueira Bertucci

"Esta terra é muito amena ... tanto que em mim pensava estar perto do paraíso." (Américo Vespúcio)

Remontando à história, no que concerne ao moderno fenômeno da globalização, o saudoso mestre paulista Pedro Salvetti Netto[1] ensina: "Bem conhecida a passagem em que Aristóteles proclama a superioridade intelectual do povo grego sobre os demais ... as guerras de Alexandre, que se sucedem numa proporção fantástica de conquistas, e se prolongam no continente asiático com a destruição do grande Império Persa, tendem à expansão da idéia helênica, que assim deveria tornar-se universal ... o exemplo mais eloqüente que nos dá a história é sem dúvida, o deixado pelo imperialismo romano ... é realmente singular, em toda a história tenha a formação de um império perdurado por tantos séculos a impor sua autoridade, como se firmou, sobre povos de culturas tão diferenciados ... muito antiga se mostra, pois, essa procura de união de povos, sob um só poder político e sob um ordenamento jurídico, fruto deste mesmo poder".

É bem verdade que a Sociologia explica que até mesmo as sociedades mais inventivas fazem, numa proporção modesta, suas inovações. Através de um fenômeno conhecido como difusão, existe a troca cultural entre os povos.

Os europeus proporcionaram cavalos, armas de fogo, cristianismo e uísque para os índios, em troca de milho, batatas, fumo e canoa.[2]

Porém, sem sombras de dúvidas, a sociedade com a tecnologia mais simples e com conhecimentos menos abrangentes, tomará emprestado componentes mais avançados e interessantes das sociedades mais favorecidas. Isto se dá muitas vezes por imposição das próprias sociedades mais privilegiadas. Este processo invariavelmente é de cunho econômico e mercadológico, com usos de estratégias e artimanhas a sustentar este poderio da sociedade dominante, mantendo o *status quo*.

A obra citada de Harton tem o condão de justificar a falta de visão das comunidades menos favorecidas em não vislumbrarem as conseqüências de políticas (em modo geral), não voltadas para a realidade local. Não há dúvida de que a falha em reconhecer uma necessidade objetiva produz desgastes e desvios muitas vezes insuperáveis.

São os autores sociólogos citados[3] que assinalam: "Não há dúvida de que a falha em reconhecer uma necessidade objetiva

1. Salvetti, P. N., *Curso de Ciência Política, Teoria do Estado*, v. I, pp. 370/371.

2. Harton, P. e outro, *Sociologia,* p. 386.

3. Id., p. 389.

pode ter conseqüências desagradáveis. Durante séculos, a doença e a morte foram o preço de nossa falha em não reconhecermos que o crescimento urbano tornava necessária a Engenharia Sanitária ..."

É interessante notarmos que em situações de empréstimos de características das sociedades mais avançadas, àquelas menos privilegiadas, além das várias seqüelas, sofrerão inadaptações crônicas, acarretando prejuízos sociais e econômicos.

Estes fenômenos apontados acentuam-se nos países que sofreram o processo da colonização, notadamente na América Latina. Tal fato tem sido problemático. O caminhar do continente latino-americano clama por soluções próprias, ou, pelo menos, aptas a serem discernidas por toda a comunidade interessada.

A eminente advogada argentina Noemi Mellado[4] ressalta: "Si bien el muro de Berlin se derrumbo, cresce en nuevo muro entre Norte y el Sur; el de la pobreza, la miseria, el hambre, la desigualdad, la dueda externa, la deuda social, la dueda ecológica y la desumanización que afecta a las terceras partes de los latinoamericanos. Mas del 80% de la problación economicamente activa se encuentra carente de toda protección jurídica, económica y social".

O professor Franco Montoro[5] coloca bem a questão, ao afirmar: "Dentro dessa perspectiva — a Filosofia pode desempenhar importante papel na superação de colonialismo cultural e conseqüente libertação intelectual do país — e com o objetivo de incentivar uma reflexão crítica sobre o Direito brasileiro, no tocante à sua correspondência a nossos problemas e necessidades reais, promovemos entre nossos alunos de Filosofia do Direito, uma pesquisa sobre casos de transplantes de institutos jurídicos inadequados à realidade brasileira. É nosso pensamento publicar futuramente os resultados completos desta pesquisa reveladores de que, sob muitos aspectos nossa vida jurídica não fugiu à regra do colonialismo cultural. Mas podemos antecipar alguns aspectos do problema, percorrendo diferentes setores de nosso Direito público e privado. É inegável que a marcha de nossa legislação acompanha, em suas linhas gerais, a evolução do Direito estrangeiro. Nesse processo, muitas vezes introduzimos em nossas leis institutos que não correspondem à nossa realidade e aos nossos verdadeiros interesses ..."

O autor ainda ressalta que transplantes de doutrinas e institutos jurídicos inadequados à nossa realidade terão como conseqüência a ineficácia desse transplante que aparece como letra morta. Leis sem aplicação.

Há que se notar que em diversas ocasiões direitos são relacionados nos países mais adiantados, dado determinado momento histórico e político, por qual passa aquele povo. O transporte de tal Direito para nossa realidade torna-se completamente disforme.

Foi o que aconteceu, de certa forma, com as leis de cunho ambiental. Primeiro que as prioridades ambientais dos países em desenvolvimento não são as mesmas dos países do primeiro mundo. Assim por exemplo, a noção de qualidade de vida tem significados diferentes nos dois segmentos apontados. Os primeiros ainda clamam por alcançar melhor distribuição de rendas, busca de trabalho e vida decente, a par de possuírem as maiores reservas naturais do planeta. Os países ditos "desenvolvidos" lutam contra o desperdício, contaminação de águas, solo, a par de terem acabado com suas reservas naturais.

Como entender que as orientações de políticas econômicas devem servir e devem seguir os modelos neoliberais ditados pelos mais bem dotados, em termos econômicos? Estes, por sua vez, impõem todo um direcionamento de condução, que indiscuti-

4. Mellado, N., *Aportes para la Integración Latinoamericana,* ano I, n. 1, Julio 1995, Instituto de Integración Latinoamericano, p. 14.

5. Montoro, F., *Estudos de Filosofia do Direito*, pp. 97/98.

velmente tem no Direito a grande força. Assim, manter a juventude perfilhada com este pensamento é essencial, ratifica-se nos bancos acadêmicos tal posição — isto com verbas adicionais estrangeiras, sob o manto de projetos educacionais — acabando por formar doutrinadores, juristas, advogados etc. aptos a dar continuidade e credibilidade para o sistema, imposto.

Sofremos de outro mal, talvez até como forma de embate do sistema imposto. A inconseqüência de nossas atitudes é característica do povo em termos simples — podemos ver isto por exemplo no trânsito — que acabam, conjugadas com políticas impróprias, aliviadas muitas vezes com vantagens pontuais, para alguns setores privilegiados, estimulando cada vez mais a continuidade do modelo.

Nossas Constituições Federais, que possuem a hierarquia devida, são constantemente esquecidas — se quisermos usar um termo bom. Vimos o acontecimento de verdadeiras aberrações jurídicas. Simultaneamente, o uso de estratégias jurídicas, constate-se, com argumentos disfarçados, por vezes sob erros procedimentais, sem ao menos, diante de causas dignas, entrar no mérito da questão. A fuga do Poder Judiciário, sob este argumento, é patente. Então voltamos à velha assertiva: estamos fazendo Direito — e o fazendo bem — ou fazendo Justiça? Qual o paradigma que se impõe para tal condução? Quais são as regras do jogo?

É esta a eficiência que nosso povo busca? São esses os parâmetros com que nós juristas vamos conviver? Ou queremos conviver? Sem demagogia, são estes os países que entregaremos aos nossos filhos?

Faria[6] reflete com exatidão "Ao reduzir a um simples sistema de normas, o qual se limita a dar sentido jurídico aos fatos sociais à medida que estes são enquadrados no esquema normativo vigente, esta concepção torna necessário o questionamento dos dogmas. Ou seja, despreza a discussão relativa à função social das leis e dos códigos, valorizando exclusivamente seus aspectos técnicos e procedimentais".

No Brasil o modelo capitalista de produção, também denominado economia de mercado, é o ditame dado pela Constituição Federal, cujos princípios estabelecidos em seu artigo 170 são a valorização do trabalho humano, livre mercado e existência digna, com fundamento na justiça social. Nos países companheiros do Mercosul, tem sido também este o endereçamento. Sendo que o próprio bojo do Tratado de Assunção anuncia esta disposição.

A análise colocada por Celso Bastos, confrontada com a de José Afonso da Silva, é interessante de ser levantada; enquanto o primeiro indaga "se é possível organizar a justiça social dentro de um regime de liberdade de iniciativa", entendendo que, em sua opinião, "não existe contradição visceral entre essas idéias ... a justiça social consiste na possibilidade de todos contarem com o mínimo para satisfazerem as suas necessidades fundamentais, tanto físicas, quanto espirituais, morais e artísticas....". José Afonso diz não saber, como se pretende realizar a justiça social num sistema de predominante liberdade de iniciativa e, pois, de base essencialmente individualista. É que a justiça social só se realiza mediante eqüitativa distribuição da riqueza nacional ... algumas providências constitucionais, para tornar menos abstrata a promessa de justiça social, com a participação no lucro das empresas, não se efetivaram por falta de lei ou outra medida implementadora".[7]

Bem direciona o assunto o Professor Fábio:[8] "A disciplina jurídica da atividade econômica é baseada no Brasil nos primados característicos da organização neoli-

6. Faria, J. E., *A Reforma do Ensino Jurídico*, p. 29.

7. Bastos, C. R., *Comentários à Constituição Federal do Brasil*, vol. VII, p. 71.

8. Coelho, F. Ulhoa, *Direito Antitruste Brasileiro*, pp. 3/5.

beral da economia ... esse conjunto de primados constitucionais — a chamada Constituição econômica — que desenha o perfil neoliberal da disciplina jurídica da economia, se traduz, na esfera da legislação ordinária, em regras de responsabilização do empresário, em nível penal, civil e administrativo, por determinadas práticas incompatíveis com os mesmos primados ... Claro que, ao zelar pelas estruturas fundamentais do sistema econômico de liberdade de mercado, o direito de concorrência acaba refletindo não apenas sobre os interesses dos empresários vitimados pelas práticas lesivas à constituição econômica, como também sobre os dos consumidores, trabalhadores e, através da geração de riquezas e aumento dos tributos, os interesses da própria sociedade em geral ... Falar-se na coletividade como titular de determinados interesses (bens jurídicos) significa ignorar a multiplicidade e relativa inconciliabilidade de posturas, projetos ... por vezes, sequer coincidem os interesses dos consumidores e trabalhadores com os empresários em competição..."

Cabe ainda questionar quem sustenta a burocracia Estatal no que se refere aos custos dos recursos humanos e estruturais, para dar aparato razoável a este sistema?

Faria com maestria[9] fala: "o país atravessa um inusitado processo de revisão de suas instituições sociais, econômicas e políticas. A redefinição democrática da vida social e política do Brasil tem sido liderada por juristas e advogados. Para que esta redefinição seja mais cientificamente fundamentada, torna-se necessária a ação integrada do jurista com os demais cientistas sociais no equacionamento do problema da violência, da concentração urbana, da redistribuição de renda, da representação política, da estrutura sindical, da solução dos conflitos, da independência tecnológica e tantos outros. A importância da área não assegura necessariamente seu bom desempenho. Na verdade, a área está muito longe do que dela esperam o mercado de trabalho profissional e a comunidade científica".

Esta situação não é diferente no que concerne aos países irmãos, parceiros do Mercosul.

Ultimamente temos assistido a ascensão, dentro do Direito, de temas palpitantes, que vêm alterar as estruturas tradicionais, levando a um repensar, calcado em bases diferentes daqueles encaminhamentos, até aqui produzidos. Vimos emergir por exemplo o Direito Comunitário ou de Integração, que desconstitui de certa forma o conservador instituto da soberania, harmonizando interesses de nações, possuidoras de sistemas jurídicos diferentes. É o caso da Comunidade Econômica Européia, ou mesmo parâmetros diferentes, como o Nafta — Acordo de Livre Comércio entre Canadá, México e Estados Unidos. A fecundação *in vitro* traz discussões que ficam muito aquém dos ditames do direito, este como dará resposta ao Projeto Genoma? Os Direitos Difusos, tão comentados, criam nova categoria de pretendentes do Direito, que não possuem cunho quer público, quer privado. São Direitos de todos.

As minorias recebem seu reconhecimento, e a própria expressão de democracia já não vê com bons olhos decisões da maioria, e sim decisões de todos, levando a conclusões consensuais e coletivas. Tudo que dava suporte seguro às ciências está em profundo questionamento. Vivemos em plena era da incerteza científica. Somos capazes de receber mensagens por satélites e não curar simples resfriados. A própria Física, mãe das ciências da era moderna, está em crise, a teoria determinística perde terreno para a física quântica, que, por sua vez, vai sendo questionada pela teoria do caos.[10] Ao

9. Faria, ob. cit., p. 33.

10. Na teoria determinística os fenômenos são descritos por equações que produzem resultados únicos. A teoria quântica é essencialmente estatística, caracterizando-se por descrever fenômenos com equações que admitem uma faixa de erro. A teoria do caos aceita ainda mais a complexidade que os fenômenos naturais apresentam para sua compreensão.

Direito cabe dar guarida a toda esta complexidade de situações e de novos parâmetros que se impõem.

Os mecanismos de mercado, suas disputas, tipos de produção são eficientes em modelos matemáticos ou contextos outros, peculiares de certas condições, não estas.

Acrescenta-se a estes fenômenos a causa ambiental, que acaba por gerar toda uma gama de circunstâncias que dizem respeito a ações preventivas, preocupa-se com as futuras gerações, e sem sombra de dúvidas nos faz refletir sobre a própria continuidade da vida no planeta. As variáveis de medição — tanto de valoração, como de metodologias, levantamento de dados, estão aquém das possibilidades conhecidas. Estamos tomando decisões em cima de hipóteses. As decisões dizem respeito a nossas vidas — e a de nossos filhos. O Direito, acostumado a ações posteriores e coercitivas, deve impor medidas de precaução e educativas.

Refletindo sobre a Política Ambiental nos Estados da Comunidade Européia, Martins[11] afirma: "O problema do ambiente, máxime os das poluições, deriva de uma falha do mercado presente em suas causas diferentes. A primeira reside na inexistência de um direito de propriedade bem definido sobre os recursos ambientais, a segunda, no fato de muitos dos serviços prestados pelo ambiente serem um bem público ..." Mais adiante[12] conclui: "Numa economia em concorrência perfeita, a atribuição dos recursos que se alcança garante um *Óptimo de Pareto.*[13] Prova-se, de igual maneira, que a existência de externalidades impede a economia de alcançar um *Óptimo* de bem-estar. Para atingir uma melhor situação de bem-estar social, ter-se-ão de integrar na esfera do mercado as externalidades ambientais, garantido-se, assim, a *Óptima* distribuição destes recursos, sob o ponto de vista do sistema sócio-econômico. O custo do tratamento que se deve tomar em conta deve ser o do processo mais eficiente ou mais barato ... é fácil imaginar as dificuldades tremendas que na prática surgem quando se aplica o esquema descrito. Primeiro põe a aferir a qualidade ambiental. Que índice utilizar? Um ou vários? ... Que valor atribui a sociedade às perdas provocadas por uma doença pulmonar crônica, por uma pessoa retida por uma semana no leito, e ao facto de a sua área residencial se tornar ruidosa e a vegetação ter sido empobrecida, etc.?"

De outro lado, o professor Rattner[14] diz "a incorporação de dimensões ambientais às estratégias, programas e projetos de desenvolvimento, a fim de assegurar melhores condições materiais e uma sustentabilidade ambiental para a sociedade, exigirá novos e diferentes procedimentos para o cálculo das contas nacionais e das transações internacionais. Os procedimentos atuais vêm sendo cada vez mais criticados e sua reformulação com vistas a incluir os custos ambientais de projetos de investimento, de produção, distribuição e consumo, está em estágio preliminar". Teremos tempo para esperar definições de políticas?

O arcabouço jurídico dos países-membros é capaz de assegurar e garantir a efetividade dessas indagações. Alguns passos a favor têm que ser conseguidos. O apoio subsidiado pelo Estado vai ser difícil, este está falido materialmente e estruturalmente. Apesar de diversos dispositivos de participação popular de maior ou menor variação nos países-membros, nossos nacionais se debatem na pujança e clamor para efetivação de direitos, ou mesmo para efetivação do mínimo necessário para pos-

11. Martins, C., *A Política do Ambiente da CEE*, Dissertação do Curso de Especialização conducente ao Mestrado na Área de Ciências Econômicas, pp. 97/99.

12. Id., pp. 102/105.

13. *Otimal de Pareto*, entende-se por eficiência econômica, ausência de desperdícios de recursos, modelo apresentado por Vilfredo Pareto.

14. Rattner, H., "Desenvolvimento Sustentável — tendências e perspectivas", in *A Terra Gasta — A Questão do Meio Ambiente*, p. 151.

suírem uma vida digna. Os cuidados com estas assertivas ganham redobrada vigilância, quando surgem no mercado os processo de Certificação Ambiental, ISO 14.000, BS 7750, Atuação Responsável, que deverão impor normas e padrões internacionalmente aceitos, forçando posições dentro dos mercados de nações menos privilegiadas, insustentáveis, quer tecnologicamente, quer ambientalmente falando.

É necessário assinalar que tais caminhos não possuem nenhum ditame esboçado em leis ou regramentos jurídicos, suas estruturas encontram patamares nas forças de mercado, e são decididas por segmentos que possuem interesses em tal determinação.

Neste contexto cumpre ressaltar o papel da ISO — International Standardization Organization, verdadeira "assembléia" mundial onde são propostas e votadas normas a serem seguidas por todos os países — em que pese seu caráter não obrigatório de implementação.

Principalmente com o estabelecimento da nova ordem mundial, onde a globalização dos mercados impera, acrescida pela preocupação com o meio ambiente que passou a tomar maior expressão a partir da década de setenta, é que a ISO passou a dar maior destaque ao gerenciamento ambiental, criando assim a série ISO 14.000 — Sistema de Gestão Ambiental.

Registre-se o fato de que essa nova série não representa apenas o estabelecimento de um novo selo ecológico no mundo, esse é apenas um de seus aspectos. Visam as normas que compõem a série 14.000 abraçar os novos paradigmas para o gerenciamento dos riscos de toda e qualquer atividade para com o ambiente.

Não é por outra razão que, quer impositiva ou oportunamente, a maioria dos países adota os modelos preconizados pela ISO, mas há que se considerar e repensar como ficarão os relacionamentos entre países irmãos como no Mercosul frente a estes novos ditames mundiais, notadamente que nessa "luta de mercado" concorrem países desiguais, com estágios de desenvolvimento diferenciados.[15]

Por isso que nossa proposta é a de observância destes novos conceitos, principalmente porque a nova série ISO 14.000 trará questões de extrema controvérsia e de difícil cumprimento, como por exemplo a norma que trata da análise do ciclo de vida dos produtos, trazendo à tona o "velho" conceito "do berço ao túmulo"— "velho" porque hoje já se discute o critério "do berço ao berço".

A título de curiosidade, lembramos que a norma aborda também a questão das auditorias ambientais, da rotulagem e da avaliação de desempenho, além do próprio Sistema de Gestão Ambiental que se resume em duas principais normas a serem lançadas nos próximos meses.

Na realidade a preocupação em aderir à causa verde por parte dos empresários deriva de duas preocupações básicas:

1ª. De natureza econômica: que se traduz em reduções com gastos de água, energia, a possibilidade de venda e aproveitamento de resíduos, redução de multas e penalidades. Existe ainda a probabilidade de incremento de receitas, pois é sabido que os produtos verdes tornam-se cada vez mais atrativos para os consumidores, dando ensejo à maior concorrência.

2ª. Do ponto de vista estratégico: as empresas têm conhecimento que vivem sob a égide de uma verdadeira inquisição ambiental, tanto por parte dos concorrentes como por parte dos consumidores. O custo de um erro ambiental, uma tragédia ecológica de uma empresa, influi tanto no "bolso" dos empresários como em todo seu relacionamento com a comunidade: má vonta-

15. Desta necessidade criou-se o "Comitê Mercosul de Normalização", com sede em São Paulo, composto pelos organismos dos países-membros encarregados de trabalhar a elaboração de normas a serem adotadas voluntariamente, tanto para produtos quanto para serviços.

de em dar aval aos seus projetos e maior patrulhamento em suas realizações. Por outro lado maior fiscalização por parte da administração, etc. Empresas que exportam para mercados como os Estados Unidos e Europa têm enfrentado um extenso e intrincado pacote de requisitos ambientais.

Em contrapartida, um sistema de normalização universal como o que está sendo proposto pode ser nefasta se abrigar, nas suas entrelinhas, interesses coorporativistas e mecanismos de proteção comercial. Estes endereçamentos podem se tornar fatais para os processos do Mercosul, tanto sob o ponto de vista de bloco comunitário, como também de entraves internos do bloco econômico, criando distorções graves, que possam a vir comprometer o processo. O grande desafio a ser vencido será a ênfase a ser dada pelos países-membros, no sentido de forçar que a implementação da norma ISO 14.000 integre possibilidades reais dos quatro países em separado, e do bloco regional. Isto é, a universalização de conceitos e procedimentos sem perder de vista características e valores regionais.

Frances Cairncross[16] afirma que: "os custos das políticas verdes serão um fardo a mais sobre a indústria ... as companhias que investem na redução de emissões terão menos dinheiro para gastar no desenvolvimento de novos produtos ... será também o início de uma virada radical nas preferências do consumidor. O desenvolvimento de produtos que usam a natureza de forma econômica nas duas extremidades de suas vidas implicará em gerações inteiras de novas tecnologias ... Fortunas esperam aqueles que conceberem formas mais baratas de eliminar plásticos ou sanear solo contaminado ... O desafio ao governo e aos ambientalistas é o de enfocar métodos para criar os incetivos corretos, de forma que a indústria considere lucrativa a limpeza e despendiosa a sujeira".

16. Cairncross, F., *Meio Ambiente — Custos e Benefícios*, Nobel, 1991, pp. 151/152.

Ao direito e aos juristas notadamente cabe o resguardo deste novo procedimento, que foge de seus tradicionais e costumeiros embates jurídicos, mas que por sua vez serão mensageiros do real comprometimento com o processo de bem-estar de nossos povos e tudo que encerra o procedimento integracionista; para isto terão que dar suporte com leis fortes, pontuais, e fazê-las cumpridas de forma a garantir a vida digna almejada, o ambiente ecologicamente equilibrado e socialmente justo.

Conclusão

A América Latina possui uma população em torno de 400 milhões de habitantes. Abarca uma grande riqueza natural e biodiversidade. Apesar disto, consta que no continente, mesmo diante do assalto infringido aos recursos naturais, eles não revertem em benefícios, pois centenas de pessoas lutam e agonizam em meio à pobreza e à miséria, sem o mínimo de qualidade de vida. O Mercosul, objeto específico deste estudo, é um marco histórico para a concretização dos ideais e sonhos de ver nosso continente ganhar as dimensões próprias e merecedoras. Todas as atividades que visem este porvir de uma sociedade justa e ecologicamente saudável são bem-vindas e devem merecer a reflexão de toda a comunidade envolvida.

Neste item impõem-se esforços direcionados de todos os vetores sociais atentando de quanto os dispositivos do Tratado estão recebendo a guarida necessária, bem como o processo de harmonização das legislações, que certamente darão suporte a qualquer tipo de iniciativa, fora dos ditames da lei. Cumpre, por outro lado, estarmos atentos no que tange à área ambiental, aos princípios básicos reconhecidamente internacionais. Entre eles destacamos: participação pública, nos processos de tomada de decisões; informação ambiental, dando aos indivíduos possibilidade de conhecer os processos e procedimentos que possam a vir a ter impacto em suas vidas; prevenção do dano: todos os modelos favoráveis à precaução do dano devem ser garantidos; poluidor-pagador, que efetiva a distribuição dos prejuízos; e custos ambientais, bem como impõe procedimento de responsabilização objetiva àquele que degrada o meio ambiente.

É necessário assegurar e propor diretrizes compartilhadas dos instrumentos da gestão ambiental, já propostas como preocupação eminentemente perfilhada nos objetivos do Tratado:

I — instrumento para o desenvolvimento econômico e justiça social;

II — instrumento de preservação do meio ambiente e melhor aproveitamento dos recursos disponíveis;

III — coordenação de políticas macroeconômicas e complementação dos diferentes setores da economia com base nos princípios da gradualidade, flexibilidade e equilíbrio;

IV — representatividade política e econômica;

V — regionalização, abertura para os países da ALADI;

VI — adoção do princípio da reciprocidade entre os Estados-partes.

Assim, dentro de um contexto de aplicabilidade adaptável aos acontecimentos que se traduzirão em realidade, denotamos, não só pelo Pacto tratado entre os países-membros, mas como cidadãos, levar a cabo uma política ambiental que tenha cunho no estabelecimento de um desenvolvimento sustentável.

Se harmonizar legislações ambientais tem ficado aquém das possibilidades de nossos governos, o que será de normas que são reguladas pela força de mercado?

Na verdade teremos *a priori* na área ambiental duas batalhas a vencer: concretizar o desenvolvimento sustentado para a região, para tanto comprometendo todo séquito de legislações afins, e, ao mesmo tempo, criar soluções equânimes de competividade.

Finalmente, é de ser ressaltado que devemos compreender que não podemos rejeitar situações com que não concordamos, não entendemos ou mesmo não acreditamos. Os processos de Certificação Ambiental são inevitáveis, mormente diante do processo de globalização. Assim tal implementação, constituição, deve ser acompanhada por toda a sociedade civil, compreendendo a amplitude deste instrumento de gestão, de modo a não comprometer o interesse e o bem comum de todos as gentes.

Bibliografia

Bastos, C., *Comentários da CF,* vol.VII, Ed. Saraiva.

Bobbio, e os., *Dicionário de Política,* 6ª ed., Ed. UNB.

Coelho, F. U., *Direito Antitruste,* Ed. Saraiva.

______ "A análise Econômica do Direito", in *Programa de Pós-Graduação/PUC.*

Faria, E., *A Reforma do Ensino Jurídico,* S. Fabris Ed., 1987.

Grau, E., *A Ordem Econômica na CF de 1988,* 3ª ed., Malheiros Editores, 1997.

Harton e outro, *Sociologia,* Ed. MacGraw, 1980.

Lagrasta, C. N., *Meios alternativos — Uma interpretação política,* Ed. RT, 1991.

Lanzoni, A., *Iniciação às Ideologias Políticas,* Cone Ed., 1990.

Lopes, J., *El Origen y el Desarrollo del Derecho.*

Martins, C., *A política do ambiente da CEE,* Coimbra Ed., 1990.

Mellado. N., *Aportes para la Integración Latinoamericana,* ano I, 1995.

Mello, B., *Teoria Geral de Direito.*

Montoro, F., *Estudos de Filosofia do Direito,* Ed. RT, 1981.

Rattner, H., "Desenvolvimento Sustentável", in *A Terra Gasta,* Educ.

Reale, M., *Lições Preliminares de Direito,* Ed. Saraiva, 1988.

Salvetti, P., *Curso de Ciência Política,* Tribuna de Justiça, 1977.